PROMINENTE
ÜBER JEAN-CLAUDE JUNCKER

Albin Wallinger
Serge Spellini

Die Deutsche Bibliothek - CIP Einheitsaufnahme

Wallinger, Albin / Spellini, Serge (Hg.):

Prominente über Jean-Claude Juncker

plus: Zitate von Jean-Claude Juncker (Doppellexikon)

Luxemburg, Prom Verlag, 2013

ISBN: 978-99959-761-1-8

1.Auflage 2013

Redaktion: Albin Wallinger, Serge Spellini, Luxemburg

Internationale Aufgaben: Dr. Reimund Schlosser, Orlando / USA

Lexikon-Software: Prom Verlag, Luxemburg / USA

Umschlagabbildung: Claudine Bosseler, Luxemburg

Umschlaggestaltung: Barbara Schmitz, Düsseldorf

Layout und Satz: Stefan Thelen, Oliver Hengel, thelen | werbeagentur, Trier

Druck und Bindung: CPI Ebner & Spiegel, Ulm

ISBN: 978-99959-761-1-8

www.promverlag.com

INHALT

EINLEITUNG

Er ist einer der wichtigsten europäischen Politiker der letzten Jahrzehnte. Lange Zeit war er ein wichtiger „Brückenbauer" in ganz Europa, unter anderem ein vielgefragter Experte für deutsch-französische Beziehungen und Nicht-Beziehungen. In den letzten Jahren war er als „Mr. Euro" und als „Krisenmanager" besonders gefordert, was Hunderte von Nachtsitzungen und unzählige Flugkilometer zur Folge hatte. Jetzt, mit Ende 50, stellt er als Regierungschef eines einflussreichen EU-Landes auf EU-Gipfeln weiterhin entscheidende Weichen für die Zukunft Europas. Vieles geschieht in Hinterzimmern, was viele Europäer ärgert, weil sie fürchten, dass dort finstere Dinge ausgebrütet werden.

In Luxemburg ist er jemand, der zu Beginn seiner Regierungszeit von großem Selbstbewusstsein geprägt war, nach dem Motto: „Meine Partei und ich sorgen für den sicheren Weg, die Luxemburger brauchen sich keine Sorgen machen." Unter seinem Vorgänger gab es sogar den Ausspruch: „Unter einem schwarzen Regenschirm wird keiner nass." Heute, unter dem Druck der veränderten Rahmenbedingungen, ist er jemand, der polarisiert. Einige Luxemburger schätzen seine Qualitäten, andere sehen ihn extrem kritisch.

Auf 30 Jahre Regierungszugehörigkeit konnte Jean-Claude Juncker im Dezember 2012 zurückblicken. Ein umfassendes Buch über diesen unkonventionellen Politiker, diesen Prominenten mit Ecken und Kanten, fehlte aber bislang. Ein bekannter Chefredakteur drückte es - augenzwinkernd - so aus: „Zu großen Jubiläen wie ‚60 Jahre Europäische Union' oder ‚40 Jahre Elysée-Vertrag' gibt es eine Vielzahl von Veröffentlichungen von Journalisten und Wissenschaftlern. Oder sogenannte ‚Festschriften', die ein Ereignis würdigen. Aber ein Buch zu 30 Jahren Juncker? Fehlanzeige." Sollte der luxemburgische Prom Verlag deshalb Jean-Claude Juncker dazu motivieren, eine Autobiografie zu schreiben? Derselbe Chefredakteur: „Nein. Welche Autobiografie ist schon authentisch? Gerade Politiker leben ja mit stilisierten Vorstellungen von sich selbst." Wäre eine Biografie eine Alternative? „Nein", ergänzte er, „eine Biografie würde das Leben und Wirken von Juncker nur aus dem Blick einer einzigen Person heraus darstellen."

Und so wurde die Idee zu diesem Lexikon geboren. Es ist ein Buch, das von zwei Seiten lesbar ist: Fremdaussagen über Jean-Claude Juncker finden sich im ersten Teil, Selbstaussagen von Juncker im zweiten Teil. Psychologen nennen es „Fremdbild versus Selbstbild". Sie meinen auch: Nicht selten fallen Fremdwahrnehmung und Selbstwahrnehmung gerade bei Politikern eklatant auseinander. Wie sieht es bei Juncker aus, was die Übereinstimmung von Fremdbild und Selbstbild betrifft? Welche Weltsicht und Denkhaltung lassen sich etwa aus seinen Selbstaussagen der letzten 30 Jahre herauslesen? Und was die Außenwahrnehmung betrifft: Wie würde Juncker etwa bei einer 360 Grad-Beurteilung in der freien Wirtschaft abschneiden? Welche Rückmeldung würde er hier etwa zu solchen Dimensionen wie Persönlichkeit, Kompetenz, Mitarbeiterführung oder Ziel-/Ergebnisorientierung bekommen? Solchen Fragen gingen wir in den letzten vier Jahren nach. Unser Vorhaben war ein Experiment mit offenem Ausgang. Umfangreiche Befragungen und Recherchen waren nötig. Das Ergebnis halten Sie in den Händen: Einen „multi-perspektivischen" Blick auf Jean-Claude Juncker.

Einiges, was in diesem Lexikon zu lesen ist, wird Juncker nicht gefallen. Wir können damit leben. Wir haben ein „Metalexikon" zusammengestellt, das einen Überblick über 30 Jahre Jean-Claude Juncker bietet, wie man ihn sonst nirgendwo findet. Eigentlich entspricht unsere Arbeit dem, was gute Rechercheure und Journalisten leisten sollen: einen ersten Rohentwurf der Geschichtsschreibung zu liefern. Wie Juncker die Zeitgeschichte in den nächsten Jahren prägen wird, wissen wir nicht. Im Dezember 2014 wird er 60. Das ist im politischen Leben nicht so alt. Manche sagen: „Er wird uns noch alle überraschen." Andere meinen: „Es ist Zeit für einen Generationswechsel, er hat seine historische Rolle erfüllt." Wir meinen: Es braucht den Abstand einer Generation, um sein Wirken in Europa und Luxemburg richtig beurteilen zu können. Also weitere 30 Jahre.

Albin Wallinger und Serge Spellini   Mai 2013

BENUTZERHINWEIS

Dieses Lexikon besteht aus Fremdaussagen von 400 Personen. Die Stichwörter sind alphabetisch geordnet.

- Angesichts des langen Analysezeitraums von 30 Jahren kann ein Lexikon dieser Größenordnung lediglich einen Ausschnitt anbieten.
- Einige Aussagen wurden aus dem Englischen, Französischen und Luxemburgischen ins Deutsche übersetzt. Eine wortgetreue Übersetzung war nicht immer möglich.
- Um den Lesekomfort zu erhöhen, war es in seltenen Fällen nötig, ein Wort zu ergänzen oder Satzteile anders anzuordnen. Die Aussagen wurden dadurch inhaltlich substanziell nicht verändert.
- Kürzungen von Originaltexten sind durch (…) angedeutet.
- In den Originaltexten wird oft gesprochen von: Premierminister, Luxemburgs Premier, Staatsminister, Regierungschef, Eurogruppenchef, etc. Auch Spitznamen werden gerne verwendet. Im vorliegenden Lexikon heißt es schlicht: „Jean-Claude Juncker" oder „Juncker".

WIE DIESES LEXIKON ENTSTANDEN IST

6 schriftliche Umfragen: Im Herbst 2009, im Dezember 2010, im Januar 2011 sowie im Frühjahr 2011 stellten die Herausgeber 600 Persönlichkeiten in Europa, Asien und USA folgende Frage: „Wenn Sie an Jean-Claude Juncker denken: Was fällt Ihnen spontan zu diesem Politiker ein?" Die Antworten erfolgten telefonisch, per E-Mail oder per Post, zum Teil sogar in handschriftlicher Form. Im Herbst 2012 sowie im Januar 2013 starteten die Herausgeber einen weiteren Aufruf, diesmal in Luxemburg, mit folgender Bitte: „Jean-Claude Juncker ist jetzt 30 Jahre in der luxemburgischen Regierung tätig. Erinnern Sie sich an eine persönliche Begegnung oder einen Moment, der Ihnen immer in Erinnerung bleiben wird?" Ziel dieser fünften und sechsten Erhebung war es, möglichst viele „erzählerische Texte" zu bekommen, die seltene und bisher unbekannte Momente festhalten.

Archivrecherchen: In einer ergänzenden Recherche wurden zusätzlich 1300 Printmedienartikel, Vorträge von anderen Prominenten (Tages- und Festansprachen, Laudationes) sowie unzählige Radio- und Fernsehsendungen ausgewertet. Unter anderem haben die Herausgeber Sendebänder angefordert und Transkripte angefertigt.

Amerkungen: (1) Unabhängigkeit. Dieses Lexikon entstand unabhängig von der porträtierten Person, unabhängig von seiner Partei und unabhängig von staatlichen Stellen und Institutionen. Als Lexikonherausgeber mit wirtschaftlichem und naturwissenschaftlichem Hintergrund (Wallinger: MBA-Absolvent, Spellini: Ingenieur) meiden beide jede politische Einordnung. Auch ihre private Sicht auf Juncker ist völlig irrelevant. Der Verlag ist ebenfalls unabhängig und frei von jeglichen Interessensgruppen oder Subventionen. (2) Neutralität. Die Herausgeber verstehen sich als neutrale Dokumentare der Fremdaussagen. Sie ordnen diese alphabetisch und chronologisch. (3) Neuartigkeit. Das vorliegende Metalexikon lässt herkömmliche Lexikon-Genrekriterien hinter sich. Neue Elemente, etwa das 360°-Register, gehen über übliche Register hinaus. Eine neue Lexikon-Kategorie etabliert zu haben, war gewollt. Die Herausgeber wollen damit zeigen, dass es auch im Printbereich noch Medien-Innovationen geben kann. (4) Journalistische Standards. Bei allen Innovationen arbeiteten die Herausgeber streng journalistisch: Quellen suchen, Fakten verifizieren, Lesern einen Mehrwert bieten. Damit agier(t)en sie schon fast wieder konservativ. (5) Quellenwürdigung Das vorliegende Lexikon enthält auch Bemerkungen, investigative Elemente, Kurzanalysen und Reportageelemente von ausgewählten Journalisten. Längere Abschnitte, die über das Zitatrecht im Rahmen des strengen Urheberrechts hinausgehen, wurden mit einer ausführlichen Quellenwürdigung versehen. Es betrifft vor allem die luxemburgischen Publikationen Journal, Forum und Feierkrop. Alle Rechte verbleiben bei den Urhebern. Die regelmäßige Lektüre dieser drei Publikationen kann nur empfohlen werden. (6) Sorgfalt. Die Angaben in diesem Buch basieren auf sorgfältigen Recherchen der Herausgeber, nach bestem Wissen und Gewissen. Trotzdem können sich Fehler eingeschlichen haben, wofür Verlag und Herausgeber um Verständnis bitten. Sie können keine Haftung für die Vollständigkeit und Richtigkeit der Angaben übernehmen. (7) Verbesserungsvorschläge. Für ergänzende oder korrigierende Hinweise sind die Herausgeber jederzeit dankbar.
Adresse: Prom Verlag, Postfach 1888, L-1018 Luxemburg

PROMINENTE INTERNATIONAL

ÜBER JEAN-CLAUDE JUNCKER

Althaus, Dieter *Ministerpräsident von Thüringen (2003-2009):* Der luxemburgische Premierminister Jean-Claude Juncker hat einmal gesagt: ‚Wer an der Europäischen Union zweifelt, soll einen Soldatenfriedhof besuchen.' Die Toten mahnen uns, alles dafür zu tun, dass die Menschen und Völker friedlich miteinander leben. (November 2007)

Altmaier, Peter *Deutscher Umweltminister (CDU), ehemaliges Mitglied im europäischen Verfassungskonvent:* Junckers größter Verdienst ist es, dass er stets den Mut hatte, den Regierungschefs größerer Mitgliedsstaaten auf die Nerven zu gehen und sie an ihre europäische Verantwortung zu erinnern. Und er gibt den Bürgern das Gefühl, dass Europa eine zutiefst menschliche Angelegenheit ist. (Oktober 2009)

nicht, wann und zu welchem Anlass ich Jean-Claude Juncker das erste Mal getroffen habe. Er war „in Europa" schon immer da. Woran ich mich erinnere ist, dass er immer jeden Anwesenden, und sei es auch ein noch so kleiner Beamter eines anderen Landes, freundlich und persönlich begrüßte. Das tun nicht alle Regierungschefs und Vertreter „europäischer Institutionen". Und er tut es bis heute. (Dezember 2012)

Jörg Asmussen

Peter Altmaier

Asmussen, Jörg *Mitglied des Direktoriums der Europäischen Zentralbank:* Ich weiß

Balser, Christian *Moderator, SR1 Europa-welle / Der Morgen im Saarland:* Ein Juncker-Moment in meiner Sendung? Ja, wenn ich an den O-Ton denke, den wir am 23.11.2012 einspielten. O-Ton von Jean-Claude Juncker: „Also wenn ich Hellseher wäre, würde ich mein Geld auf der Kirmes verdienen." Darauf konnte ich nur antworten: „Herr Juncker... mal wieder gewohnt sarkastisch." (November 2012)

Christian Balser

Bannas, Günter *Leiter Politik-Redaktion Berlin, FAZ:* Bei den Vorbereitungen zum Maastrichter Vertrag 1992 hatte Juncker einen wichtigen Begleiter auf deutscher Seite: Horst Köhler. Köhler war Staatssekretär im Bundesfinanzministerium gewesen. Den Maastrichter Vertrag, der die Grundlagen der neuen gemeinsamen Währung schuf, hatte Köhler deutscherseits mitausgehandelt. (Februar 2013)

Barroso, José Manuel *Präsident EU-Kommission:* Meine lobende Anmerkung zum luxemburgischen Vorsitz des EU-Rats unter Jean-Claude Juncker im ersten Halbjahr 2005 erfolgt nicht, weil es den formellen Gepflogenheiten entspricht. Sie entspringt nicht aus einer notwendigen Höflichkeit. Es ist auch nicht bloß ein Beweis meiner persönlichen Freundschaft mit Jean-Claude Juncker. Ich mache das Ganze, weil ich eine Anerkennung aussprechen will. Eine Anerkennung für die außerordentlichen Anstrengungen, die Jean-Claude Juncker im Rahmen der insgesamt sechs Monate des Vorsitzes an den Tag gelegt hat. (Juni 2005)

José Manuel Barroso

Barthle, Norbert *Haushaltspolitischer Sprecher der CDU-/CSU-Bundestagsfraktion:* Ich beobachte mit Sorge, dass sich Jean-Claude Juncker auf die Seite von EZB-Chef Mario Draghi schlägt und offenbar neue Anleihekäufe der EZB unterstützt. (Juli 2012)

Batliner, Herbert *Vorsitzender der Batliner-*

Stiftung: An Jean-Claude Juncker gefällt mir, dass er ein Mensch aus Schrot und Korn ist. Er verfügt über Handschlagqualitäten - einer der ganz wenigen Politiker in Europa mit diesen Eigenschaften. (November 2009)

Baumanns, Markus *Geschäftsführendes Mitglied des Vorstands der ZEIT-Stiftung Ebelin und Gerd Bucerius:* An Juncker gefällt mir, dass er wie kein anderer so sehr für Europa steht – unter den zeitgenössischen Politikern. (November 2009)

Bayrou, François *Führender französischer Politiker, Vorsitzender der Mouvement Démocrate (MoDem):* Juncker an die Spitze der EU-Kommission? Ich empfehle ihn - wegen seiner großen Erfahrung. (Juni 2004)

François Bayrou

Becker, Michael *ARD-Hörfunkstudio, Brüssel:* Juncker genießt hohen Respekt im Kreis seiner europäischen Kollegen. Er gilt als das, was man einen ‚echten Makler‘ nennt. Nur: Juncker ist zwar selbstbewusst, er ist aber trotzdem nicht die starke Lösung. Auch als ranghöchster EU-Vertreter würde er immer der Mann aus dem kleinen Luxemburg bleiben. Ganz anders wäre es da mit Tony Blair (. . .). Aber Angela Merkel soll gar nicht begeistert sein von dem Gedanken, Blair zum Gesicht Europas zu machen. (April 2008)

B

Bergius, Michael *Wirtschaftskorrespondent, Frankfurter Rundschau, Berlin:* Gerüffelt wurde Juncker (für seinen Eurobonds-Vorschlag) vom Vorsitzenden des Auswärtigen Ausschusses im Bundestag, Ruprecht Polenz, der gegenüber unserer Zeitung sagte: „Es ist angesichts der nervösen Lage auf den Märkten sehr unklug, sich derart Luft zu machen und so scharf einen Dissens zu formulieren." (Dezember 2010)

Bergmann, Jan *Vorsitzender des Europa-Zentrums Baden-Württemberg / Institut und Akademie für europäische Angelegenheiten:* An Jean-Claude Juncker gefällt mir, dass er bei jedem Gipfeltreffen wieder auf's Neue für alle Welt sichtbar macht, dass Einfluss innerhalb der Europäischen Union nicht von der Größe des Mitgliedstaats, sondern derjenigen der Persönlichkeit abhängt. (November 2009)

> er bei jedem Gipfeltreffen wieder auf's Neue für alle Welt sichtbar macht, dass Einfluss innerhalb der Europäischen Union nicht von der Größe des Mitgliedstaats, sondern derjenigen der Persönlichkeit abhängt.
>
> *Jan Bergmann*

Jan Bergmann

Berschens, Ruth *Leiterin Büro Brüssel, Handelsblatt:* Juncker attackierte (am 8. Dezember 2010) in ungewohnter Deutlichkeit die deutsche Bundesregierung. Kanzlerin Angela Merkel und ihr Finanzminister Wolfgang Schäuble, so Junckers

B

Vorwurf, hätten die Idee einer Euro-Anleihe abgelehnt, ohne „dem Vorschlag unter den Rock zu schauen." „Deutschland denkt da ein bisschen simpel", sagte Juncker. Er warf der Bundesregierung „uneuropäisches Verhalten" vor (. . .) Die deutsche Kanzlerin reagierte „stinksauer", hieß es im Kanzleramt. (Dezember 2010) Merkels Widersacher? Vier Herren stören das Krisenmanagement der Bundeskanzlerin - jeder aus anderen Gründen (. . .). Juncker hat Kanzlerin Angela Merkel schon häufig verärgert. Vor allem im Frühjahr, als er für Eurobonds eintrat und sich damit auf die Seite von Kommissionschef Barroso schlug. Auch sonst legt Juncker immer wieder den Finger in die Wunden. (Dezember 2011)

Blair, Tony *Premierminister Großbritannien von 1997-2007:* Jean-Claude Juncker war einmal bitter enttäuscht von mir - und das zu Recht. Ich war der Spielverderber bei den EU-Budgetverhandlungen während des luxemburgischen Ratsvorsitzes. Juncker hätte jedes Recht dazu, mich im Rückblick als ziemliche Nervensäge zu betrachten. (Oktober 2010)

Tony Blair

Blaschke, Florian *Online-Redakteur, News.de:* Das Bild, das Juncker (in der Diskussion bei Maybritt Illner) zeichnete, glich einer kleinen Vorortsiedlung, einem Märchendorf: „Ich finde, dass in Europa über Europa zu schlecht geredet wird und dass in Europa über die Nachbarn schlecht geredet wird, sehr schlecht sogar", sagte Juncker. „Habt Euch doch lieb, wenigstens ein bisschen!" Das sagte er nicht, es sprach aber aus seinen Augen und Worten. (Mai 2009)

Blüm, Norbert *Deutscher Arbeitsminister (CDU), 1982-1998:* An Jean-Claude Juncker gefällt mir, dass er weiß, woher er kommt: aus einer Arbeiterfamilie. (November 2012) Ein Juncker-Moment? Im September 2011, nach einer Veranstaltung in Luxemburg, bekamen meine Frau Marita und ich einen Strauß Blumen, weil wir beide auf den Tag genau 47 Jahre verheiratet waren! (September 2011)

Norbert Blüm

Böhmer, Wolfgang *Ministerpräsident Sachsen-Anhalt von 2002-2011:* An Jean-Claude Juncker gefällt mir, dass er auch nach einer bemerkenswert langen Zeit als Regierungschef eines relativ kleinen

Landes nicht eine Spur an Leidenschaft für die europäische Einigung verloren hat. (November 2009)

[handschriftlicher Eintrag]

Ar Böhmer

Wolfgang Böhmer

haben, ‚Churchill', einem Neufundländer in Not, ein neues Zuhause zu geben. (November 2009)

[handschriftlicher Eintrag]

Deine Frau Christine und er sich im Februar 2007 bereit erklärt hatten, " Churchil', einem Neufund- Länder in Not, ein neues Zuhause zu geben.

F. Brabandt

Inge Brabandt

Borer, Thomas *Botschafter der Schweiz in Deutschland (1999-2002):* Was muss bei uns in der Schweiz anders werden? Es braucht einen Paradigmenwechsel und den Willen, Macht auch auszuüben. Schauen Sie Luxemburg an: Die haben mit Jean-Claude Juncker einen Mann, der internationale Anerkennung genießt und in ganz Europa gehört wird - obwohl Luxemburg viel kleiner ist als die Schweiz. (August 2009)

Thomas Borer

Brabandt, Inge *Vorsitzende ‚Neufundländer in Not' e.V., Aalen:* An Jean-Claude Juncker gefällt mir, dass seine Frau Christiane und er sich im Februar 2007 bereit erklärt

Breuer, Michael *Minister für Bundes- und Europaangelegenheiten des Landes Nordrhein-Westfalen:* Nicht alle Politiker auf dem europäischen Parkett reden so deutlich Klartext wie Jean-Claude Juncker. Bei ihm weiß jeder, woran er ist. (März 2006)

Brok, Elmar *Mitglied des Europäischen Parlaments, Mitglied des Parteivorstands der Europäischen Volkspartei EVP:* Kohl hat mir einmal gesagt, Juncker ist einer der wenigen, der das gesamte Bild der Christdemokratie darstellt - nämlich auch den sozialen Flügel. (April 2003) Was gefällt mir an Juncker besonders gut? Die Ironie beispielsweise, die er hinlegt, ist schon faszinierend. Er kann sehr gut Geschichten erzählen. Er kann mit wunderbar schönen Bildern den Leuten die Wahrheit sagen, ihnen den Spiegel vorhalten. Er macht es in einer Art, dass die Betroffenen über sich selbst lachen können. Er beleidigt niemanden. Das ist eine große Begabung (. . .). Er beherrscht jeden Trick, aber er denkt in einer großen historischen Dimension. Deswegen ist er auch in der Lage, sich von Einzelfragen zu lösen und Kompromisse zu machen (. . .). Wenn man mit ihm einen Deal macht oder wenn man auch einmal Probleme hat und ihn um Hilfe bittet, dann sagt er ‚Ja' oder ‚Nein'. Er ist als Freund auch kritisch. Er sagt einem in aller Härte, wenn man Unsinn macht (. . .). Er hat eine typisch rheinisch-moselanische Lebensweise, die die Menschen dieser Region haben. Helmut Kohl ist genauso. Es ist der Wein und das Katholische. (April 2003) Juncker wäre der Traumkandidat (für die Position des EU-Kommissionspräsidenten), auch wenn ich Verständnis für Junckers Haltung habe. Er kann in den Tagen nach der Wahl (in Luxemburg) nicht sofort Kandidat sein und ‚ja' sagen, einfach aus Rücksicht zu den Wählern. Aber in einigen Wochen, wenn ihn alle rufen, bringt er das in Luxemburg durch. Wenn 24 Regierungschefs vor ihm auf den Knien liegen, dann werden die Luxemburger verstehen, dass sie ihn hergeben müssen. (Juni 2004) An Jean-Claude Juncker gefällt mir, dass er eine fundierte Meinung als überzeugter Europäer hat und sie mutig zum Ausdruck bringt, ein feiner Freund ist und für Gerechtigkeit steht. (November 2011) Märkte glauben nicht, dass Europa ein großes Projekt ist (. . .) Angela Merkel setzt sich schon für Europa ein, aber es fehlt ihr das Kommunikative, das Narrative, warum Europa politisch und ökonomisch von strategischer Bedeutung ist. Wenn man den Nutzen nicht kennt, ist man nicht bereit, Opfer zu bringen (. . .) Nie wieder Krieg - das war die große,

grandiose Leistung der Nachkriegszeit. In der veränderten Welt (heute) brauchen wir dieses Europa, um die ganz großen Probleme besser zu bewältigen. (August 2011)

Elmar Brok

Bronner, Oscar *Gründer und Herausgeber von Der Standard, Wien:* Zu Jean-Claude Juncker fällt mir ein, dass es schön wäre, wenn es in Europa mehr Staatsmänner seines Formats gäbe. (Dezember 2010)

Oscar Bronner

Carstensen, Peter Harry *Ministerpräsident Schleswig-Holstein von 2005-2012:* An Jean-Claude Juncker gefällt mir, dass ihn ein kühler Kopf, breite Schultern und ein Schalk im Nacken auszeichnen. Er spricht Wahrheiten gelassen aus und begeistert zugleich seine Zuhörer als leidenschaftlicher Europäer. (November 2011)

Peter Harry Carstensen

Casdorff, Stephan Andreas *Chefredakteur, Tagesspiegel:* Zu Jean-Claude Juncker fällt mir ein, dass er Weitsicht mit Kurzweil verbindet. (November 2010)

Stephan Andreas Casdorff

Cohn-Bendit, Daniel *Mitglied des europäischen Parlaments (seit 1994), Co-Vorsitzender der Fraktion Die Grünen/Europäische Freie Allianz (seit 2002):* Juncker ist der sozialdemokratischste aller Christdemokraten. (Juni 2004)

Daniel Cohn-Bendit

Conrad, Rainer *W. Vorsitzender Staatsbürgerliche Stiftung Bad Harzburg e.V.:* An Jean-Claude Juncker gefällt mir, dass er seine politischen Ziele unaufgeregt, bürgernah und zielstrebig-diplomatisch der Lösung zuführt. Sein menschlich-verlässliches

Auftreten macht ihn zu einem mit großem Vertrauen belohnten Politiker.
(November 2009)

C

er seine politischen Ziele unaufgeregt, bürgernah und zielstrebig – diplomatisch der Lösung zuführt. Sein menschlich – verläßlicher Auftreten macht ihn zu einem mit großem Vertrauen belohnten Politiker.   Rainer W. Conrad

Rainer Conrad

Cuturi, Rudolf A. *Verleger Wimmer Medien, Herausgeber Oberösterreichische Nach-richten:* In Österreich ist ein Juncker ein junger, dynamischer, frischer, spritziger Wein - so wie in Frankreich ein Noveau-Wein. Fallen Ihnen dabei Parallelen zu Monsieur Juncker ein? (Dezember 2010)

Rudolf A. Cuturi

D

Dahmann, Klaus *Autor und Kommentator für Deutsche Welle:* Er wirkt stets ein wenig mürrisch, nuschelt seine Sätze vor sich hin und spricht ziemlich nüchtern über seinen „Job" (. . .) Die kleinen Seitenhiebe auf seine Amtskollegen in den übrigen EU-Ländern gibt er dennoch nicht auf: „Ich möchte für Europa und die Interessen der Bürger arbeiten. Ich habe keine Zeit, um Theater zu spielen." (November 2005)

Da Silva Costa, Carlos *Gouverneur der portugiesischen Nationalbank:* Jean-Claude Juncker ist das beste Beispiel, dass die Größe eines Landes nicht entscheidend für die Größe eines Landes ist. (November 2011)

Carlos Da Silva Costa

Defraigne, Pierre *Ökonom, Europäischer Beamter 1970-2005, Ex-Generaldirektor in der Europäischen Kommission:* Das europäische Führungspersonal ist versunken in seinem Fachjargon. Da braucht es jemanden, der eine positive Denkhaltung

hat, der als Bindemittel agiert. Aber seine Rolle ist sehr undankbar. (Oktober 2011)

Pierre Defraigne

Deininger, Roman *Journalist, Süddeutsche Zeitung:* Ein Juncker-Moment? Als Stoiber im Januar 1998 unentwegt Schreckensbilder von den Nachteilen einer Währungsunion für Bayern zeichnete, reiste Juncker zur Klausur der Bonner CSU-Landesgruppe nach Wildbad Kreuth.Junckers Mission: Aufklärung! Nachteile, beschied er den Abgeordneten, seien etwa so wahrscheinlich wie eine Hungersnot in Bayern. (Mai 2010)

Diekmann, Kai *Chefredakteur BILD:* Zu Jean-Claude Juncker fällt mir ein, dass er immer klare Worte findet, mit Witz und Verstand sagt, was er denkt, dabei kein Blatt vor den Mund nimmt und er mit diesen Eigenschaften eigentlich auch gut zu BILD passen würde. (November 2010)

Kai Diekmann

Dijsselbloem, Jeroen *Vorsitzender der Euro-gruppe seit Anfang 2013:* Finanzminister sind gekommen und gegangen. Jean-Claude ist geblieben - als Stabilitätsfaktor, der dafür sorgte, dass das ambitionierteste politische und ökonomische Projekt unserer Zeit nicht aus der Kurve fliegt (. . .) Die letzten 8 Jahre waren definitiv kein Spaziergang im Park. Ein weniger staatsmännischer Politiker wäre wahrscheinlich ins Schwanken geraten, angesichts der herausfordernden Aufgabe, einen Konsens bei solch ungünstigen Bedingungen schmieden zu müssen (. . .). Jean-Claude ist ein ziemlich hartnäckiger Typ (. . .). Sein politisches Durchhaltevermögen kann nur bewundert werden. Erinnern wird man sich aber seine Resultate. (Februar 2013)

Dobrindt, Alexander *Geschäftsführender Generalsekretär der CSU (seit 2009):* Juncker muss sich langsam überlegen, ob er mit solchen Interviews und solchen Aussagen nicht eher ein Teil des Problems der Euro-Zone als Teil der Lösung ist. (Juli 2012)

Dofel, Katja *Börsen-Korrespondentin für n-tv:* Zu Jean-Claude Juncker fällt mir ein, dass er einen erfrischenden Humor hat, bodenständig und beständig ist und über sich selbst lachen kann. (November 2010)

*er einen erfrischenden Humor hat,
bodenständig und beständig ist
und über sich selber lachen
kann. KATJA DOFEL*

Katja Dofel

Dijsselbloem, Jeroen

Elstner, Frank *Radio- und TV-Pionier:* Zu
Jean-Claude Juncker fällt mir ein, dass
er für mich die Nummer 1 in Europa ist!
(November 2009)

Frank Elstner

Fekter, Maria *Österreichische Finanzministerin:* Ich habe im Vorfeld des Treffens (in Kopenhagen zur Aufstockung der Eurohilfen) sehr lange mit Juncker gesprochen. Er hat erzählt, dass er direkt aus dem Krankenhaus kommt, enorme Schmerzen hat. Das erscheint mir mit ein Grund, warum er heftig reagiert hat. Ich nehme ihm das nicht krumm, habe mit ihm hinterher gesprochen, mich auch selber entschuldigt, habe aufgeklärt, dass es keine Pressekonferenz war, die ich gegeben habe (. . .). Ich wollte ja nur die österreichischen Journalisten informieren, um die Beschlüsse für zu Hause zu erklären. (April 2012)
Meine sehr direkte Art zu reden ist auf dem diplomatischen Parkett ungewohnt. Da ich mich mit den Inhalten der Beratungen sehr intensiv auseinandersetze, kann ich auf Fragen auch relativ konkret antworten. Wenn man komplexe Dinge konkret auf den Punkt bringt, wird das von den Medien geschätzt. Das war wahrscheinlich mit ein Grund, warum sich alle auf mich gestürzt haben, weil von Fekter bekommen sie auch klare Antworten. Sie wissen, das ist so. Ich sage ganz konkrete Dinge und nicht nur rosarote Wolken. (April 2012)

Maria Fekter

Fellner, Wolfgang *Österreichischer Medienpionier (Rennbahn-Express, Basta, News,TV Media, Österreich):* Er gilt als originell, spannend, aber auch als polarisierend. (November 2009)

Ferber, Markus *Vorsitzender der CSU-Europagruppe im Europäischen Parlament:* Mit der Kür des EU-Ratspräsidenten ist es wie bei deutschen Kaiserwahl. Die starken Kurfürsten wollten nie einen starken Kaiser über sich haben. Und so hat man auch ein bisschen das Gefühl, dass 27 starke Staats- und Regierungschefs keinen starken Ratspräsidenten haben wollten. (November 2009)

Flassbeck, Heiner *Chefvolkswirt bei der UNCTAD (Genf) von 2003-2012:* An Jean-Claude Juncker gefällt mir, dass er sehr weitgehend meinem eigenen Motto folgt, nämlich das Logische dem Ideologischen vorzuziehen. (November 2009)

Er weiß, wovon er redet und es sogar Spaß macht, ihm dabei zuzuhören.

LOTHAR FRICK

Lothar Frick

er sehr weitgehend meinem eigenen Motto folgt, nämlich das Logische dem Teleologische vorzuziehen.

HEINER FLASSBECK

Heiner Flassbeck

F

Fratzscher, Marcel *Makroökonom, Leiter des Deutschen Instituts für Wirtschaftsforschung DIW seit Februar 2013:* Das bisherige europäische Krisenmanagement hätte sehr viel besser sein können. Es gibt aber unterschiedliche Interessen in Europa. Woran es fehlt, ist eine gemeinsame, langfristige Vision. Es gibt viele unterschiedliche Visionen und Meinungen, wie Europa in fünf, zehn oder zwanzig Jahren aussehen sollte. Dies verhindert, dass wichtige gemeinsame Entscheidungen getroffen und umgesetzt werden. (August 2012)

Frick, Lothar *Direktor der Landeszentrale für politische Bildung Baden-Württemberg:* An Jean-Claude Juncker gefällt mir, dass er weiß, wovon er redet und es sogar Spaß macht, ihm dabei zuzuhören. (November 2009)

Friedrich, Ingo *Langjähriger Vizepräsident des Europäischen Parlaments:* Juncker ist einer der bedeutenden Vordenker im europäischen Einigungsprozess, bisweilen Gott sei Dank auch einer der unbequemsten Kritiker und Mahner. (Juli 2002)
Spaß muss sein - diesen Anspruch dehnt Jean-Claude Juncker bei passender Gelegenheit auf die Politik aus. Leichtigkeit und bisweilen sogar Schalkhaftigkeit bilden jedoch nur die Form, in die er sein großes Wissen und seine klaren Perspektiven für die Zukunft der EU gießt.
(Juli 2002)
Humor gehört zu den Grundzügen der Junckerschen Politik, was nicht nur seine engsten Vertrauten wissen. Über seinen Mitarbeiter Mil Jung, vor einigen Jahren luxemburgischer Landesmeister im 400 Meter-Lauf, sagte er einmal liebevoll spottend: „Mil ist doch nur Meister geworden, weil sonst kein Mensch in Luxemburg so weit läuft." (Juli 2002)

Fritz-Vannahme, Joachim *Europa-Korrespondent von ‚Die Zeit' in Brüssel:* ‚Junior' nannte Helmut Kohl ihn einst. Die nette Neckerei machte Juncker in Deutschland richtig populär. Nach Kohls Abgang seufz-

te mancher Christdemokrat: Ein Juncker
täte uns not. (Januar 2005)
,Würde mich mein Vater verstehen?' lautet
ein Lieblings- und Leitsatz von Juncker.
Auch darin steckt ein Lob der Herkunft
(nach dem Motto): Große Politik muss
bei kleinen Leuten werben, nicht nur um
Stimmen. (Januar 2005)
Auf Junckers Memoiren dürfen wir uns
freuen, werden aber noch lange auf sie
warten müssen. (Januar 2005)

Fuchs, Michael *Vizevorsitzender der CDU-/CSU-*
Fraktion: Ich weise die Vorwürfe von Juncker
zurück, in Deutschland werde die Euro-Krise
für innenpolitische Zwecke missbraucht.
Herr Juncker sollte sich bewusst machen,
wer Zahlmeister Europas ist. Die Deutschen
übernehmen mit knapp 30 Prozent die
Hauptlast der Krise - Tendenz steigend (. . .)
Herr Juncker und die Luxemburger haben
es doch relativ leicht. Ihr finanzieller Beitrag
zur Bewältigung ist lächerlich gering. Das
kann sich ein reiches Land wie Luxemburg
locker leisten. (Juli 2012)

Funk, Isabell *Chefredakteurin Trierischer*
Volksfreund: Zu Jean-Claude Juncker fällt
mir ein, dass er es nicht nötig hat, andere
zu belehren. Er überzeugt. (November 2010)

Isabell Funk

Gammelin, Cerstin *EU-Korrespondentin der Süddeutschen Zeitung:* jeder Landesfürst (in Deutschland) ehrt gern mal herausragende europäische Politiker. Da bietet sich Juncker an, der gefühlt schon immer da war und viele Sprachen spricht, vor allem Deutsch. (April 2011)
Juncker hat daheim schon eine ganze Wand an Medaillen und Trophäen, erzählt mir sein Sprecher, vom Saarland bis zum Karlspreis sei alles dabei. Nur eine zentrale Auszeichnung fehle noch: das Bundesverdienstkreuz. (April 2011)
Eine nicht untypische Szene bei Krisen-Treffen in Brüssel: Juncker steigt als Chef der Eurogruppe aus seinem schwarzen BMW und läuft über den roten Teppich. Vor den Reportern hält er kurz inne - und kann wie immer nicht widerstehen, ein bisschen zu plänkeln. Ob er zuversichtlich sei? „Wenn ich nicht zuversichtlich wäre, würde ich längst nicht mehr kommen." Also wird alles gut? „Wäre ich völlig beruhigt, würde ich nicht schon hier sein." (Oktober 2011)

Gansterer, Helmut A. *Langjähriger Herausgeber ‚Trend', Edelfeder, Autor eines Politikerbuchs (aus dem auch folgende Auszüge stammen - über die prägenden Einflüsse der Kindheit):* Wenn man die Aussagen der Großen und Gescheiten und der Genies nachliest, so haben sie, was Prägungen junger Menschen anbelangt, eine verstörende Auffassung. Meist räumen sie der Kindheitsumgebung eine hohe Rolle ein. Dies lässt sich in Autobiografien verfolgen, in denen viel von Kinderzimmern, Spielzeugen (. . .) und verwunschenen Winkeln die Rede ist. „Die Umgebung, in der ein Mensch sich den größten Teil des Tages aufhält, bestimmt seinen Charakter", schrieb Antiphon von Rhamnus. „Den besten Unterricht zieht man aus vollständiger Umgebung", ergänzte Wolfgang von Goethe. Der Soziologe Alfred North Whitehead hat die Umgebung überhaupt über alles gestellt (. . .). Die Psychologie kennt den „Kongruenz-Faktor". Er bezeichnet den Grad der Deckungsgleichheit des Alters-Charakters mit dem Kind-Charakter. Bei Menschen, die aus hartem Stoff sind, ist er hoch. Ihre substanzielle Art wird durch die Stürme des Lebens nicht abgeschliffen, allenfalls gerundet. Mag sein, dass in einem extrem hohen Kongruenz-Faktor, der (bei einem erfolgreichen Politiker) außer Frage steht, sein wesentliches Geheimnis steckt, das ihm sowohl die vielen Erfolge eintrug wie auch seine zahlreichen Fisimatenten, Troubles und Anfeindungen. Denn hohe Kongruenz bewirkt einerseits Charakterfestigkeit und damit Zuverlässigkeit, Treue und Berechenbarkeit. Die Schattenseite heißt Sturheit. (Juli 2011)

Genn, Felix *Bischof von Münster:* Ich denke immer noch gerne zurück an die Verleihung des Heinrich Brauns-Preises, als ich noch Bischof von Essen war. Gottes Segen ihm und seinem Wirken! (November 2009)

Felix Genn

Genscher, Hans-Dietrich *Europas diensttältester Außenminister (bis 1992):* Ich habe mir heute eine symbolische Krawatte umgebunden, ein Geschenk der Stadt Luxemburg. Als Ausgleichsversuch. Ich plädiere für einen höflichen Umgang unter Nachbarn. Gegenüber Kleinen sollten Große doppelt freundlich sein. (Anm.: Genscher in der Diskussionsrunde bei Maybritt Illner, als Reaktion auf die Bemerkung des SPD-Politikers Steinbrück, gegebenenfalls die Kavallerie nach Luxemburgs ausreiten zu lassen) (Mai 2009)

Hans-Dietrich Genscher

Gillo, Peter *Direktor Regionalverband Saarbrücken:* Zu Jean-Claude Juncker fällt mir ein, dass er selbst in kritischen Situationen den Humor nicht verliert. (November 2009)

> er selbst in kritischen Situationen den Humor nicht verliert.
>
> PETER GILLO

Peter Gillo

Gödde-Baumanns, Beate *Ehrenpräsidentin der Vereinigung Deutsch-Französischer Gesellschaften in Deutschland und Frankreich e.V. (VDFG):* An Jean-Claude Juncker gefällt mir 1. dass er sich beharrlich und mit Augenmaß für die Weiterentwicklung der Europäischen Union einsetzt 2. dass er zwischen den einzelnen Mitgliedsstaaten bzw. ihren Regierungen geschickt vermittelt 3. dass er 'Klartext' spricht. (Dezember 2009)

> 1. Daß er sich beharrlich und mit Augenmaß für die Weiterentwicklung der Europäischen Union einsetzt;
> 2. Daß er zwischen den einzelnen Mitgliedsstaaten bzw. ihren Regierungen geschickt vermittelt;
> 3. Daß er "Klartext" spricht. BEATE GÖDDE-BAUMANNS

Beate Gödde-Baumanns

Gösch, Annette *Honorarkonsulat Luxemburg, Düsseldorf:* An Jean-Claude Juncker gefällt

mir, dass er zuhört und stets freundlich bleibt. Und dass er mit Weitsicht und Offenheit regiert. (Dezember 2009)

er zuhört und stets freundlich
bleibt.
er mit Weitsicht und Offenheit
regiert.
Annette Gösch

Annette Gösch

Gysi, Gregor *Fraktionsvorsitzender der Partei ,Die Linke':* An Jean-Claude Juncker gefällt mir, dass er ein eher kleines Land sehr beachtlich vertritt. (November 2009)

er ein eher kleines Land
sehr beachtlich vertritt.

Dr. Gregor Gysi

Gregor Gysi

G

Hagelüken, Alexander *Volkswirt, Leiter des Geldteils der Süddeutschen Zeitung (seit 2008):* Steinbrück hatte Steueroasen mit Indianern verglichen, gegen die gegebenenfalls die Kavallerie ausreiten sollte, und zu den Oasen hatte er auch Luxemburg gezählt. Juncker hatte ironisch abgewiegelt: „Indianer kennen keinen Schmerz und Luxemburger verstehen jeden Scherz", formulierte er. Und er selbst habe Luxemburg nie als Steuerparadies empfunden. (Oktober 2011)

Hankel, Wilhelm *Ökonom, Eurokritiker der ersten Stunde:* Man will den Megastaat Europa. Aber dieser Megastaat reißt den nationalen Demokratien buchstäblich die Wurzeln aus. Demokratien sind immer national (. . .). Diese Eurokraten schaffen so etwas wie eine neue Sowjetunion mit einem Politbüro und - nur für den Finanzmarktsektor und die ganz Großen, nicht die Kleinen - freien Märkten. Dieses Europa wird dann zentral gelenkt, denn die Wirtschaftsregierung ist ja nur ein anderes, harmloseres Wort dafür. Deswegen ist unser Kampf gegen die Europäische Währungsunion auch kein Kampf für mehr Nationalismus, sondern einer für den Erhalt von Demokratie und sozialer, nicht freier, Marktwirtschaft. Das ist die Wahrheit, die Brüssel und Herr Juncker nicht wahrhaben wollen. (Juni 2011)

Haslauer, Wilfried *Landeshauptmann Land Salzburg:* Jean-Claude Juncker gehört in die Reihe großer europäischer Staatsmänner, die die Europäische Union nachhaltig prägen. Vor dem Hintergrund der Krise der Staatshaushalte ist seine Philosophie von Stabilität und vernünftigem Wirtschaften mit christlich-sozialer Verantwortung aktueller denn je.
(November 2010)

Haug, Franz *Oberbürgermeister Stadt Solingen (1999-2009):* Juncker weiß seine Leidenschaft für die Einheit Europas in mitreißende Worte zu kleiden und oft auch in hinreißende. (September 2008)
"Zukunftseifrig" - das ist eine Wortschöpfung von Juncker, der man länger nachsinnen, sie sozusagen auf der Zunge zergehen lassen sollte. Ich habe es übrigens überprüfen lassen: die Internetsuchmaschine Google findet zu diesem Adjektiv nicht einen Eintrag. „Zukunftseifrig" hat nicht nur die Eignung zum geflügelten Wort; der Mangel der Menschen an „Zukunftseifer" - so verstehe ich die Diagnose Junckers - ist ein Faktum, das den europäischen Einigungsprozess lähmt und ihn bedroht. (September 2008)
An Jean-Claude Juncker gefällt mir, dass er mit Humor und geistreicher Rhetorik über die seltene Fähigkeit eines Politikers verfügt, auch komplizierte Sachverhalte

auf den Punkt zu bringen und Menschen zu begeistern. (November 2009)

er mit Humor und geistreicher Rhetorik über die seltene Fähigkeit eines Politikers verfügt, auch komplizierte Sachverhalte auf den Punkt zu bringen und Menschen zu begeistern.

FRANZ HAUG

Franz Haug

Heinlein, Stefan *Korrespondent Deutschlandfunk:* Manche sagen, Juncker habe drei Nachteile: Er sei zu selbstbewusst, zu charismatisch und zu kantig für diesen Posten. Wollen die europäischen Staats- und Regierungschefs (vielleicht) ein europäisches Leichtgewicht an der Spitze der EU, damit sie hinter einem charismatischen Präsidenten nicht verblassen? (November 2009)

Herles, Wolfgang *Journalist, Moderator ‚Aspekte‘:* Politikverdrossenheit und gleichzeitig die Beliebtheit von einzelnen Politikern, wie passt das zusammen? Eine Erklärung: Die Leute sind tief verunsichert. Deshalb scharen sich die Leute um eine Person (. . .) Es besteht die Furcht, dass Europa die Nation nicht ersetzen kann. Zumindest nicht demokratisch. (Juli 2012)

Herman, Yves *Cheffotograf Reuters:* Juncker ist sehr zugänglich für Medienschaffende und gut zu fotografieren, weil er es versteht, sich in Szene zu setzen. Er steht da in einer Reihe mit Könnern wie Angela Merkel und Nicolas Sarkozy. (Januar 2013)

Herzog, Werner *Filmemacher und Regisseur:* Als die Europäische Union den Friedens-

nobelpreis erhalten hat, gab es ein für mich nicht nachvollziehbares Gemaule in den deutschen Medien. Dabei ist das ein ungeheures Ereignis von außerordentlicher Reichweite. Europa ist das größte praktizierte Friedensprojekt in der Weltgeschichte. (April 2013)

Hessel, Stéphane *Überlebender des KZ, Französischer Diplomat, Mitverfasser der UN-Charta der Menschenrechte, Autor von ‚Empört Euch‘:* Juncker ist ein wahrer Europäer, so wie ich sie liebe. (Oktober 2011)

Stéphane Hessel

Hilger, Maternus *Ressortleiter Politik, Express:* Juncker war ein Gewinner der langen Nacht von Brüssel. Er gab dem Gipfel in lähmenden Momenten die entscheidenden Impulse. (Oktober 2011)

Hintze, Peter *Generalsekretär der CDU (1992-1998); Parlamentarischer Staatsekretär (seit 2005):* Juncker ist europäisch sehr erfahren. Er war schon bei der Gründung der Europäischen Union dabei, beim Maastricht-Vertrag. (Juni 2004)

Hombach, Bodo *Langjähriger Geschäftsführer der WAZ-Gruppe:* An Jean-Claude Juncker gefällt mir, dass er nicht Staatsmann und zufällig Mensch ist, sondern Mensch und zufällig Staatsmann. (Dezember 2010)

H

Bodo Hombach

H

Hübner, Günther *Experte für Körpersprache:*
Bei der Analyse der Körpersprache von
Juncker bei der Rede zur Lage der Nation
ist mir Folgendes aufgefallen: 1) Juncker
klammert sich öfters förmlich an die Unterlagen, versteckt sich hinter dem Manu-
skript. Während seiner Rede zupft Juncker
auch ständig an den Unterlagen - dies ist
ein Indiz für die Unsicherheit. Er steht zwar
zu seiner Position, aber nicht hinter den
Maßnahmen, die er gerade vorträgt. 2)
Juncker fasst sich wiederholt an die Nase,
das erweckt folgenden Eindruck: Diese
Maßnahmen wurden ihm von jemand anderen untergejubelt, sie sind nicht von ihm,
aber im Moment hat er keine besseren
Vorschläge. 3) Junckers Griff ans Rednerpult
unterstreicht sein Verantwortungsbewusst-
sein, er fühlt sich als ‚Kapitän' auf hoher
See. 4) Junckers Gestik der Hände von oben
nach unten besagt: Die Aufständischen
müssen ‚unten' gehalten werden, was
nun zu tun ist, wird von ‚oben' (von mir?)
entschieden. (Mai 2010)

Hugues, Pascale *Französische Journalistin
und Schriftstellerin, Korrespondentin für Le
Point, TAZ und Tagesspiegel:* Manche Politiker sind wie ein Mobiliar. Man hat sie seit

Jahren gesehen. Sie waren immer dabei.
Wenn sie in der Politik nicht mehr dabei
sind, wird schon etwas fehlen. (April 2007)

Pascale Hugues

Hunger, Anton *Kolumnist ‚Medium Magazin',
Kommunikationschef bei Porsche (1992-
2009):* Es war eines der selten wahrhafti-
gen Interviews, die Juncker über seine Not
mit der Wahrheit dem ‚Spiegel' gab: „Wir
tun uns angesichts der Nervosität der Finanzmärkte schwer, die Öffentlichkeit stets
adäquat und korrekt zu informieren. Das
ist bedauerlich, aber leider unvermeidlich.
(Dezember 2011)
Gewissensnöte plagen den Chef der
Eurogruppe nicht, jedenfalls renne er
deshalb nicht sofort zu seinem Beichtvater.
Dem ‚Spiegel', durchaus eine Glaubwürdig-
keitsinstanz im Journalismus, hat er dabei
gleich noch dezent eine mitgegeben: „Der
liebe Gott versteht von den Finanzmärkten
mehr als viele, die darüber schreiben." Für
die Rechtfertigung einer Lüge den lieben
Gott zu bemühen, das ist schon höhere
Dialektik. Der einfache Kirchgänger muss
das nicht verstehen. Und trotzdem blieb
Juncker keine andere Wahl: Die Lüge
gehört zum Geschäft. Ehrlich ist, wer dazu
steht. (Dezember 2011)

Jagland, Thorbjørn *Generalsekretär des Europarats, Leiter des Komitees zur Vergabe des Friedensnobelpreises:* Luxemburg ist trotz seiner kleinen geografischen Größe auf dem europäischen Kontinent eine Großmacht. Premier Jean-Claude Juncker ist ein hervorragender Staatsmann und hat 2006 den Bericht über die Reform des Europarats verfasst. (November 2011)

Thorbjørn Jagland

Janning, Josef *Zentrum für angewandte Politikforschung, Uni München; Leiter des ‚International Relations Program' der Bertelsmann Stiftung:* Das Problem bei EU-Gipfeln ist das ‚Over-Selling', das Über-Verkaufen von Ergebnissen. Immer werden mühsam verhandelte Ergebnisse als ‚Durchbruch' verkauft. Dabei sind es meistens nur Reparaturen von Defiziten. Besser wäre es, ehrlicher zu kommunizieren, nicht zu sagen: „Wir machen den großen Wurf" (Anm.: Antwort auf die Moderatoren-Frage, wie das europäische

Spitzenpersonal agiert) (Juni 2007)

Jensen, Klaus *Oberbürgermeister der Stadt Trier:* An Jean-Claude Juncker gefällt mir, dass er bei aller Ernsthaftigkeit den Humor nicht vergisst. Und dass er verstanden hat - und dies sehr früh -, wie sich Europa entwickeln muss, um in Frieden zu leben. Und dass er in Trier immer eine ‚zweite Heimat' hat. (November 2009)

- er bei aller Ernsthaftigkeit den Humor nicht vergisst,
- er verstanden hat - und dies sehr früh. Wie sich Europa entwickeln muss, um in Frieden zu leben und er immer eine „zweite Heimat" hat
KLAUS JENSEN

Klaus Jensen

Juncker, Thomas *Leiter der Katholischen Nachrichten-Agentur KNA:* Wenn sich zwei Namenskollegen - Juncker und Juncker - treffen, gibt es viel zu besprechen. Das taten wir auch. Ein erinnerungswürdiger Moment? Als er mir auf meine Aussage ‚Meine Vorfahren kommen aus Luxemburg' antwortete: ‚Und meine aus der Eifel!' (November 2009)

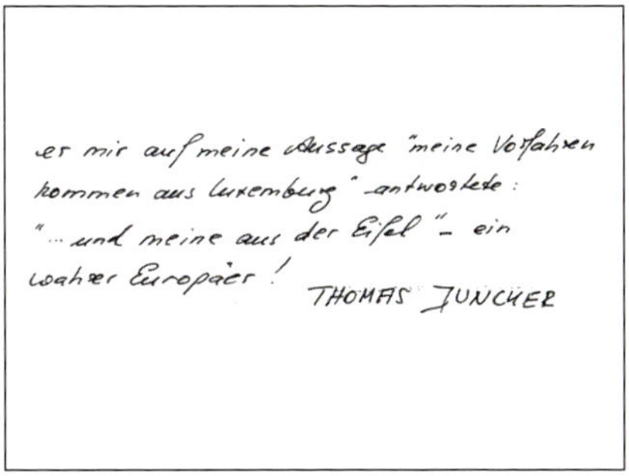

er mir auf meine Aussage "meine Vorfahren kommen aus Luxemburg" antwortete: "... und meine aus der Eifel" – ein wahrer Europäer !

THOMAS JUNCKER

Thomas Juncker

Jungwirth, Michael *Langjähriger ORF-Korrespondent Brüssel:* Die kleinen Länder sind Gewinner der EU-Integration (. . .). Die EU hat Juncker aufgewertet. Das heißt, es gibt eine Aufwertung, die einem Politiker zuteil wird, wenn er dem exklusiven Club der EU angehört (September 1998) Luxemburg legte 1997, unter Jean-Claude Juncker, eine Bilderbuch-EU-Präsidentschaft hin (. . .). Es sind gerade die kleinen Staaten, die im Regelfall die besten Präsidentschaften hinlegen. Legendär ist der Vorsitz der Iren 1996, aber eben auch jene der Luxemburger. Kleine Staaten treten bei Präsidentschaften flexibler und spontaner auf; die Apparate der Großen sind viel schwerfälliger (. . .) Helmut Kohl sagte: „Nun müssen die großen Länder diesem Beispiel folgen." (September 1998) Juncker kniete sich 1997 in alle Themen der Präsidentschaft hinein. Er investierte seine Zeit in mehr als 230 verschiedene Sitzungen, um unter anderem den Be-

schäftigungsgipfel zum Erfolg zu führen. Juncker war das Thema ‚Beschäftigung' schon immer ein ernstes Anliegen (September 1998) Kohl sagte einmal über die Vermittlungsqualitäten Junckers: „Wäre er ein gebürtiger Deutscher, hätte ich ihn längst als meinen Nachfolger aufgebaut." (September 1998)

J

Kafsack, Hendrik *Brüssel-Korrespondent der FAZ:* Es kursiert ein Satz Junckers in Brüssel, der an Klarheit kaum zu überbieten ist: „Wenn es ernst wird, muss man lügen." Gesagt haben soll Juncker das kurz vor Ostern bei einer Preisverleihung in der bayerischen Landesvertretung. Seit dem ‚Geheimtreffen' der großen Euro-Staaten, Europäischer Zentralbank, Europäischer Kommission und Griechenlands am 6. Mai in Luxemburg aber hat dieser Satz ein ganz neues Gewicht bekommen (. . .). Es wäre vielleicht noch etwas anderes gewesen, wenn Juncker nur das Treffen der Euro-Gruppe bestritten hätte, das es ja wirklich nicht gab. Juncker ließ aber auch bestreiten, dass es überhaupt ein Treffen „egal in welcher Besetzung und zu welchem Thema" gebe (. . .). Das Treffen am 6. Mai schon im Vorfeld bekanntzumachen - wie es nun einige propagieren -, wäre dennoch unklug gewesen, ist man sich in Kommission und Diplomatenkreisen einig. „In einer Krise wie dieser kann man nicht immer mit offenen Karten spielen", heißt es dort. Dazu seien die Investoren an den Märkten viel zu nervös - wie der sofortige Verfall des Euro gegenüber dem Euro am 6. Mai gezeigt habe. (Mai 2011) Jean-Claude Juncker ist ein Meister darin, Sätze derart kompliziert zu formulieren, dass der Zuhörer am Ende alles oder nichts hineinlesen kann. Das hat ihm auch in der Euro-Krise viele Schlagzeilen eingebracht, denen sein Stab die Brisanz meist schlicht durch den Hinweis nehmen konnte, man möge den Satz doch einmal bis ans Ende lesen. (Mai 2011)

Kauder, Wolfgang *Fraktionsvorsitzender der CDU/CSU:* Juncker ist ein guter Freund Deutschlands. Umso unverständlicher ist aber nun seine Kritik an der deutschen Politik. Er sollte besser die griechische Regierung zur Einhaltung ihrer Verpflichtungen auffordern. Deutschland stützt den Euro in einem Maß wie kein anderes Land. (Juli 2012)

Wolfgang Kauder

Kim, Younhee *Handelsdelegierte, Seoul / Südkorea:* An Jean-Claude Juncker gefällt mir, dass er schon seit so langer Zeit von der luxemburgischen Bevölkerung geliebt und geschätzt wird. Ich würde mir gern wünschen, dass er seine gute Arbeit auch auf der Weltbühne vollbringt. Die

Menschen werden sich dann an ihn als den ‚Friedensstifter' (‚Peace-Maker') und als den ‚Mann aus Luxemburg' (‚The Man from Luxembourg') erinnern. (Dezember 2009)

Klär, Karl-Heinz *Mitglied und Vorsitzender (2010-11) Ausschuss der Regionen der Europäischen Union:* Zu Jean-Claude Juncker fällt mir ein, dass er Charakter hat und Witz. (Dezember 2009)

Karl-Heinz Klär

Kleinsteuber, Hans-Jürgen *Politik- und Medienwissenschaftler, Universität Hamburg:* Luxemburg hat sein eigenes Gewicht, ist mit Jean-Claude Juncker politisch und wirtschaftlich erfolgreich. Es ist faszinierend zu sehen, wie Luxemburg als Ministaat mitten in Europa seit Jahrhunderten sehr konstruktiv überleben kann. (November 2010)
Nur die Luxemburger und nur Jean-Claude Juncker können mindestens vier Sprachen gleichzeitig, weil sie von allen Nachbarländern und auch englischsprachigen Ländern abhängig sind. Insofern ist Luxemburg ein Stück Europa, ein Stück von etwas ganz Besonderem. (November 2010)
Beispiel aktuelle Geldkrise: Wer springt da ein? Jean-Claude Juncker. Weil er Europa kennt wie seine Westentasche, weil die

Sprachen aller beteiligten Hauptakteure spricht. (November 2010)
Ich komme aus einem Stadtteil von Hamburg, der von der Einwohnerzahl her etwa so groß wie Luxemburg ist. Abgesehen von ein paar Lokalseiten im Hamburger Abendblatt und einigen Berichten im Lokalfernsehen gibt es bei uns nicht diese Medienvielfalt. Und drei Sprachen in einer Zeitung? Auch so etwas existiert bei uns nicht. Das ist für mich ein Ausdruck luxemburgischer Identität. In einem kleinen Land wie Luxemburg braucht es eine gewisse Unterstützung für die Presse, um diese Identität zu erhalten. Es wäre ganz schade, wenn diese Identität von den großen Akteuren rundherum plattgemacht würde. Wir sind alle sehr froh, dass es Luxemburg gibt. Und die Europäer können auch froh sein, dass es Jean-Claude Juncker gibt. (November 2010)

Klöckner, Julia *Landes-und Fraktionsvorsitzende der CDU Rheinland-Pfalz:* An Jean-Claude Juncker gefällt mir, dass er unverbissen, aber bestimmt für seine politischen Ziele kämpft und Europa fest im Blick hat. Er ist ein Visionär mit Humor und Verstand. Chapeau! (November 2009)

er unverbissen, aber bestimmt für seine politische Ziele kämpft und Europa immer fest im Blick hat. Er ist ein Visionär mit Humor und Verstand. Chapeau!

JULIA KLÖCKNER

Julia Klöckner

Kloeppel, Peter *RTL-Anchorman und Chef-redakteur:* Zu Jean-Claude Juncker fällt mir ein, dass er ein großer Europäer ist, obwohl (oder vielleicht sogar: weil!) er aus einem feinen, aber kleinen Großherzog-tum stammt. (Dezember 2010)

... er ein großer Europäer ist, obwohl (oder vielleicht sogar: weil!) er aus einem Kleinen, aber feinen Großherzogtum stammt.

Peter Kloeppel

Peter Kloeppel

Knill, Marcus *Experte für Medienrhetorik, Schweiz:* Jean-Claude Juncker ist mir seit längerer Zeit als ein Politiker aufgefal-len, der echt, glaubwürdig und natürlich kommuniziert. Er erklärt Sachverhalte sehr gut. Bei seinen Aussagen weiß man, woran man ist, er ist kein Weichspülrhe-toriker. Alle Politiker träumen davon, dass man dies von ihnen sagen könnte. Es ist für mich nicht verwunderlich, dass Juncker auch ein großes Publikum von 1400 Leu-ten (wie unlängst in Nordrhein-Westfalen)

begeistern kann. Dies schafft er vor allem deshalb, weil er das Wichtigste bei allen Kommunikationsprozessen erfüllt: Er ist glaubwürdig und echt. Stimme, Körper-sprache und Botschaft stimmen überein. Er kommuniziert ganzheitlich, mit Kopf und Herz. (November 2012)

Im November 2010 ließ sich Juncker über die Schweiz wie folgt vernehmen: „Es bleibt nämlich ein geostrategisches Unding, dass wir diesen weißen Fleck auf der europäischen Landkarte haben" (Zitat aus Die Zeit, November 2010). Obschon dieser Satz einen kleinen Medienwirbel ausgelöst hatte, wurde rasch ersichtlich, dass Juncker die Schweiz nicht zur EU zwingen möchte. Er überzeugt mich ohne missionarischen Eifer. Als Regierungschef und Finanzminister hatte Jean-Claude Juncker früher empört auf die Äusserun-gen des deutschen Finanzministers Peer Steinbrück zur Thematik Steuerparadiese reagiert. Er sagte damals: „Ich verlange Respekt für Luxemburg". Klartext wird ge-schätzt, er hatte genug von den verbalen Entgleisungen des deutschen Finanzmi-nisters. (November 2012)

Die humorvolle Seite Junckers lernte ich anlässlich des freundlichen Schädeltrom-melns auf dem Kopf Berlusconis kennen. Diese Sequenz fand ausgerechnet auf dem Berlusconi-eigenen italienischen ‚Ca-nale 5' so viel Aufmerksamkeit, dass ein Musikus sogar zu einem Song animiert worden war. (November 2012)

Roland Koch

oben: Marcus Knill unten: Berlusconi-Szene

Koch, Roland *Ministerpräsident Hessen
(1999-2010), Vorstandsvorsitzender des
Baukonzerns Bilfinger:* An Jean-Claude
Juncker gefällt mir, dass er mit Offenheit
und Ehrlichkeit und aus tiefer Überzeugung Europa auf seine ganz eigene Weise
begleitet und geprägt hat. Und er ist ein
großer Freund Deutschlands.
(Dezember 2009)

Koczian, Wolfgang *Moderator Deutschlandfunk:* Juncker lag in den Armen des chinesischen Premiers und sagte: „China und
Luxemburg sind ¼ der Weltbevölkerung".
(Mai 2012)

Köhler, Horst *Deutscher Bundespräsident
(2004-2010):* Ich bedauere, dass Jean-
Claude Juncker nicht zum ersten EU-
Ratspräsidenten ernannt worden ist.
(Dezember 2009)

Horst Köhler

Köster, Thomas *Direktor Handwerkskammer
Düsseldorf:* Zu Jean-Claude Juncker fällt
mir ein, dass er für eine Kultur des Maßes
und der Mitte eintritt und die Soziale
Marktwirtschaft für ihn die Blaupause für
eine gerechte Wirtschafts- und Gesell-
schaftsordnung im Zeitalter der Globalisierung darstellt. (November 2009)

K

Thomas Köster

Helmut Kohl

Kohl, Helmut *Deutscher Bundeskanzler 1982-1998:* Ich mag den Jean-Claude unheimlich gern. Weil ich kann mit ihm herzlich lachen, die Beine ausstrecken, einen trinken, und wir können uns gegenseitig so richtig auf den Arm nehmen. Und Jean-Claude ist unheimlich gebildet. (August 1998)

Jean-Claude Juncker kann man nicht begreifen, wenn man nicht seine Bindung an seinen Vater kennt. Sein Vater und das Milieu seines Elternhauses haben ihn geprägt. Sein Vater war Stahlarbeiter bei der ARBED. Er war deutscher Soldat im Zweiten Weltkrieg. Sein Respekt vor dem Vater und seine Zuneigung ihm gegenüber sind sehr groß. Bei allem, was Jean-Claude Juncker macht, fragt er sich immer: Würde mich mein Vater verstehen? (Mai 2004)

Dass es Jean-Claude Juncker gibt, ist ein Glück für Europa. Er ist mit seinem Denken und Handeln, mit seiner freundlichen Art, ein fester Positivposten der europäischen Politik. Und er ist ein wunderbares Beispiel dafür, dass es nicht darauf ankommt, wie groß ein Land ist, aus dem man kommt. Es kommt vielmehr auf die Statur an, auf die Persönlichkeit und die Kompetenz. (Dezember 2009)

Kollatz-Ahnen, Matthias *Vizepräsident Europäische Investitionsbank:* An Jean-Claude Juncker gefällt mir, dass er aus Europa ‚etwas macht', die Region voranbringt und sein Land beispielhaft in guter Nachbarschaft zu anderen selbstbewusst vertritt. (November 2009)

K

> er aus Europa "etwas macht",
> die Region voranbringt
> und sein Land beispielhaft in guter
> Nachbarschaft zu anderen selbstbewusst
> vetritt
>
> Dr. MATTHIAS KOLLATZ-AHNEN

Kollatz-Matthias Ahnen

Kopeinig, Margaretha *Mehrfach ausgezeichnete österreichische Europa-Journalistin (Kurier), Autorin des Buchs ‚Jean-Claude Juncker' (2004):* Zwei Sätze von Juncker aus meinem Interview mit ihm für den Kurier im Dezember 1997 sind mir immer noch in Erinnerung: „Der Stellenwert der EU-Politik wird mit dem Euro in der ganzen Welt eine neue Qualität bekommen." Und: „Mit der Erweiterung der Europäischen Union wird ein historischer Prozess

fortgesetzt, der mit dem Fall der Berliner
Mauer begann." (Dezember 1997)
Sitzt man ihm gegenüber, in seinem mehr
als bescheidenen Büro, ist man zunächst
erstaunt. Von den aufgetürmten internationalen Zeitungen und Zeitschriften, von
Bergen von Büchern und Akten, Mappen,
Ordnern, Zigaretten-Schachteln, Aschen-
bechern und leeren Kaffeetassen. Man
gewinnt von dem, was diese Person ist
und tut, zwangsläufig ganz andere Begriffe. (September 2004)
Vom Vierbeiner kommt Juncker nicht los.
„Welchen Hund haben Sie?", fragte ich
Juncker bei einem Besuch in Luxemburg.
„Einen schwarzen, es ist ein Neufundländer, er heißt Dagobert", antwortete er.
Und ergänzte: „Den kennt in Capellen
jeder Mensch. Wenn ich das Tier ausführe,
sagen die Leute immer wieder: ‚Schau Dir
den schwarzen Hund an!' Dann weiß ich
nie, wer gemeint ist. Aber eigentlich ist
mein Hund nicht nur schwarz. Er hat eine
rote Zunge." (September 2004)
Gegner und Kritiker seiner Parteienfami-
lie, der Europäischen Volkspartei, werfen
ihm vor, nicht genug konservativ zu sein,
seine politische Klasse zu verraten. Sie
haben recht. Juncker ist kein klassischer
Konservativer, er ist ein Christdemokrat
im eigentlichen Sinne des Wortes.
(Oktober 2004)
An Juncker gefällt mir, dass er das sagt,
was er denkt - und dass er eine Vision für
Europa, für die Welt und für die Menschen
hat. (November 2009)

er das sagt, was er denkt -
und dass er eine Vision für
Europa, für die Welt und
für die Menschen hat.

MARGARETHA KOPEINIG

Margaretha Kopeinig

Kotanko, Christoph *Chefredakteur des
österreichischen Kurier (2005-2010),
Korrespondent der Oberösterreichischen
Nachrichten in Wien:* „Wenn es ernst wird,
muss man lügen", befand der Luxemburger Juncker auf einem Höhepunkt dere
Euro-Krise. Seine Begründung: Weder
die Wähler noch die Wirtschaft würden
in ganz kritischen Situationen die volle
Wahrheit aushalten. Da ist was dran. Es
gibt fraglos Situationen, in denen der
gerade Weg unpassierbar ist. Währungs-
fragen gehören dazu, auch Aktionen zur
Terrorbekämpfung oder für die öffentliche
Sicherheit. Als Ende April 1986 der Reaktor
von Tschernobyl explodierte, ließ sich der
damalige österreichische Gesundheits-
minister Franz Kreuzer Zeit mit klaren
Worten. Er wollte eine Panik vermeiden,
so eine Lesart. Nicht jede Einsicht ist
sofort zumutbar. Das haben Politik und
Medizin gemeinsam. Die Bürger kennen
oder spüren solche Zwänge. Zunehmend
ein Problem ist der große Abstand zwischen Anstand und Macht, das fehlende
Grundvertrauen, der Generalverdacht
gegen „die da oben". Das Abbröckeln der
Vertrauensbasis belegen alle Umfragen.

Es liegt an den handelnden Personen, die Selbstdemontage zu stoppen. Die Politik ist nicht besser als die Menschen, die sie machen. Das gilt für andere Berufe auch, zum Beispiel für die Journalisten. (September 2012)

Christoph Kotanko

Krause, Rolf-Dieter *Leiter ARD-Studio Brüssel:*
Seinen Eltern, so sagt er, sei von Hitler die Jugend gestohlen worden. Er wolle etwas dafür tun, dass nie wieder Menschen die Jugend gestohlen wird. (Mai 2006)
Den ‚gesunden Menschenverstand' bezeichnet Jean-Claude Juncker als das Wichtigste, das er seinem Vater verdankt. Er spricht gern von seinen Eltern, er zitiert sie häufig, wenn er seine Haltung erklären will. Und wer ihm zuhört, verspürt da nicht nur tiefe Zuneigung, sondern Bewunderung, Respekt, Verehrung und auch, wie sehr er vor allem durch seinen Vater geprägt wurde. (Mai 2006)
Wenn Juncker von Politikern spricht, die nicht mehr wissen, wie der Schweiß riecht, den arbeitenden Menschen produzieren, dann schwingt in seiner Stimme Verachtung mit und da kommt auch kein Zweifel auf: Für gute Politiker hält er die nicht. (Mai 2006)

Er hätte, wie er freimütig einräumt, gut auch Sozialist werden können. Aber er will ja gestalten, also tritt er in die Christlich-Soziale Volkspartei (CSV) des Großherzogtums ein, die im katholisch-konservativen Luxemburg praktisch das Abonnement aufs Regieren hat. (Mai 2006)
Für uns Journalisten ist der Umstand, dass er raucht, übrigens gar nicht so unangenehm. Bei der EU herrscht ja meistens Rauchverbot, und je nach Örtlichkeit muss Juncker dann auch während laufender Verhandlungen vor die Tür, um zu rauchen. Für uns dann die Gelegenheit, schon mal zwischendurch zu erfahren, wie es so läuft. (Mai 2006)
Juncker weiß natürlich, dass er ein Land vertritt, das gerade mal halb so groß ist wie mancher Landkreis in Nordrhein-Westfalen. Wobei Juncker selbst gern darauf hinweist, dass ein Floh einen Löwen ganz schön piesacken kann, man aber selten davon gehört habe, dass es umgekehrt auch so sei. (Mai 2006)
An Jean-Claude Juncker gefällt mir, dass er die Dinge beim Namen nennt - und zwar deutlicher als (fast) alle anderen Politiker. Und dass er eine Haltung hat. Und dass er sie vertritt. (Dezember 2009)

K

Henning Krumrey

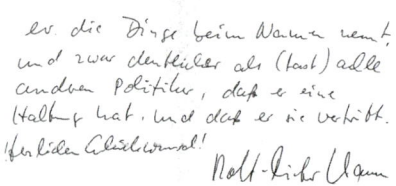

Rolf-Dieter Krause

K

Krumrey, Henning *Leiter des Hauptstadtbüros der Wirtschaftswoche, Berlin:* Herr Juncker ist nun nicht nur ein Europa-Fanatiker koste es, was es wolle. Vor allem, wenn es andere was kostet. Sondern er hat natürlich mit seinem Finanzplatz in Luxemburg ein großes Interesse daran, dass beispielsweise den Banken nichts geschieht. Und insofern hat er auch ein Interesse daran, dass die Rettungspolitik immer fortgesetzt wird. Es ist ja nicht so, dass Herr Juncker das nun alles völlig selbstlos täte. (August 2012)

Krupa, Matthias *Journalist, Die Zeit:* Wer wissen will, wie Europa im Moment regiert wird, muss sich folgende Szene vorstellen. In Luxemburg sitzt an diesem Mittwoch Juncker in seinem Büro, vor sich einen Stapel Unterlagen, die neuesten Zahlen aus Griechenland. Das schwarze Lederetui mit den Zigaretten liegt in Reichweite, auf dem Tisch steht eine Sprechanlage (...). Einen nach dem anderen rufen Junckers Mitarbeiter an. 17 Mal tüt-tüt-tüt, alle melden sich mit dem Vornamen. Am Ende ist die Euro-Gruppe vollständig versammelt (...). Die Euro-Gruppe ist in den vergangenen Jahren eine Art europäischer Krisenausschuss geworden; die Telefonkonferenz zum Sinnbild einer Politik, die immer schneller reagieren muss. (Oktober 2012)

Kubicki, Wolfgang *Landes- und Fraktionsvorsitzender FDP Schleswig-Holstein:* Jean-Claude Juncker und seine schwarzen Hunde sind bekannt. Dass die Leute auf solche Dinge achten, habe ich selbst erlebt. Ein Beispiel: Ich habe noch nie so viele Zuschriften bekommen als am Tag, nachdem Focus ein Bild von mir und meinem Hund veröffentlichte. Und nicht

meinetwegen schrieben sie, sondern weil
sie erstaunt waren, dass ich einen Hund
habe, einen Labrador. Daran können Sie
sehen, worauf Menschen auch achten;
sie kriegen plötzlich eine ganz andere
Einschätzung von einem Menschen,
von einem Bild eines Menschen, das
sie haben, und deshalb hat Aussehen,
Auftreten, Wirkung, eine ausschlaggeben-
de Bedeutung. Denn nur wenn Sie diese
Wirkung haben, können Sie auch Themen
transportieren, dann hören Ihnen die
Leute auch zu. (August 2005)

Wolfgang Kubicki

K

Lammert, Norbert *Präsident des Deutschen Bundestages:* Wenn die Kriterien bei der Auswahl des ersten ständigen Ratspräsidenten Erfahrung, Ansehen, Kompetenz und Profil sind, braucht man nicht lang zu suchen, weil es neben Jean-Claude Juncker keinen Zweiten gibt, der diesen Ansprüchen an das Amt in ähnlicher Weise perfekt entspricht. (November 2009)

Norbert Lammert

Leick, Romain *Spiegel-Korrespondent in Paris:* Luxemburg war immer als Vermittler tätig zwischen Deutschland und Frankreich, aber auch zwischen den großen und kleinen Mitgliedsstaaten. Es hat bedeutende Gestalten gegeben: Joseph Bech (der sehr befreundet mit Konrad Adenauer war, Adenauer schüttete ihm auch sein Herz aus), Pierre Werner (ein früher Schmied der Währungsunion) sowie Jean-Claude Juncker, der schon zwischen Kohl und Mitterand und jetzt auch zwischen Chirac und Schröder sehr gerne und mit Erfolg

vermittelte und ein verlässlicher Bündnispartner gewesen ist für diese beiden großen Partner, die immer das Kerneuropa bildeten und anstrebten. (Juli 2005)

Leinen, Jo *Europaabgeordneter im Europäischen Parlament (seit 1999), Präsident der Europäischen Bewegung International EMI (seit 2011):* Jean-Claude Juncker hat sich geopfert, um Tony Blair (als Ratspräsidenten) zu verhindern. Dieser hätte nicht in das Institutionengefüge gepasst. (November 2009)

Jo Leinen

Leipold, Gerd *Internationaler Chef der Umweltorganisation Greenpeace:* Luxemburg sollte sich in Kopenhagen stärker engagieren, die Entsendung eines Umweltministers reicht nicht. Da Premierminister Juncker großes internationales Ansehen genießt, wäre seine Erfahrung bei internationalen Verhandlungen von zentraler Bedeutung für das Gelingen der Konferenz. Juncker muss unbedingt nach Kopenhagen fahren. (Oktober 2009)

Gerd Leipold

Hermann Lewen

Lellouche, Pierre *Berater des französischen Präsidenten Jacques Chirac, dann von Nicolas Sarkozy:* Jean-Claude Juncker ist mein Freund. (Oktober 2009)

Limbourg, Peter *Langjähriger Leiter Nachrichten und politische Informationen SAT1/ PRO7/N24, Nachfolger von Erik Bettermann als Intendant der Deutschen Welle:* Zu Jean-Claude Juncker fällt mir ein, dass er Klartext redet und wirklich ein europäisches Gesicht ist. (November 2010)

Pierre Lellouche

Leminski, Jürgen *Redakteur und Sprecher Deutschlandfunk:* Juncker war diesmal nicht wie sonst zum Scherzen aufgelegt, sondern sprach, nach den gescheiterten Verhandlungen beim EU-Gipfel, von einer absoluten Krise (Juni 2005)

Lewen, Hermann *Intendant des Mosel Musikfestivals:* An Jean-Claude Juncker gefällt mir, dass er wichtige Dinge verständlich, kompetent und immer mit der so „Juncker-typischen" schelmischen Prise Humor würzt. Ich hätte ihn sehr gerne an der Spitze Europas gesehen! (Dezember 2010)

Peter Limbourg

Linckelmann, Wolfgang *Präsident Deutsch-Französische Gesellschaft Rhein-Sieg e.V.:* An Jean-Claude Juncker gefällt mir, dass er kompetent, souverän und humorvoll als Mittler für die europäische Einigung tätig ist und für alle engagierten Europäer als Vorbild wirkt. (November 2009)

Dr. Wolfgang Linckelmann

Wolfgang Linckelmann

Lingens, Peter *Michael Herausgeber, Publizist, Kolumnist für das österreichische Nachrichtenmagazin Profil:* Statur für das Amt des EU-Ratspräsidenten hätte Juncker zweifellos besessen. Niemand plädiert brillanter für eine stärkere EU. Aber genau das wissen auch die Engländer, die genau das nicht wollen. So wie der Rest der EU Tony Blair nicht will. (November 2009)

Linssen, Helmut *Finanzminister von Nordrhein-Westfalen (2005-2010):* An Jean-Claude Juncker gefällt mir, dass er visionär und pragmatisch ist, Weltläufigkeit mit Bodenständigkeit verbindet, führen und dienen kann. (Dezember 2009)

Lintz, Dieter *Leitender Redakteur, Trierischer Volksfreund:* Dürften die Deutschen bei der Umfrage nach dem beliebtesten Politiker auch ausländische Staatslenker nominieren, hätte Jean-Claude Juncker reelle Chancen, sich vor den Merkels

und Gabriels zu platzieren (. . .) Nur in seinem heimatlichen Großherzogtum (begegnete) man Juncker zuletzt eher miesepetrig (. . .). Nach den aktuellen Gefechten mit Bundeskanzlerin Merkel dürfte sich allerdings niemand, der die Luxemburger kennt, darüber wundern, wenn sich die heimische Presse wieder verstärkt um ihren Premier schart - immerhin schießt er gegen die ‚Preußen'. (Dezember 2010)

WAZ-Oberguru Bodo Hombach sagte über Juncker er sei ‚jemand, der nicht Staatsmann und zufällig Mensch ist, sondern Mensch und zufällig Staatsmann.' Da fragt man sich, wie viele professionelle Aphorismen-Schreiber die Verlagsgruppe beschäftigt, damit ihr Chef derart glänzen kann. (Dezember 2010)

Lipponen, Paavo *Finnischer Premierminister (1995-2003):* Jean-Claude Juncker ist einer der zentralen Figuren in der Europäischen Union. Er hat einfach sehr viele Erfahrungen und Fähigkeiten. Er hat zum Beispiel den Stabilitätspakt mitgeschrieben. Dazu kommt, dass er ein Politiker mit sozialem Bewusstsein ist. Das ist meine Erfahrung mit ihm. (November 2003)
Er hat mir in zwei sehr wichtigen Fragen geholfen. Zum einen ging es um eine enge Kooperation der EU mit Russland. Zum anderen um staatliche Subventionen für die Landwirtschaft (. . .). Was Juncker tat, war psychologisch sehr wichtig. Er hat die Dinge entspannt, was nicht einfach war. (November 2003)
Er ist ein totaler Europäer mit viel Humor. (November 2003)

L

Paavo Lipponen

Lönneker, Jens *Mitgründer des Rheingold-Instituts für qualitative Markt-und Medienforschung:* Als Psychologe muss ich gelegentlich das Paradox der Macht erklären. Dieses besagt: ,Weit weg von zu Hause genießt ein Politiker oft Ansehen und Bewunderung, sobald er aber zu Hause ist und direkte Macht ausübt, zieht er Kritik auf sich.' Das ist ganz normal. Warum? Nun, als Prophet im eigenen Land zu gelten und gleichzeitig als Prophet im Ausland geschätzt zu werden - das wäre ein bisschen unheimlich. Das wäre etwa wie Papst und Kaiser zugleich - einfach zuviel des Guten! (Dezember 2010)

Jens Lönneker

Loser, Philipp *Journalist der Basler Zeitung:* Es war hochstehend, giftig zuweilen, und stets unterhaltsam: das Rededuell

zwischen Alt-Bundesrat Christoph Blocher und Juncker (. . .) Und irgendwie wurde man das Gefühl nicht los, dass die beiden so unterschiedlichen Politiker gar nicht so weit voneinander weg entfernt sind. Fazit des Abends: unentschieden! (Januar 2011)

Ludowig, Frauke *RTL-Moderatorin (Exclusiv, Domino Day, Life):* Zum 55. Geburtstag von Jean-Claude alles Liebe! (Dezember 2009)

Frauke Ludowig

L

MacShane, Denis *Redakteur Newsweek Europe:* Der kettenrauchende Lebemann Jean-Claude Juncker (. . .) spricht fließend Englisch, Französisch und Deutsch. Juncker repräsentiert den föderalen Traum von den Vereinigten Staaten von Europa. Seine föderalistische Vorliebe, Macht nach Brüssel zu verlagern, auf Kosten der europäischen Nationalstaaten, könnte jedoch ein Veto der neuen Generation von EU-Führungsleuten hervorrufen. Diese sehen Europa als eine Konföderation von Staaten, bei der Brüssel einen Mehrwert hinzusteuert und nicht eine Übermacht gegenüber den nationalen Regierungen und Parlamenten darstellt. (Mai 2008)

Mandell, Robert A. *US-Botschafter in Luxemburg:* Mit Jean-Claude Juncker kam ich bei meinem Antrittsbesuch für eine halbe Stunde zusammen. Ich spürte ein starkes bilaterales Verhältnis auf den verschiedensten Niveaus: politisch wie wirtschaftlich. Einige der größten Unternehmen hier sind amerikanische Firmen. Bilaterale Beziehungen basieren aber mindestens genauso auf Menschen wie auf Unternehmen. (November 2012)

Robert A. Mandell

Marhold, Hartmut *Direktor des 'Centre International de Formation Européenne', Nizza/Frankreich:* An Jean-Claude Juncker gefällt mir, dass er selber denkt, europäisch denkt, er sagt, was er denkt, er es verständlich sagt und er so ist, wie er denkt und redet. (November 2010)

> ... er selber denkt,
> ... er europäisch denkt,
> ... es sagt, was er denkt,
> ... er es verständlich sagt,
> ... er so ist, wie er denkt und redet...
>
> *Hartmut Marhold*

Hartmut Marhold

Marx, Sonja *Moderatorin SR Aktueller Bericht:* Der Name Jean-Claude Juncker ist fest mit Luxemburg verbunden. In den letzten 30 Jahren gab es keine Regierung ohne ihn. (Dezember 2012)

Mayer, Stephan *Moderator BR Alpha:* Vieles erinnert mich (bei Jean-Claude Juncker) stark an Helmut Kohl. Nach dem Motto: Man muss wissen, woher man kommt, um zu wissen, wohin man geht. (Januar 2004) Er ist Premierminister und Finanzminister. Zumindest auf europäischer Ebene ist das eine etwas ungewöhnliche Kombination. Wenn man sich das mal in Deutschland vorstellen würde, dann wären das Eichel und Schröder zusammen in einer Person. Diese beiden liegen sich aber manchmal in den Haaren. (Januar 2004)

Mazal, Wolfgang *Professor für Arbeits- und Sozialrecht an der Universität Wien:* An Jean-Claude Juncker gefällt mir, dass er als überzeugter Europäer christlich-soziale Werte vertritt, auch wenn es nicht ‚mainstream' ist. (Dezember 2009)

Mary McAleese

Meyers, Reinhard *Professor für Politikwissenschaft an der Universität Münster:* Jean-Claude Juncker lässt zwar gelegentlich seine eigene Person, aber nie Europa in Rauch aufgehen (falls Dr.h.c. Juncker noch raucht, sonst ist es eine historische Aussage). (November 2009)

> ... er als überzeugter Europäer christlich soziale Worte vertritt, auch wenn es nicht mainstream ist!
>
> PROF. DR. WOLFGANG MAZAL

Wolfgang Mazal

McAleese, Mary *Präsidentin der Republik Irland (1997-2011):* Die pragmatische Hilfe von Premier Jean-Claude Juncker nach dem ersten negativen Lissabon-Referendum haben wir nicht vergessen. Wir haben die Freundschaft mit Luxemburg erneuert. Die Bilanz ist also sehr positiv. (Oktober 2009)

> er zwar gelegentlich seine eigene Person, aber nie Europa in Rauch aufgehen lässt ...
>
> Prof. Dr. R. Meyers

Reinhard Meyers

Metz, Dirk *Staatssekretär in der Hessischen Staatskanzlei (1999-2010) und Regierungssprecher von Ministerpräsident Roland Koch, seit 2011 selbständiger Kommunikationsberater:* Man stelle sich vor, bei einem Treffen der EU-Regierungschefs hätten Angela Merkel oder Nicolas Sarkozy, dessen Nachfolger François Hollande oder der Brite David Cameron dem damaligen italienischen Ministerpräsidenten Berlusconi zur Begrüßung die Glatze getätschelt und dies wäre von Kameras gefilmt worden. Berlusconi wäre wahrscheinlich empört gewesen. Die Öffentlichkeit hätte über ein solches Verhalten sicherlich den Kopf geschüttelt und sich darüber mokiert. Ein starkes Stück! Und aus diesem Grund völlig ausgeschlossen. Ausgeschlossen? Nein, Jean-Claude Juncker hat sich genau das getraut. Man stelle sich vor, Angela Merkel oder einer der zuvor genannten Regierungschefs würde spontan in der jeweiligen Hauptstadt ein Café aufsuchen oder auf einem zentralen Platz auftauchen, einfach so. Es würde sich binnen kürzester Zeit ein Pulk bilden, einige würden Handy-Fotos schießen oder, noch besser, solche von sich und dem „Promi" schießen lassen, andere würden um Autogramme bitten, vielleicht würde auch jemand lautstarken Protest kundtun. Jean-Claude Juncker kann sicher völlig ungestört über die Place d'Armes gehen. Natürlich würde auch er von Landsleuten angesprochen werden, aber Aufregung darum oder gar Protest wären kaum zu erwarten. Warum ist bei Juncker manches anders? Es liegt an drei Dingen, die auch durchaus miteinander in Beziehung stehen: Zuerst an der, natürlich nicht böse gemeint, „Kleinheit" Luxemburgs, zweitens an der Art Jean-Claude Junckers, mit der Öffentlichkeit zu kommunizieren, und schließlich auch daran, dass er gefühlt inzwischen schon seit ewigen Zeiten im europäischen Geschehen mitmischt. So hat er im Laufe der vielen Jahre trotz kompliziertester Themen eine Mischung aus Gelassenheit

und Leichtigkeit entwickelt, ja inzwischen fast schon kultiviert. Aber sogar seine humorvolle und geistreiche Lockerheit stößt in manchen Situationen an Grenzen. Vor allem in den europäischen Gremien, weil die Dramatik der Situation dafür kaum geeignet ist. Und in einer Öffentlichkeit, die von den Entscheidungen so hoffnungslos weit weg ist, dass sie gar nicht jedes Detail kennen oder gar verstehen kann. Wenn Jean-Claude Juncker kürzlich in einem Interview klagte, dass sich die Politik in den letzten 30 Jahren fast schon „fundamental verändert" habe, dass Politiker heute zu mehr Oberflächlichkeit gezwungen seien und er gelegentlich daran verzweifle, „dass man sich nicht mehr erklären kann", dann zeigt sich, dass er, der 2012 von der Deutschen Public Relations Gesellschaft als „Kommunikator des Jahres" ausgezeichnet wurde, zutiefst besorgt ist, wie sich die Kommunikation in den europäischen Gesellschaften bis zum heutigen Tage verändert hat. Gerade weil immer mehr Menschen, vor allem der jüngeren Generation, um harte Nachrichten aus Politik und Wirtschaft konsequent einen Bogen machen - die Auflagenrückgänge bei den Zeitungen und der Blick auf das Durchschnittsalter von Nachrichtensendungen sprechen für sich - wird es selbst für gute Kommunikatoren aus der Politik immer schwerer, das eigene Tun den Menschen so zu vermitteln, dass sie auf der einen Seite ein Interesse dafür entwickeln und es gleichzeitig auch noch verstehen. Damit geht auch das Problem einher, dass selbst politisch Interessierte

M

dem ständigen Hin und Her bei immer neuen Krisensitzungen oder EU-Gipfeln kaum noch folgen können. Umso wichtiger ist es, den eigentlichen Sinn Europas, das sich nicht nur in einer gemeinsamen Währung in einem Teil des Kontinents erschöpfen darf, stärker zu vermitteln. Befreit vom Amt des Chefs der „Euro-Gruppe" und damit etwas losgelöst vom „Kleinklein" der Tagespolitik wäre es eine große Chance und Aufgabe des glänzenden Kommunikators Jean-Claude Juncker zugleich, gerade der jungen Generation zu vermitteln, welcher Schatz, welche Herzenssache ein friedliches, geeintes Europa für uns alle ist. Wer könnte das besser als dieser leidenschaftliche Europäer, der außer Maltesisch fast jede Sprache des alten Kontinents spricht? (Dezember 2012)

Dirk Metz

Middel, Andreas *Brüssel-Korrespondent, Die Welt:* Als erfahrener Europa-Haudegen bringt Jean-Claude Juncker genug Geduld mit. Es sei zwar alles gesagt, aber noch nicht von jedem, lautet eine seiner zahlreichen Gipfelweisheiten. (Dezember 2000) Bei allem Schalk, aller Spottlust, ist er einer der scharfsinnigsten Analytiker des europäischen Geschäfts. Seine Analysen

sind gerade deshalb so treffend, weil er sie in ein unnachahmliches Gewand von Sarkasmus und Ironie hüllt - wahlweise in Deutsch, Französisch, Englisch oder, für seine Landsleute, in mosel-fränkisches Lëtzebuergesch. (Dezember 2000)

Müller, Peter *Ministerpräsident des Saarlands (1999-2011), derzeit Richter am deutschen Bundesverfassungsgericht:* An Jean-Claude Juncker gefällt mir, dass er ein Christdemokrat ist, der sich dem Sozialen in der Marktwirtschaft verpflichtet fühlt und dass er außerdem ein gutes Bier zu schätzen weiß. (November 2009)

Peter Müller

Mussler, Werner *Europa-Redakteur, FAZ:* Juncker, der zu Beginn des Jahres 2005 die EU-Ratspräsidentschaft übernommen hat, soll gleich drei europapolitische Konflikte entschärfen oder gar lösen: Erstens soll

unter seiner Ägide eine Reform des Europäischen Stabilitäts- und Wachstumspakts beschlossen werden; zweitens soll die seit Jahren vor sich hindümpelnde ‚Lissabon-Strategie' endlich Schlagkraft erhalten; drittens soll Juncker den Weg zu einem Kompromiss über den EU-Haushalt in den Jahren 2007-2013 ebnen. Das ist eine, vorsichtig ausgedrückt, ambitionierte Agenda. Sicher ist Juncker wohl mehr als jeder seiner Kollegen dazu befähigt, sie in Angriff zu nehmen. Er ist der erfahrenste, in zahllosen Ratsverhandlungen gestählte, mit allen Wassern gewaschene EU-Regierungschef. Er vertritt ein kleines Mitgliedsland, das in den zur Debatte stehenden Fragen wenig Eigeninteressen hat. Zusätzliche Autorität gewinnt er dadurch, dass er in den kommenden zwei Jahren der Euro-Gruppe vorsitzt, in der die Finanzminister des Euro-Raums zusammenkommen. Ob das alles ausreicht, um die strittigen Fragen in der Sache angemessen zu lösen, steht freilich in den Sternen. (Januar 2005)

Der europäische Stabilitätspakt hat die EU-Staaten in ihrem Ausgabengebahren stärker beschränkt als es ihnen recht ist. Das soll sich nun ändern. Hatte sich ursprünglich die Politik an die Regeln des Paktes zu halten, sollen nun die Regeln an die Politik angepasst werden. Es taucht die Frage auf, warum der Stabilitätspakt überhaupt reformiert werden soll. Für Juncker, der an dessen Konzipierung einst maßgeblich mitgewirkt hat, stellt sie sich kaum noch. Er muss vor allem darauf bedacht sein, den schon entstandenen Schaden zu begrenzen. Dass seine Reparaturarbeiten Kompromisse zeitigen werden, ist kaum vermeidbar. Denn die EU-Staats- und Regierungschefs sowie ihre Minister zielen vor allem auf eines: Sie wollen durch den Pakt nie mehr ernsthaft behelligt werden. (Januar 2005)

Das Zerwürfnis mit Sarkozy hat seinen Ursprung im Streit darüber, wer in der EU am meisten zur Bewältigung der Finanzkrise zu sagen hat. (Dezember 2010)

Junckers Hauptmotivation besteht darin, die europäische Einigung „umumkehrbar" zu machen. Damit hat Helmut Kohl, unterstützt von Juncker, in den 90er Jahren die Euro-Einführung begründet. In der Bundesregierung denkt nur noch Wolfgang Schäuble so. Er hat eine ähnliche europapolitische Sozialisation erfahren. (Dezember 2010)

Vor allem zu Begin der Krise stand er sich oft genug selbst im Weg. Er brauchte lange, um einzusehen, dass seine humorvoll-geistreichen - und oft genug zweideutigen - Bemerkungen der falsche Weg waren, um die nervösen Finanzmärkte zu beruhigen. Allzu häufig wurde nicht klar, was er in offizieller Mission genau sagen wollte. Erst seit dem vergangenen Jahr hält er sich in seinen Pressekonferenzen an Sprechzettel, die ihm seine Beamten geschrieben haben - was seine Statements weniger originell, aber auch deutlich berechenbarer macht. (Dezember 2012)

Juncker ließ durchblicken, er könne sich Angenehmeres vorstellen, als mehrmals im Monat bis spät in der Nacht die

Streitereien der Eurofinanzminister zu moderieren. In der Euro-Krise kam hinzu: Immer stärker wurde das Amt zu einem Vollzeitjob (. . .). Je länger die Krise dauerte, desto weniger wurde ihm seine Arbeit gedankt. Jeder Minister hatte seine eigene Agenda. (Dezember 2012) Dijsselbloems Berufung ist nicht unumstritten - die Reputation von Juncker muss sich der Niederländer erst noch erarbeiten. Juncker konnte den Konflikt zwischen den Chefs und den Ministern noch abfedern, weil er beiden Gremien - dem Europäischen Rat der Staats- und Regierungschefs und der Eurogruppe - angehörte. (Januar 2013)

Muzik, Peter *Langjähriger leitender Redakteur des österreichischen Wirtschaftsmagazins Trend, Kolumnist für EU-Infothek:* Brüssel ohne den Luxemburger - das ist wie der FC Barcelona ohne Superstar Lionel Messi. Mit Jean-Claude Juncker verliert die Europäische Union jedenfalls eine ihrer wenigen personellen Stützen, so etwas wie den Spielmacher. (Dezember 2012) Obwohl Luxemburg nach Malta das zweitkleinste EU-Land ist, übernahm Juncker in der Europa-Politik schon frühzeitig einen herausragenden Part (. . .). Er trat mehrfach als geschickter Vermittler zwischen streitenden Großmächten in Erscheinung: So etwa schaffte er es 1996, dass sich Deutschland und Frankreich, die wegen des Grundkonflikts ,Haushaltsdisziplin versus Wachstumspolitik' uneins gewesen waren, auf den Stabilitäts- und Wachstumspakt einigten. (Dezember 2012) Juncker (hat) zumeist knallharte Verhand-

lungen hinter verschlossenen Türen zu führen, meistert jedoch auch große Auftritte vor großem Publikum mit Bravour. (Dezember 2012) (Bei Juncker fällt auf, dass) er für einen EU-Politiker überraschend jovial auftritt, geistreich anmutet, pointiert zu formulieren pflegt und es zu einer ansehnlichen Popularität gebracht hat. (Dezember 2012)

M

Nahles, Andrea *Generalsekretärin SPD:* Zu Jean-Claude Juncker fällt mir ein, dass er ein kleines Land ganz groß macht, weil er sich als Motor der europäischen Union unersetzlich gemacht hat.
(Dezember 2009)

er sein kleines Land ganz
groß macht, weil er sich
als Motor der europäischen
Union unersetzlich gemacht
hat.

Andrea Nahles

Andrea Nahles

Niehjahr, Elisabeth *Korrespondentin des Hauptstadtbüros, Die Zeit:* Der deutsche Bundeskanzler fand im Fernsehduell Zeit für eine Liebeserklärung. Das kam an (. . .) Viele Frauenherzen gewann Schröder, als er 2002 im Fernsehduell mit Edmund Stoiber plötzlich direkt in die

Kamera blickte und erklärte, er liebe seine Frau Doris, „weil sie lebt, was sie sagt."
(Dezember 2012)
(Anm.: Parallelen zu Juncker, siehe Kommentar)

★ **Kommentar**

von Heinz Kerp

Eine Liebeserklärung an die eigene Frau? Das erinnert an Jean-Claude Juncker, der am 9. Dezember 2009 bei uns in der Redaktion anrief, um mit einem Gerücht aufzuräumen. Es ging um eine vermeintliche heimliche Bekanntschaft. Er erklärte unserer Redaktion: „Ich liebe meine Frau!" Juncker betonte damals ausdrücklich, dass ihn das Gerücht sehr schmerzte. „Nicht wegen mir, denn über mich kann man schreiben, was man will, sondern wegen meiner Frau", so Juncker wortwörtlich. Als ich Mitte März 2013 seine Frau Christiane darauf hinwies, dass der Anruf ihres Mannes wohl in eine der schönsten Liebesgeständnisse an sie persönlich mündete, lächelte sie und flüsterte: „Ja, das ist richtig." (März 2013)
Heinz Kerp ist Redaktionsdirektor in der Verlagsgruppe Jean Nicolas, Luxemburg

Oppermann, Thomas *Parlamentarischer Geschäftsführer der SPD-Fraktion im Deutschen Bundestag:* An Jean-Claude Juncker gefällt mir, dass er Stehvermögen hat und Klartext spricht. (Dezember 2009)

O

Er Stehvermögen hat und Kontext spricht!

Thomas Oppermann, MdB

Thomas Oppermann

Otte, Max *Ökonom, Euro-Kritiker:* Der Euro ist eine Frage von Krieg und Frieden?!? Das ist reine Propaganda, die rein an die Emotionen geht (. . .) Es werden auch Scheingefechte und Sekundärthemen hochgepusht, um von den Primärthemen abzulenken. Ich habe jetzt meine Auftritte zurückgefahren. Meine Stimme verhallt

ja. Wenn Sie das offizielle Kartell der Parteien gegen sich haben, können Sie wenig bewegen. Parteien, Ökonomen und Lobbys hängen ja zusammen. (Dezember 2012)

Max Otte

Otterbach, Christian *Hörfunkreporter und Moderator SR Saarländischer Rundfunk:* Bald werden die ersten Luxemburger volljährig, die keinen anderen Premierminister kennen. Ein Helmut Kohl Luxemburgs? (Dezember 2012)

Pansin, Albert *Handelsdelegierter Vereinigte Arabische Emirate:* Es gibt eine Periode in der Lebensgeschichte von Jean-Claude Juncker und mir, also von uns beiden: Wir verbrachten eine Zahl von Jahren im selben Internat, in Clairefontaine / Belgien. Dort mussten wir durch denselben Drill. Wir beide haben auch einige gemeinsame Freunde, auch wenn er von all dem nicht im Detail Bescheid wissen wird. An Jean-Claude Juncker gefällt mir, dass er ein großer Luxemburger ist, auf den man stolz sein kann. Und dass er ein großer Europäer ist, der gerade heraus ist und einen signifikanten Beitrag zur europäischen Einigung geleistet hat. (November 2009)

Pöttering, Hans-Gert *Präsident des Europäischen Parlaments (2007-2009), Vorsitzender der Konrad Adenauer Stiftung:* Mein Wunschkandidat für den EU-Kommissionspräsidenten wäre Jean-Claude Juncker. Er würde alle hinter sich vereinigen, so weit ich das sehe. Aber offensichtlich ist er im Wort bei den Wählerinnen und Wählern in Luxemburg, zumindest zur Zeit. Das kann ich verstehen, aber ich hoffe doch, dass das letzte Wort nicht gesprochen ist. (Juni 2004)

Hans-Gert Pöttering

Poß, Joachim *Stellvertretender Vorsitzender der SPD-Fraktion im Deutschen Bundestag, Haushaltspolitischer Sprecher:* Hat Juncker mit dieser Analyse recht? Ja. (zu Juncker-Analyse in Süddeutscher Zeitung: „Deutschland erlaubt sich den Luxus, andauernd Innenpolitik in Sachen Euro-Fragen zu machen.") (Juli 2012)

Prantl, Heribert *Leiter des Ressorts Innenpolitik, Süddeutsche Zeitung:* Zu Jean-Claude Juncker fällt mir ein, dass er in Deutschland so präsent ist, dass er als Ersatz-Bundespräsident gelten kann. (Dezember 2010)

P

Heribert Prantl

Pröll, Erwin *Landeshauptmann Niederös-terreich:* Meine erste Begegnung mit Jean-Claude Juncker? Wir haben uns beim Europaforum Wachau 1995 kennengelernt. Und wie es so oft ist im Leben, hat diese persönliche Begegnung den Funken zum Springen gebracht. Seit diesem Zeitpunkt gibt es eine sehr, sehr gute Ebene der Zusammenarbeit. (September 2003) Von Jean-Claude Juncker kann man zunächst einmal lernen, dass es auch in spannungsgeladenen Zeiten wichtig ist, das Lachen nicht zu verlieren. Ich mag seinen trockenen Humor sehr. Man kann von ihm (auch) lernen, dass die Heimat-verbundenheit und die Verantwortung für eine kleinere Einheit nicht im Gegensatz zur Verantwortung für ein größeres Gan-zes stehen. Man kann von ihm ein sehr sensibles Abwägen zwischen Partikular-Interessen und Gesamt-Interesse lernen (. . .). Bei Spannungen und Konflikten ist er in der Lage, sich für einen Kompromiss selbst zurückzunehmen, wie gesagt, im Interesse eines größeren Ganzen. Das erfordert eine breite Persönlichkeit, ein großes Faktenwissen, ein hohes Maß an Toleranz und natürlich auch eine entspre-chende Geradlinigkeit seinen Bürgern zu Hause. (September 2003) Juncker ist nicht jemand, der den Leuten nach dem Mund redet. Er ist einer, der das, was er für richtig und notwendig hält, artikuliert und ausspricht. In einer Art und Weise, die erklärend ist und jeder einzelne versteht. (September 2003) Man muss weit gehen in Europa, um so eine Persönlichkeit zu finden. Das hebt ihn aus der Mittelmäßigkeit der europäi-schen Politik heraus (. . .). Er hat meines Erachtens absolut das Zeug für einen Spitzenjob in Europa. Das Gegenargu-ment, dass Luxemburg schon einige Male Spitzenfunktionen in EU-Institutionen in-nehatte, ist meines Erachtens kleinkariert. Europa könnte nicht besser signalisieren, dass nicht die Größe eines Landes das Entscheidende ist, sondern die Qualität eines Politikers. (September 2003) Wenn wir mehr Zeit hätten, würden Jean-Claude Juncker und ich auch öfter zusammenkommen, um miteinander zu philosophieren, miteinander zu scherzen oder miteinander ein Glas Wein zu trin-ken. Juncker trinkt lieber Bier. (September 2003) An Jean-Claude Juncker schätze ich, dass er ein Mensch ist mit Visionen, Zuver-sicht und Tat, der im Vertrauen auf seine Erfahrung, die ihm entgegengebrachte Wertschätzung und Glaubwürdigkeit, sowohl zu Hause als auch in ganz Europa Wesentliches vorangetrieben hat. Ein großer Politiker, ein großer Visionär, ein großes Vorbild mit absoluter Professiona-lität, ungemein viel Erfahrung, Beschei-denheit, Menschlichkeit, Humor aber auch kritischer Ehrlichkeit! (November 2009)

P

schla
imm
cher

Riepl, H
  reic
  Sor
  als
  er
  de
  de
  zw
  zu
  (.
  is
  w

Roet
  s
  u

Ros

P

Salihu, Hamisu *Professor an der University of South Florida, USA:* Jean-Claude Juncker regiert ein Land, in dem ich das beste Essen meines ganzen Lebens hatte. Ich erzählte meinen Kollegen davon. Jetzt wollen alle Luxemburg besuchen! (November 2009)

Hamisu Salihu

Sautter, Rémy *Präsident, RTL France:* Seine zurückhaltende Hartnäckigkeit und sein Vorstellungsvermögen erlauben Juncker, in der Kunst der Verhandlung herauszuragen. Er versteht es, sich in die Situation seiner Gesprächspartner hineinzufühlen. Gleichzeitig zeichnet ihn eine echte Transparenz aus: Er sagt, was er denkt, er hat eine ganz schnörkellose Art. (November 2005)

Schade, Otto-Werner *Regionaldirektor Bundesagentur für Arbeit Rheinland-Pfalz/ Saarland:* An Jean-Claude Juncker gefällt mir seine Toleranz, Klarheit und seine Fähigkeit, Politik sachlich und ohne Show-Wirkungen darzustellen und umzusetzen. (Dezember 2009)

Schäuble, Wolfgang *Deutscher Finanzminister (CDU):* Wir nehmen Kritik von Premierminister Jean-Claude Juncker sehr ernst, weil er ein sehr erfahrener und sachkundiger Mann ist. (Dezember 2009)
Zypern und Luxemburg? Ich bitte Sie. Das kann man nun wirklich nicht miteinander vergleichen. Die Strukturen in den beiden Ländern, in deren Finanzsektoren, sind völlig unterschiedlich. Im übrigen hat mein Freund Jean-Claude Juncker erklärt, dass sein Land beim automatischen Informationsaustausch mitmachen wird. Das ist für Luxemburg wahrlich kein kleiner Schritt und verdient unseren Respekt. Und auch in Österreich tut sich etwas. (April 2013)

Wolfgang Schäuble

Schellenberger, Rouven *Berliner Zeitung:* Für Gerhard Schröders Buchvorstellung hätte sich kein besserer Rezensent finden lassen als Juncker. Für Schröder bietet Juncker den Vorteil, dass er sich vor allem dem Außenkanzler Schröder widmet, also einer

er ein Mensch ist mit Visionen, Zuversicht und Tatkraft, der in Vertrauen auf seine Erfahrung, die ihm entgegengebrachte Wertschätzung und Glaubwürdigkeit, sowohl zu Hause als auch in ganz Europa Wesentliches vorangetrieben hat. Ein großer Politiker ein großer Visionär, ein großes Vorbild mit absoluter Professionalität, ungemein viel Erfahrung, Bescheidenheit, Menschlichkeit, Humor aber auch kritischer Ehrlichkeit!

LH ERWIN PRÖLL

Erwin Pröll

★ Pröll, Erwin

Was mich mit Juncker auf alle Fälle verbindet, ist unsere Liebe zu Hunden. An eine Episode, in dem ein Hund eine Rolle spielt, erinnere ich mich gerne: Nach Junckers zweitem Besuch in Niederösterreich war ich auf Gegenbesuch in Luxemburg. Am 20. Februar 2003 fand eine gemeinsame Pressekonferenz auf Schloss Schengen statt. Nach der Begrüßung und einer kurzen Einführung über die Bedeutung der Regionen im größer werdenden Europa läutet ein Handy. Es ist nicht irgendeines, sondern das Mobiltelefon von Juncker. Ruhig zieht er es aus der Tasche und drückt auf die Sprechtaste. Es ist still im Raum. Ein kurzes „Ja, Ja" von Juncker. Seine strengen Gesichtszüge lockerten sich - offensichtlich war es keine Hiobsbotschaft. „Es gibt Wichtiges und Wichtigeres", sagte er in die Runde. Letzeres betreffe seinen Hund, einen schwarzen Neufundländer. Er musste zum Tierarzt in Trier. „Inzwischen ist er aber wieder gesund und munter in Luxemburg", ließ er die versammelte Presse wissen. (September 2003)

Proissl, Wolfgang *Chefkorrespondent der Financial Times Deutschland (bis 2011), jetzt Sprecher des ESM (Europäischer Stabilitätsmechanismus) in Luxemburg:* Jean-Claude Juncker forderte eine europapolitische Biografie für den (ersten ständigen) EU-Ratspräsidenten - eine indirekte Absage an Tony Blair. (Oktober 2009)

Pühringer, Josef *Landeshauptmann Oberösterreich:* An Jean-Claude Juncker gefällt mir, dass er ein überzeugter Europäer ist und trotzdem der beste Regierungschef für Luxemburg! (November 2009)

er ein überzeugter Europäer ist und trotzdem der beste Regierungschef für Luxemburg!

PÜHRINGER JOSEF

Josef Pühringer

Quatremer, Jean *Brüssel-Korrespondent von ‚Libération', EU-Insider:* Besonders interessant sind die Hintergründe im Vorfeld der Ernennung des ersten EU-Ratspräsidenten. Hier gibt es eine interessante „Chronologie", was die Einstellungen der französischen Politik betreffend Tony Blair betrifft. Bei einem EU-Gipfeltreffen in Lissabon Ende 2007 konnte man vom französischen Präsidenten Nicolas Sarkozy erstmals eine Unterstützung für Tony Blair spüren. Sarkozy sagte, der britische Ex-Premier sei ein „sehr bemerkenswerter Mann" und der „europäischste aller Briten." Blairs Kandidatur für den Posten des ersten ständigen EU-Ratspräsidenten wäre deshalb eine „intelligente" Idee, auch angesichts der langjährigen Wirkens von Blair. Es wurde aber schnell klar, dass die eigenen Mitglieder in Sarkozys Partei UMP Tony Blair ablehnend gegenüber standen, aus diversen Gründen (Beteiligung am Irak-Krieg, keine Zugehörigkeit Großbritanniens zum Euro, andere EU-Projekte). Im Mai 2008 wurden dann einige französische Journalisten eingeladen, Nicolas Sarkozy im Elysée-Palast zu treffen. Da bezeichnete Sarkozy Tony Blair als ‚cramé' (verbrannt), oder mit lockerer Zunge als ‚toast'. Juncker dagegen sah er als „credible" an - als glaubwürdigen Kandidaten. (Dezember 2009)

★ **Quatremer, Jean**

Ich erinnere mich an Dezember 2008, das war 3 Monate nach der Pleite von Lehman Brothers. Es war in dieser Zeit, in der sich der französische Präsident ziemlich über Juncker ärgerte. Seinem Dafürhalten nach hätte Juncker als Eurogruppen-Vorsitzender nicht den entsprechenden politischen Schneid und Mumm gezeigt, entsprechend schnell auf die krisenhaften Umstände zu reagieren. Der französische Präsident hat mir das Telefonat mit Juncker wie folgt wiedergegeben. Nicolas Sarkozy: „Ich habe ihn sofort angerufen und fragte ihn: Jean-Claude, was machen wir jetzt?" Juncker: „Nichts." Mit diesem Telefonat war Juncker in den französischen Augen ab sofort „ein Mann der Vergangenheit", jemand, der zu nahe an Deutschland ist (ein Land, das immer wieder für seine abwartende, eher zögerliche Reaktion, bekannt ist) (Dezember 2008)

Q

Raff, Fritz *Intendant des SR - Saarländischer Rundfunk (2009-2011):* An Jean-Claude Juncker gefällt mir, dass er trotz seiner Erfolge auf internationaler Bühne stets der Region eng verbunden geblieben ist. (Dezember 2010)

Rebentisch, André *Ordoliberaler Ökonom:* Die Schwierigkeit der Person Juncker ist, dass er als einer der Architekten der Gemeinschaftswährung nicht die Konsequenzen aus seinem Versagen gezogen und im Sinne der politischen Gesamtverantwortung auf sich genommen hat. Wer wenn nicht er selbst als ‚letzter Überlebender von Maastricht' hätte diese Rolle für die Öffentlichkeit wahrnehmen können? Bislang nimmt keiner der Beteiligten die Verantwortung für das gebrochene Vertrauen auf sich (. . .) Juncker fehlt bei allem Charisma eine ordnungsliberale Schulung. (Dezember 2012)

Recktenwald, Udo *Landrat Landkreis St. Wendel:* An Jean-Claude Juncker gefällt mir, dass er ein bodenständiger, unkonventioneller, sympathischer und kollegialer Mensch geblieben ist, der bei den Menschen und ihren Bedürfnissen zu Hause ist. (Dezember 2012)

> er ein bodenständiger, unkonventioneller sympathischer und kollegialer Mensch geblieben ist, der bei den Menschen und ihren Bedürfnissen zu Hause ist.
>
> *UDO RECKTENWALD*

Udo Recktenwald

Reichert, Birgit *Korrespondentin, DPA:* Auch dass er die kleinen Leute nicht aus dem Blick verliert, rechnen ihm die Luxemburger hoch an. (Juni 2009)

Reuß, Werner *Leiter BR Alpha:* Das Bankgeheimnis in Luxemburg wurde attackiert von deutschen Politikern. Der damalige deutsche Finanzminister Peer Steinbrück hat Luxemburg mit Ouagadougou, der Hauptstadt von Burkina Faso, verglichen. Und der damalige SPD-Vorsitzende Franz Müntefering meinte sogar, solche Probleme hätte man früher mit Soldaten erledigt und solche Fiskalparadiese gehörten platt gemacht. Juncker sagte damals: „Man sollte anderen Ländern gegenüber respektvoll bleiben. Je größer das eigene Land ist, desto vorsichtiger sollte man formulieren." (Dezember 2012)

Riedel, Annette *Korrespondentin Wirtschaft in Brüssel für den Deutschlandfunk:* Der neue Eurogruppen-Chef Dijsselbloem ist weniger schlagfertig, weniger spritzig. Juncker war immer für ein Zitat, Bonmot und ein bisschen Unterhaltungswert gut. (Februar 2013)

Riepl, Heidi *Politikredakteurin, Oberösterreichische Nachrichten:* Juncker trat im Sommer 2012 seine vierte Amtsperiode als Eurogruppen-Chef an. Eigentlich wollte er da schon nicht mehr. Zermürbt von den nervenraubenden Nachtsitzungen, dem Druck der Finanzmärkte, dem Streit zwischen den Euroländern hatte er schon zu Beginn seine Amtsmüdigkeit kundgetan (...) Dass Juncker nun die Nase voll hat, ist verständlich, denn Europas Probleme werden nicht weniger. (Dezember 2012)

Roettgering, Wera *Vorsitzende Herzenswünsche e.V.:* Jean-Claude Juncker? Klartext und überzeugter Europäer. Klasse Typ. (März 2013)

Rosenkranz, Barbara *Österreichische Politikerin, FPÖ:* Juncker gab ein Beispiel für die ‚Ohne-Euro-gibt-es-Krieg-Rhetorik Brüssels: „Ein Tag Krieg in Europa ist teurer als uns die ganze Euro-Rettungsaktion jemals kosten wird." Es sind solche Totschlagargumente, die durch die Medien transportiert und von den EU-Fanatikern wie eine Monstranz vorangetragen werden. Die kritische Prüfung der eigenen Positionen oder gar Manöverkritik gehört nicht zum strategischen Repertoire der EU-Politiker. (August 2011)

Roth, Eugen *Präsident des Interregionalen Gewerkschaftsrats Saar-Lor-Lux-Trier/Westpfalz:* Juncker sagte, er wisse nur, was sozial ungerecht sei, aber nicht genau, was sozial gerecht sei. Meine Antwort dazu? Reichtum ist wie Mist - nur ordentlich verteilt trägt er

gute Früchte. (Dezember 2009)

Rottmann, Stefan *SPD-Mitglied, jüngster Bürgermeister Deutschlands:* Auch mit einer Umarmung kann man einen Gegner bewegungsunfähig machen. (März 2013)

Rüttgers, Jürgen *Ministerpräsident Nordrhein-Westfalen (2005-2010):* In Deutschland dürfte Jean-Claude Juncker der populärste Vertreter seines Landes seit Radio Luxemburg sein. Er ist ebenso dynamisch, er ist ebenso kompetent, und was ihn noch sympathischer macht: er spricht ohne Werbepausen." (Mai 1998)

Jürgen Rüttgers

Rutz, Michael *Chefredakteur Rheinischer Merkur (1994-2010):* Zu Jean-Claude Juncker fällt mir ein, dass er Europa so liebt und ein wunderbarer, empathischer Freund ist. (November 2010)

R

Michael Rutz

Salihu, Hamisu *Professor an der University of South Florida, USA:* Jean-Claude Juncker regiert ein Land, in dem ich das beste Essen meines ganzen Lebens hatte. Ich erzählte meinen Kollegen davon. Jetzt wollen alle Luxemburg besuchen! (November 2009)

Hamisu Salihu

Sautter, Rémy *Präsident, RTL France:* Seine zurückhaltende Hartnäckigkeit und sein Vorstellungsvermögen erlauben Juncker, in der Kunst der Verhandlung herauszuragen. Er versteht es, sich in die Situation seiner Gesprächspartner hineinzufühlen. Gleichzeitig zeichnet ihn eine echte Transparenz aus: Er sagt, was er denkt, er hat eine ganz schnörkellose Art. (November 2005)

Schade, Otto-Werner *Regionaldirektor Bundesagentur für Arbeit Rheinland-Pfalz/ Saarland:* An Jean-Claude Juncker gefällt mir seine Toleranz, Klarheit und seine Fähigkeit, Politik sachlich und ohne Show-Wirkungen darzustellen und umzusetzen. (Dezember 2009)

Schäuble, Wolfgang *Deutscher Finanzminister (CDU):* Wir nehmen Kritik von Premierminister Jean-Claude Juncker sehr ernst, weil er ein sehr erfahrener und sachkundiger Mann ist. (Dezember 2009)
Zypern und Luxemburg? Ich bitte Sie. Das kann man nun wirklich nicht miteinander vergleichen. Die Strukturen in den beiden Ländern, in deren Finanzsektoren, sind völlig unterschiedlich. Im übrigen hat mein Freund Jean-Claude Juncker erklärt, dass sein Land beim automatischen Informationsaustausch mitmachen wird. Das ist für Luxemburg wahrlich kein kleiner Schritt und verdient unseren Respekt. Und auch in Österreich tut sich etwas. (April 2013)

Wolfgang Schäuble

Schellenberger, Rouven *Berliner Zeitung:* Für Gerhard Schröders Buchvorstellung hätte sich kein besserer Rezensent finden lassen als Juncker. Für Schröder bietet Juncker den Vorteil, dass er sich vor allem dem Außenkanzler Schröder widmet, also einer

Erfolgsgeschichte. Juncker verteidigte Schröders Entschluss zur Intervention im Kosovo ebenso wie dessen Freundschaft zu Wladimir Putin. Für das Publikum ist Juncker eine gute Wahl, weil er - allem Lob zum Trotz - hinter Humor bissige Kritik zu verstecken weiß. Ein Treffen zur Euro-Einführung etwa beschreibt Juncker in zwei kurzen Sätzen: „Ich war dafür. Er war auf dem Weg dahin." (Oktober 2006)

Schellhorn, Franz *Autor:* Das war ziemlich elegant, wie Jean-Claude Juncker, Sprecher der Euroländer, am 27. November die neuen Milliardenhilfen für Griechenland erklärte. Der europäische Problembär habe sich, so Juncker, an seinen Teil der Vereinbarungen gehalten - jetzt müsse eben auch Europa liefern. Sollte Ihnen das bekannt vorkommen, wäre das kein allzu großes Mirakel. Genauso läuft das Spiel ja seit zweieinhalb Jahren. (November 2012)

Schelp, Stefan *Redakteur, Neue Westfälische, Bielefeld:* Wenn jeden Tag Herr Juncker spräche, hätte Europa vielleicht ein paar Probleme weniger. Der Mann kann überzeugen, er hat Ausstrahlung, er hat eine Botschaft. Bei den 1.400 Zuhörern beim OWL-Unternehmertag kam diese Botschaft an. Und doch hat selbst Jean-Claude Juncker nicht überall Freunde, ist nicht jedermanns Liebling, will es auch nicht sein. Es muss wohl so sein, dass ihm auch Wut entgegenschlägt. Er ist nun mal einer der Väter des Euro. Und der Euro ist für so manchen bekanntlich an allem schuld (. . .). Dennoch macht sein Auftritt in Bielefeld eines ganz deutlich: Europa braucht mehr Menschen wie den luxemburgischen

Premierminister. Menschen mit Charisma, Menschen, die sich für unseren Kontinent begeistern können und andere Menschen damit anstecken. Denn jenseits von tagespolitischen Streitereien trifft Juncker mit seinem wichtigsten Argument ins Zentrum. Nach ungezählten Kriegen ist Europa endlich ein friedlicher Ort. Und diese Errungenschaft kann man gar nicht hoch genug einschätzen. (November 2012)

Schmidt, Harald *Entertainer:* Bei kritischen Fragen antworte ich wie Politiker im Deutschlandfunk am Morgen um 7 Uhr 20. Ich mache es mit Jean-Claude Junckers Stimme: „Wissen Sie, das ist eine Spekulation - und an Spekulationen beteilige ich mich nicht." (September 2012) Jetzt ist die Zeit gekommen, von dieser Aufgabe (als Kolumnist des Focus) Abschied zu nehmen. Voller Dankbarkeit und Respekt, um dann in etwa vier Wochen mit der Beschimpfung eines Nachfolgers zu beginnen. Mache ich natürlich nicht. Ich bin ja nicht Jean-Claude Juncker, der in diesen Tagen bewiesen hat, dass sein Nachfolger Jeroen Dijsselbloem ziemlich viel richtig gemacht hat. Einfach weil er ihn so liebevoll kritisierte. (April 2013)

Harald Schmidt

Schmidt, Helmut *Deutscher Bundeskanzler (1974-1982), Herausgeber ‚Die Zeit':* Generell würde ich sagen, dass Europa Führungspersönlichkeiten fehlen. Personen in hohen Ämtern in den Nationalstaaten oder den europäischen Institutionen mit genügendem Überblick über nationale wie internationale Fragen und ausreichender Urteilskraft. Es gibt wenige Ausnahmen wie Jean-Claude Juncker, den Premierminister von Luxemburg, aber sein Land ist zu klein, um eine substanzielle Rolle zu spielen. (Dezember 2010)

Helmut Schmidt

Schneider, Nikolaus *Ratsvorsitzender, EKD Evangelische Kirche Deutschlands:* An Jean-Claude Juncker gefällt mir, dass er eine Zukunftsvision vertritt, die auch in der Glaubensgeschichte der europäischen Völker verwurzelt ist. (November 2009)

Nikolaus Schneider

Schreiner, Ottmar *Bundesgeschäftsführer der SPD (1998-1999), Vorsitzender der Arbeitsgemeinschaft für Arbeitnehmerfragen in der SPD (2000-2012):* An Jean-Claude Juncker gefällt mir, dass er sagt, was er denkt. (Dezember 2009)

Schröer, Helmut *Oberbürgermeister der Stadt Trier (1989-2007):* Die Stadt Trier machte Jean-Claude Juncker zum Ehrenbürger. Der luxemburgische Premier ist Triers einziger Ehrenbürger. „Für diese Ehrung bin ich nicht unempfindlich" sagte mir Juncker, als ich ihn am 16. Dezember 2002 über das Ansinnen informierte. Im Februar 2003 votierte der Trierer Stadtrat dann einstimmig für die Verleihung der Ehrenbürgerwürde, eine Delegation aus Ratsmitgliedern reiste sodann nach Luxemburg. Gegenüber uns allen scherzte der Premier dann: „Ich werde jetzt nicht für eine Überraschung sorgen und ablehnen." (Dezember 2009)

S

Helmut Schröer

Marietta Slomka

Schwenkmezger, Peter *Präsident Universität Trier:* An Jean-Claude Juncker gefällt mir, dass er politisch klug ist und weiß, was er will, ein angenehmer Mensch ist und mit die beiden besten Reden gehalten hat, die ich je gehört habe: bei der Verleihung der Ehrenbürgerwürde der Stadt Trier und bei der Verabschiedung des Trierer Oberbürgermeisters Schröer! (Dezember 2009)

er politisch klug ist und weiß, was er will, ein angenehmer Mensch ist und mit die beiden besten Reden gehalten hat, die ich je gehört habe: Bei der Verleihung der Ehren- bürgerwürde der Stadt Trier und bei der Verabschiedung des Trierer Oberbürgermeisters Schröer!

Peter Schwenkmezger

Peter Schwenkmezger

Slomka, Marietta *Journalistin, Moderatorin (ZDF heute journal):* Zu Jean-Claude Juncker fällt mir ein, dass er uns immer sofort einfällt, wenn wir in unserer Sendung mit einem Europäer sprechen wollen. (Dezember 2010)

Sinn, Hans Werner *Präsident des Ifo-Instituts für Wirtschaftsforschung:* Juncker ist viel zu sehr Partei. Luxemburg ist mit Finanz- institutionen überfüllt (. . .) Der Vertreter eines solchen Landes kann nicht für Eu- ropa sprechen. (Juni 2011) Gläubiger und Schuldner wollen bei der Bankenrettung nicht in Anspruch genommen werden, sie suchen einen Dritten, der haftet - das sind wir. Dazu wird eine Bad Bank in Luxem- burg gegründet, ESM, die die toxischen Papiere der Banken aufkauft. Die Jugend von heute muss die Schulden bei den Südstaaten eintreiben. Jetzt wird die gan- ze Vorgehensweise als ‚Friedenspolitik' verkauft. Das ist falsch, denn nichts trägt mehr zu Feindschaft bei, als wenn man aus Nachbarn und Freunden Schuldner macht. (Juli 2012)

S

Späth, Lothar *Ministerpräsident Baden-Würt- temberg (1978-1991), Vorstand Jenoptik (bis 2003), Moderator der Gesprächssendung ‚Späth am Abend':* Lesen Sie einige Aus- züge aus seinen Reden und Sie verstehen sehr viel über Juncker! (September 2008) Ich finde es immer faszinierend, wie die Finanzpolitik und die Sozialpolitik ihn gleichzeitig begleiten, eine bisher von mir noch nirgendwo entdeckte Kombination. Und vielleicht gehören beide zu ihm, vielleicht kommt daher auch die Diskussion um das soziale Europa. (September 2008) Eine seiner wichtigsten Ehrungen ist der internationale Karlspreis der Stadt Aachen. Den hat er mit allen Luxemburger zusammen schon im Jahre 1986 erhalten, 20 Jahre später, also 2006, erhielt er ihn für sein Engagement als Vordenker und Motor Europas (. . .) Er ist der einzige, der diesen Preis gleich zwei Mal bekommen hat. Als Luxemburger und als oberster Luxemburger, aber dort auch schon als einer der obersten Europäer. (September 2008)

Lothar Späth

Am 27. September war ich in Trier. Eine Stadtführerin führte mich durch die Stadt und erzählte mir immer von Juncker. Ich habe gedacht, vielleicht werde ich noch mal fündig und habe sie gefragt, ob sie noch einen Spruch von Jean-Claude Juncker draufhätte. Und sie sagte ‚ja'. Juncker sei von einem Deutschen gefragt worden, wie er als Repräsentant eines kleinen Landes gegen die Vertreter der großen Staaten in der Europäischen Union zurechtkomme. Und er habe gesagt: „Ein noch so großer Hund kann einen kleinen Floh nicht ärgern. Ein kleiner Floh einen großen Hund schon." (September 2008)

An Jean-Claude Juncker gefällt mir, dass auf sein Wort Verlass ist. Und was er sagt, ist klar, einfach und glaubwürdig. (November 2011)

Springenberg-Eich, Maria *Leiterin der Landeszentrale für politische Bildung Nordrhein-Westfalen:* An Jean-Claude Juncker gefällt mir das aufrichtige Eintreten für die europäische Idee. (Dezember 2009)

Maria Springenberg-Eich

Stabenow, Michael *Wirtschaftsredakteur Brüssel, FAZ:* Juncker war es, der bei der traditionellen Zusammenkunft der Europäischen Volkspartei Barroso für eine weitere Amtszeit vorgeschlagen und damit die sozialdemokratische Konkurrenz in Zugzwang gebracht hat. Und sollte - trotz aller Schwierigkeiten in Irland - der Lissaboner Vertrag doch noch in Kraft treten, dürfte es nicht verwundern, wenn Juncker abermals mit dem neuen Posten des EU-Ratspräsidenten in Verbindung gebracht wird. (März 2008)

Steil, Birgit *Geschäftsführerin Steil Krananlagen:* An Jean-Claude Juncker gefällt mir, dass er ein großer Europäer ist, und ein glänzender Rhetoriker, und einer der besten Politiker in Europa. (November 2009)

Steingart, Gabor *Vorsitzender der Geschäftsführung und Herausgeber des Handelsblatts:* Juncker ist konfrontiert mit den Paradoxien der Europapolitik: Alle wollen Europa, aber keiner will auf nationale Gestaltungsmacht verzichten. Alle wollen den Euro, aber niemand verhält sich entsprechend verantwortungsbewusst. (November 2012)

Gabor Steingart

Sterdyniak, Henri *Direktor in der französischen Beobachtungsstelle für konjunkturelle Entwicklung (OFCE):* Dass der Chef der Eurogruppe einen wirklichen Einfluss hat kann man nicht sagen. In den europäi-

schen Institutionen gibt es theoretisch vier Präsidenten: in der Kommission, im Europäischen Rat, an der Spitze der Zentralbank und in der Eurogruppe (...) In der Realität wird aber alles von zwei Personen getragen, von Angela Merkel und Mario Draghi, dem Präsidenten der EZB. (Dezember 2012)

Stix-Hackl, Christine *Botschafterin Österreichs in Luxemburg (2007-2011), Österreichs Vertreterin bei der UNO in Wien:* Zu Luxemburg habe ich eine besondere Beziehung, vielleicht bin ich daher nicht ganz objektiv. Premierminister Jean-Claude Juncker ist schon so lange Regierungsmitglied, dass er einmal am Rande einer EU-Ratstagung zu mir sagte: „Ich bin der letzte Überlebende von Maastricht." Ein solcher Erfahrungsrahmen ist natürlich eine Frage der Kontinuität an der Spitze eines Landes. Von Luxemburg könnte Österreich lernen, dass die effiziente Durchsetzung von Interessen keine Frage der geografischen Größe eines Landes sein muss. ‚Bargaining' (Feilschen in Verhandlungen, Anm.) ist immer noch nicht wirklich unsere Sache. (Februar 2013)

Stock, Oliver *Chefredakteur Handelsblatt Online:* In der neutralen Schweiz hatte Juncker einmal einen legendären Auftritt. Die Größen der Schweiz wollten von ihm wissen, ob er als Führer eines kleinen Landes ihnen raten könne, in der EU mitzumachen. Juncker erzählte daraufhin die Fabel von der Laus und dem Löwen: Der Löwe ist der Laus herzlich egal. Aber die Laus? Sie kann den Löwen zur Weißglut bringen. (Dezember 2010)

S

Juncker beherrscht die Kunst der Diplomatie, die, wenn sie aufgeht, sanfte Sieger produziert. Und was ist, wenn sie nicht aufgeht? In seinem Arbeitszimmer im beschaulichen Amtssitz lehnt sich Juncker in seinem Sessel zurück. Er denkt nach. „Ich bin zur Selbstkritik fähig", sagt er und fügt hinzu: „Ich rede dann nur leiser." (Dezember 2010)

Stoiber, Edmund *Ministerpräsident von Bayern (1993-2007), CSU-Ehrenvorsitzender:* An Jean-Claude Juncker gefällt mir, dass er Franz Josef Strauß-Preisträger ist. Insbesondere aber, dass er als einer der ganz großen Europa-Politiker so volksverbunden geblieben ist. Die Völker Europas verstehen ihn. Nur mit Persönlichkeiten wie Jean-Claude Juncker kann Europa gelingen. (November 2009)

Strothmann, Lena *Landesvorstand der Mittelstandsvereinigung der CDU in Nordrhein-Westfalen (seit 2003):* An Jean-Claude Juncker gefällt mir, dass er sich mit viel Herz und ganzer Kraft Europa widmet und klare Worte spricht. (Dezember 2009)

Lena Strothmann

Supino, Pietro *Präsident Verwaltungsrat, Tamedia AG, Zürich:* Zu Jean-Claude Juncker fällt mir ein, dass er in der Schweiz als überzeugter Europäer auftritt und seine Gründe dafür darlegt, ohne dem Schweizer Publikum politische Ratschläge zu erteilen - und das in seiner brillanten Art. (Dezember 2010)

Edmund Stoiber

Tchakaloff, Gaël *Journalist Le Nouvel Econo-miste:* Die Kleinheit des luxemburgischen Territoriums mit seinen 400.000 Seelen hat Junckers Vision nicht eingeschränkt, ganz im Gegenteil. *(November 2009)* Er schämt sich nicht, in direkter Nähe einer Stahlfabrik groß geworden zu sein. Sein Vater arbeitete dort. Hier hat er alles gelernt: seinen Stolz auf die Arbeit, die organisierte Solidarität, die Gewerkschaft-streffen in der Küche der Eltern. *(November 2009)*

Theobald, Martin *Deutschland-Korrespondent für D'Lëtzebuerger Land:* Juncker sagte bei der Schröder-Buch-Präsentation: „Gerhard Schröder hat sich oft beeindrucken lassen und er hat auch viele beeindruckt." Man könnte Juncker auch die autobiografi-schen Zeilen von Daisy Duck vorlegen, auch dann würde er vor Verzückung im Amte dahin schmelzen. *(November 2006)*

Thoss, Michael *Geschäftsführendes Mitglied der Allianz Kulturstiftung:* Wir unter-hielten uns einmal darüber, wie auch kleine Länder Großes vollbringen können. Wir sprachen über Luxemburg und wir sprachen über Bayern. Und weil es Herbst war . . . auch über den Almabtrieb bei uns im süddeutschen Raum. Mich wunderte, dass er das Wort ‚Almabtrieb' kennt, obwohl Luxemburg gar keine Alm besitzt! *(Dezember 2009)*

Michael Thoss

Tichy, Roland *Chefredakteur Wirtschaftwoche:* Zu Jean-Claude Juncker fällt mir ein, dass er jemand ist, der offen kommuniziert und Europa ein Gesicht gibt. *(Dezember 2010)*

Roland Tichy

Trappel, Josef *Leiter des Fachbereichs Kommunikationswissenschaft an der Universität Salzburg:* In der Ära des DP-Politikers Gaston Thorn entwickelte sich RTL von einem Radio-Sender zu einer Gruppe von unzähligen Fernsehgesellschaften und Radiostationen. Die CSV-Politiker Pierre Werner und Jacques Santer hatten einen großen Einfluss bei der Gründung des Satellitenbetreibers SES Global. Das Thema SES ist eine beeindruckende Erfolgsgeschichte. Mit Skype, Paypal und anderen Firmen gab es weitere Pionierleistungen in Luxemburg, diesmal im digitalen Bereich, diesmal unter Jean-Claude Juncker. Der Medienstandort Luxemburg profitiert auch heute noch von der tollen Mehrsprachigkeit und der Geschichte der Offenheit in Sachen Gesetzgebung. (November 2010)

Triebel, Armin *Vorstand Sozialwissenschaftlicher Studienkreis für interkulturelle Perspektiven e.V.:* An Jean-Claude Juncker gefällt mir, dass er so viele Sprachen spricht und deshalb ein Vorbild für die Europäer ist. (November 2009)

Trichet, Jean-Claude *Präsident der Europäischen Zentralbank EZB (2003-2011):* Herr Juncker ist für die Euro-Gruppe zuständig, ich für den Euro. Wenn es also um die gemeinsame Währung geht, bin ich der Mister Euro. (Oktober 2004)

Jean-Claude Trichet

Trittin, Jürgen *Fraktionschef der Grünen, Deutschland:* Ich empfehle eine gründliche Prüfung des Vorschlags der Eurobonds. Juncker nimmt deutsche Interessen intelligent auf und verdient Merkels kleinliches Gezänk nicht. (Dezember 2010)

Jürgen Trittin

T

selten - der Konrad Adenauer-Stiftung zur Verfügung steht. (Dezember 2009)

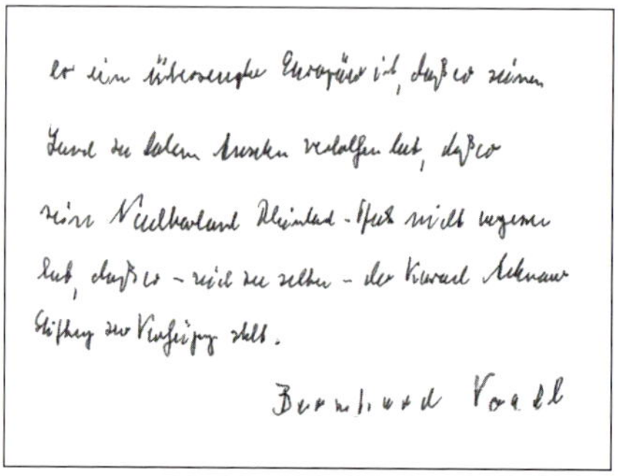

[handwritten text]

Bernhard Vogel

Volkery, Carsten *Korrespondent für Spiegel Online in London:* ‚Ich bin kein Zwerg' - mit diesem Satz stieg Juncker offiziell in das Rennen um die EU-Präsidentschaft ein. Er will das Argument nicht gelten lassen, dass ein Politiker aus dem zweitkleinsten Mitgliedsland den 500 Millionen-Einwohner-Block nicht selbstbewusst genug in der Welt vertreten könne. (Oktober 2009)

Von Below, Andreas *Büroleiter Bulgarien der Konrad Adenauer-Stiftung (2007-2011), Vorstand Deutsch-Bulgarischer Club:* Zu Jean-Claude Juncker fällt mir ein, dass er überzeugend nachgewiesen hat: es kommt in der europäischen Union nicht auf die Größe eines Mitgliedslandes, sondern auf die Größe der Persönlichkeiten an. Jean-Claude Juncker ist ein großer europäischer Staatsmann. Außerdem gefällt mir sein Humor, der vieles einfacher macht. Wir brauchen Jean-Claude Juncker noch lange auf der europäischen Bühne. (Dezember 2009)

Von der Bellen, Alexander *Bundessprecher Die Grünen Österreich (1997-2008):* Zu

Jean-Claude fällt mir ein, dass er intelligent, witzig, spöttisch ist - und so gar kein provinzieller Europäer. (Dezember 2012)

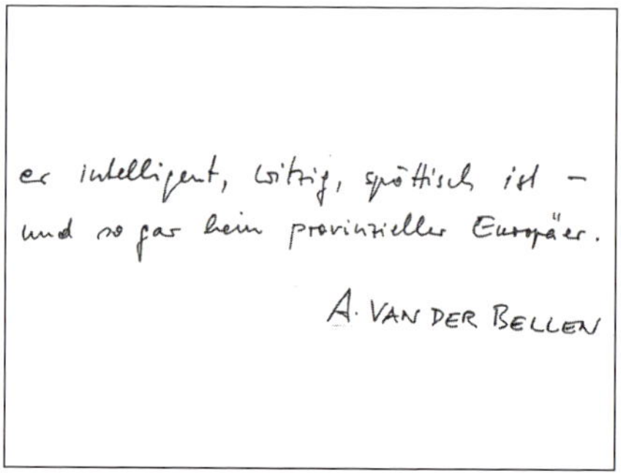

[handwritten text]

Alexander Von der Bellen

Von Siemens, Nathalie *Vorsitzende der Siemens-Stiftung:* An Jean-Claude Juncker gefällt mir, dass er ein leidenschaftlicher Europäer ist, der sich nicht hinter einem ‚sowohl-als-auch' versteckt, sondern eindeutig, manchmal streitbar, Position bezieht. Und bei aller Ernsthaftigkeit nie den Humor verliert. (Oktober 2010)

Nathalie Von Siemens

Von Thadden, Rudolf *Emeritierter Professor für Mittlere und Neuere Geschichte:* Obwohl sein Vater während des Zweiten Weltkriegs zwangsweise in die deutsche Wehrmacht eingezogen und an der Ostfront eingesetzt war, ist Jean-Claude

Juncker frei von Ressentiments. (September 2005)
Juncker ist ein geschichtsbewusster Europäer, dem jedoch der Blick nach vorne wichtiger ist als der Blick zurück. (September 2005)

V

Walter, Norbert *Chefvolkswirt Deutsche Bank (1990-2009):* Zu Jean-Claude Juncker fällt mir ein, dass er mehrere europäische Dialekte spricht und ihr Wesen versteht. (Dezember 2009)

Norbert Walter

Weber, Richard *Gesellschafter der Karlsberg-Brauerei, Präsident der Saarländischen IHK:* An Jean-Claude Juncker gefällt mir, dass sein ironischer Witz genauso zieht wie eine ernste Bemerkung. (Dezember 2009)

Richard Weber

Wehling, Hans Georg *Honorarprofessor am Institut für Politikwissenschaft, Universität Tübingen:* Ich bezeichne es als ‚Gartenzwerg-Ökonomie des Herrn Sinn', dieses Nicht-Hinausgucken über den Tellerrand durch Herrn Sinn. (betreffend Juncker-Aussage: „Nicht alles, was Herr Sinn sagt, macht Sinn") (Dezember 2012)

Welzer, Harald *Soziologe und Sozialpsychologe:* Das entscheidende Merkmal von Gruppendenken: Man sucht nur noch Bestätigung für das, was man tut. Bei der Euro-Rettung geht es übrigens nicht anders zu. Das ist doch fatal, dass seit Jahren dasselbe Personal diese sogenannte Krise managt. (Anm.: Juncker nicht explizit genannt) (April 2013)

Wickert, Ulrich *Journalist, Moderator:* An Jean-Claude Juncker gefallen mir sein Humor, seine Fähigkeit zur Ironie, gepaart mit ungewöhnlicher Kompetenz und Glaubwürdigkeit. Das macht Jean-Claude Juncker zu einer starken europäischen Persönlichkeit, vor der sogar Nicolas Sarkozy Angst hat. Klasse! (Dezember 2009)

W

er es glänzend versteht, den Besucher durch seinen wohltuend hintergründigen Humor für sich zu gewinnen. Seine Reden sind deshalb so beliebt, weil er die politischen Ziele durch Verhaltensweisen, die dem normalen Alltag entlehnt sind, wirklichkeitsnah erklärt. Als Christ in der Politik lebt er die Glaubensgrundsätze und schafft tragfähige Fundamente für Innovation und Solidarität! Dr. Bernhard Worms

Bernhard Worms

An Jean-Claude Juncker gefallen mir sein Humor, seine Fähigkeit zu Ironie gepaart mit ungewöhnlicher Kompetenz und Glaubwürdigkeit. Das macht Jean-Claude Juncker zu einer starken europäischen Persönlichkeit, vor der sogar Nicolas Sarkozy Angst hat. Klasse! Ulrich Wickert

Ulrich Wickert

Wientjes, Bernd *Redakteur Trierischer Volksfreund:* Juncker ist Berufspolitiker durch und durch. Seit 15 Jahren regiert er sein Land, nach außen leger, nach innen autoritär. Wenn es um seine Person, sein Amt, seine Politik geht, versteht er keinen Spaß. Da kann er, so heißt es, äußerst humorlos sein. (Dezember 2010)

Worms, Bernhard *Vorsitzender Europäische Senioren-Union:* An Jean-Claude Juncker gefällt mir, dass er es glänzend versteht, den Besucher durch seinen wohltuend hintergründigen Humor für sich zu gewinnen. Seine Reden sind deshalb so beliebt, weil er die politischen Ziele durch Verhaltensweisen, die dem normalen Alltag entlehnt sind, wirklichkeitsnah erklärt. Als Christ in der Politik lebt er die Glaubensgrundsätze. (November 2009)

Wünschmann, Anita *Journalistin, Autorin:* Um die europäische Großfamilie kümmert sich Jean-Claude Juncker. ‚Wir haben keinen Besseren', sagt einem jeder Luxemburger. (August 2005)
Es ist noch nicht lange her, als er gesagt hat: „In der Geschichte der EU ist bei jeder Erweiterung der luxemburgische Einfluss stärker geworden. Die neuen Partner-länder sind oft selbst von kleinerer und mittlerer Größe und fühlen sich deshalb mit Luxemburg verbunden." (August 2005)

Wulff, Christian *Ministerpräsident von Nieder-sachsen (2003-2010), Deutscher Bundes-präsident (2010-2012):* An Jean-Claude Juncker gefällt mir, dass er die seltene Mischung aus Humor und Klugheit hat, dass er ohne Allüren ist und dass er Euro-päer mit Blick für die Schwächsten in der Welt ist. (Dezember 2009)

W

Christian Wulff

Zehetmaier, Hans *Vorsitzender der Hanns
Seidel-Stiftung:* An Jean-Claude Juncker
gefällt mir, dass er exzellenten politischen
Sachverstand mit gewinnender menschlicher Wärme verbindet. (November 2009)

*er exzellenten politischen
Sachverstand mit gewinnender
menschlicher Wärme
verbindet.*

Dr. Hans Zehetmaier

Hans Zehetmaier

Zeiler, Gerhard *CEO RTL Group (2003-2012),
Präsident TBS Turner Broadcast System
International:* Jean-Claude Juncker ist der
profilierteste Europa-Politiker, den es seit
dem Abgang von Helmut Kohl gibt. Gegen
ihn hätte es 2004 keine Gegenstimme
gegeben, er wäre 2004 Präsident der
EU-Kommission geworden. Für ihn spricht,
dass er sein Wahlversprechen, in Luxemburg zu bleiben, sollte er die Wahlen
gewinnen, eingehalten hat. Jean-Claude
Juncker ist jemand, der eine Spur größer
ist als das Land.
(September 2004)
Was macht das Geheimnis dieses kleinen
EU-Landes Luxemburg aus? In Luxemburg
schaut man über die eigene Kirchturm-

spitze hinweg. Die luxemburgische
Regierung, insbesondere Juncker, weiß,
dass man offen und flexibel sein muss.
Man muss sagen, wir bieten etwas an,
was andere nicht anbieten können, um als
Standort attraktiv zu sein (. . .). Luxemburg sagt aber auch, wenn ihr kommt,
wollen wir nicht nur etwas geben, sondern auch etwas bekommen. Luxemburg
gibt den Faktor Arbeit, soziale Standards
und Sicherheit. Viele sozialdemokratisch
geführte Länder blicken neidvoll auf den
Standard, den es in Luxemburg gibt. So
wie Bruno Kreisky ein Plus für Österreich
war, ist Jean-Claude Juncker ein Plus für
Luxemburg. (September 2004)
Mit Juncker (und der RTL Group) gibt es
eine sehr, sehr gute Zusammenarbeit.
Juncker hat Handschlagqualität. Man
schaut sich in die Augen und sagt: ‚So ist
es.' (September 2004)
An Jean-Claude Juncker gefällt mir, dass
er einer der ganz wenigen Politiker in
Europa ist, der immer sagt, was er denkt
und die Vision eines modernen, gerechten
und zukunftsorientierten Europa hat.

Z

Gerhard Zeiler

PROMINENTE LUXEMBURG

ÜBER JEAN-CLAUDE JUNCKER

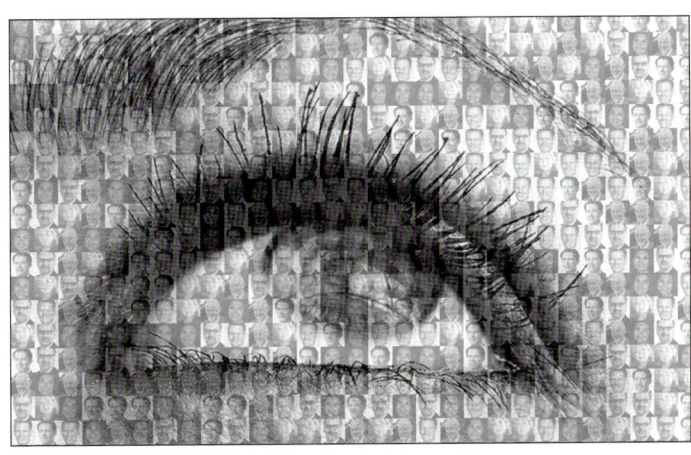

Adamowicz, Jakub *Journalist Außenpolitik, Luxemburger Wort:* Telefondiplomatie einmal anders: Am 15. September 2010 klingelte bei EU-Kommissionspräsident Manuel Barroso das Telefon. Es ist Premier Jean-Claude Juncker. Juncker berichtet, Frankreichs Präsident Sarkozy habe ihn per Telefon mit Nachdruck darum gebeten, in die Wege zu leiten, dass sich die Luxemburger EU-Kommissarin Reding für ihre Äußerungen bei Frankreich entschuldige. Reding hatte (über das Vorgehen Frankreichs in Sachen Roma-Abschiebungen) gesagt: „Ich hätte nicht gedacht, dass Europa nach dem Zweiten Weltkrieg noch einmal Zeuge einer solchen Situation wird." Indem Sarkozy die Vizepräsidentin der EU-Kommission, Viviane Reding, mit ihrem Herkunftsland Luxemburg gleich setzte, brachte er seine persönliche Geringschätzung der europäischen Behörde gegenüber klar und deutlich zum Ausdruck.
(September 2010)
War Jean-Claude Juncker 2005 noch als klassischer deutsch-französischer Vermittler zum Vorsitzenden der Eurogruppe ernannt worden, hat diese Vermittlungsfunktion im Zuge der Ausbreitung der Krise an Bedeutung eingebüßt. In den Augen des französischen Staatspräsidenten Nicolas Sarkozy spielt dabei auch

Junckers Doppelfunktion als Eurogruppe-Chef und Premierminister von Luxemburg eine Rolle. Sarkozy nutzt die Kritik an ausländischen Finanzzentren regelmäßig zu innenpolitischen Zwecken. Mit der neuen Machtposition Berlins kann Deutschlands Kanzlerin Angela Merkel zunehmend Sarkozy ihre Präferenzen bei der Euro-Stabilisierung aufdrücken. Dazu braucht sie keinen Vermittler.
(November 2011)

Asselborn, Jean *Vize-Premierminister, Außenminister:* Wenn ich etwas zur Person des EU-Präsidenten sage, könnte es so interpretiert werden, als ob ich den luxemburgischen Premierminister, mit dem ich eng befreundet bin, los werden wollte. (Juli 2007)
Juncker hat drei Vorteile: Er kennt die Europäische Union aus dem Effeff, er denkt europäisch, er handelt europäisch. In der Europäischen Union brauchen wir weniger einen Leuchtturm, eher einen Schmied, der Blöcke zusammenfügen kann. Er hat das gezeigt bei den Finanzperspektiven 2005, beim Stabilitätspakt, beim Euro. Ich glaube, er wäre weniger Leuchtturm, denn Schmied, und einen solchen Politiker könnten wir gut gebrauchen.
(November 2009)
Was Juncker anbelangt, glaube ich, dass

er sich gut geschlagen hat. Man sollte nicht vergessen, dass (vor der Wahl des ersten EU-Ratspräsidenten) von einigen Seiten gegen ihn opponiert wurde, und nicht von den kleinsten Ländern. Der größte Widerstand kam von französischer Seite, und auch der von Großbritannien war nicht geringer. Man sollte nicht vergessen, dass England in der Vergangenheit bereits zweimal belgische Vorschläge blockiert hat. Wie auch immer: Ich glaube, Jean-Claude Juncker wird die Angelegenheit schnell wegstecken. (November 2009)
Juncker wurde in Frankreich in seiner Eigenschaft als Präsident der Eurogruppe vorgeworfen, zu Beginn der Finanzkrise allzu lethargisch gewesen zu sein und nicht genug auf die von Frankreich geforderte ‚gouvernance économique' gesetzt zu haben. Als Vorsitzender der Eurogruppe hatte Juncker aber keine andere Möglichkeit, als sich eher die deutsche Haltung eigen zu machen, was die Deutschen aber nicht genug unterstrichen haben. Auch wollte sich die Bundeskanzlerin nicht öffentlich auf einen Namen festlegen, um keine Risiken einzugehen, den Falschen zu unterstützen. Das ist jetzt aber Geschichte. Im übrigen möchte ich darauf hinweisen, dass jeder Politiker, der einmal durch das Fegefeuer gegangen ist, hierdurch gestärkt wurde. (Dezember 2009)
Wir befinden uns nichtsdestotrotz in einer Situation, wo es schwierig ist, gegen die CSV (mit Jean-Claude Juncker) zu regieren. Was aber nicht heißt, dass

wir Sozialisten jeden Morgen beim Aufstehen eine große CSV vor uns sehen und wir nun kleine Männchen sind, die der CSV hinterherlaufen. Dass die CSV doppelt so stark ist im Parlament, zeigt sich ebenfalls nicht in der Ressortaufteilung innerhalb der Regierung. (Dezember 2009)

Jean Asselborn

Bausch, François *Abgeordneter, Präsident der Fraktion Déi Greng:* Junckers Miene sagt vieles aus. An seinem Gesichtsausdruck sieht man, was er denkt - denn er hat dann einen Gesichtsaudruck, der ziemlich explizit ist. Etwa, wenn etwas geschieht, wo er nicht so zufrieden ist. (Juli 2000)
Wenn man Luxemburg mittelfristig fit machen will für das 21. Jahrhundert, muss die große Koalition unter Juncker mehr tun. (Oktober 2006)
Bei Junckers Rede zur Lage der Nation fehlten die Visionen. Er hat die Koalition gerettet, nicht aber die Nation. (Mai 2010)
Ich habe das Gefühl, dass Juncker sich innerlich aus der nationalen Politik verabschiedet hat. Er schickt einige Minister vor, die laufen gegen die Wand, und dann kann er sich als Nikolaus aufspielen, der gute Gaben verteilt und alles wieder in Ordnung bringt. Dieser Umgang in der Regierung ist sehr fragwürdig. Ich hätte darauf keine Lust. (Oktober 2010)

François Bausch

Bettel, Xavier *Parteipräsident DP, Bürgermeister der Stadt Luxemburg:* Die Bürger haben ja vor allem die CSV gestärkt, in der Hoffnung, 'die mit Juncker' würde die Krise schon bewältigen. Ich stelle fest, dass 'die mit Juncker' sich nun hinter 'Tripartite' und 'Parlament' verstecken wollen. (November 2009)
Gibt es eigentlich einen Piloten im Flugzeug?!? (Januar 2010)
Junckers Rede zur Lage der Nation war enttäuschend, denn es gab nichts Neues zu hören. (Mai 2010)

Xavier Bettel

Biltgen, François *CSV-Parteipräsident 2004-2009, langjähriger Justiz- und Hochschulminister:* Auch Jean-Claude Juncker hätte sich ohne die CSV nicht so entwickeln können. Das Dreieck aus Partei, Programm und dessen stimmige Verkörperung durch den Spitzenkandidaten macht den Unterschied. (November 2009)

Ständig wird uns gesagt: „Ohne Juncker würden Sie nicht gewinnen." Sicher, seine Kandidatur ist ein wichtiger Faktor. Aber man möge sich vor Augen halten, dass Juncker beispielsweise nicht auf unserer Liste zur Europawahl stand und die CSV dennoch 31% der Stimmen erzielte. Juncker allein genügt nicht, Juncker ist nur stark, wenn auch die Partei stark ist. Hätte eine andere Partei einen Kandidaten wie Juncker, würde sie nicht automatisch so stark wie die CSV werden. (November 2009)

Im Januar 2003, als ich Parteipräsident wurde, habe ich erklärt: „Wir sind zufrieden, Jean-Claude Juncker zu haben, und wir hoffen, ihn noch lange behalten zu können." Es gab eine starke CSV vor Juncker und es wird eine starke CSV nach Juncker geben (. . .) Sollte er einmal andere Aufgaben übernehmen, würden wir die Ersten sein, die sich darüber freuen, denn er könnte das machen, was schon immer sein Ziel war: den Ländern und den Menschen zu helfen. Ich habe eine Maxime von Juncker gelernt: Zuerst Europa, dann das Land, dann die Partei. (November 2009)

An dem Tag, wo Juncker nicht mehr da sein wird, wird die Frage (der Nachfolge) schnell geregelt werden - wie damals bei Jacques Santer. (November 2009)

François Biltgen

Bleser, Gabriel *Regierungsattaché im Wirtschaftsministerium (2000-2006), jetzt bei Allen & Overy:* Juncker sagte beim Neujahresempfang der FEDIL, dass sich die Europäer sehr schwer täten, Reformen durchzuführen. „In dieser Hinsicht sind die Luxemburger sehr gute Europäer", ergänzte er. (Mai 2005)

Gabriel Bleser

Bodry, Alex *Parteipräsident LSAP:* Juncker ist ein ganz vielschichtiger Mann, mehr als man denkt. Er ist ein exzellenter Kommunikator. Ein Mensch mit Überzeugungen. Dahinter verbirgt sich aber eine sensiblere und unschlüssigere Person als so mancher vermutet. Ich habe ihn beim Manövrieren durch komplexe Dossiers miterleben können und auch feststellen können, dass er gar nicht so auf ein Endergebnis fixiert ist

wie das gelegentlich in der Öffentlichkeit erscheint. Bei der Rentenreform im öffentlichen Sektor gelang es ihm, geschickt These und Antithese zu verbinden, und dies mit demselben Grad an Überzeugung. (Dezember 2012)

Bei gewissen Punkten wird er überschätzt. Viele Entscheidungen werden gemeinsam getroffen, sie treten aber mit dem Juncker-Stempel an das Licht der Öffentlichkeit und er beansprucht die Urheberschaft für sich. In einer Koalitionsregierung gilt aber zwangsläufig, dass man gemeinsam spielt. (Dezember 2012)

Alex Bodry

Botzler, Uli *Journalistin, Télécran:* Gefragt bei seiner letzten Pressekonferenz als Eurogruppenvorsitzender in Brüssel, was sein Rat an den Nachfolger sei, griff Juncker zu einer hübschen Metapher: „Ein Rat wäre der, dass er über besonders große Ohren verfügen muss." Sprich, ein Gehör für die sehr unterschiedlichen Befindlichkeiten aller Euro-Mitgliedsstaaten haben sollte. Und was wünschte Juncker Dijsselbloem an der Spitze der Eurogruppe? Dass er sich im Zweifelsfall nicht überlegt, was er aus politischen Opportunitätsgründen sagen darf, sondern sagt, was er der Wahrheit

halber sagen muss." Juncker hat sich selbst an diese Maxime gehalten - und mehr als einmal mit dem Vorwurf leben müssen, den Eurokurs negativ beeinflusst zu haben. Er kann sich jedoch zugute halten, dass er entscheidend dazu beitrug, das Auseinanderbrechen der Euro-Zone zu verhindern. „Jeder muss wissen, dass er zu Solidarität verpflichtet ist, und jeder muss auch wissen, dass es keine Solidarität geben kann ohne den Beweis der Bereitschaft zur Solidität", sagte er vor Journalisten, bevor er den ‚Mr. Euro'-Titel weiterreichte. (Januar 2013)

Vorerst ist Juncker als Premierminister zuhause mehr denn je gefordert und bereit, bei den nationalen Wahlen 2014 wieder anzutreten. Doch Spekulationen um seine politischen Zukunftsaussichten wird es weiterhin geben. Da reicht schon ein Blick in den Wikipedia-Eintrag. Dort wird Luxemburgs Premierminister bereits als Kandidat für das Amt des EU-Kommissionspräsidenten nach der Europawahl 2014 gehandelt. Angeheizt haben soll er diese Spekulationen selbst durch einen lockeren Spruch in einer Ausschusssitzung des Europaparlaments. Der unabhängige Abgeordnete Hans-Peter Martin hatte Juncker aufgefordert, doch bitte nächster EU-Kommissionspräsident zu werden, was Juncker auf gewohnt scherzhafte Art kess mit ‚Yes' quittierte. So kommt man zu Schlagzeilen. (Januar 2013)

Brockmeier, Uli *Journalist, Zeitung vum Lëtzebuerger Vollek:* Ja, die Kollegen aus der Kanalstraße haben recht: Juncker

wäre der Bessere (für die Aufgabe des
EU-Ratspräsidenten) gewesen. Allerdings
müsste es sich selbst bis zum ‚Tageblatt'
herumgesprochen haben, dass in der Politik fast immer nicht der Bessere auf den
wichtigen Posten kommt, sondern der,
der sich von den Mächtigen die Richtung
angeben lässt. Zu denen gehört Juncker -
normalerweise - nicht.
(November 2009)
Die Redakteure dieser Zeitung haben
nie bezweifelt, dass Jean-Claude Juncker
ein kluger Mann ist. Das bedeutet
jedoch nicht, dass er ‚automatisch' alle
Zusammenhänge und Hintergründe
immer richtig begreift. Beim Euro hat
er zumindest ‚dieses' oder ‚jenes' nicht
ganz verstanden - oder er belügt mit
seinem Auftreten die Öffentlichkeit, und
das wollen wir wirklich nicht annehmen.
(Dezember 2010)

Colarelli, Floralie *Journalistin, LG Lëtzebuerger Gemengen:* Trotz der lediglich vorhandenen ‚Softpower' des Vorsitzenden der Eurogruppe, von der man sagt, diese hätte keine wirkliche Macht, kann man nicht die Fähigkeit von Juncker leugnen, die Eurozone aufrecht erhalten zu haben, und das während zwei Krisen, die die Eurozone so richtig durchgeschüttelt haben (. . .) Good bye, Mister President. (Februar 2013)

Daleiden, Guy *Bezirkspräsident Zentrum der DP, Direktor Luxemburger Filmfonds:* Ein Juncker-Moment, an den ich mich erinnere? Einmal klagte Jean-Claude Juncker in einem Gespräch darüber, einer meiner Freunde, zudem ein ranghoher Beamter im Finanzministerium, verweigere ihm das DU, mit der Begründung, er habe zu viel Respekt vor dem Premier- und Finanzminister. „Für wen hält der sich eigentlich, dass er mich nicht duzen will?" fragte ein sichtlich irritierter Jean-Claude Juncker, der für seinen direkten, kameradschaftlichen Umgangston bekannt ist und für den das SIE sozusagen ein Fremdwort ist. (November 2012)

Daleiden, Guy

Delaunois, Paul *Direktor Greenpeace Luxemburg:* Zwei Greenpeace-Aktivisten haben sich in der Abgeordnetenkammer am 21. April 2009 mit Plakaten direkt neben der Rednertribüne aufgestellt, als Juncker seine Rede zur Lage der Nation hielt.

Wenn man diese Aktion als unrechtmäßig bezeichnet, muss man auch die Frage stellen, ob Herr Juncker das Recht hat, das Klimaproblem in seiner Rede mit bloß zwei, drei Sätzen zu streifen. Früher waren auch Streiks illegal. In der Sozialpolitik ist man bereits viel weiter als in der Umweltpolitik. (April 2009)

Delandmeter, Pierre *Präsident Handicap International Luxemburg:* Ich konnte Jean-Claude Juncker mehrmals treffen. Ein prägender Moment war 2007 die offizielle Übergabe eines Berichts über zerstörerische Minen, die gegen Personen gerichtet sind. Trotz seines dichten Terminkalenders hat er positiv auf unsere Anfrage reagiert und uns herzlich empfangen. Er hat diese besondere Fähigkeit, sein Gegenüber in eine Situation zu versetzen, dass man sich wohl fühlt. Sein offenes, positives Wesen spielt dabei eine große Rolle. Das führt zu einem Dialog, bei dem er sehr aufmerksam ist, gleichzeitig merkt man eine große Sachkenntnis bei dem jeweiligen Thema. Seine Ausstrahlung und seine Empathie werden gewissermaßen noch übertroffen von seinem persönlichen Engagement, wenn es um humanitäre Angelegenheiten und Menschen in schwierigen Situationen geht. Seine nationale und internatioale Statur hat er uns allen gezeigt. Er ist ein großer Politiker ist, der ein Bewusstsein für humanitäre Anliegen hat und Aktionen von Nichtregierungsorganisationen unterstützt. Ihn zeichnet auch aus, dass er bereit ist, sich Widerständen zu stellen, wenn es darum geht, einen nationalen und internationalen gesetzlichen Rahmen zu schaffen, die Aktionen gegen personenzentrierte Minen sowie Hilfen für Opfer erst möglich machen. (Januar 2013)

Pierre Delandmeter

De Martines, Fredy *Sprecher, Luxembourg Dairy Board (Vertretung der Milchbauern):* Dass Juncker gegen einen ultraliberalen Markt ist und versprochen hat, sich in Brüssel für die Luxemburger Bauern stark zu machen, werten die Milchbauern als Erfolg. Ich habe das Gefühl gehabt, dass Juncker hier ganz gut Bescheid weiß. (September 2009)

Dennewald, Robert *Präsident FEDIL, Generaldirektor Chaux de Contern SA:* Als Neffe des früheren Premierministers Pierre Werner habe ich Juncker im familiären Kontext schon früh getroffen. Ich erinnere mich daran, dass mein Onkel eines Tages zu mir sagte: „Ich habe jemand in der Regierung ernannt, der gleich alt ist wie Du. Ich denke, er ist ein guter Mann. Aber ich sagte ihm auch, er solle bescheiden blei-

ben." Jetzt, viele Jahre später, habe ich als Präsident des luxemburgischen Industrieverbands mit Juncker auf politischer Ebene zu tun. Juncker versteht es, Menschen zu beeinflussen. Er redet viel, hat aber auch die dazu erforderliche Erfahrung. Junckers Verhältnis zu den Arbeitgebern ist ein ambivalentes. Seine Vision ist gelegentlich zu einseitig. Anstelle die Arbeitgeber zu motivieren, macht er ihnen Vorwürfe. Was den aktuellen Sozialdialog betrifft: Wir alle, Arbeitgeber und Gewerkschaften, müssen uns wieder an einem gemeinsamen Tisch versammeln. Nur so können wir vereint agieren. (Dezember 2012)

Robert Dennewald

Detaille, Joël *Redakteur News, Eldoradio:* Ich werde das erste Interview mit Jean-Claude Juncker nie vergessen. Natürlich ist man vor der ersten Begegnung mit ihm aufgeregt. Durch seine freundschaftliche Art und seine Rhetorik legt sich die Nervosität aber schnell und man fühlt sich richtig wohl. Das bringen nicht viele Politiker fertig. (November 2012)

Dicken, Nic *Stellvertretender Chefredakteur, Lëtzebuerger Journal:* Von Juncker weiß man, neben vielen anderen Eigen- und Besonderheiten, dass er in seiner Muße gern schon mal im häuslichen Keller die Flipper-Kugeln rollen lässt. Aus langjähriger Praxis müsste er jedoch bestens im Bilde sein über die Wechselwirkung von Anstoß und Gegenstoß, über das richtige Timing, wenn es darum geht, den Ball oder die Kugel ins Spiel zu bringen und sie dort zu halten (. . .). In der fünfteiligen Verhandlungspartie der Tripartite haben allerdings offensichtlich einige Poller nicht so funktioniert, wie es sich der Spieler Juncker aufgrund früherer Erfahrungen erwartet hatte. (April 2010)

Juncker hat in seiner Ansprache (zum Geburtstag des Großherzogs) ein nicht unwesentliches Problem in den Mittelpunkt gerückt, das einer wachsenden Zahl von Menschen in unserem Lande Sorgen bereitet: eine latente Spaltung und Zersplitterung zwischen den Bevölkerungs- und Berufsgruppen. (Juni 2010)

Und welche CSV hätten Sie gern? Immer mehr Bürger fragen sich, für was diese Partei am Ende steht. In der Pizzeria kann man bei der Bestellung klar bestimmen, ob man lieber die Pizza mit Salami, die mit Champignons und Schinken, oder doch lieber die mit den Meeresfrüchten haben will (. . .) Gilt (jetzt) eher der staatsmännische Juncker-Kurs, setzt sich der harte Frieden-Austeritätskurs durch, kann die wirtschaftsliberale Thiel-Linie entscheidend punkten, oder sollte am Ende der pseudosoziale Weber-Schmusekurs das Rennen machen? Es erübrigt sich zu betonen, dass dazwischen auch noch abgewandelte Meinungen zirkulieren, die den Überblick noch komplizierter gestalten. (Juli 2010)

Juncker mag es nur unhöchst gern, wenn die Rede geht vom CSV-Staat, der sich in unserem Land herausnehmen kann, was er will, ohne dass es dafür zu Konsequenzen auf administrativer oder juristischer Bühne kommen würde. Den CSV-Staat gebe es nicht, so der Premier, dem zur Untermauerung dieser Verteidigungslinie alle Gelegenheiten und Anlässe bislang recht waren. (September 2010)

Als Traum für das Jahr 2011 bezeichnete Juncker die Vorstellung, dass alle Akteure wieder auf den Weg des gesunden Menschenverstands zurückfinden mögen, damit gerade in der allgemeinen Wirtschaftskrise wieder jene gemeinsame Haltung zustande kommen kann, die Luxemburg schon vor 30 Jahren über die damalige Stahlkrise hinweggeholfen habe. (Januar 2011)

Welche Unbill wartet noch auf die CSV, falls wider erwarten der große Manitu doch einen internationalen Posten annehmen würde? (Februar 2011)

Drescher, Jacques *Chefredakteur, zusammen mit Claus, Léon / Cleese, René / Lenertz Romain / Penning, Georges / Schaack, Christian / Schubert, Christian / Skifati, Mohammed / Stoos, Guy W. / Treinen, Jean-Michel und anderen Mitarbeitern der satirischen und investigativen Wochenzeitung ‚De Feierkrop', die in Luxemburg seit den 90er Jahren einen beträchtlichen Einfluss hat:* Auch Diktatoren zeigen sich mit Vorliebe in Begleitung von Kleinkindern oder von Hunden, um menschlich zu wirken. (November 1995)

Juncker sagte über die RTL-Uhr, die er

geschenkt bekam: „Die Uhr ist für meinen kleinen Neffen, den Christophe. Er freut sich darüber. Er hat schon einige davon." (November 1995)

Juncker kommt burschikos und ungehobelt daher, einer der bei seiner offiziellen Visite in Paris letzthin im Hof des Elysée beide Hände in die Taschen steckte. (März 1996)

Juncker empfahl nach dem Rinderskandal ‚luxemburgisch zu essen und zu trinken', weil die luxemburgischen Rinder keinen Rinderwahnsinn und die luxemburgischen Trauben keinen Traubenwahnsinn haben. (Mai 1996)

Junckers neuerster Schachzug: die Paralleldiplomatie. Wie es scheint, kommt sich der Außenminister dabei zunehmend überflüssig vor. (Mai 1996)

Juncker lässt bei jeder passender Gelegenheit den Arbeitersohn heraushängen. (September 1996)

Juncker, dem rein zufällig die Rolle eines Vermittlers zwischen dem dicken Deutschkanzler und dem französischen Präsidenten Chirac zufiel, wurde in der Presse derart über den grünen Klee gelobt, dass er nun wohl total größenwahnsinnig werden wird. Das Ganze wurde auf RTL tagelang gebetsmühlenartig als Wundertat unseres Mozartkinds angepriesen. (Januar 1997)

Tief in ihrem Inneren verehren ihn die Luxemburger immer noch als den aufdringlichsten Schwätzer, seit es Schokolade gibt. (Februar 1997)

Juncker gab viele wertvolle Ratschläge, wie Japan die Krise um seine in Peru besetzte Botschaft lösen könnte. So hielt er beispielsweise eine nationale Tripartite-Lösung empfehlenswert und erzählte, wie er zu Hause den Fliesenlegerstreik beigelegt habe. Der japanische Kaiser, ein Experte für Meeresbiologie, meinte höflich, dass er erstaunlicherweise die Krise noch nicht vom Standpunkt der Fliesenleger aus betrachtet habe. (April 1997)

Juncker? Luxemburgs zwar nicht beliebtestes, aber dafür bekanntestes Fernsehmaskottchen. (Oktober 1997)

Juncker sprach (mit einem Machospruch) den Herren der Schöpfung aus dem Herzen. Bei einem anderen Publikum hätte er wahrscheinlich einen solchen Herrenwitz nicht gerissen. (Januar 1998)

Das endlose Dolmetschen zerstörte den Redefluss von Juncker, wenn er auf sein Lieblingsthema zu sprechen kam: sich selbst. (Februar 1998)

Wie es so seine Art ist, hatte Juncker (bei seinem Besuch in Bayern) wieder flotte Sprüche drauf, mit denen er im Ausland noch immer Eindruck schinden kann. (März 1998)

Weil Michel Wolter selbst zwei Kinder hat, ist er besser geeignet, über die ‚Zukunft unserer Kinder' zu lamentieren als Juncker, der keine Kinder hat. (April 1998)

Während man Juncker in Luxemburg nur Steine in den Weg wirft, gerät das deutsche Volk in Ekstase, wenn es seinen Namen hört. Überall, wo er auftaucht, küssen ihm Millionen verzückter Teutonen die Füße. (April 1998)

Das, was wir an diesem Abend (auf dem

CDU-Kongress in Leipzig) von Juncker hörten, war die beste Rede, die je ein 42jähriger luxemburgischer Premierminister auf einem Bundesparteitag der CDU in Leipzig gehalten hat. (Mai 1998)

Eine luxemburgische Radiostation wollte wissen, welchen Mann die Damen denn im Augenblick am erotischsten fänden. „Also dieser Pokal geht an Leonardo Di Caprio", dachten wir schmunzelnd. Und dann rief jemand beim Sender an und krähte, ohne mit der Wimper zu zucken, in die Welt, am allererotischsten sei für sie auf immer und ewig Juncker. Und da wären wir vor Schreck fast gegen einen Baum gefahren. (Mai 1998)

Juncker saß beim SWR in seinem Stuhl und ließ wieder einmal den großen Europäer auf die Menschheit los. (Juni 1998)

Juncker auf einem Esel, wie dieses Foto zeigt? Das arme Tier wurde natürlich nicht um seine Meinung gefragt. (Juni 1998)

Juncker posierte diesmal (auf der Weltausstellung) bezeichnenderweise einzig vor der Luxemburger Flagge. Die Europaflagge hat er erst gar nicht aufstellen lassen, unser Musterschüler Europas. (Juni 1998)

Juncker: die schwärzeste Versuchung, seit es Schokolade gibt. (September 1998)

Über Gaston Thorn wurde gesagt: ‚He put Luxembourg on the map', sprich: Er brachte es fertig, das verschlafene Provinznest in den Mittelpunkt des Geschehens zu rücken. Also auch vor Juncker gab es Premierminister, die mit den Großen der Welt konnten und unserem winzigen Land ein gerüttelt Maß

an internationaler Anerkennung verschafften. (September 1998)

Im saarländischen Fernsehen gab es einen maßgeschneiderten Film über sein Lieblingsthema - über sich sich selbst. (September 1998)

Juncker ist das Lieblingstamagotchi des dicken Helmut Kohl. (September 1998)

Es gibt auch in Luxemburg so idiotische Politikersprüche wie ‚Unser Programm ist unser Spitzenkandidat'. (Januar 1995)

Die CSV machte eine Kampagne zum Thema ‚Juncker und die anderen Großen der Welt'. (April 1999)

Passanten wurden gefragt, ob Juncker denn nun sexy sei oder nicht. Eine Frau sagte: „Ich finde den Jean-Claude sexy." Am meisten freute sich darüber natürlich Juncker, der seinen inneren Narziss bekanntlich nicht recht im Griff hat. (Mai 1999)

"Es gibt ein Programm für die Zukunft, nämlich mich!", so lautet Junckers Botschaft ans Land. Symbole wie Delphine, Kirschen oder Sonnenblumen sind ihm ein Gräuel. (Mai 1999)

Je älter er wird, umso hartnäckiger gibt er sich fälschlicherweise als ‚jüngster Premierminister in der Geschichte' aus. (September 1999)

Juncker lässt sich noch die Haare lang wachsen, um wie der alternde ‚Ziggy Stardust'-Interpret David Bowie auszusehen. Sein Problem ist nur, dass es bald keine Jungwähler mehr gibt, die wissen, wer David Bowie ist. (Oktober 1999)

Juncker (ist) fest davon überzeugt, dass seine Einmaligkeit einsame Spitze ist. (September 2000)

Auf dem CSV-Kongress sagte Juncker dauernd, was die CSV nicht ist oder was sie auf keinen Fall tun will: ‚kein Interessensverein', ‚keine Spielwiese für Demagogen', ‚kein müder Verein', ‚keine Krise', ‚kein Reservenklau', usw. Nur einmal erfuhren die Delegierten, was die CSV denn nun ist. (März 2001)

Juncker will bei seinen internationalen Gästen den postmodernen Geschäftsführer des Standorts Luxemburg heraushängen lassen, der sich cool, trendy und hiphop gibt. Da sollte er sich aber auch die Haare wieder färben lassen. (September 2001)

Juncker hat natürlich ganz andere Pläne, als dauernd Kinder zu streicheln. (Februar 2002)

Der Dank des Juniors an seinen Ziehvater (...): „Kohl hat uns wie eine Weltmacht behandelt." Für Juncker ist die große Politik, von der er selbstverständlich und selbstredend ein integraler Bestandteil ist, eine Sache von Komplizen (....), eine auf Männerfreundschaften basierende Konspiration, die an die Gepflogenheiten in der Mafia oder der Cosa Nostra erinnern. Frauen tauchen in der Porträtgalerie kaum oder nicht auf, was natürlich tief blicken lässt. (Januar 2003)

Silvio Berlusconi wurde hier in Luxemburg mit aller gebotenen Freundlichkeit und Warmherzigkeit empfangen. In Abwesenheit von Lydie Polfer schlüpfte Juncker wieder gerne in die Rolle des charmanten Gastgebers. (Mai 2003)

Frei nach Karl Valentin: „Demokratie ist schön, macht aber viel Arbeit." Das musste jetzt auch wieder Juncker feststellen. (Mai 2003)

Dieser Tage titelte eine deutsche Regionalzeitung bewundernd über Junckers Gang durch die Trierer Fußgängerzone: „Ehrenbürger geht zu Fuß". Aber ist Jesus seinerzeit nicht auch auf dem Wasser gegangen? (Juni 2003)

Im CSV-Wahlkampf macht man kräftig Werbung für das einzige Verkaufsargument, das den Klerikalen noch bleibt: Juncker und noch einmal Juncker, im Quadrat, in allen Tonlagen und allen Farbtönen. (Juni 2004)

Juncker entfaltete wieder mal sein ganzes demagogisches Talent, als er die Stammtisch-reife Aussage machte, er sei schließlich Luxemburger und wisse deshalb auch, was die Luxemburger so redeten. (November 2005)

Juncker lädt die Journalisten beim ‚Oktavmarkt' nicht zu Kaviar, Austern und Hummer ein (wie er es bei Gästen von Wichtigkeit zu tun pflegt), sondern zu Bratfisch, Pommes Frites, Frikadellen oder Schnitzel, was standesgemäß ist für Leute im niedrigen oder mittleren Angestelltenbereich. (Mai 2006)

Juncker versteht die Kunst, andere Leute mit seinen Umarmungen so zu erdrücken, dass sie hinterher noch schlechter dastehen als vor seiner Rettungsaktion. (Oktober 2006)

Juncker nervte wieder einmal mit einer endlosen Rede mit vielen Schachtelsätzen. (Oktober 2006)

Junckers Kulturverständnis beschränkt sich auf Konzerte von Udo Jürgens. (Dezember 2006)

D

Er, der sonst Bier als volkstümlicher als Wein hält, schmiss eine Runde Nietzsche, Platon und Sokrates durch den Saal. Irgendein christlich-sozialer Studienrat hat ihm auch noch einem Lobgesang auf ‚Senghor' zusammen gegoogelt. (März 2007)

Juncker bekam einen Ehrentitel (von der französischen Akademie der Politikwissenschaften) Mit bombastischen Titeln bindet die französische Diplomatie so ohne größere Unkosten ausländische Politiker etwas an sich. (März 2007)

(Angesichts eines kritischen Berichts von Gabriel Bleser aus dem Wirtschaftsministerium:) Wenn man das liest, könnte man glatt meinen, Juncker sei kein weitschichtiges Finanzgenie. (Juni 2007)

Auf die Anwürfe von Sarkozy reagierte Juncker natürlich mit gewohnter - bei Altbundeskanzler Helmut Kohl kopierter - Taktik des Aussitzens, indem er höhnte, er habe „pas l'habitude de commenter des paroles en l'air", was umso geistreicher war, als Sarkozy sein Interview doch tatsächlich im Flugzeug gegeben hatte. (September 2007)

Dass Juncker Sarkozy derart mit Streicheleinheiten bedenkt, ist das nicht auch etwas zu diplomatisch und heuchlerisch? (Oktober 2007)

(Angesichts eines Streits mit Nicolas Sarkozy und Jean-Claude Trichet) Für gewöhnlich beruhigen sich die Gemüter dann aber bei einem guten Essen und ein paar Drinks. (Oktober 2007)

Alle paar Jahre hält Juncker es für ratsam, in die Hocke zu gehen und den kleinen Leuten zu zeigen, dass er einer von ihnen ist (. . .). Um sich von den gutbürgerlichen Opernbesuchern zu unterscheiden, gab er sich eine Zeit lang als bekennender Fan des singenden Kinderstars Monika aus. (September 2008)

Juncker, der Knutscher aus der Eurogruppe (Oktober 2011)

Juncker kennt seine Pappenheimer von der luxemburgischen Presse und weiß genau, wie er ihnen seine honigsüßen Weisheiten ums Maul schmieren muss. (Januar 2013)

★ **Quellen-Würdigung**

Die Wochenzeitung ‚Feierkrop' (www.feierkrop.lu) unter der Chefredaktion von Jacques Drescher polarisiert und begeistert. Dieter Lintz: „Das Satire-Blatt nennt Juncker seit Jahren gar als Bokassa" (Dezember 2010, Trierischer Volksfreund)

Guy Wagner: „Soweit sind wir gekommen, dass Juncker mit dem Namen Bokassa behaftet wird. Man kann gewiss von Herrn Juncker halten, was man will. Ihn aber mit einem der blutdürstigsten Diktatoren des afrikanischen Kontinents in Verbindung zu bringen, ist schlicht und einfach eine Sauerei. (Januar 1999)

André Hoffman: „Welche andere Publikation traut sich in so hoher Auflage, so unverschämt und so zielsicher an die Tabus der luxemburgischen Gesellschaft heran: (. . .), den Kaiser Juncker (. . .) und selbst den lieben Gott und seine

Heiligen? (Januar 1999, Forum)
Die bösartigsten Zeichnungen von
Romain Lenertz (sind) einer Ausstellung
würdig." Jean-Marie Frentz: „Gäbe es
den Feierkrop nicht, wäre es höchste
Zeit, ihn zu erfinden." (Januar 1999,
D'Lëtzebuerger Land).

Dury, Patrick *Präsident LCGB:* Juncker ist eine
außergewöhnliche Person. Er hat sehr
klare Visionen und ist ein sehr kompetenter Gesprächspartner, vor allem bei allen
sozialen Dossiers. Es ist aber auch sehr
schwer, ihn zu einer Meinungsänderung zu
bringen. Er hat einen sehr starken Charakter. (Dezember 2012)

Patrick Dury

Duschinger, Annette *Journalistin, Lëtzebuerger Journal:* 27 Jahre hatte die CSV das
Arbeitsministerium inne: von 1982 bis 1999
Jean-Claude Juncker, dann übernahm François Biltgen. Und nun ist es Nicolas Schmit
(. . .) Nun entdeckt die LSAP ‚katastropha-
le Zustände'. (Oktober 2009)
Was von der Regierungszeit Junckers übrig
bleibt, zeigt sich in einigen Jahren.
(Januar 2010)
„Herr Juncker verkauft eine Mogelpa-
ckung. Er meint, wenn er denn die Index-
tranchen in der Zeit verschiebt, würde er
die Betriebe mit weniger Belastungen
beeindrucken können. Aber das ist keine
strukturelle, sondern eine punktuelle Reform, mit der wir das Problem nur vor uns
herschieben. Wir haben damit das Problem des defizitären Budgets kurzfristig gelöst. Wir haben auch Junckers Problem der
Wiederwahl gelöst, aber die Probleme des
Landes haben wir lediglich nach hinten
gedrückt oder verdrängt", kommentierte
Charles Krombach von der FEDIL 2006 die
Tripartite-Maßnahmen, die nach zweijäh-
rigem Ringen zustande kamen. Dauerhaft
geblieben sind die Desindexierung der Fa-
milienzulagen und der Erziehungszulage,
die Erhöhung der Solidaritätssteuer sowie
des Beitrags zur Pflegeversicherung, der
Fahrzeugsteuer und der Besteuerung des
Kraftstoffs. Und es bewahrheitete sich das,
was Tripartite-Kritiker immer anführen:
Die Tripartite setzt auf Zeitgewinn und
vertagt überfällige Maßnahmen.
(Februar 2010)
Müde und abgekämpft wirkte Juncker
(bei der Rede zur Lage der Nation). So

als sei er mit seinen Gedanken bei ganz anderen, viel größeren Problemen, als dem Firlefanz hier in Luxemburg, der sich mit ein paar Einsparungen hier, leichten Kürzungen und Steuererhöhungen dort wieder ins Lot bringen lässt. Mit Herz und Dynamik ist er nicht mehr bei der Sache. Und neue Impulse für unser Land kann man sich von ihm wohl auch nicht mehr erwarten. (Mai 2010)

Juncker hat längst seinen Lebensmittelpunkt nach Brüssel verlegt, kommt ab und zu auf Stippvisiten nach Hause, um den Finger in die Wunden zu legen, die sich zunehmend auftun. Nur: Wann kümmert sich endlich wieder jemand um die Menschen und ihre Probleme hier im Land? (November 2011)

Nach diesem wenig überzeugenden Auftritt eines grantig-lustlosen Premiers (nach der Regierungsumbildung) mit seinen lahmen Erklärungen bleibt ein fader Beigeschmack. Parteiinternes Geschachere stand wohl wieder einmal im Vordergrund. Und so liegt einem die Frage auf der Zunge: Ist das wirklich alles, was die CSV personell noch zu bieten hat? (April 2013)

Juncker kündigte an, beim ersten Regierungsrat mit seiner neuen Mannschaft wahrscheinlich nicht dabei sein zu können. Er, der Premier, weile dann in Portugal. Juncker on Tour – überall, nur nicht im eigenen Land. (April 2013)

Etgen, Fernand *Generalsekretär DP, Abgeordneter, Bürgermeister von Feulen:* Ich habe zwei prägende Juncker-Momente in Erinnerung. Der erste: Anfang der 80erJahre fand der Tag der Landjugend in meiner Gegend statt und begann mit einer feierlichen Messe. Juncker wohnte dieser Messe bei, hatte aber vorher angekündigt, dass er früher fort müsse. Als zum Schluss der Messe der Erzbischof die Anwesenden aufforderte, sich gegenseitig den Frieden zu schenken, was zu dieser Zeit in unserer Pfarrei noch nicht üblich war, meinte mein Vorgänger beim Händedruck von Juncker: „Ah, Jean-Claude, musst Du schon fort, schade, ich wäre froh gewesen, wenn Du länger hättest bleiben können!" „Gut", brummte Juncker, „dann bleibe ich noch 5 Minuten." (November 2012)
Ein zweiter Juncker-Moment: Ich bin am 20. Dezember 2007 als neues Mitglied des Parlaments vereidigt worden. Ich musste aber bis zum 28. Mai 2008 warten, um Juncker live im Parlament zu erleben, und zwar anlässlich der Debatte zur Lage der Nation. In meiner Rede wies ich natürlich darauf hin, dass Juncker nicht genug in der Luxemburger Politik präsent ist. Juncker reagierte gelassen und meinte: „Herr Etgen, den ich hier begrüße, hat im Dezember das erste Mal gesprochen,

und ich war nicht da. Und jetzt hat er sich gleich mit mir angelegt und dabei vollen Einsatz gezeigt (. . .). Ich führe das aber zurück auf den ,Eifer des frühen Beginns' - das wird sich alles legen." (November 2012)

Fernand Etgen

Evans, Stephen *Journalist, Business Review:* „Wir alle wissen, was zu tun ist. Wir wissen bloß nicht, wie wir nachher wiedergewählt werden" - das ist ein Juncker-Zitat, das in den internationalen Medien häufig verwendet wird. Ich stelle mir aber die Frage: „Herr Juncker, wissen Sie wirklich, was gemacht werden muss?" (Oktober 2010)

Feltes, Paul *Historiker, Mitarbeiter am Buchprojekt „CSV:* Spiegelbild eines Landes und seiner Politik?": Nach seiner Ernennung im Januar 1990 zum Parteipräsidenten der CSV (bestand) Junckers vorrangige Aufgabe darin, das durch innere Zerwürfnisse zerrüttete Parteigebilde wieder aufzupolieren und zusammenzufügen. Es galt, die Lethargie der 80er Jahre zu beseitigen. (September 2008)
Der Partei gelang es nicht, das von ihrem damaligen Präsidenten Juncker nach den Wahlen von 1994 selbst gesteckte Ziel zu erreichen. Die Partei verfehlte ihr Wahlziel von „35% und mehr" klar und verlor zwei Sitze. Mehrere Mitglieder des Nationalvorstands, unter ihnen François Biltgen, waren der Meinung, die Partei müsse den Weg in die Opposition antreten. Premierminister Juncker jedoch scheute den Gang auf die Oppositionsbank. Parteileader Juncker behauptete sich schließlich. (September 2008)
Seit seiner Ernennung zum Premierminister im Jahre 1995 beherrscht Juncker die politische Szene Luxemburgs. Im Ausland genießt er nicht zuletzt aufgrund seines europapolitischen Engagements und seines Verhandlungsgeschicks hohes Ansehen. (September 2008)
Dass der linke Flügel (gesellschaftspolitisch wie sozial) führend in der Partei

ist, hängt wohl auch mit den Exponenten der Partei zusammen. Mit Jacques Santer, Jean Spautz, Jean-Claude Juncker, Erna Hennicot-Schoepges, Marie-Josée Jacobs und François Biltgen standen nach 1979 Politiker im Vordergrund, die in sozialpolitischer Hinsicht zum linken Parteiflügel gehören. (September 2008)
Mit Jean-Claude Juncker als Premierminister tritt die Arbeit der Parteipräsidentin / des Parteipräsidenten in den Schatten. Die starke Persönlichkeit Junckers und seine fantastischen Wahlresultate machen ihn zum eigentlichen Chef der Partei. Ist dies jedoch nicht zugleich ein Zeichen der Schwäche der Partei als politischer Familie? Mit anderen Worten: Was wäre die CSV ohne Jean-Claude Juncker? (September 2008)

Feyereisen, Claude *Leiter Lokalredaktion, Luxemburger Wort:* In seiner Erklärung zur Lage des Landes hat es Juncker auf den Punkt gebracht: Es muss gespart werden! Hier und jetzt! Sofort und nicht erst in einigen Monaten! Die Sanierung der Staatsfinanzen soll nicht nur über Steuererhöhungen erfolgen, nein, der Staat will auch bei sich selbst sparen. (Mai 2010)

Flesch, Colette *Langjährige Ministerin und Europapolitikerin:* Ich begrüße es, dass Juncker nicht die Vereinnahmungskampagne der CSV und des Luxemburger Worts mitmacht, bei der versucht wird, dem Land den Gedanken zu verkaufen, die CSV - und die CSV alleine - wäre für den Erfolg des Satellitenbetreibers ASTRA verantwortlich. Juncker sagte ganz klar, dass alle drei Parteien, die in den verschiedenen Regierungen hintereinander beteiligt waren, für diesen Erfolg verantwortlich sind. Wäre das Ganze nicht gut ausgegangen, wären sie auch zur Verantwortung gezogen worden. (Dezember 1989)

so gut mit den Medien umzugehen wie Jean-Claude Juncker. (Mai 2011)

Danièle Fonck

Colette Flesch

Fonck, Danièle *Direktorin, Editpress Luxemburg:* Juncker hat einen doppelten Vorteil: Zum einen das Alter von 40 Jahren, mit dem eine gewisse Reife einhergeht. Zum anderen gehört er zu der immer geringer werdenden Spezies von Menschen, die an das Geschriebene glauben, die sich Zeit nehmen, zu lesen, nachzudenken, zu diskutieren. Sollte es ihm gelingen, nicht in die Falle zu treten, alle möglichen offiziellen Veranstaltungen, mondäne Events und städtische Abendessen besuchen zu müssen, könnte er sogar seinen Wesenskern bewahren. (Januar 1995)
Abgesehen von Gaston Thorn schafften es nur wenige luxemburgische Politiker,

Geisen, Norbert *Präsident, Fédération des Artisans:* Er war ein großer Premier in Zeiten, wo es gut gelaufen ist und er das Geld mit der Schaufel verteilen konnte. Jetzt muss er zeigen, dass er auch dann ein großer Premierminister ist, wenn es in schlechten Zeiten darum geht, dem Luxemburger Land und den kommenden Generationen eine Zukunft und den Betrieben wieder Perspektiven zu geben. Er würde sich damit hier ein Denkmal setzen, wie Europa keines zu bieten hat. (Juni 2010)

Gengler, Claude *Leiter Europaforum:* Eine Lichtgestalt ist eine Gestalt, die ,leuchtet', Strahlkraft besitzt, die anzieht, Bewunderung erweckt, mitreisst. In der Politik - hier sind Lichtgestalten eher selten anzutreffen, gerade deshalb erzeugen sie viel Aufmerksamkeit - sollten sie außerdem rhetorisches Talent, Überzeugungskraft, Führungsqualitäten und Charisma besitzen. Eine bekannte Luxemburger Lichtgestalt, unser Premierminister und langjähriger Eurogruppenchef Juncker, hat sich jetzt von einem Teil der europäischen Bühne verabschiedet (und) da machen zwei andere, deutlich jüngere, Lichtgestalten auf sich aufmerksam. Zum einen unser Wirtschaftsminister Etienne Schneider, zum anderen Xavier Bettel, frischgebackener Parteipräsident und Erster Bürger der Hauptstadt (. . .) Interessanterweise

gehören beide nicht der staatstragenden CSV an. (Februar 2013)

Gibéryen, Gast *Mitbegründer der ADR:* Beim Verteilen vor den Wahlen ist die CSV mit Juncker gut, sie macht das allein. (Dezember 2011)

Gast Gibéryen

Gindt, Max *Autor, Zeitschrift ,Forum', zusammen mit Thomas Bernard:* Die verschachtelten Antworten des Premierministers schriftlich wiederzugeben, ist kein leichtes Unterfangen. Jean-Claude Juncker versteht es nämlich, im gleichen Satz unterschiedliche politische Aussagen (die nicht selten im Widerspruch zueinander stehen) addierend zusammenzusetzen, ohne dass hierbei für den Zuhörer erkenntlich wird, welchen dieser Standpunkte Juncker letztendlich vertritt. Das hat den Vorteil, dass jeder frei annehmen darf: irgendwie (auch) den meinigen. Die verwirrenden Satzeinschübe des Premiers hinterlassen so beim Zuhörer das Gefühl vagen Einverständnisses und heimlicher Komplizenschaft. In den Vereinigten Staaten wurde diese Form der politischen Kommunikation als ‚triangulation' theoretisiert und verhalf Bill Clinton 1996 zur Wiederwahl. Dessen politischer Berater, Dick Cheney, umschrieb die Clinton'sche Taktik wie folgt: „Triangulate, create a third position, not just in-between old positions oft he two parties but do it in a way that is uniquely yours." Indem der Politiker sich einzelne Kernpositionen seiner Gegner zu eigen macht (oder so tut als ob, um die eigenen durchzusetzen) macht er sich im politischen Spektrum nicht nur unverortbar, sondern auch unwiderlegbar. (Februar 2013)

Vor kritischen Fragen schützen Juncker nicht nur seine rhetorischen Talente, auch sein technisches Wissen, das er in Jahrzehnten der Machtausübung erlangt hat, kommt hier zum Einsatz. Seine Zuhörer hetzt er durch Hintertüren und Abstellkammern, entlang der Flure und Stiegen von Gesetzes- und Institutionengefügen, die nicht weniger labyrinthisch anmuten als seine Satzkonstruktionen. Doch er kennt sich aus, denn an deren Bau war er nicht unmaßgeblich beteiligt. Der Zuhörer stolpert so von einem technischen Nebenschauplatz zum nächsten und verliert die eigentliche Frage, nämlich die nach den politischen Alternativen und Verantwortungen, aus dem Blick. (Februar 2013)

In Interviews weiß der Premier alle verfügbaren Gefühlsregister zu ziehen. Die reichen von Empörung („Ich muss mich doch nicht wie ein Krimineller oder ein

korruptes Schwein beschreiben und mich pausenlos beleidigen lassen. Es reicht!", RTL Radio, 19.1.2013), über Bescheidenheit („Hierzulande hat eigentlich keiner wirklich Macht", Forum, 22.12.2012) bis zur persönlichen Unterstellung, wenn er etwa Journalisten Unprofessionalität oder politischer Rachemotive bezichtigt („Der SREL arbeitet wahrscheinlich nicht so, wie Sie das gerne darstellen, weil Ihr Bild von der CSV das ist, das Sie regelmäßig vehikulieren", Radio 100,7, 22.12.2012). Wird es ernst, stellt der Unbeirrbare seine eigene (nicht unsympathische) Person in die Vitrine und verlangt Vertrauen. (Februar 2013)

★ Quellen-Würdigung

„Außer im Magazin Forum (www.forum.lu) gibt es wenig (selbst-)kritische Reflektion des eigenen Berufsstandes und der Methoden und der Prinzipien, derer er sich bedient. Das gilt nicht nur für den investigativen Journalismus, sondern allgemein.
(Ines Kurschat, März 2013)

Glesener, Marc *Chefredakteur Luxemburger Wort bis 2012:* Juncker, zuerst als Arbeits- und Budgetminister, dann als Premierminister, stahl den Sozialisten mehr als einmal die Show, wenn es darum ging, die Interessen der kleinen Leute zu verteidigen. Soziale Fragen macht der CSV-Spitzenmann stets zur Chefsache, zum Leidwesen der LSAP, die bei der eigenen Klientel an Kredit verlor. (Juni 1999)

G

G

Luxemburgs Premier gehört zu denen in der EU, die sich für ein politisch starkes Europa engagieren. Wollen die 27 mehr Europa wagen, wäre Juncker die richtige Wahl. Das Gegenprogramm heißt Tony Blair (. . .). Juncker oder Blair? Diese Frage steht stellvertretend für die zwei Grundoptionen, die es im politischen Europa gibt. (Oktober 2009)

Juncker, Programm, Partei: den wichtigsten Part in dem Dreigestirn spielte und spielt zweifelsohne der CSV-Premier, der für Werte und einen Politikstil steht, der den Nerv der Luxemburger trifft. Bleibt die Frage, wo die Partei ohne Juncker-Effekt stünde. Hätte die CSV ähnlich gut bei den Wahlen abschneiden können? (. . .) Die CSV ohne Juncker - ja, das ist sicher eine Herausforderung. Das ,magische Dreieck' wird dann eine andere Form annehmen müssen. (November 2009)

Die Kunst, schwierigste politische Zusammenhänge und Gegebenheiten in griffige Sprüche zu kleiden, beherrscht Juncker wie kein anderer, als unangefochtener Meister aller Klassen. In Europa. In Luxemburg. (März 2010)

Zu denen, die das europapolitische Geschäft - und auch das Gipfelvorgeplänkel - beherrschen wie kaum ein anderer, zählt Luxemburgs Premierminister. Der dienstälteste unter den EU-Regierenden hat auch dieses Mal wieder pünktlich zu den Brüsseler Beratungen medial gepunktet. Der Vorschlag Junckers zur Einführung sogenannter Eurobonds birgt Sprengstoff in sich. (Dezember 2010)

Apropos Regierungschef: Bleibt abzu-

warten, ob und wie weit Juncker seinen Finanzminister dieses Mal auf dem Weg des Sparens und Reformierens begleiten wird. Fakt ist: Frieden ist auf dem richtigen Weg. (Dezember 2011)

Marc Glesener

Goebbels, Robert *Europaabgeordneter der LSAP:* Seine Sporen als europäischer Staatsmann hat sich Juncker während des luxemburgischen EU-Vorsitzes in der zweiten Hälfte 1997 verdient. In dieser Zeit wurden mehrere wichtige Fragen gelöst. (November 2003)

Juncker wird ja nachgesagt, dass er ein verkappter Sozialdemokrat ist. Er hat oft bessere Beziehungen zu sozialdemokratischen Politikern, wie zum Beispiel Paavo Lipponen, Wim Kok, Lionel Jospin oder Antonio Guterres. Er hat sich mit ihnen besser verstanden als mit manchen Konservativen. (November 2003)

Wie erkläre ich mir diese Nähe von Juncker zu den Sozialdemokraten? Das kommt von seinem Lebensweg. Er ist aufgewachsen in einem typischen Arbeiterdorf im Süden Luxemburgs (November 2003)

Als Arbeitsminister hat Juncker eine Politik verfolgt, die deckungsgleich war mit den Konzepten meiner Partei. Das Problem der

Sozialdemokraten in Luxemburg ist es, dass wir in der Sozialpolitik Schwierigkeiten haben, uns von Juncker abzugrenzen und zu zeigen, dass die Sozis die besseren Verteidiger der Arbeitnehmer sind als Herr Juncker. Er versucht, uns links zu überholen, zumindest verbal, das kann er sehr gut. Die Fakten sind aber nicht immer so. (November 2003)

Ich glaube, dass Kohl Juncker immer geschätzt hat, weil er etwas hat, was Kohl nicht hat: Er kann spritzig reden. (November 2003)

Er formuliert gut und kreiert Begriffe, die dann nachher durch die Presse geistern. Das macht er gut, das muss man neidvoll anerkennen. (November 2003)

Ein nationaler Politiker wie Juncker als Dauergast in den ausländischen Medien: das erfüllt viele Luxemburger mit Stolz. Es ist der ‚Charly Gaul'-Effekt, wie Alvin Sold richtig diagnostizierte: das Aufpolieren des Nationalstolzes, das in anderen Ländern über Siege einer heimischen Fußballmannschaft erfolgt. (Juni 2004)

Vor drei Jahren hatte Juncker das ‚Ende der Spaßkultur' verkündet und eine echte Streitkultur eingefordert. In Wirklichkeit ist es Juncker gelungen, die politische Debatte in Luxemburg im Wattebausch der Selbstdarstellung zu ersticken. Seit er vor zehn Jahren den gutmütigen Jacques Santer als Premierminister ablöste, verkörpert Juncker den ‚Staat' ganz allein. (Juni 2004)

Juncker mag zwar gegen das Glockengebimmel der Kathedrale stänkern und mit seiner Fast-Mitgliedschaft bei den Sozis

kokettieren. Doch wie Romain Hilgert im ‚Land' richtig erkannte, verdeckt Juncker sämtliche Widersprüche seiner Partei, gerade weil er „immer etwas Anderes sein will, als er ist." (Juni 2004)

Juncker redet viel und oft. Darunter viel Widersprüchliches. Deshalb kann er alles und sein Gegenteil behaupten. (Juni 2009, Wahlkampf)

Eine vierte Amtsperiode unseres Dauerpremiers scheint unabwendbar. Umso wesentlicher ist es, dass die vielen Mitbürger, welche Junckers Wortspiele und Egotrips müde sind, dazu beitragen, die Übermacht der CSV zu bremsen. Eine Verkürzung des Abstands zwischen CSV und LSAP wäre heilsam für den selbstgerechten Gottvater der Rechten. (Juni 2009, Wahlkampf)

Der düstere Schatten des Körpers des nationalen Kutschers wird überlang. Um den Schwarzen Beine zu machen, müssen die Sozialisten gestärkt werden. (Juni 2009, Wahlkampf)

Warum Juncker nicht Ratspräsident wurde? Leider hat er sich ziemlich mächtige Feinde gemacht wie Sarkozy, Merkel oder Berlusconi. Diese ‚Großen' wollten keine allzu starke Persönlichkeit, das ist evident. (November 2009)

Es ist nicht der von Juncker ausgehende Zigarettenqualm, welcher seine Gipfel-Kollegen entzürnte. Vielmehr ertragen die selbsternannten europäischen Vordenker aus Berlin und Paris Junckers spitze Bemerkungen nicht mehr. Zum Beispiel, wenn Juncker im Handelsblatt (12.10.11) vorrechnet, „etwa 70% der deutsch-französischen Vorschläge der letzten 12 Monate sind nicht entscheidungsreif geworden." Zwar hat er recht, doch in den hohen Sphären der Politik ist Offenheit keine Tugend. (November 2011)

Robert Goebbels

Goerens, Charles *Europaabgeordneter der DP:* Der Lissaboner Vertrag sieht vor, dass die beiden (Spitzen-)Positionen der Europäischen Union mehr Visibilität verleihen sollen. Und nun werden diese mit zwei Personen besetzen, die in der EU keine Visibilität haben. Für mich waren Erfahrung, Können, Motivation und Passion die maßgebenden Kriterien, denen die Person des EU-Ratspräsidenten zu entsprechen hat. Und diese sind am klarsten bei Jean-Claude Juncker zu finden. Ich will damit jedoch nicht über Van Rompuy und Ashton herfallen. (November 2009)

Charles Goerens

Goldrake, David *Magier:* Zugegeben, ich halte es für eine harte Herausforderung, eine solch außerordentlich sprachgewandte Persönlichkeit wie Jean-Claude Juncker zu analysieren. Eigentlich würde ich ja liebend gerne umfassend auf seine politische Karriere eingehen, doch ich verfolge Politik nicht wirklich intensiv - dies hilft mir, gesund zu bleiben. Eines weiß ich jedoch sicher: Magier und Politiker haben vieles gemeinsam. Voraussehen, hineinfühlen, überzeugen, begeistern, das Unmögliche möglich machen, austricksen und vielleicht auch manchmal die Wirklichkeit ein klein wenig verdrehen, dies alles gehört zum Kompetenzbereich von uns beiden. Darin müssen wir gut sein! (April 2013)

Jean-Claude Juncker weckte mein Interesse kurz nach seiner Ernennung zum Premierminister. Zu dieser Zeit hatte ich mich bereits für eine Karriere als professioneller Magier entschieden und studierte fleißig alles, was mit Kommunikation und Reden vor Publikum zu tun hatte. Und dann sah ich diesen Mann, dessen Reden und Interviews makellos zu sein schienen. Er beherrschte diese Kunst nahezu perfekt - und seine Sätze waren immer flüssig, ohne Füllwörter oder Denkpausen. Er hatte eine ruhige, wortgewandte und sehr präzise Art, seinen Standpunkt zu vermitteln. Noch heute kommt mir bei der Vorbereitung von Interviews oder beim Skripten von Shows oft die Frage in den Kopf: „Wie würde es Jean-Claude machen?" (April 2013)

Etwas später erzählte eine Freundin von

mir (und frühere Klassenkameradin von Jean-Claude Juncker) folgende Anekdote über ihn: „Juncker schien wohl über Jahre hinweg eine riesige Schallplattensammlung angehäuft zu haben. Diese wollte Juncker mir jetzt verkaufen, zu einem, wie er meinte, sehr vorteilhaften Preis. Ich nahm das Angebot dankend an, musste jedoch kurz darauf feststellen, dass es mittlerweile fast unmöglich war, noch einen vernünftigen LP-Spieler auf dem Markt zu finden." Tatsächlich hatten CDs zur dieser Zeit sehr rasch an Beliebtheit gewonnen und Jean-Claude Juncker hatte diesen kommenden Umschwung offensichtlich sehr früh vorausgeahnt, ergänzte meine Freundin. Ihre Anekdote quittierte sie dann lachend mit folgender Aussage: „Ich wusste damals schon, dass Jean-Claude Juncker dazu berufen war, Großes zu leisten!" Ich denke, diese kleine Geschichte aus der Luxemburger Klatschspalte illustriert sowohl Jean-Claude Junckers Geschäftssinn, als auch seine Eigenschaft als Visionär. Und mit einem Augenzwinkern denke ich dabei auch an die oben erwähnte Fähigkeit, Menschen manchmal ein wenig auszutricksen. (April 2013)

Bis 2008 waren inzwischen viele Jahre vergangen. Jahre, in denen Junckers Karriere unaufhaltsam vorangeschritten war. Ich trat damals in der wöchentlichen TV-Show ‚The Next Uri Geller' im deutschen Fernsehen auf und wurde daraufhin gebeten, bei einer Wohltätigkeitsgala in Holzem zu performen. Während der Vorbereitungen fragte ich die Veranstalter nach der zu erwartenden Zuschauerzahl.

Stolz berichteten sie mir, dass der Saal ausgebucht sei und fügten ergänzend hinzu, dass im übrigen keine Geringeren als Jean-Claude Juncker und seine Ehefrau Christiane beim Verteilen der Flyer in der ganzen Gemeinde geholfen hatten. Ich war sprachlos! Die Tatsache dass ein Mann von Jean-Claude Junckers Format in seiner knapp bemessenen Freizeit Flyer für meine Show verteilte, verdiente meine höchste Anerkennung. Echte Stars sind für mich Menschen, die trotz ihres Erfolges ihre Bodenhaftung und Menschlichkeit nicht verlieren. An diesem Abend wusste ich, dass Jean-Claude Juncker einer von ihnen ist. (April 2013)

Drei Jahre später, 2011 also, sitzen mehrere hundert Menschen erwartungsvoll im Luxemburger Musikkonservatorium. Ich bin da keine Ausnahme. Meinem jüngeren Bruder wird heute das ‚Diplôme de fin d'études secondaires' verliehen, und Ehrengast ist Jean-Claude Juncker. Nach der traditionellen Begrüßung und einer übertrieben elitären, spießigen und weltfremden Rede des neuen Schuldirektors betritt Jean-Claude Juncker mit folgenden Worten die Bühne: „Ich habe mein Abschlussexamen hier bestanden . . . mit einem Nachexamen in Latein!" Im Publikum hört man schallendes Lachen! Es folgt eine motivierende, ermutigende Rede, wie sie nur eine wahre Führungsperson halten kann. Jean-Claude Juncker legt den Schwerpunkt nicht ausschließlich auf akademische, sondern auch auf menschliche Fähigkeiten, wie z.B. Kreativität, Einfühlungsvermögen und die Klugheit, sich

G

mit einem großartigen Team zu umgeben. Mir wird klar, dass er es gerade geschafft hatte, innerhalb weniger Minuten allen anwesenden Schülern und Eltern einen gebrauchsfertigen Plan für ein erfolgreiches Leben zu liefern. (April 2013)

Im Laufe der Jahre habe ich weltweit viele Politiker und Führungspersonen getroffen, beziehungsweise bin ich für sie aufgetreten. Jean-Claude Juncker gehört zu den prägendsten dieser Persönlichkeiten. Im Rahmen einer Vorstellung im kleinen Kreis mit ihm bin ich noch nicht aufgetreten. Ich hoffe, das wird sich bald ändern. (April 2013)

David Goldrake

Graas, Gust *Langjähriger CEO der CLT UFA / RTL Group:* Ich kenne Juncker gut. Wenn wir uns treffen, umarmen wir uns herzlich. (November 2012)

Ich schätze sehr, was Juncker für Luxemburg und Europa tut. (November 2011)

Als ich RTL als Generaldirektor verließ, hat er mir im Beisein von Freunden und Persönlichkeiten die höchste und seltene Auszeichnung verliehen, die ein Luxemburger in Luxemburg erhalten kann. (November 2011)

Gust Graas

Graas, Gusty *Abgeordneter 1999-2004, Schöffe der Gemeinde Bettemburg:* Als ich Mitte 1995 den Posten des Sekretärs der DP-Fraktion übernahm, kam Juncker am Ende einer Parlamentssitzung, der ich als Zuhörer beigewohnt hatte, spontan auf mich zu und gratulierte mir zu meiner Ernennung. „Es ist ein sehr zeitraubender und anstrengender Job, aber äußerst interessant. Für mich war es eine gute politische Schule", so der Premierminister, war er doch selbst am Anfang seiner politischen Laufbahn Fraktionssekretär der CSV. Mir sind diese Worte natürlich in meinem Gedächtnis geblieben. In der Tat hatte Juncker recht: Meine drei Jahre als Fraktionssekretär sollten auch für meine spätere politische Aktivität von großem Nutzen sein. (November 2011)

Gusty Graas

Graf, Nico *Journalist und Sprecher RTL Radio Lëtzebuerg:* Wir hatten einen großen schwarzen Hund und eine rötliche Katze zu Hause. Wenn die rote Katze zickig war, konnte sie sogar den großen Hund verscheuchen. (Mai 2005)

Viel interessanter als ‚Juncker meets Marx' / ‚Juncker als einziger Star auf CSV-Plakaten' / ‚Juncker on tour', viel interessanter ist ein anderes Gedankenspiel: Welchen Wert hätte die CSV eigentlich ohne ihren Superstar? (Juni 2009)

Jean-Claude Juncker wird hier im Land nie seinen Hochofen los, Octavie Modert nie ihren Weinberg, Lydie Polfer nie ihre ‚Groussgaass', Robert Mehlen nie seinen Bauernhof. Und weil das so ist, kultivieren die Kandidaten das auch entsprechend. (Juni 2009)

Ein starker Wind von Drei Wetter-Taft bläst seit Jahren um Juncker: vormittags Luxemburg, mittags Straßburg und abends Brüssel. (November 2009)

Wenn wir Juncker glücklich nach Brüssel exportiert haben, dann sehen wir, wie lustig es werden wird mit dem Charisma der anderen orangen Politiker hier. (November 2009)

Die Luxemburger (Europa-)Hybris bestand in den letzten Jahren darin, mit den großen Hunden pinkeln zu gehen. Und ganz langsam haben wir bei dem ewigen Gepinkel geglaubt, wir wären zumindest ein mittlerer Hund. Aber jetzt - willkommen in der Realität. Weil das Land zu klein ist, die Industrie zu unwichtig, der Bankenplatz zu umstritten, weil wir von der Zahl her nicht genug sind, und weil kein Gewicht da ist

und keine Macht, ist unser Alpha-Tier auf europäischer Bühne nur mehr ein Bettvorleger. (November 2009)

Paradies, Paradies umbauen, usw.: Wenn ein CSV-Politiker hier im Land eine religiöse Metaphorik in den Mund nimmt, dann muss die Situation ernst sein, mega-ernst. (März 2010)

Nico Graf

Gramegna, Pierre *Hauptgeschäftsführer der Handelskammer Luxemburg:* Als ich Jean-Claude Juncker einmal fragte, wie er die Interessen von Europa und jene von Luxemburg so geschickt auf einen gemeinsamen Nenner bringen könnte, antwortete er mir: „Wenn ich in Luxemburg unterwegs bin, erzähle ich immer, dass Luxemburg zwar unabhängig ist, aber...KLEIN. Wenn ich allerdings in Europa unterwegs bin, unterstreiche ich, dass Luxemburg zwar klein ist...aber UNABHÄNGIG." Also: Alles ist eine Frage der Betonung oder der Perspektive. Und unser Premierminister meistert dies wie kein zweiter. (November 2011)

G

Pierre Gramegna

Grasser, Fabien *Chefredakteur Le Quotidien:*
Es war ein Politikstil, der so richtig zu ihm
passte: Auf die Frage, ob er denn selbst
gerne Kandidat für den Posten des Präsidenten des europäischen Rats sein wolle,
sagte er: „Die anderen müssen einen
fragen" (. . .) Er ergänzte: Ich habe gelernt,
dass man nicht selbst seine Kandidatur
für einen solchen Posten stellt." (. . .)
Bei den Wahlen 2004 und 2009 wandte
er exakt die gegenteilige Strategie an.
Seine Botschaft an die luxemburgischen
Wähler war: „Behaltet mich oder ich gehe
weg." Heute scheint sie so zu lauten: „Ruft
mich, oder ich bleibe im Großherzogtum."
Bleibt nur die Frage, ob das Verlangen der
Europäer nach Juncker genauso heftig
ausfallen wird wie das Verlangen der
Luxemburger nach ihm. (Oktober 2009)

Günther, Sven *Journalist, Promi Lëtzebuerg,*
Privat: Er ist unser Vorzeige-Luxemburger:
Jean-Claude Juncker. 56 Jahre alt. Premierminister. Rotwein-Liebhaber. Edel-Euro-
päer. Im Großherzogtum wird er von den
einen bewundert, von anderen belächelt.
(Februar 2011)

Hahn, Max *Vorsitzender der Jungen Liberalen:* Luxemburg und Paradies? Wo lebt Juncker eigentlich? Für junge Berufsanfänger ist Luxemburg längst kein Paradies mehr. Auch gut ausgebildete Leute haben große Schwierigkeiten, ins Berufsleben zu starten, die eigene Wohnung bleibt mangels finanzieller Mittel lange ein Traum. (April 2010)

Hamus, Henri *Domherr, Luxemburg:* Unser Erzbischof Jean-Claude Junck... eh, entschuldigen Sie, Jean-Claude Hollerich (Februar 2012)

Henri Hamus

Hansen, Josée *Journalistin, D'Lëtzebuerger Land:* Viele erinnern sich daran: Vor 18 Jahren, einer kleinen Ewigkeit, krempelte Juncker als junger Premierminister seine Ärmel hoch und lieferte jedes Frühjahr mit Schwung eine visionäre, oder zumindest enthusiastische, Erklärung zur Lage der Nation ab. Das Problem heute: Er ist genauso müde wie die anderen Akteure in Luxemburg - die Regierung (...), das Parlament

(...), die Gewerkschaften und schließlich die Arbeitgeber (...). (April 2013)

Hausemer, Georges *Autor von „Alles über Luxemburg":* Der luxemburgische Premier-, Staats-und Finanzminister sowie Eurogruppenchef Juncker, der seit 2003 auch Ehrenbürger der Stadt Trier ist, wurde in den vergangenen Jahren mit so vielen europäischen Preisen, Preisen für Europa und Preisen aus Europa ausgezeichnet, dass eine Auflistung den Rahmen dieser Publikation sprengen würde. Den Karlspreis der Stadt Aachen erhielt er 2006. Aber (...) eigentlich ist jeder Luxemburger Karlspreisträger. Im Jahr 1986 erhielt „Das Volk von Luxemburg" den Karlspreis mit der Begründung, „das Volk des kleinsten Landes der Europäischen Gemeinschaft dafür zu ehren, das es zu den überzeugten Europäern der ersten Stunde zählte und seine Politiker wichtige Beiträge zur Europäischen Einigung geleistet haben." (September 2012)

Hausmann, Hartmut *Journalist, Lëtzebuerger Journal:* Juncker als Kandidat? Ein charismatischer Ratspräsident, der sich als Bürgerpräsident und als ausgleichender Makler zwischen den Mitgliedsstaaten sieht, wäre das Beste, was Europa passieren könnte. (November 2009)

Hemmer, Martine *Journalistin Télécran:* Junge Menschen, die 2014 das erste Mal wählen gehen, kennen nur einen Premierminister: Jean-Claude Juncker. Sie kamen 1995 zur Welt, in dem Jahr, als Juncker Regierungschef wurde. In Deutschland gab es die Generation Kohl, die mit ‚Wetten, dass...', Kinder-Schokolade und dem ewigen Kanzler aufwuchs. (Dezember 2009)

Hennicot-Schoepges, Erna *Ministerin, Abgeordnete Europaparlament (2004-2009):* Juncker sagte, die Hochöfen müssten bestehen bleiben, um auch den Nachkommen zu zeigen, was die Stahlindustrie für den Reichtum unseres Landes bedeutet hat. (Juni 2004)

Juncker wurde als ‚Retter der Banken' gefeiert. Verdient hat er die Auszeichnung, aber den Titel hätte ich mir verboten! Nun sieht es fast so aus, als sei auch Juncker bei den Tradern, Zockern, Draufgängern und Va Banque-Spielern angekommen. (November 2009)

Erna Hennicot-Schoepges

Hentgen, Pit *Generaldirektor La Luxembourgeoise:* Anlässlich der Wahlkampfveranstaltung „Juncker meets Marx" am 22. Mai 2009 in der Marx-Bar in Hollerich hat Jean-Claude Juncker spontan ein gemeinsames Foto von uns beiden organisiert als Anerkennung dafür „dass die La

Luxembourgeoise seit vielen Jahrzehnten das Land und seine Politiker unterstützt, besonders in schweren Zeiten." (November 2012)

> *Anlässlich der Wahlkampfveranstaltung "Juncker meets Marx" am 22. Mai 2009 in der Marx Bar in Hollerich hat Jean-Claude Juncker spontan ein gemeinsames Foto von uns beiden organisiert als Anerkennung dafür „dass die La Luxembourgeoise seit vielen Jahrzehnten das Land und seine Politiker unterstützt, besonders in schweren Zeiten."*

Pit Hentgen

Hilgert, Romain *Chefredakteur, D'Lëtzebuerger Land:* Juncker, der nie einen anderen Beruf ausübte als Politik, ist sich dennoch bewusst, dass er einer neuen Zeit angehört. Er ist auch der erste Premier, dessen Erwachsenenleben mit der wirtschaftlichen und gesellschaftlichen Krise Mitte der 70er Jahre begann und der nach dem Ende des kalten Kriegs ins Amt kommt. (Januar 1995)

Juncker hat es geschickt verstanden, Luxemburgs Rolle in der Union zu stabilisieren und unermüdlich in den ausländischen Medien bekannt zu machen. Durch Zugeständnisse bei der Quellensteuer hatte er seine Regierung aus der zunehmenden diplomatischen Isolation geführt. (August 2005)

Wenn ein großer Sohn der Heimat im Ausland scheitert, werden auch die patriotischen Gefühle der zu Hause Gebliebenen verletzt. Deshalb warf das Luxemburger Wort der EU (nach der Ernennung von Van Rompuy) vor, „eine wichtige Chance verpasst zu haben", und das Tageblatt tröstete sich und ihn: „Es besteht kein Zweifel, dass er der beste der möglichen Kandidaten war." So wie auch die Fußballnationalmannschaft immer ganz unverdient verliert. (November 2009)

Hillion, Jacques *Chefredakteur, Le Jeudi:* Wäre der Kandidat Juncker für den Posten des EU-Ratspräsidenten nicht etwas zu brilliant? Einer, der etwas zu sehr Klartext spricht? Dieser Eindruck entsteht, wenn man Stimmen in Paris und Berlin hört. Sarkozy und Merkel würden eher eine Person bevorzugen, die einen nicht zu großen Schatten auf sie wirft. (November 2009)

Hirsch, Mario *Langjähriger Chefredakteur, D'Lëtzebuerger Land, in der Kolumne ‚Ländchen':* Der Hamburger Spiegel berichtete am Montag über ein Abendessen von Premier Jean-Claude Juncker mit internationalen Journalisten. Juncker versuchte es in Französisch und Deutsch, doch: „You speak English", beschied ihm ein Pole unter beifälligem Nicken von Skandinaviern, Briten und Osteuropäern. „Oh Mann", stöhnte Juncker, „auf Englisch zünden meine Bonmots gar nicht." Und nun die Preisfrage: Wer herausfindet, in welcher Sprache Junckers Bonmots zünden, gewinnt einen Hamburger Royal mit

einer kleinen Pommes und einer Fanta. (Februar 2005)

Der Feststellung, dass Luxemburg ‚small und beautiful' ist, wird wohl jeder Besucher dieses Landes zustimmen können. Zumindest bislang kann die Leistungsbilanz des Kleinstaats auch als durchaus ‚successful' bezeichnet werden (. . .) Doch die Debatte um Themen wie die mögliche Neudefinition der staatlichen Souveränität Luxemburgs (. . .) scheint erst begonnen zu haben. Juncker thematisierte 2006 in prägnanter Weise diese Herausforderung für das Großherzogtum: „Anstatt zu bleiben, was wir sind, wollen wir daran festhalten, was wir haben - das ist unser Problem." (September 2008)

Mario Hirsch

Hoffmann, André *Abgeordneter Déi Lenk:* Bei Junckers Rede zur Lage der Nation 2010 gab es keine Überraschungen. Das meiste war vorher bekannt gewesen. Aber es hat - wie immer bei Juncker - einen Widerspruch gegeben zwischen den allgemeinen, prinzipiellen Aussagen (wie zum Beispiel der Kritik am Turbokapitalismus und an der Deregulierung) und dem, was konkreter vorgeschlagen wurde. (Mai 2010)

André Hoffmann

Hoffmann, Frank *Regisseur, Intendant Theater Luxemburg:* Sein gewinnendes Wesen verdankt Juncker seinem Humor. Obwohl er oft etwas griesgrämig wirkt, hat er den Schalk im Nacken. Die besten Komiker lachen selten. (Dezember 2009)
Er hat ein gutes Gefühl für Rhythmus, setzt die Pointen zielsicher an der richtigen Stelle. Wäre die Politik tatsächlich eine Bühne, ich würde ihm sofort eine Rolle anbieten. Am liebsten die Rollen des Fausts und des Mephistos zugleich. (Dezember 2009)

Frank Hoffmann

Hoffmann, Jean-Paul *Journalist, D'Lëtzebuerger Land:* Nur alle zehn Jahre leistet sich Luxemburg einen neuen Premierminister, und deshalb ist hierzulande ein historisches Ereignis, was in Italien zur Routine gehört. Ein Jahrzehnt, nachdem er Pierre Werner abgelöst hatte, geht nun also Jacques Santer, und Jean-Claude Juncker kommt.
(Januar 1995)
Juncker, vom sozialen Flügel der CSV herstammend, dürfte keine unüberwindlichen Schwierigkeiten haben, eine gemeinsame Wellenlänge mit den Gewerkschaften zu finden, auch wenn er ein distanzierteres Verhältnis zum Tripartitmus pflegen wird als sein Vorgänger (Januar 1995)
Ein wesentlicher Teil von Junckers Arbeitspensum wird darin bestehen, das Bild aufzupolieren, das Luxemburg nach außen vermittelt: Weg vom Image des Kleinstaats, der durch Vermarktung seiner Hoheitsrechte auf Kosten der Partnerstaaten lebt, so lautet die Devise (. . .) Juncker weiß, dass sich Luxemburg künftig internationalen Respekt weniger durch seinen Reichtum als durch die Initiativen einer aktiveren statt lediglich reaktiven Diplomatie erkämpfen muss. (Januar 1995)

Huss, Manuel *Parlamentsattaché Déi Greng:* Im Prinzip gibt es Politiker und es gibt Juncker. Juncker ist eher ein metaphysisches Konstrukt: Er ist ein beruhigendes Hintergrundrauschen, ähnlich der Geräuschkulisse einer Waschmaschine, ein Art Humus, in dem Luxemburg gedeihen kann (...). Juncker ist ein guter und geschickter Populist und ein ganz großer Glückspilz. Ein Glückspilz deshalb, weil er ein Land regieren konnte, das schon im Überfluss gelebt hat, während

die Gießkanne noch lange nicht leer war.
Jeder bekam immer mehr, und keinem
wurde etwas weggenommen (. . .). Wäre
die Krise nicht gekommen, wäre Juncker
irgendwann als der wohl brillianteste
luxemburgische Politiker aller Zeiten
in die Pension und in die Geschichte
gegangen. Dies Krise hat ihm aber einen
Strich durch die Rechnung gemacht.
(Januar 2013)

Manuel Huss

H

Jung, Mil *Direktor des 'Service Information et Presse' bis 2012:* Premierminister Juncker ist sicherlich durch sein Amt und durch die objektive Nachfrage, die aus dem Ausland und von seiten der Presse besteht, sichtbarer als die meisten anderen Minister. Dadurch sieht man natürlich auch den SIP häufiger, wenn er für den Premierminister arbeitet. Andere Ministerien sind weniger gefragt, doch bieten wir ihnen selbstverständlich den gleichen Service wie dem Premierminister. (November 2002)

Mil Jung

Kaiser, Guy *Chefredakteur, RTL Radio Lëtzebuerg:* Der luxemburgische Premierminister wird in der ausländischen Presse, vor allem in der deutschen, in höchsten Tönen gelobt. Vor allem, weil er kein Blatt vor den Mund nimmt. Das ist in diesen Zeiten von ‚politischer Korrektheit' eine absolute Rarität. Wir in Luxemburg haben uns an Jean-Claude Juncker gewöhnt, an seine Launen, an seine Momente, bei denen er sich seine Sorgen von der Leber redet. Die Deutschen dagegen können nicht genug von diesen Sätzen bekommen. (Mai 2006) Die CSV hätte für die letzten Wahlen keine besseren Slogan finden können: Der sichere Weg. Es ist das, was wir Luxemburger brauchen, unsereins, die ihre Kinder bevorzugt in den öffentlichen Dienst schicken, weil da die Gehälter sicherer sind, und überhaupt, weil da alles sicherer ist. Unsere Gelder sind aber nicht so sicher, wie es vor den Wahlen gesagt wurde und Premier-, respektiv Finanzminister sprechen alles andere als eine einheitliche Sprache. Es ist eher Holterdipolter! Vor den Wahlen: alles in Ordnung. Vor den Gemeindewahlen auch noch alles paletti. Danach: Horror-Szenario. Wir gehen den Bach herunter. Die Tripartite wird zusammengerufen, der Premierminister lässt seinen Finanzminister im Parlament sagen: „Unsere Ausgaben steigen schneller wie unsere Einnahmen." (Oktober 2006)
Ein Jean-Claude Juncker hat nie im Verborgenen gelassen, dass er genauso Mitglied der LSAP hätte können werden und so geniert er sich nicht, auch auf sozialistischem Terrain grasen zu gehen. (März 2012)

Guy Kaiser

Karger, Claude *Chefredakteur, Lëtzebuerger Journal:* Der Wähler vergisst nachzuhaken, ob ‚Die mit Juncker' eigentlich mehr anzubieten haben als IHN. (Juni 2009)
Eins steht fest: nach monatelangem Geschacher hat sich die EU auf leise Technokraten für die Posten geeignet statt auf charismatische und erprobte politische ‚Leader', deren Telefonnummern die ‚Großen der Welt' ohnehin bereits seit langem in ihren Adressbüchern führen. (November 2009)
Die Sanierung der Staatsfinanzen bis ins Wahljahr 2014 kann nur Teil einer Gesamtstrategie für den ‚Umbau des Paradieses Luxemburg' sein, den Juncker vor

einiger Zeit ankündigte, um die Zukunft des Landes nachhaltig abzusichern. (April 2010)

Dass in guten Jahren die strukturellen Defizite besonders in Wahlzeiten durch eine ‚Politik mit der Gießkanne' zugegossen wurden, darüber musste sogar Premier Juncker am Montag im RTL-Fernsehen ironisieren. (April 2010)

Um eine Konfrontation (zwischen Schwarz / Rot) zu umschiffen, hatte die CSV vorsorglich sogar ihre gesamten Wahlversprechen unter ‚Finanzierungsvorbehalt' gestellt und dafür Juncker ‚on tour' geschickt. Das Resultat der vage gehaltenen premierministerlichen Krisen-Rhethorik, gewürzt mit einer Prise Angstmacherei vor einer Dreierkoalition, ist bekannt. (Juni 2010)

Premier Juncker geht öfter zur Kirche. So geschehen wiederum im niederrheinischen Kempen, wo er sich in der Peterskirche die Kempis-Stele für seine europäische Verdienste abholte. „Schön haben Sie's hier", wird der illustre Gast in einer begeisterten Reportage über den anschließenden Stadtrundgang zitiert. „Ich komme wieder" habe der Premier ins Goldene Buch der Stadt geschrieben, die ihm „eine Flasche Thomas-Bitter und Thomas-Trüffel als Stärkung mit auf den Weg" gegeben habe. Wir hoffen, es hilft. (September 2010)

Dass Juncker, der vor gar nicht allzulanger Zeit alle Hebel in Bewegung setzte, um einen politisch höchst angeschlagenen LSAP-Arbeitsminister zu ‚retten', den LSAP-Wirtschaftsminister offenbar nicht halten konnte, überrascht doch schon. Aber vielleicht greift die Amtsmüdigkeit generell

um sich in dieser seit vielen Jahren ‚suboptimal' funktionierenden arithmetischen Koalition. (November 2011)

Die Obergenossen dürften mächtig ins Schwitzen geraten. Vor allem, weil sie bei der Tripartite Farbe bekennen müssen, wie es weiter geht in der Index-Frage, die Premier Juncker bekanntlich durch eine strukturelle Reform des Mechanismus nachhaltig gelöst haben will. (November 2011)

Claude Karger

Kartheiser, Fernand *Ex-Parteipräsident ADR:* Junckers Rede zur Lage der Nation liest sich vor allem wie eine Gebrauchsanweisung zum Sozialabbau. Was der Premier sagt, ist das eine, was er aber konkret meint, etwas anderes. Zudem vermeidet Juncker alle Themen, die die CSV in einem schlechten Licht erscheinen lassen. So ist kein Wort zu den gesellschaftspolitischen Reformen, etwa zur Reform des Abtreibungsgesetzes, gefallen. (April 2011)

Kayser, Paul *Mitglied der legendären RTL Déckkäpp:* Ich weiß nicht, ob Sie letzte Woche unseren Außenminister gehört haben. Der hat gesagt, wir würden Amerika in nichts nachstehen, also wir könnten denen ohne Probleme das Wasser reichen. Da habe ich mir aber meine Gedanken gemacht: Also: Amerika, die haben den George Bush, die haben den Stevie Wonder, die haben den Bob Hope und den Johnny Cash. Und wir? Wir haben den Jean-Claude Juncker, no wonder, no hope, no cash. (November 2006)

Kemmer, André *Autor von ‚Amina's letztes Geheimnis':* Als Geheimdienstmitarbeiter musste ich Juncker einmal eine unerfreuliche Mitteilung machen. Juncker: „Sie bringen mir immer schlechte Nachrichten." „Das ist mein Job", konnte ich darauf nur sagen. (März 2013)

André Kemmer

Kemp, Guy *Journalist, Tageblatt:* „Es war die Hand von Sarkozy" meinte Asselborn (nach der Nicht-Ernennung von Juncker zum EU-Ratspräsidenten) in Anspielung an eine unrühmliche Szene aus dem Stade de France (Stichwort: Zidane) und resümierte die Lage folgendermaßen: „Viele waren für Juncker, jedoch einige radikal gegen ihn. Keiner war radikal für Van Rompuy, aber auch praktisch niemand gegen ihn." Diese Situation hatte wohl auch Juncker erkannt und es daher vorgezogen - wie er es dem belgischen Premier in vorhergehenden Gesprächen deutlich gemacht hatte - Van Rompuy nicht im Wege zu stehen. (November 2009) Juncker ging es möglicherweise nicht um seine Person und eine verpasste Chance, sondern vielmehr auch um die Art und Weise, mit der die Europäische Union derzeit gestaltet wird. Denn er war sich durchaus der Tatsache bewusst, dass seine Art, an die europäischen Dinge heranzugehen, und seine Rolle als Eurogruppen-Präsident, ihm keineswegs nur Wohlwollen in den europäischen Staatskanzleien einbringen würde. (November 2009)

Kerp, Heinz *Redaktionsdirektor, Verlag Jean Nicolas:* Wir hatten Ende November 2009 über Uta Anni Felgner, eine schöne Stasi-Spionin aus der ehemaligen DDR, berichtet, die laut international angesehener Presse Jean-Claude Juncker zu ihren ‚engen Freunden' zählte (...) Dies gab Anlass zu manchen Spekulationen (...) Christiane Juncker wollte die Informationen, die wir aus Berlin erhalten hatten, nicht einfach so im Raum stehen lassen (...) Und so rief Jean-Claude Juncker bei uns in der Redaktion an (...). Als ich Christiane Juncker darauf hinwies, dass der Anruf ihres Mannes wohl in eine der schönsten Liebesgeständnisse an sie persönlich mündete, lächelte sie und flüsterte: „Ja, das ist richtig." (...) Der Premierminister Luxemburgs erklärte uns damals in der Redaktion: „Ich liebe meine Frau!" Juncker betonte dabei, dass er nicht für die Aussagen von Frau Felgner verantwortlich war, die ihn als ‚engen Freund' oder als ‚Freund' bezeichnet hatte. „Ich habe keinerlei Beziehung zu dieser Frau unterhalten, was der eine oder andere interpretieren konnte", so Juncker. (...)

Juncker betonte damals ausdrücklich, dass ihn die sogenannte ‚enge Freundschaft' zur Hoteldirektorin sehr schmerzte. „Nicht wegen mir, denn über mich kann man schreiben, was man will, sondern wegen meiner Frau", so Juncker wortwörtlich. (März 2013)

Kieffer, Marcel *Stellvertretender Chefredakteur, Luxemburger Wort:* Seit seinem ersten Auftreten auf der ehrenvollen Regierungsbühne im ungewöhnlich jungen Alter von 28 Jahren hatte Juncker zu erklären gegeben, dass er den Marschallstab im Tornister trägt. (Januar 1995)

Junge Amtsinhaber werden auch immer an den Vorgängern gemessen. Das wird bei Jean-Claude Juncker nicht anders sein. Einen Stilbruch muss es, bis zu einem gewissen Grad, dabei immer geben können. Sonst wäre auch Politik zu langweilig. (Januar 1995)

Wie zuvor sein Förderer Jacques Santer hat auch Juncker in der Vergangenheit einen ausgeprägten Sinn für soziale Probleme und Fragestellungen bewiesen und sich auch in dieser Hinsicht unmissverständlich geäußert. Es ist deshalb auch bezeichnend, dass er gleichzeitig mit seiner neuen Funktion des Premierministers ebenfalls das Ressort des Arbeitsministers beibehielt. Ein weiteres Signal, das dem so sehr auf sein soziales Image bedachtesn sozialistischen Koalitionspartner zur Beruhigung gereichen dürfte. (Januar 1995)

Als dienstältester EU-Regierungschef kann Juncker aus dem am reichsten bestückten Wissens- und Erfahrungsschatz schöpfen, wenn es darum geht, zu beurteilen,

wie es derzeit wirklich um den Zustand der Europäischen Gemeinschaft und die Wahrhaftigkeit der vielfach beschworenen und mit Inbrunst zur Schau gestellten Europa-Motivation der anderen Politiker bestellt ist. (April 2010)

Wenn der Mann aus Luxemburg etwas sagt, hat das in Europa nach wie vor seinen medialen Nachhall. Zum Beispiel, wenn er der ‚Financial Times Deutschland' ein Interview gibt und mit seiner Meinung nicht hinter dem Berg hält. (April 2010)

Juncker fand wieder einmal die treffenden Worte, um das Gebot der Stunde zu benennen. Auf eine Wirtschaftskrise könne man nicht mit einer Regierungskrise antworten, sagte er. (April 2010)

Der Bürger schaut beim Staat mit steigender Verärgerung zu. Und mit Ungeduld. Ob mit oder ohne Parteikarte: der Bürger erwartet wohl auch von diesem CSV-Kongress echte klare Signale statt nur der obligaten Juncker-Show. (März 2011)

Von renommierten deutschen Zeitungen diskreditiert, kann Juncker aus dem ‚Politmonitor' neue Motivation schöpfen, um sich vielleicht mehr luxemburgischen, politischen Dossiers zu widmen. (Juni 2011)

Kieffer, Yolande *Langjährige Chefredakteurin, Revue:* Luxemburg hat mit der Person von Juncker einen Generationswechsel vollzogen, der dem politischen Leben eine neue, willkommene Schubkraft verleiht. (Januar 1995)

Er ist ein gefürchteter Gegner, vor allem wegen seines unglaublichen Rhetoriktalents, das er gezielt mit chirurgischer Präzision einsetzt. Beißende Ironie, aber auch

ein gesunder Humor, kennzeichnen den CSV-Starpolitiker, der es wie kein anderer fertigbringt, Diskussionen über sich und seine Äußerungen heraufzubeschwören. (Januar 1995)
Gerne distanziert er sich von den Politikern, die ‚dem Volk auf's Mail schauen'. Anbiederung und Schönfärberei liegen dem Mann mit dem etwas frostigen Charakter nicht sehr. Was ihm auch sehr schnell den Ruf von Arroganz, Überheblichkeit und Besserwisserei einbringt. Doch mit diesen Kritiken an seiner Person vermag er geschickt umzugehen. Nicht selten spricht er selbst das Thema in Interviews an und meint, er habe es nicht fertiggebracht, das Gegenteil zu beweisen, er arbeite aber weiter daran. (Januar 1995)

Kleer, Christiane *Journalistin, Le Quotidien:* Seit seinen Anfängen hat Juncker im Bereich ‚Machterhaltung' seine Exzellenz unter Beweis gestellt. Das ging nicht ohne Risiken, etwa wenn er mehr als einmal die alte Garde seiner Partei austauschte. Heute ist er selbst Teil dieser alten Garde. Und um ihn herum? Die große Leere. (Dezember 2012)

Kmiotek, Christian *Parteipräsident, Déi Gréng:* Die Darstellung meiner Aussagen in einer luxemburgischen Tageszeitung waren in dieser Tragweite nicht korrekt. Ich bin mein Redemanuskript vom Parteikongress am 23. Februar durchgegangen und kann Ihnen angeben, dass ich Folgendes über Herrn Juncker, den Premierminister, gesagt habe: 1. Juncker will keine Transparenz, denn sein zweiter Projektentwurf zum Informationszugangsgesetz ist einem mo-

dernen Staat mit mündigen Bürgern unwürdig. 2. Das Juncker-Denkmal ist in den Augen vieler Luxemburger am Bröckeln und Juncker wird irgendwann vom Sockel geholt werden (. . .) 3. Juncker scheint über dem Gesetz zu stehen; Argument: er hat seine eigene illegale Bespitzelung durch einen Untergebenen nicht an die Justiz weitergeleitet. 4. In allen wichtigen Angelegenheiten, die schief gelaufen sind, inszeniert sich Juncker als Opfer, dabei ist er als Minister und Regierungschef verantwortlich. Er ist meiner Meinung nach demnach auch verantwortlich für den politischen Stillstand in unserem Land - hervorgehoben habe ich Bildung, (Jugend-) Arbeitslosigkeit und bezahlbare Wohnungen - , wo doch die aktuellen Krisen Handeln verlangen. (Februar 2013)

Christian Kmiotek

Krecké, Jeannot *Langjähriger Wirtschafts- und Außenhandelsminister:* Bei der Vorbereitung für die große Steuerreform von 1990 wurden viele Steuerpflichtige in andere Steuerklassen umgeordnet. Für die meisten hieß das: mehr Steuern zahlen. Die Aufregung im Land war groß. Besonders Witwen und geschiedene Frauen waren betroffen. Damals sagte Juncker mir: „Wir beide haben wohl eine bahnbrechende Steuerreform ausgearbeitet. Aber wir sollten uns in Zukunft nicht scheiden lassen, denn uns beide will mit Sicherheit keine jener Frauen als neuen Partner." (März 2013)

Jeannot Krecké

Kremers, Marieke *Executive Director Greenpeace Luxemburg:* Ich erinnere mich immer noch gern an den 21. April 2009. Da fand eine sehr außergewöhnliche Parlamentssitzung statt. Worum ging es? Unsere Greenpeace-Aktivisten demonstrierten an diesem 21. April anlässlich der Rede des Premierministers Juncker zur Lage der Nation im Parlament für eine Wirtschaftspolitik, in der Klima-schutz eine Priorität einnimmt. Greenpeace kritisierte, dass die verantwortlichen Politiker die aktuelle Wirtschafts- und Finanzkrise als Vorwand nehmen, dringend notwendige Klimaschutz-Maßnahmen hinauszuzögern. Als die Greenpeace-Aktivisten die Plakate aufrollten, reagierte Juncker ziemlich verduzt. Für mich war und ist das noch immer der beste Juncker-Moment! (November 2012)

Greenpeace Luxemburg

Krombach, Charles *Generaldirektor Heintz van Landewyck:* Während der Periode 2000-2006 war ich Präsident der FEDIL (Fédération des Industriels Luxembourg), also der Arbeitgebervertretung. Desöfteren habe ich in dieser Funktion das leidige Thema ,Lohnindexierung' aufgreifen müssen . . .was ihn nicht begeistert hat. Öfters, nachdem wir unsere Argumente ausgetauscht haben, sagte er im kleinen Kreis Folgendes: „Lieber Charles, ich verstehe sehr gut, was Du mir mitgeteilt hast, aber wenn ich dies alles machen würde, musst Du mir ebenfalls erklären, wie ich wiedergewählt werde." (November 2012)

Charles Krombach

Kuffer, Frank *Journalist und Sprecher RTL Radio Lëtzebuerg:* Juncker ist jetzt, nach dem Karlspreis, ,Kaiser von Aachen' und wird wohl von kleinen Preisen verschont bleiben. (Dezember 2005)
Frau Merkel, Herr Sarkozy, Herr Juncker: Ich habe mir vor einiger Zeit ein Haus gebaut, auf Kredit. Wäre es nicht möglich, mir die Hälfte der Schulden zu erlassen? Das wäre auch gar nicht viel im Vergleich zu dem, was Sie für Griechenland gemacht haben (. . .) Wenn das aber nicht möglich ist: dann machen Sie doch noch einmal den Trick mit dem ,Hebel' bei meinem Konto, das hat mich so beeindruckt. Da haben 250 Milliarden eine Wirkung von 1 Billion (. . .) Das Ganze erinnert mich ein bisschen an Jesus, der aus Wasser Wein gemacht hat. Der Mann wurde am Ende gekreuzigt. (Oktober 2011)
Irgendwie müssen wir als Luxemburger stolz sein: In ganz Europa gibt es keinen, der so gut ist wie unser Jean-Claude Juncker. Oder vielleicht will sich nur keiner die Finger verbrennen, denn mit dem Euro lässt sich im Moment kein Blumentopf gewinnen. (Juli 2012)

Frank Kuffer

★ **Kuffer, Frank**

Dialog Frank Kuffer (RTL Radio Lëtzebuerg): „An den luxemburgischen Akzent im deutschen Fernsehen scheinen sich die Deutschen schon zu gewöhnen. Asselborn und Juncker sagen ,Guten Abend, Madame', Léa Linster sagt ,Danke und bon appétit'. Den französischen Einschlag und den luxemburgischen Akzent scheinen die Deutschen sehr zu mögen." Gesprächspartner: „Ja, an den holländischen Akzent haben sie sich auch gewöhnt!" (Mai 2007)

Kunzmann, Stefan *Journalist, Revue:* Bei der Rede zur Lage der Nation 2010 blieb Juncker sachlich. Nur selten hebt er zu bildhaften Vergleichen ab, wenn er zum Beispiel sagt: „Wir haben kein Recht, den jungen Leuten von heute den Kühlschrank von morgen leer zu machen. Die Verschuldung ist ein süßes Gift, das heute keinem weh tut. Aber es ist ein Gift, das einen bitteren Nachgeschmack für jene hat, die nach uns kommen." Juncker liefert die bittere Realität. Ohne zu dramatisieren. Seine Rede bleibt auf dem Boden der Tatsachen. Keine Ruckrede, sondern eine des Zurechtrückens. (Mai 2010)
Juncker zog in seiner Stellungnahme zur Geheimdienstaffäre alle Register seines Könnens. Wie in dem aktuellen Kinofilm ,Cloud Atlas' schlüpft er von einer Rolle in die andere. Dazu gehört zum einen die Rolle des Opfers, ein beliebter Part in allen Dramen des Welttheaters. Denn sie er-

K

zeugt Mitgefühl beim Publikum (. . .). Kurz danach gibt Juncker den Shakespeare-Mimen in einem Königsdrama: Die Bedrohungen, denen Luxemburg ausgesetzt sei, wären real. Eine bekannte Paraderolle des Premierministers ist die des Empörten: Er verlangt Respekt vor dem Großherzog (. . .). Juncker lässt bis zum Schluss der anderthalbstündigen Pressekonferenz nichts aus, was er sich als Politprofi in 30 Jahren angeeignet hat. Sogar ein inzwischen zum Politjargon verkommener Satz wie „An das kann ich mich nicht mehr erinnern" kommt vor. (Dezember 2012)

Kurschat, Ines *Journalistin, D'Lëtzebuerger Land:* Es war eines der typischen Satzungetüme, das Juncker beim Neujahresempfang vor Journalisten sprach: verschachtelt, mit Anfang und ohne echtes Ende. (Januar 2013)

Es ist übrigens derselbe Premierminister (. . .) der als Eurogruppenchef internationale Schlagzeilen provozierte durch seinen Ausspruch: „Wenn es ernst wird, muss man lügen." (Februar 2013)

Kuttler, Jochen *Stellvertretender Chefredakteur, Télécran:* Wie jedes Jahr seit 2003 konfrontiert Télécran Juncker mit einigen Fotos aus dem verflossenen Jahr. Interessant dabei ist, dass Juncker die Fotos nicht einfach spontan mit ein paar Sätzen beschreibt, sondern in sich geht und die Situation vermutlich im Kopf noch einmal durchspielt, um sie dann am Ende zu kommentieren. (Dezember 2009)

Labro, Thierry *Journalist, La Voix:* Juncker hat einen absolute tadellosen Lebenslauf als überzeugter Europäer. Dass ihm auch ein echtes Verhandlungstalent zu eigen ist, hat er beim luxemburgischen EU-Vorsitz im ersten Halbjahr 2005 gezeigt. (November 2009)

Lamberty, Claude *Früherer Präsident der Jungen Liberalen, beigeordneter Generalsekretär der DP:* Besonders junge Wähler konnten sich in den letzten Wochen kaum retten vor den massiven Werbeaktionen für einen einzigen CSV-Politiker aus dem Süden. Überall lauerte sie, die Botschaft für die Jungwähler. Ob im Kino, in Zeitschriften oder gar in E-Mails. Der kritische Wähler fragt sich natürlich: hat diese Partei denn nichts anderes zu bieten als nur diesen einen Süd-Kandidaten? Besonders die junge Wählergeneration hat kein Interesse am Personenkult, wie er in manchen Kreisen vollzogen wird, sondern möchte wissen, in welche Richtung es in Zukunft geht! (Juni 2004)

Langenbrinck, Christoph *Journalist, Rubrik Großregion, Luxemburger Wort:* Für einiges Aufsehen im Metzer Messezentrum sorgte Jean-Pierre Masseret (PS). Er tat seinen Unmut über die Einmischung in die lothringischen Regionalwahlen durch Premierminister Juncker kund. Juncker zeigte sich wenig beeindruckt von den sozialistischen Drohgebärden. Ganz im Stile der Wahlkampfveranstaltung verwies er seinen lothringischen Amtskollegen in die Schranken: „Ich lasse mir von keinem den Weg nach Lothringen verbieten!" (März 2010)

Langer, Arne *Kolumnist, Trierischer Volksfreund:* Am Freitag war Klausurtagung der Luxemburger Regierung im Senninger Schloss. Nach Senningen ruft Juncker seine Leute immer dann, wenn sehr viel nachgedacht werden muss, wenn es gilt, kreativ zu sein. Und Einfallsreichtum ist zweifellos bitter vonnöten, um Luxemburgs Zukunft abzusichern. (März 2013)

Lanners, Albert *Journalist, Luxemburger Wort:* Alea iacta sunt - die Würfel sind gefallen. Die zwei Schlüsselposten der europäischen Union wurden besetzt. Ein subtiles Gleichgewicht aus Norden/Süden, Mann/Frau, große Macht/kleines Land und Christdemokrat/Sozialist hinzubekommen, erforderte eine rechnerische Vorgehensweise von Krämern. Jetzt hat man den kleinsten gemeinsamen Nenner gefunden. (November 2009)

Lanners, Guy *Gesellschafter Europe Fiduciaire Luxembourg:* Zu Jean-Claude Juncker fällt mir ein, dass er eine bemerkenswerte Allgemeinbildung hat, er in deutschen Fernsehshows souverän auftritt, er ein rhetorischer Weltmeister ist, er ein gewisses Maß an Humor und Selbstironie besitzt und dass sein Schlusswort in einer Diskussion den Nagel auf den Kopf trifft.

Lenert, Roger *Langjähriger CSV-Abgeordneter und Bürgermeister:* Ein Juncker-Moment? Davon gibt es mehrere. Zum Beispiel: Nach der Parlamentssitzung von Mittwoch, dem 10. Februar 1988, wünschten wir, Jean-Claude und ich, uns gegenseitig „gute Erholung im Wintersport" für die kommende Fastnachtswoche. Über das Reiseziel sprachen wir nicht. Am Freitag reiste ich mit meiner Ehefrau Anni im Appartmenthotel Hirschen in Schönwald an. Und am Samstag? Da waren plötzlich Jean-Claude und Christiane mit Schwägerin Isabelle, Schwager Fernand und Sohn Christophe plötzlich unsere Zimmernachbarn. Aus der unvorhersehbaren, rein zufälligen Begegnung wurde eine derart schöne Langlaufwoche, dass wir das gleiche Erlebnis im Jahr 1989 noch einmal gemeinsam im Schwarzwald wiederholten. Im darauffolgenden Jahr strebten wir nach Höherem und landeten im Schweizer Kandersteg. Wegen des Beinbruchs, den Jean-Claude kurz zuvor bei einem Autounfall erlitten hat, musste er den in den Vorjahren ausgeübten Langlauf durch Spaziergang, Ausflug und Lesen ersetzen; seine wortwörtlich beste Stütze bei all diesen Unternehmungen war dabei immer seine gute Christiane. Zur Seite standen ihm weiter die Freunde aus Capellen: Norbert Geisen mit Ehefrau und Großmutter sowie das Ehepaar Closener.

Am Fastnachtsdienstag, den 27. Februar 1990, starteten Jean-Claude, Christiane und Familie Geisen einen Tagesausflug mit Privatwagen bis Täsch und dann weiter mit der Bergbahn bis nach Zermatt. Urplötzlich kam am Nachmittag dieses Tages ein Unwetter auf, das als Orkan Vivian in der Schweizer Geschichte über Naturkatastrophen festgehalten ist. Vivian tobte mit Windgeschwindigkeiten bis zu 270 km/h, sodass nicht nur der Shuttle-Zug nach Zermatt, sondern sogar der schwere Glacier Express mit den Fahrgästen in arge Bergnot gerieten.

Nach Eingang der kurzen Radiomeldung über den Katastrophenzustand in der Alpenregion machten wir uns in Kandersteg größte Sorgen um den Verbleib und das Schicksal der Ausflügler. Doch alle Verkehrs- und Telefonverbindungen von und nach Zermatt waren unterbrochen. Die zu dieser Zeit von Touristen überquellende Ortschaft war praktisch von der Außenwelt abgeschnitten. Und so mussten wir bis zum Donnerstag oder Freitag warten, um nach dem freudigen Wiedersehen zu erfahren, was wirklich geschehen war. Die fünfköpfige Luxemburger Mannschaft war beim gemütlichen Kafeeplausch in Zermatt vom orkanartigen Schneetreiben überrascht worden und hatte keine normale Unterkunft mehr vor Ort gefunden. Zusammen mit den vielen anderen obdachlosen Schicksalsgenossen hatten Jean-Claude und seine Truppe die folgenden Nächte in einem kühlen Militärbunker mit karger Soldatenration und knapper Decke auf einer harten Etagenpritsche verbracht. Ein Helikopter hatte sie schließlich zurück zur Autostation nach Täsch ausgeflogen.

Roger Lenert

Lentz jr., Georges *Mehrheitseigentümer der Brasserie Nationale:* Ein Juncker-Moment, an dem ich mich gerne erinnere? Als er sagte: „Ich trinke am liebsten luxemburgisches Bier und Battin ist meine Lieblingsmarke." (November 2012)

Georges Lentz

Leyder, Henri *Langähriger leitender Redakteur, Télécran, AutoMoto:* Ich schätze Juncker sehr. Er wurde in Redingen geboren. Seine Wiege stand in Ell. Dann zogen seine Eltern nach Esch / Alzette, blieben einige Jahre dort, bevor sie in Beles in ihr Eigenheim zogen. Er ist einer aus „unserer Region". (November 2012)

Leyers, Pierre *Ressortleiter Wirtschaft, Luxemburger Wort:* Nur wenige hochrangige Politiker sind derart mit Ehren und Preisen überhäuft worden wie Juncker. In seiner langen politischen Laufbahn gibt es allerdings nur wenige Auszeichnungen, die er so schätzen dürfte wie der Preis, der ihm im Frankfurter Kongresszentrum verliehen wurde. Eine Finanzjournalistenvereinigung kürte den Vorsitzenden der Eurogruppe zum ‚European Banker oft he Year 2008'. (November 2009)

Als Juncker nach seiner Wiederwahl zum Chef der Eurogruppe vor die Presse trat, wurde er von einem italienischen Journalisten gefragt, ob er als Gegenleistung für sein neues Mandat die Zusage gegeben habe, das Steuerparadies Luxemburg zu schließen. ‚Mr. Euro' war ob dieser Dreistigkeit sichtlich irritiert, rang sich aber zu der knappen Antwort durch, das eine habe mit dem anderen nichts zu tun. Die Eurogruppe beschäftige sich mit der gemeinsamen Währung, für Steuerangelegenheiten hingegen sei der Ecofin-Rat zuständig. (Januar 2010)

Linster, Léa *Sterneköchin:* An Jean-Claude Juncker gefällt mir, dass er sehr intelligent und trotzdem sehr humorvoll und zärtlich ist. Das kommt nur selten zusammen. (November 2009)

Léa Linster

Linster, Marc *Langjähriger Chefredakteur RTL Radio Lëtzebuerg:* Obwohl Juncker in der Sache Recht hat: (Diese unglückliche Äußerung) war der falsche Satz zur rechten Zeit (November 2006)

Die Leute trauen „der Partei mit Juncker" einfach am ehesten zu, sie möglichst ungeschoren durch die Krise zu bringen. Gehen wir schon ungewissen Zeiten entgegen, dann soll wenigstens das politische Personal, das uns führt, das altbekannte sein. (Juni 2009)

Lorang, Pierre *Langjähriger Journalist Innenpolitik, Luxemburger Wort:* Nach dem vorläufigen Scheitern des EU-Verfassungsvertrags hat Juncker offenbar keinen europäischen Spitzenposten im Visier. Sollte ein solcher Bestandteil seiner Karriereplanung sein, läuft ihm die Zeit ohnehin nicht davon. Im Jahr 2014, nach Ablauf einer möglichen vierten Amtszeit als Regierungschef, wird er gerade erst 59 sein - also noch jung genug, dass die Welt ihm offensteht. (September 2008)

Das Kandidatenprofil für einen EU-Ratspräsidenten? Zwecks breitester Akzeptanz muss er alle inneren Widersprüche der EU möglichst unauffällig in sich vereinen, sie bei Bedarf gegeneinander ausmanövrieren und sich auf die Kunst verstehen, in allen soziokulturellen Lebenslagen, linken wie rechten und in der Mitte sowieso, Begeisterungsstürme zu ernten. (Oktober 2009)

Lorent, John *Bürgermeister von Kayl:* Ein Juncker-Moment, an den ich mich erinnere? Das war der traditionelle Barbaratag in Tetingen, am 4. Dezember 1994. An diesem Tag regnete es in Strömen. Während seiner Rede beim Empfang in der ‚Schuhfabrik' sagte der damalige Arbeitsminister Juncker unter dem Beifall der Anwesenden: „Ier ech herno viru fueren, ginn ech awer nach heem en drëchene Kalzong undoën." Das kann man natürlich auch mit „Unterwäsche auswechseln" umschreiben -;) (November 2012)

John Lorent

Lorent, Josy *Langjähriger Leiter der Innenpolitik-Redaktion, Luxemburger Wort:* Juncker versprach bei seiner Vereidigung das Land anständig und gut zu führen und bat wegen seines jungen Alters von 40 Jahren („Ich bin noch nicht fertig mit meinem Lernprozess") um Geduld und Verständnis. (Januar 1995)

In seiner Ansprache zum Nationalfeiertag hat Juncker einen eindringlichen Appell an die Konsensfähigkeit gerichtet. Im Blick hatte er dabei an erster Stelle die Sozialpartner, lief doch seine ganz allgemein formulierte Feststellung darauf hinaus, dass Luxemburg einfach zu klein sei, um im Dauerclinch leben zu können. (Juni 2010)

Josy Lorent

Ludovicy, Patrick *Leiter Regie Saint-Paul:*
Anlässlich der Parlamentswahlen am 13.
Juni 2004 startete das Modehaus Bram
zusammen mit dem Luxemburger Wort
eine eher humorvolle Werbekampag-
ne, bei der Leser und Kunden gebeten
wurden, die „bestgekleideten Politiker
Luxemburgs" zu bestimmen. 1. Platz:
Juncker 2. Lydie Polfer. Die Geldpreise
wurden von den Politikern an soziale
Werke weitergeleitet. (Oktober 2004)

Patrick Ludovicy

Lux, Lucien *Abgeordneter, Fraktionspräsi-*
dent LSAP: Denken wir einmal zurück:
Juncker selbst hat bei der Regierungserklärung die Verwaltungsreform quasi zur
Chefsache erklärt. Es wurde dann ja auch
speziell ein Minister bzw. eine Ministerin genannt, um sich dieses Problems

anzunehmen. Seitdem sind aber Monate vergangen und nichts ist passiert.
Stattdessen haben wir uns eine Index-
Diskussion gegeben, als sei der Index das
größte Problem. (Juni 2010)

Margue, Charles *Direktor TNS-ILRES:* Juncker ist freier als die Gewerkschaften. Letztere befinden sich in einer Logik von ‚Wehret den Anfängen', weil sie Angst haben, dass zum Beispiel der Index irgendwann ganz abgeschafft werden könnte. (April 2010) Ohne Juncker hätte das Wahlresultat 2009 der CSV vielleicht zwei bis drei Prozent unter dem Ergebnis gelegen. (Juni 2010)

Charles Margue

Marx, Léon *Journalist, Tageblatt:* „Ihr könnt froh darüber sein, dass Sarkozy so eifrig daran gearbeitet hat, meine europäischen Pläne zu verhindern, sonst könnte ich heute nicht hier sein." Mit diesem einleitenden Satz hatte Ehrengast Juncker die meisten der Delegierten des 6. OGBL-Kongresses gleich vom Start weg auf seiner Seite. (Dezember 2009)
Juncker vermittelte bei der Rede zur Lage der Nation das Bild eines doch recht hilflosen Regierungschefs, der versucht, auf den aktuellen Trendwellen zu reiten.

Nicht populistisch, aber doch ausreichend populär, um bei möglichst vielen, auch grünen Wählern, zu punkten. Doch was kann sich Otto Normalverbraucher wirklich davon kaufen, dass Luxemburg jetzt für den Ausstieg aus der Atomindustrie ist? Waren ‚wir' das nicht schon immer? (April 2011)

Mathieu, Monique *Journalistin, Lëtzebuerger Journal:* Die Luxemburger entschieden sich sehr deutlich für den ‚sicheren Weg' mit der CSV. Oder sollte man besser sagen: mit Jean-Claude Juncker? (Juni 2004)

Meisch, Claude *Fraktionschef DP, Bürgermeister Differdingen:* Juncker ist ein guter Entertainer in einer schlechten Regierung. Er distanziert sich von Pannen seiner Regierungen mit kleinen flapsigen Bemerkungen. (April 2009)
Leider ist es nicht so gekommen, dass Juncker zum EU-Ratspräsidenten ernannt wurde. Juncker als Präsident wäre auch aufgrund der jüngsten Kritiken an Luxemburg gut für das Land gewesen. (November 2009)
Auffallend ist, dass es vor allem die Leute der zweiten Reihe sind, die die CSV vorschickt. Juncker hat weder beim Neujahresempfang das Wort ergriffen, noch war er bei anderen Gelegenheiten gewillt, Position dazu zu beziehen, wie er sich die Haushaltssanierung vorstellt. (Januar 2010)

Juncker und Asselborn sind über mich hergefallen, weil wir den Export des Kindergeldes begrenzen wollen. Nun schlagen sie selbst eine Kürzung des Kindergeldes vor. Das halten wir aber für weniger intelligent. (Mai 2010)

Claude Meisch

Merges, Joëlle *Journalistin Luxemburger Wort:* Was nun seine Zukunft auf der EU-Bühne angeht, so wich Juncker der Frage aus, ob er denn überhaupt für den Posten des EU-Ratspräsidenten zur Verfügung stehe. Eine Anmerkung konnte sich der Premier dennoch nicht verkneifen: „Ich werde alles in meiner Macht Stehende tun, damit eine gewisse Person es nicht wird." Den Namen Tony Blair nannte er nicht. (Oktober 2009)

Juncker ist der Europäer par excellence unter den potenziellen Kandidaten. Er ist der dienstälteste Regierungschef in der EU und hat als solcher so manche Vertragsverhandlung und Richtungsentscheidung mitgeprägt. (November 2009)

In der Heimat scheinen nach der Bekanntgabe des neuen EU-Ratspräsidenten viele über das (Ver-)Bleiben des Premiers erleichtert gewesen zu sein. Jedenfalls gingen auf seinem Handy eine ansehnliche Anzahl von entsprechenden Glückwünschen ein. (November 2009)

Gut drei Stunden saßen Juncker und Van Rompuy zusammen, wobei der Luxemburger dem Belgier darlegte, wie der Ratspräsident seiner Meinung nach die Amtsgeschäfte zu führen habe. (Dezember 2009)

Nicht nach Junckers Geschmack dürfte gewesen sein, dass es der französische Staatspräsident nach der Brüsseler Gipfelnacht so aussehen ließ, als ob er persönlich den Euro vor den bösen Spekulanten gerettet habe. Euro-Retter gegen Euro-Präsident: Das Duell Juncker gegen Sarkozy geht in die nächste Runde. (Mai 2010)

Welcher Flügel der CSV-Fraktion auch immer die Richtung vorgibt, ist unerheblich. Es sind nicht die 26 Abgeordneten, die den Ton angeben. Den Takt gibt Juncker vor, und solange die CSV mit dem „Staatsministersyndrom" (Begriff von Jean-Pierre Kraemer) Wahlerfolg um Wahlerfolg einfährt, wird sich am alles bestimmenden Einfluss Junckers auf die Parteilinie nichts ändern. (März 2011)

Molinaro, Claude *Journalist, Tageblatt:* Juncker sagte anlässlich des außerordentlichen Nationalkongresses seiner Partei, dass die Anfangsgehälter beim Staat auf jeden Fall gekürzt werden, die Partei hätte dies ja in ihrem Wahlprogramm auch angekündigt. Und da die Partei die Wahlen ja haushoch gewonnen habe, werde man das auch jetzt so tun. In der Tat, es steht tatsächlich Wort für Wort

M

so im christlich-sozialen Wahlprogramm. Wahlprogramme sind für einen Journalisten eine Fundgrube, denn es finden sich auch solche Ankündigungen darin wieder, die nachher niemand gesagt haben will. (Juli 2010)

Montebrusco, Lucien *Journalist, Tageblatt:* Wenn Juncker auf Tour geht, herrscht in Luxemburg offenbar Ausnahmezustand. „Wir haben die Wahlen noch nicht gewonnen, warnte er." Und verteilte gleichzeitig wie ein Schulmeister Noten und Muttergottesbildchen. (Juni 2009)

Mit erhobenem Finger wetterte Juncker gegen die, die mit ihrem blinden Glauben an die Marktkräfte die Krise verschuldet haben. Er glaube nicht daran, dass man reich werde, ohne zu arbeiten, sagte er. (Juni 2009)

Es ist wie beim Te Deum am Nationalfeiertag. Die Ersten bekommen die besten Plätze, es sei denn, die Stühle sind reserviert. Lange vor Beginn der Show sind alle Sitzplätze besetzt. Doch anders als in der Kirche tritt die Hauptperson beim CSV-Wahlmeeting später auf. (Juni 2009)

Er meinte gleich zweimal, er beteilige sich nicht an allen deutschen TV-Sendungen, insbesondere an Kochsendungen. Und hatte die Lacher auf seiner Seite. (Juni 2009)

Er umriss unter anderem die Befugnisse, über die der ständige Ratspräsident verfügen müsste. Und die gehen weiter als die eines ‚Grüß-August', in die Juncker nicht schlüpfen will. (November 2009)

Die Liste der politischen Entscheidungen, die Juncker am Dienstag der Presse vorlegte, war tatsächlich lang. Auch wenn es sich dabei größtenteils um Projekte und Willensbekundungen handelte. (August 2010)

Morbach, Fern *Langjähriger Chefredakteur Télécran, wort.lu:* Juncker kokettiert wie gewohnt mit seiner politischen Erfahrung, gibt sich weltmännisch und erzählt Geschichten und Geschichtchen (. . .): „Erstens nahmen die Amerikaner den Euro ernst. Zweitens war ich nun eine Person der Zeitgeschichte." (. . .) Er ruft die Versatzstücke seiner Reden aus dem Gedächtnis ab, baut Ernstes und Kalauer modular zusammen und neigt wie eh und je zum Schachtelsatz. (Februar 2004)

Sein Satz von den Spätberufenen: ein todsicherer Gag. (Februar 2004)

Er bemüht sich, vom Image des Alles- und Besserwissers loszukommen: „Wir haben in den vergangenen fünf Jahren auch Dinge falsch gemacht. Es tut jedem Politiker gut, wenn er weiß, das er nicht alles richtig gemacht hat." Den Zuhörern gibt er einen überraschenden Rat mit auf den Nachhauseweg: „Wenn Sie Leute wollen, die keine Fehler machen, dürfen Sie nicht CSV wählen." Punkt. Schluss. (Juni 1999)

Nach der (Wahl-)Veranstaltung in Remich möchte Juncker vor Mitternacht noch eines erledigen - seine Mutter anrufen und ihr zum Geburtstag gratulieren. (Juni 1999)

Zu Journalisten und Medien entwickelt er ein mitunter zwiespältiges Verhältnis. Auf der einen Seite flickt er Journalisten gerne am Zeug, auf der anderen Seite versteht er es virtuos, die Medien und

Journalisten für sich zu begeistern und
für sich zu nutzen. (Juni 1999)
Juncker ist nicht nur ein begnadeter
Redner, der problemlos 70 Minuten ohne
Vorlage dozieren kann. Er hat auch ein
feines Gespür für Stimmungen entwickelt,
legt es in seinen Reden darauf an, Zuhörer
„zum Lachen und zum Weinen" zu bringen.
(Juni 1999)

Laurent Mosar

Fern Morbach

Mosar, Laurent *Präsident der Abgeordneten-*
kammer Luxemburg: Ich lernte Jean-
Claude Juncker kennen in der Zeit um
1979, als mein Vater, Nic Mosar, Präsident
der CSV-Fraktion im Parlament war und
Jean-Claude Juncker Fraktionssekretär.
Jean-Claude Juncker ist mir zu jener Zeit
aufgefallen, weil seine schon damals
unkonventionelle Art und Weise, Politik
zu machen, manche Kollegen in Fraktion
und Partei doch gehörig aufschreckte . . .
(Dezember 2012)

Moyse, Laurent *Langjähriger Chefredakteur*
La Voix: Juncker ist einer der brilliantesten
Verteidiger der europäischen Integration.
Würde eine Mehrheit der luxemburgischen Wähler die europäische Veranke-
rung Luxemburgs im Rahmen des Verfassungsvertrags ablehnen, zöge Juncker
(mit einem Rücktritt) die entsprechenden
Konsequenzen, im Sinne seiner politischen
Überzeugungen. (Juni 2005)
Nationale Überlegungen beherrschen viel
zu oft die Wirtschafts- und Haushaltsfra-
gen der Mitgliedsländer. Natürlich: „Ge-
meinsamkeit macht stark". Aber letztlich
kocht doch jeder seine eigene Suppe. Das
erklärt teilweise auch, warum es für Juncker schwierig ist, seiner Funktion (in der
Eurogruppe) ein echtes Profil zu geben.
Einer Funktion, die in der EZB übrigens mit
Argwohn betrachtet wird. Präsident Jean-
Claude Trichet lässt keine Gelegenheit aus,
daran zu erinnern, wer der wahre ‚Mr.Euro'
ist. (Juli 2006)
Wir wissen, dass Juncker keine Zurück-
haltung kennt, sich immer wieder in
Deutschland zu zeigen und sich dort zu
äußern. Dort hört man ihm sehr gerne zu.
Die Auszeichnung, die er jetzt (in Paris)

M

bekommen hat, zeigt: Auch Frankreich schätzt sein Engagement in Europa. (März 2007)

Muller, Christian *Journalist, Tageblatt:* Jean-Claude Juncker ist „Europas Banker des Jahres". Ja, 2008 waren erfolgreiche Banker eine Mangelware. Dementsprechend haben die Wirtschaftsjournalisten sich entschieden, den Preis an einen Finanzpolitiker zu geben. Begründet wird die Wahlentscheidung damit, dass ohne die milliardenschweren Bankenrettungspakete der Regierungen keine europäische Großbank das Jahr 2008 überlebt hätte. Die Finanzminister haben mit dem Geld der Steuerzahler dafür gesorgt, dass ein Zusammenbruch des Bankensystems verhindert werden konnte. „Es war schon fast eine Verzweiflungstat", beschreibt die deutsche Wirtschaftszeitung Handelsblatt das Dilemma der Jury, die einen Gewinner finden musste. (November 2009)

Neu, Jean-Paul *Geschäftsführer, Dussmann Luxembourg:* Im Frühling 2009 fand in Luxemburg das internationale Management-Meeting der Dussmann-Gruppe statt. Es wurde unserereins ein Treffen beim Staatsminister Juncker vereinbart und wahrgenommen, was dem Meeting eine besondere Note verlieh. Herr Juncker legte dabei der Gruppeninhaberin, Frau Dussmann, nahe: „Frau Dussmann, Sie haben in Luxemburg ein sehr erfolgreiches Tochterunternehmen ihrer weltweiten Dienstleistungsgruppe bestehen, es wird von zwei Luxemburgern seit vielen Jahren hervorragend geführt; meine beiden Freunde Jean-Paul Neu und Angelo Rossi haben die Dussmann Luxemburg zum siebtgrößten Arbeitgeber des Landes geführt, und ich will, dass das so bleibt, das ist mein Wunsch an Sie, Frau Dussmann." Diese Worte, so direkt und deutlich wie auch freundschaftlich, haben wir nicht vergessen.
(November 2012)

(v.l.n.r) Jean-Paul Neu, Axel Gränitz, Frau Dussmann, Jean-Claude Juncker, Angelo Rossi, Thomas Greiner (Foto 2009)

Nicolas, Jean *Verleger Groupe de Presse Nicolas:* Schon seit einigen Jahren versuchte Juncker, Kompromisse einzugehen, um so seine Chancen als designierter 1. EU-Präsident, als erstes Gesicht Europas, intakt zu bewahren. Doch dann kam es ganz dick: plötzlich hatten die Franzosen einen Präsidenten, der genauso vorlaut, genauso von sich eingenommen ist wie unser Juncker. Und dieser Sarkozy ließ sich nicht mal im Ansatz vom kleinen Luxemburger auf der Nase herumtanzen. Und war auch der, der Junckers Karriereende am letzten Donnerstagabend versaute. (November 2009)

Er, der Sunny-Boy Europas, der EU liebstes Kind, der 1.326 Mal (oder waren es 13.260 Mal) ausgezeichnete Spitzeneuropäer, der Freund der Größten und Mächtigsten, muss sich neben seinem Job als Luxemburger Premier mit dem eines Präsidenten der Eurogruppe begnügen. Bald 20 Jahre politische Spitzenkarriere im Großherzogtum für das? (Dezember 2010)

'Ridicule', kommentierte ein französischer Kollege gegenüber 'Privat'. Das 'lächerlich' bezieht sich auf diese Art und Weise, wie Juncker jedem ihm gegenüberstehenden Politiker, ob er ihn nun gut kennt oder nicht, um den Hals fällt, als habe er in einer Fernsehshow seinen seit mehreren Jahrzehnten verschollenen Bruder wiedergefunden. „Hollande wusste von Junckers Überschwänglichkeit" kommentierte ein Vertrauter des Präsidenten in Frankreich. „Aber die Gewalt (violence) dieser Attacke hat ihn dann doch positiv überrascht." Diplomatischer kann man's wohl kaum ausdrücken! (Mai 2012)

Nicolay, Pascal *Stadtrat von Ettelbrück:*
Jean-Claude Juncker hat wie wohl jeder Mensch besondere Beziehungen zu der einen oder anderen Ortschaft. Im Groß-

herzogtum Luxemburg gehört die Ardennenstadt Ettelbrück (8.500 Einwohner) sicherlich zu denen, die Juncker oftmals besuchte, auch lange vor seiner Zeit als Regierungsmitglied. Dies erklärt sich vor allem durch seine familiären Bindungen. So ist seine Frau Christiane ein 'Ettelbrücker Mädchen' und sein Onkel Edouard (gestorben 1999) war über 25 Jahre der beliebte und geschätzte 'Député-maire', das heißt Abgeordneter des Wahlbezirkes und Bürgermeister dieser Stadt. Eine von Junckers drei Ettelbrücker Cousinen, Edmée, trat in die Fußstapfen ihres Vaters Ed und ist seit 1999 auch Stadtratsmitglied. Als Juncker 1982 jüngstes Regierungsmitglied aller Zeiten wurde, mit 28 Jahren, wohnte er noch in Ettelbrück. Dort bekam er auch seinen ersten Empfang durch die Gemeinde. (März 2013)

Ob als einfacher Bürger, der Schwiegereltern, Tante, Patenkind oder Freunde besucht, oder ob als Premierminister: Jean-Claude Juncker ist leicht ansprechbar und immer zu einem Scherz aufgelegt, wenn er - ohne Personenschützer - durch die Ettelbrücker Fußgängerzone bummelt, etwa nach dem Gottesdienst in der Ettelbrücker Pfarrkirche, oder anlässlich eines Stadtfestes. Gerne besucht er auch die einzige landwirtschaftliche Ausstellung des Landes, in der „Bauernstadt" Ettelbrück. Oder er beehrt durch seine Anwesenheit die Gedenkfeierlichkeiten (beispielsweise die 'Remembrance Days') zu Ehren des Generals Patton, der mit seinen US-Soldaten das Land vom Nazijoch befreite. Deshalb trägt die Stadt

mit eigenem Pattonmuseum ebenfalls noch den Beinamen „Pattonstadt". Die luxemburgische Nationalhymne wurde übrigens zum ersten Mal in Ettelbrück 1864 uraufgeführt. Auch die erste freiheitliche Verfassung sah in Ettelbrück das Licht der Welt, als die Stadt 1848 Sitz von Regierung und Parlament war.
(März 2013)
Regelmäßige historische Gedenkfeiern oder Einweihungen wie jene des Kulturzentrums („Centre des Arts Pluriels Ed Juncker") führen Jean-Claude Juncker immer wieder in die Stadt. Wie tief ihn diese Stadt prägte, ist schwer zu sagen, doch Menschen, wie sein Onkel Ed sind ihm mit Sicherheit Vorbild gewesen, als bei ihm, als Schüler der Herz-Jesu Patres im apostolischen Lyzeum von Clairefontaine, die Gewissheit heranreifte, dass er sein Leben der Politik und den Menschen widmen würde. Schon als Schüler spielte er nicht nur Fußball mit seinen Internatskollegen, sondern ging damals schon während den schulfreien Nachmittagen nach Luxemburg-Stadt, um dort die Parlamentsdebatten live mit zu erleben. Ein anderer Jean-Claude mit Namen Hollerich, der heutige Erzbischof vom Luxemburg, war ebenfalls in jenen Jahren in Clairefontaine. (März 2013)
Neben seinem Onkel Ed gehörten auch Jean Spautz (unter anderem langjähriger Minister und Parteipräsident) sowie die Premierminister Pierre Werner und Jacques Santer (alle CSV / Christlich-soziale Volkspartei) zu Junckers Ziehvätern. Da in Ettelbrück die Deichhalle, eine der

größten Mehrzweckhallen des Landes steht, beschlossen „Junckesch Ed" und „Spautze Jang" (wie man sie auf Luxemburgisch nennt) im Wahljahr 1984 ein großes, noch nie dagewesenes Parteifest zu organisieren, offen für alle Bürger, die auf Tuchfühlung mit den Spitzenpolitikern der CSV gehen wollten. Dieses Fest wurde ein Riesenerfolg und wurde bis 2005 jährlich durchgeführt, danach aber leider aus Kostengründen auf Wahljahre beschränkt. In Luxemburg ist dies also alle 5 Jahre der Fall, zeitgleich mit den Europawahlen. Hier können tausende Besucher in zwanglosem Kontakt ihre Sorgen und Anregungen den CSV-Regierungsmitgliedern und CSV-Abgeordneten anvertrauen. Keinem Mandatsträger, ob Premierminister oder EU-Kommissionsmitglied etc., wäre die Idee gekommen, nicht in Ettelbrück aufzutauchen. Jean-Claude Juncker war jedes Jahr hier anwesend (diverse Fotos auf www.csv. lu, Gemeinde /Sektion Ettelbrück; einige Fotos nachfolgend). (März 2013)

(v.l.n.r) Christian Mohr, Jean-Claude Juncker, Fons Schmidt, Edmée Juncker, Jean-Paul Schaaf, Pascal Nicolay, Sylvie Bisdorff (Foto 2007 von der CSV-Fraktion des Ettelbrücker Gemeinderats 2007)

Nicolay, Pascal *Stadtrat von Ettelbrück:* Hier noch ein kleiner Moment, eine kleine Anekdote. Um das CSV-Fest, bei dem stets nur eine kurze Begrüßungsansprache gehalten wird (und der Dialog mit den Mitgliedern und potentiellen Wählern im Mittelpunkt steht), noch peppiger und politisch interessanter zu gestalten, schlug die CSJ-Parteijugend Jean-Claude Juncker einmal Folgendes vor: Er solle doch eine Rede, wie man sie vom politischen Aschermittwoch in Passau kennt, halten. Der volksfestartige Charakter des Festes wäre ja passend. Hier könne er einmal dem politischen Gegner die Leviten lesen

und ihn so richtig ‚abwatschen', um einmal
eine bayrisches Vokabel zu benutzen. Der
politische Aschermittwoch, der seinen
Ursprung in Niederbayern hat, ist in
Luxemburg ja durch die deutsche Me-
dienberichterstattung bestens bekannt.
Dann antwortete Jean-Claude Juncker mit
leicht ironischem Unterton: „Soll ich denn
auch noch auf einem Heuwagen sitzend
durch's Hallentor einziehen?" Nein, zu
einer teils deftigen, teils kabarettistischen
Rede konnten wir ihn nicht überreden.
Wer ihn kennt, wundert dies nicht, doch
der Versuch war's wert. Man stelle sich vor,
Juncker wäre auf diesen Redeauftritt ein-
gegangen. Doch Politik ist für Jean-Claude
Juncker kein Spiel. Politische Reden sind
für ihn keine reine Unterhaltung. Auch
wenn er sein Publikum nicht langweilen
will - und das schafft er unter anderem
mit seinem unvergleichlichen, schelmischen Humor - dann ist ihm die Aussage,
die er im Interesse der Menschen macht
und mit der er die Zuhörer erreichen will,
doch wichtiger. Seine Aussagen sollen seine christlich-soziale Politik unterstützen.
Er ist nicht der Mann mit der rhetorisch
einstampfenden Keule. Sein sprachliches
Werkzeug gleicht eher das der feinen, aber
scharfen Klinge des Floretts. Er greift den
politischen Gegner nur frontal an, wenn es
nicht mehr anders geht, das heißt, wenn
dieser den Bogen deutlich überspannt hat.
(März 2013)

Polfer, Lydie *Langjährige Bürgermeisterin Stadt Luxemburg, Europaabgeordnete der DP:* Nachdem ich Herrn Juncker so zugehört habe, bleibt der Eindruck bei mir bestehen, ich hätte mich bei einem oder zwei Punkten nicht klar genug ausgedrückt. Das werde ich jetzt ganz ruhig nachholen. (Mai 1999)
Vor allem in meiner Zeit als Bürgermeisterin der Stadt Luxemburg habe ich intensiv mit ihm zusammengearbeitet. Wir haben auch Konflikte ausgetragen. Juncker kommt aus dem Süden, den Zentrumsbezirk hat er nie in seinem Herzen getragen. All diese Auseinandersetzungen wurden aber entschärft durch den Humor von Juncker, welcher charakteristisch ist für ihn. Gerade dieser Humor bringt ihm übrigens auch die guten Beziehungen mit den Medien ein. (Dezember 2012)
Er erfasst blitzschnell die Eckpunkte einer Situation. Politik ist sein Leben und Macht etwas, das ihn anzieht. Er hat auch Fehler. Diese jetzt aber alle aufzulisten, zum jetzigen Jahrestag seiner 30jährigen Regierungszugehörigkeit, ist nicht so angemessen! (Dezember 2012)

Lydie Polfer

Poos, Jacques *Mitunterzeichner des Maastricht-Vertrags (1992), Vizepremier (1995-1999):* Heute wird der Europäischen Union oft ein Mangel an starken Persönlichkeiten nachgesagt, an hervorragenden Politikern, die auf Augenhöhe mit dem Präsidenten der USA oder dem chinesischen Premier diskutieren, und wenn es sein muss, auch für Europa streiten können. (2010)
Juncker war immer sehr eloquent. Als Jurist konnte er sich immer schnell in neue Themengebiete einarbeiten. Den Posten des Premierministers und gleichzeitig den Posten des Eurogruppenchefs auszufüllen, hat ihn über seine Grenzen hinaus gefordert. Man sah es ihm an, dass es zuviel für ihn war. Vorsitzender der Eurogruppe zu sein - daraus müsste ein Vollzeitjob gemacht werden. Jetzt gehört Juncker 30 Jahre der Regierung an. Das ist eine lange Zeit. (Dezember 2012)

Jacques Poos

Poujol, Véronique *Journalistin, D'Lëtzebuerger Land:* Juncker ist in einer schlechten Position, Journalisten eine Lektion zu erteilen. Immerhin ist es Juncker selbst gewesen, der dafür gesorgt hat, dass Luxemburg als eines der letzten Länder in der EU noch immer über keinen Zugang für Bürger zu öffentlichen Informationen verfügt. (März 2013)

P

Rauchs, Michael *Autor, Lëtzebuerger Journal:* Ich gestand Juncker immer gerne ein gerüttelt Maß an propagandistischer Sophisterei zu. Zumal in nationalen, europäischen, globalen Krisenzeiten wie heute. Ich gestand ihm solche Äußerungen zu, die er auf die Schnelle, in der Hetze unüberlegt und ein bisschen salopp getan haben könnte. Jetzt aber wird ihm folgender Satz zugeschrieben: „Wahlen machen mir keine Angst. Ich bin jedoch der Ansicht, dass es nicht der richtige Zeitpunkt wäre, dem Land dies zuzumuten." Leben wir beide wirklich noch in ein und demselben Land, in ein und demselben demokratischen Staat? Ist Juncker wirklich der Überzeugung, Wahlen, das Kernstück einer Demokratie, seien eine Zumutung für den Bürger? (Mai 2010)

Rauchs, Paul *Psychoanalytiker:* Bei Straßenumfragen gaben Passanten oft an, sie hätten Juncker den Posten als EU-Präsident gewünscht, seien aber froh, dass er bleibt. Das ist doch ein Widerspruch: Wir wollen, dass er geht, freuen uns aber, das er bleibt. (Dezember 2009)

Reding, Jean-Claude *Präsident OGBL:* Juncker ist in seiner Funktion als Eurogruppenchef offenbar so sehr mit der Eindämmung der Euro-Krise beschäftigt gewesen, dass er kaum Zeit fand, seiner Aufgabe als Tripartite-Präsident gerecht zu werden.

Ich habe jedenfalls seit Ende September nichts vom Tripartite-Präsidenten gehört. (November 2011)

Ich weiß, dass Juncker sich ärgern wird: Ich spreche von ‚Austerität', er nennt es ‚rigueur'. (November 2012)

Seine soziale Vision wird durch die christlich-soziale Ideologie inspiriert, die eher auf den Schutz der äußerst Benachteiligten gerichtet ist als auf Verteilungsgerechtigkeit. (Dezember 2012)

Jean-Claude Reding

Reicherts, Martine *Generaldirektorin Europäisches Amt für Veröffentlichungen:* Jean-Claude und ich haben nach Abschluss des Jurastudiums gemeinsam in Luxemburg eine ergänzende juristische Ausbildung besucht (1980). Er war bereits als Parteisekretär der CSV tätig und offensichtlich mit der Parteiarbeit sehr beschäftigt. Und zwar so sehr, dass der Leiter der Ausbildung bereits drohte, ihn wegen „mangelnder Anstrengung" rauszuwerfen! Uns

Kommilitonen war jedenfalls klar, dass dieser fleißige Jungpolitiker es einmal weit bringen würde. Aber wie weit, das wusste er zu diesem Zeitpunkt wohl nur selbst. (November 2011)

Jean Claude und ich haben nach Abschluss des Jurastudiums gemeinsam in Luxembourg eine ergänzende juristische Ausbildung besucht (oro) Da war Jean Claude, bereits als Parteisekretär der C.S.V tätig und offensichtlich mit der Parteiarbeit sehr beschäftigt - und zwar so sehr, dass der Leiter der Ausbildung bereits drohte, Dich wegen 'mangelnder Anstrengung' rauszuwerfen! Uns Kommilitonen war jedenfalls klar, dass dieser fleißige Jungpolitiker es einmal weit bringen würde. Aber wie weit, dass wusstest zu diesem Zeitpunkt wohl nur Du selbst. Mit meinen herzlichsten Glückwünschen zum Jubiläum

Martine MARTINE REICHERTS

Martine Reicherts

Reuter, Christian *Handwerksverband, zusammen mit Schmit, Romain, Direktor des Handwerkverbands:* Juncker ist zwar auf europäischer Ebene als Feuerwehrmann unterwegs und verschreibt einigen Patienten als Mister Euro eine bittere Medizin, die er den eigenen Landsleuten, oder besser gesagt der eigenen Partei und den Regierungskollegen, aber nicht zumuten will. Kurz vor den Sommerferien haben wir also immer noch keinen Aufschluss darüber, wo die Regierung eigentlich hin will. Bis es so weit ist, halten wir es mit der ewig jungen Nena und trällern: „Gib mir die Hand, ich bau Dir ein Schloss aus Sand. Irgendwie, irgendwo, irgendwann." (Juni 2011) Bislang folgte die Bürokratieentlastung

in Luxemburg dem ‚Deus Ex Machina'-Prinzip: Juncker kam, sah den Schlamassel und erklärte den Bürokratieabbau, nach reichlich gutem Zuspruch der Wirtschaftsverbände, zur Chefsache, mit dem Resultat, dass die Prozeduren noch länger, die Auflagen noch schärfer und die Bremswirkung auf die Wirtschaft noch stärker wurden. (September 2012)

Rewenig, Guy *Schriftsteller und Publizist:* Es ist Herrn Juncker und seiner christlichen Partei gelungen, alle brisanten gesellschaftspolitischen Kontroversen auf einen Schlag unter einer sogenannten ‚Märchenhochzeit' zu begraben. (November 2012)

Rhein, Jean *Journalist, Le Quotidien:* Ein Politiker lügt nicht - außer es ist für eine gute Sache. Die katholische Grundbildung von Juncker ermächtigt offensichtlich ausdrücklich zu solch einer Vorgehensweise. Der ‚Bluff' von Juncker (nach dem Geheimtreffen in Luxemburg) befindet sich somit offensichtlich im Einklang mit dem informellen Charakter des Treffens. In der Diplomatensprache handelt es sich bei einem informellen Treffen um ein solches, bei dem keine ´formellen Entscheidungen' getroffen werden. (Mai 2011)

Richard, Ady *Langjähriger Journalist, Luxemburger Wort:* In Amerika werden die Institutionen der Eurozone oft nicht ganz verstanden. Dies hatte auch US-Präsident Obama angemahnt. Juncker ist hier mit ihm auf einer Linie: „Wir sind schlecht organisiert. In der Eurozone, aber auch beim IWF. So können wir die Welt nicht überzeugen." Kritisch betrachtet Juncker vor diesem Hintergrund auch

R

das deutsch-französische Tandem, ohne es beim Namen zu nennen: „Wir haben in Europa keine europäische Regierung. Auch wenn sich manche als europäische Regierung aufspielen."
(November 2011)
20 Prozent der Einwohner Luxemburgs sind Portugiesen oder haben portugiesische Wurzeln. Nicht zuletzt deshalb hat Portugal-Freund Juncker besonders viel Verständnis für die portugiesischen Haushaltsprobleme: „Viele einfache, aber noble Menschen stehen hier mit dem Rücken zur Wand", erzählt Juncker.
(November 2011)

Ady Richard

Roberts, Duncan *Journalist, Delano:* Juncker überhäuft die Journalisten beim Neujahrsempfang gewöhnlich mit seinem trockenen Witz, der zu seinem Markenzeichen geworden ist. Auch in diesem Jahr enttäuschte er in dieser Hinsicht nicht. Er sagte, er würde die Qualität und die Quantität der Arbeit, die von lokalen Journalisten zu bewältigen sei, sehr respektieren. Viele von ihnen müssten eine ganze Reihe von Themen abdecken. Er warnte aber vor zuviel Respekt und Freundlichkeit, die in eine Kumpelei über-

gehen könnte. Er betonte, selbst wenn er freundliche Beziehungen mit einigen lokalen Journalisten hätte, würde er diese nie anrufen, um sich zu beschweren über eine Berichterstattung, mit der er nicht einverstanden sei. Ein schöne Anspielung auf die Kontroverse rund um den deutschen Bundespräsidenten Christian Wulff und die Bild-Zeitung! (Februar 2012)

Roemen, Rob *Langjähriger Chefredakteur, Lëtzebuerger Journal:* Junckers ehemaliger roter Wirtschaftsminister nimmt Anstoß an dessen ‚Selbstherrlichkeit', nennt ihn einen ‚Ankündigungsminister', amüsiert sich über dessen ‚Fast-Mitgliedschaft bei den Sozis' und ist überhaupt der ‚Arroganz der Juncker'schen Macht' überdrüssig. Juncker mag in der Tat ein launischer Zeitgenosse sein, mit dem nicht immer gut Kirschen essen ist, aber solche Leute gibt es auch in anderen Parteien. (Juni 2004)
Die CSV will mit Juncker ‚den sicheren Weg' einschlagen, was ihr besonders von LSAP-Seite den Vorwurf einbringt, ‚nur Mittelmaß ohne ihren Superstar' zu sein. (Juni 2004)
In der Süddeutschen Zeitung stand, dass der CSV-Parteipräsident auf jeder Wahlveranstaltung ausruft: ‚Nur wo CSV drauf steht, ist auch Juncker drin.' (. . .) Ich rate, lieber diese Stimmen an die DP zu geben, denn da ist hundertprozentig kein Juncker drin.
(Juni 2004, Glosse ‚Der Besserwisser')
Juncker, der sich offensichtlich in der Rolle des Messias gefällt, wird erst dann aufatmen können, wenn das Volk ein

jubelndes Halleluja anstimmen wird. Die Proben werden vermutlich erst nach dem 1. Mai abgeschlossen. Es könnte aber sein, dass der Gesang schaurig klingen wird. (April 2010)

Rodesch-Hengesch, Marie-Anne *Langjährige Präsidentin, ORK - Ombudskomitee für die Rechte des Kindes:* Jean-Claude Juncker hat seit 30 Jahren entscheidenden Einfluss auf die Luxemburger Politik. Im Bereich der Kinderrechte hat er zugestimmt, dass beträchtliche Geldmittel in notwendige Strukturen und Maßnahmen gesteckt wurden. Dafür mein ausdrücklicher Dank. Ansonsten war Jean-Claude Juncker auf diesem Gebiet eher abwesend. Er hatte ja auch sonst viel zu tun. Um es positiv auszudrücken: er hat delegiert. Persönlich hinterlässt er „leider" keine unvergessliche Erinnerung. (November 2012)

> Jean-Claude Juncker hat seit 30 Jahren entscheidenden Einfluss auf die luxemburger Politik.
> Im Bereich der Kinderrechte hat er zugestimmt, daß beträchtliche Geldmittel in notwendige Strukturen und Maßnahmen gesteckt wurden.
> Dafür mein ausdrücklicher Dank.
>
> Ansonsten war J-C J auf diesem Gebiet eher abwesend. Er hatte ja auch sonst viel zu tun. Um es positiv auszudrücken: er hat delegiert.
> Persönlich hinterläßt er "leider" keine unvergessliche Erinnerung.
>
> Marie Anne Rodesch-Hengesch

Marie-Anne Rodesch-Hengesch

Ruckert, Ali *Chefredakteur, Zeitung vum Lëtzebuerger Vollek, Präsident der KPL:* Juncker, der letzte Kommunist, wie er von sich behauptet? Ein Bonmot, aber mit schlechtem Nachgeschmack. Erinnern wir uns nur einmal an 1982, als er Staatssekretär für Arbeit war. Da sagte er, man müsse die Probleme lösen, wenn sie klein sind. Damals hatten wir 1.400 Arbeitslose. Heute haben wir 10x mehr. (Juni 2009)

Als Juncker vor wenigen Jahren im Zusammenhang mit der von der EU verordneten Liberalisierung der Postdienste mit geschwollener Brust und fester Stimme verkündet hatte, für ihn und die CSV sei ein ‚wildes Deregulierungsgebahren' nicht annehmbar, waren viele erleichtert. (Dezember 2009)

Das Scheitern der Tripartite ist keine Überraschung, auch wenn Premier Juncker ganz demagogisch versuchte, den Gewerkschaften den Schwarzen Peter zuzuspielen. Immerhin ist es fast ein Jahr her, dass

R

die Vertreter der Arbeitenden dem Kapital
und seinen politischen Wasserträgern
in der Regierung deutlich machten, dass
sie nicht bereit sind, für eine Krise zu
bezahlen, die sie nicht verschuldet haben.
(April 2010)

Es gebe viel zu viel Durcheinander in der
CSV, stellte Juncker auf dem im Schnell-
durchgang organisierten CSV-Kongress
fest, und man kann davon ausgehen, dass
es im CSV-Krabbenkorb, weit weg von
den Augen und Ohren der Öffentlichkeit,
während der nächsten Monate hoch her-
gehen wird. Denn Juncker hat Erfahrung
darin, wie er seine Partei"freunde" hinter
verschlossenen Türen auf Linie bringen
oder, wenn das nicht gelingt, kalt stellen
kann. (Juli 2010)

Für Juncker selbst steht viel auf dem Spiel,
denn gelingt es ihm nicht, während der
nächsten Krisenjahre die Umverteilung
von unten nach oben zur Zufrieden-
heit des Kapitals fortzusetzen und den
Gewerkschaften die geplanten salariats-
feindlichen Maßnahmen als ‚nationale
Solidarität' zu verkaufen, werden die
Banker, Industriekapitäne und EU-Bonzen
ihn fallen lassen. (Juli 2010)

Ali Ruckert

Santer, Jacques *Langjähriger Premierminister, Präsident der Europäischen Kommission 1995-1999:* Wie ich auf Juncker aufmerksam wurde? Ich war von 1974 bis 1979 das erste Mal Abgeordneter im Europäischen Parlament. Damals war Juncker Student in Straßburg. Er fiel mir auf, weil er eine schnelle Auffassungsgabe hatte und sich sehr gut ausdrücken konnte. Er war von Kind auf sehr an Politik interessiert. Schon als Kleiner ging er mit seinem Vater zu Gewerkschaftskongressen. (November 2003)
Seine Sporen hat sich Juncker in den 80er Jahren im Arbeitsministerium verdient. Wegen der Krise in der Stahlindustrie hatten wir damals in Luxemburg eine schwierige Zeit. Besonders in einem kleinen Land muss man versuchen, konsensfähig zu bleiben. Juncker hat immer einen Konsens zwischen Arbeitgeberverbänden und Gewerkschaften hergestellt. (November 2003)
Eine Aussage zum 30. Jahrestag von Junckers Regierungstätigkeit? In kleinen Ländern wie Luxemburg ist eine gewisse Stabilität und Langlebigkeit des politischen Personals unabdingbar. Auch deshalb, um sich auf internationaler Ebene Gehör zu verschaffen. (Dezember 2012) Angesichts seiner europäischen Verdienste wünsche ich ihm, dass er die Gelegenheit bekommt, eine verantwortungsvolle

Position auf höchster europäischer Ebene zu übernehmen. (Dezember 2012)

Jacques Santer

Schlammes, Marc *Journalist, Luxemburger Wort:* Juncker verzichtet erneut auf das freitägliche Briefing. Nun gut, als Vater des Euro hat er natürlich die griechischen „Papas" zu betreuen. Die Regierungsarbeit hierzulande resümiert derweil eine kargseelenlose Pressemitteilung. Wer trotzdem etwas vom Doyen unter den EU-Leadern hören oder lesen will: Es bleiben ja noch die deutschen Medien... (November 2011)

Schlechter, Marcel *Langjähriger Gewerkschafter; Boxer:* Juncker will Mr. Euro sein, der er nicht ist. Wenn er sich mit Trichet anlegt, bekommt der Jean-Claude immer den zweiten Preis. (Februar 2007)

Schneider, Etienne *Wirtschafts-und Außenhandelsminister:* Ich habe Herrn Juncker als Fraktionssekretär der LSAP anlässlich der Koalitionsverhandlungen 2004 näher

kennengelernt. Als es darum ging, die Promillegrenze von 0,8 auf 0,5 zu senken, kam
seitens Herrn Juncker der Vorschlag auf,
direkt auf 0,0 Promille runter zu gehen.
Außer dem damaligen Wirtschaftsminister
waren eigentlich alle Verhandlungspartner
eher bereit, auf einen solchen Weg zu
gehen, was mich überraschte. Und obwohl
es mir nicht zustand, machte ich die
Verhandlungspartner darauf aufmerksam,
dass es ein Leichtes sei, sich für die 0,0
Promillegrenze einzusetzen, wenn man
über eine permanente Fahrbereitschaft
verfügt. Man solle doch bitte auch an
die überwiegende Zahl der Bevölkerung
denken, die ohne Fahrer leben muss und
trotzdem gerne einmal ein Bier trinkt.
Darauf hin sagte mir Jean-Claude Juncker
lachenden Mundes, er würde dafür sorgen,
dass ich auch einen Fahrer erhalte, damit
ich Ruhe geben würde. Die 0,0-Promille-
grenze wurde schlussendlich nicht zurück-
behalten... aber das mit dem Fahrer hat
mit achtjähriger Verspätung dann doch
noch geklappt. (Dezember 2012)

Etienne Schneider

Schneider, Jean-Paul *Journalist, Luxembur-*
ger Wort: Am 10. Mai 2000 (wurde) ein
neuer Schlüsselbegriff im Luxemburger

Politvokabular geboren: Der 700.000-Ein-
wohnerstaat. O-Ton Juncker: „Wenn wir ein
hohes Renten- und Pensionsniveau halten
und teilweise sogar ausbauen wollen,
wenn wir unser komfortabel hohes Level
an Sozialleistungen auch für die kommenden Generationen erhalten wollen, dann
müssen wir noch lange stramm wachsen -
wirtschaftlich, arbeitsmarktpolitisch. Wenn
wir aber wirtschaftlich stramm wachsen
müssen, dann steuern wir auf ein Land mit
700 000 Einwohnern zu." (April 2010)

Schoentgen, Marc *Polizeibeamter, Fotograf*
und Autor der Bildbände „Schengen", „Vun
der Rief zum Wäin": Ich erinnere mich
noch sehr gut an den 3. Januar 2012. An je-
nem Dienstag-Morgen wurde ich als Autor
des Moselbuchs „Vun der Rief zum Wäin"
(einer Hommage an die Luxemburger
Winzer und ihren Wein) von Premierminister Juncker empfangen. Ich war nervös
und beeindruckt zugleich! Nervös, vom
Premierminister empfangen zu werden,
und zugleich davon beeindruckt, dass
sich ein europäischer Staatsmann wie
Jean-Claude Juncker bei vollem Terminka-
lender noch Zeit für die Buchüberreichung
nehmen konnte. Die Nervosität legte sich
schnell. Es war nicht der Premier, sondern
der Mensch Jean-Claude Juncker, der vor
mir stand, mir einen Kaffee anbot und
mich schmunzelnd aufforderte: „Legen Sie
sich entspannt auf mein Sofa." Ich hinterfragte das „hinlegen" und er erwiderte:
„Ja wissen Sie, manchmal komme ich mir
wie ein Psychologe vor." Viele seiner Gäste
würden ihn zwecks Rat und Beratung
aufsuchen und es sich dann auf seinem

Sofa gemütlich machen. In dem 20-minütigen Gespräch zeigte er großes Interesse an der Arbeit der Winzer, hinterfragte die Idee zum Buch und zeigte sich begeistert von den vielen stimmungsvollen Aufnahmen. „Mit Ihrem Werk haben Sie wertvolle Arbeit für die kommende Generationen geleistet", so Jean-Claude Juncker. Am Ende der Unterredung konnte der bekennende Biertrinker Jean-Claude Juncker es sich nicht nehmen lassen, mir den Hinweis mit auf den Weg zu geben, dass auch ein Buch über die Bierherstellung sicher sehr interessant sein könnte. (November 2012)

Marc Schoentgen

Schiltz, Jay *Chefredakteur, Radio 100,7 und Team:* Die CSV ist mit ihrem Spitzenkandidaten Juncker und ihrem Sicherheitshaken, den Karabiner, in die Wahl gezogen. (Juni 2004)
Juncker on Tour, das war ein Happening. So wie die Rolling Stones auf Tour gehen, geht auch der Premierminister auf Tour. (Juni 2004)
Schumacher, Dani *Journalistin, Luxemburger Wort:* Juncker ist nicht gleich Juncker. Unter dem Namen Jean Claude Juncker (ohne Bindestrich) tummelt sich ein Unbekannter im Sozialnetzwerk Facebook und gewinnt

im Nu knapp 3.000 Freunde Beim Pressebriefing stellt das Original klar, dass Jean-Claude Juncker (mit Bindestrich) nicht auf Facebook unterwegs ist. (Dezember 2009) Berührungsängste kennt Juncker nicht. Er trat als Gastredner beim Europaparteitag von Bündnis 90/Die Grünen in Dortmund auf. (Dezember 2009)
Mit dem Spitzenjob in Brüssel hat es zwar nicht geklappt, trotzdem gibt es jede Menge Lob für den überzeugten Europäer. 2009 erhielt Juncker nicht weniger als neun Auszeichnungen für seine Verdienste in Europa. (Dezember 2009)
Zu den Gründen, weshalb der französische Präsident sich im November gegen ihn als EU-Präsidenten ausgesprochen hatte, wollte Juncker nichts sagen: „Das war ein Gespräch unter Männern, dessen Inhalt nicht für die Öffentlichkeit gedacht ist", so Juncker. (Januar 2010)
"Die Märkte zwingen uns in die Knie", kommentierte Juncker den ungleichen Kampf zwischen Politik und Finanzmärkten. So langsam kann man sich übrigens die Frage stellen, wer von den beiden Überlebenden von Maastricht denn nun am längsten überlebt, der Euro oder Juncker. Die Chancen des luxemburgischen Premiers steigen! (Mai 2010)
Nach dem Finanzminister steigt auch der Ex-Eurogruppenchef in den Ring und watscht seinen holländischen Nachfolger kurzerhand öffentlich ab. Millionen Männer können es bezeugen: Die Schwiegermutter weiß es immer besser. (März 2013)
Schroeder, Asko *Journalist, Lëtzebuerger Journal:* Es gibt Kritiker, die der CSV

S

den „üblichen Personenkult" vorwerfen, obgleich eine junge Frau, mit der ich bei einer Wahlkampfveranstaltung sprechen konnte, lächelnd zugibt: „Den Teddybär hätte ich von der CSV und von Juncker nicht erwartet. Das war ganz lieb." (Juni 2004)

In einer Zeit der inflationären Beschwörung der politischen Mitte verkomme die politische Farbe zur Farce, meinte ein Gesprächspartner zu mir, „da ist der Wähler sogar bereit, der CSV den Verzicht auf ihr klassisches Schwarz zu verzeihen." O-Ton: „Solange Juncker für die richtige Politik stehe und nicht irgendeine nichtssagende Farbe, hätte ich auch mit Rosa oder Himmelblau leben können." (Juni 2004)

Der Auftritt Junckers bei der ASTI-Geburtstagsfeier bot so manchen intimen Einblick zwischen die Zeilen Juncker'schen Gutmenschentums. In Bezug auf eine Regularisierung der sogenannten ‚illegalen Einwanderer' gab sich Juncker überaus resolut. Mit ihm werde es keine weitere Welle von Regularisierung geben. Luxemburg sei ein „pays ouvert, mais pas exposé", so das typische Juncker-Bonmot am richtigen Platz. Man solle lieber die Menschen bei sich daheim glücklich machen als hier bei uns unglücklich machen. (März 2010)

Die Zeiten sind hart, die Lage ernst und beide Länder, Litauen und Luxemburg, wollen ihre bilateralen Beziehungen erheblich ausbauen. Also gestand Juncker seinem Gast seine tief empfundene Verehrung und die litauische Präsidentin dankte es ihm huldvoll mit dem Kompliment, der größte Europäer zu sein. (Juni 2010)

Sinner, Michèle *Journalistin, Lëtzebuerger Land:* Obwohl er betonte, der Wahlkampf beginne erst im April 2014, konnte man sich des Gefühls nicht erwehren, dass sich Juncker genau für diese Übung warmläuft: Kleine Späßchen auf Kosten von LSAP-Regierungskollegen oder anderer CSV-Minister kamen beim Publikum ebenso gut an wie eine Kampfansage an arbeitsunwillige Jugendliche. Die FEDIL-Gäste konnten sich fühlen wie bei der Vorpremiere zu ‚Juncker on Tour'. (Januar 2013)

Sold, Alvin *Langjähriger Direktor Editpress:* Den Herrn Finanz- und Arbeitsminister und CSV-Präsidenten Juncker kennen wir. Zumindest ein wenig. Er ist gar nicht ‚suaviter in modo' (geschmeidig in der Art) wie Santer. Im CSV-Profil ist er klar, direkt, oft bissig, frech sogar, witzig auch, oder arrogant. Aber er schreibt immer gut, und deshalb wird ihm einiges verziehen. Im ‚Héi elei' ist er ein ‚winner': Man mag die spielerische Eloquenz, die saloppe Art, den Charme, die schnelle Replik. Ist all das Aufsteigerinstrumentarium, der Karriere dienlicher Stil und Genre? Oder ist er so, der Mann? Kein anderer als er selbst kann diese Frage beantworten. (Januar 1995) Juncker, der TV-Star, der Überflieger, der allgegenwärtige Alleswisser und -könner, ist dabei, das Land in ein Präsidialregime zu drängen. Wollen wir das? Sind wir nicht gut gefahren bisher, mit dem Großherzog und Premierministern, die nie auftraten oder wirkten wie ein deutscher Kanzler oder ein französischer Premier, weder gewollt noch ungewollt? (Juni 1999) Als CSV-Missionar trat Juncker in letzter

Zeit auf wie ein Übermensch. Dem Brüsseler Korrespondenten der renommierten Süddeutschen Zeitung kam der Premierminister vor wie, so steht es zu lesen, ein „bürgerlicher Monarch". Trop, c'est trop! (Juni 2004)

Meinungsumfragen räumen der CSV gute Chancen ein, Stimmen und Sitze zu gewinnen, wegen Joker Juncker. (Juni 2004)

Jede Kritik flößt an den begnadeten CSV-Rhetorikern Juncker und Frieden ab wie das Wasser an Teflon-Pflanzen, weil sie es sind, die es am besten vermögen, den Luxemburgern ein Gefühl der Geborgenheit, der Sicherheit, zu vermitteln. (Dezember 2005)

Juncker ist in den USA längst ‚categorized' als selbstbewusster Vertreter eines eigenständigen, unabhängigen Europa. (April 2008)

Im Resümee: Wir sind für Juncker als EU-Chef, weil er die EU wahrscheinlich weiter als andere voranbrächte, geo- und sozialpolitisch. Wir sind für Juncker als LU-Premier, weil er hierzulande ein verlässlicher Partner war und ist. (November 2009)

Unter dem Impuls des begnadeten Juncker mussten die Sozialisten einen wesentlichen Teil ihrer Klientel an die CSV abgeben, weil diese sozial gerechter schien und auftrat. „Wir sind die besseren Sozialisten!" ließ Juncker gebetsmühlenartig verbreiten, und er tat es umso überzeugender, als seine roten Gegenspieler zuweilen glaubten, sich als die strengeren Manager bewähren zu müssen. (März 2011)

Bei allem Respekt vor des routinierten

Europäers Juncker politischer Kunst: So einfach, wie er sich die Luxemburger Dinge zwischen zwei Irgendwie- und Irgendwogipfeln vorstellt, sind sie nicht. (Dezember 2011)

Alvin Sold

Sosna, Artur *Direktor Berlitz Luxemburg:*

Premierminister Jean-Claude Juncker ist einer der wenigen Politiker in Europa, die es verstanden haben, dass wir Europäer einfach zusammengehören. Diese Vision ist insofern die richtige, da sie alle militärischen und wirtschaftlichen Konflikten vorbeugt und sie quasi im Keim erstickt. Allerlei Krieg gehört daher in die Geschichtsbücher, aber nur dann, wenn alle Politiker in Europa so denken und vorgehen wie Herr Juncker. Unser Vorteil in Luxemburg: Wir sind ein kleines, mehrsprachiges und multikulturelles Land. Wir hätten im Traum nicht daran gedacht, zu ‚erobern', dafür sind wir einfach zu klein. Und vielleicht deswegen sind wir auch so pragmatisch eingestellt, was unser Premierminister ja sehr gut wiedergibt. Es gibt einfach keine Alternative zum vereinten Europa und zu Demokratie. Und das ist gut so! (November 2012)

S

Artur Sosna

Steinwachs, Pascal *Journalist, Lëtzebuerger
Journal:* Da viele Juncker (er sich selbst
besonders) für genial halten, sollte er sich
vielleicht einen anderen Spruch des
großen Goethe zu Herzen nehmen: „Das
Erste und Letzte, was vom Genie gefordert
wird, ist Wahrheitsliebe." Schön, nicht
wahr? Aber nicht immer so einfach!
(März 2005)
Bei den ,Juncker on Tour' getauften
Hochämtern zu Ehren von Juncker gibt es
keine Jägerwürste, keine Merguez, kein
gepflegtes Pils und auch keine ,Sweet
Home Alabama' spielende Coverband. Hier
zählt einzig und allein das Wort, auch
wenn Abend für Abend die gleiche Liturgie
abgezogen wird. Und weil Juncker sich
zuweilen selbst zu langweilen scheint,
lockert er seine mehr als einstündigen
Monologe, die sich von Tour-Stadt zu
Tour-Stadt fast nicht unterscheiden,
jeweils mit ein bis zwei neuen Kalauern
auf, die manchmal sogar einen gewissen
Aktualitätsbezug haben. (Juni 2009)
Welche Teufel mag Juncker wohl in der
letzten Woche geritten haben, als er sich
bei einem Arbeitsbesuch in Schweden
dafür stark machte, Island und Kroatien

auch ohne Ratifizierung des Lissabon-
Vertrags in die EU aufzunehmen? Bei
einigen seiner europäischen Berufskolle-
gen dürfte er mit derartigen Aussagen
nämlich für hochrote Köpfe gesorgt haben,
insbesondere bei Franzosenpräsident
Nicolas Sarkozy, der eine EU-Erweiterung
vom Inkrafttreten des Reformvertrags
abhängig macht (. . .) Wenn der Luxemburger Regierungschef sich nun also
öffentlich gegen Sarkozy stellt (. . .),
könnte dies entweder bedeuten, dass
Juncker nun doch in Luxemburg bleiben
will, dass er die Chancen auf den
EU-Chefposten sowieso abgeschrieben
hat, oder aber, dass er schon längst einen
anderen internationalen Spitzenposten in
Aussicht hat. (September 2009)
Zitiert wurde Juncker gestern in der FAZ,
wo er wieder einmal auf der „Ich-bin-der-
letzte-Kommunist"-Schiene fuhr: „Ich
(Juncker) fühle mich bei Sozialisten immer
wohl, es werden leider nur immer weniger.
Ich hoffe, das ändert sich bald wieder", so
Juncker in Anspielung auf die Wahlen in
Deutschland.
"Er muss große Ohren haben, damit er alle
Signale aus den Hauptstädten hören und
in Kompromisspakete einpacken kann", so
Juncker gegenüber der Financial Times
Deutschland. Ein guter Kompromisskandi-
dat wäre demnach Dumbo, der fliegende
Elefant, hat dieser doch nicht nur große
Ohren, sondern kann auch noch fliegen -
könnte also auch noch die Rolle des
EU-Außenministers übernehmen.
(Oktober 2009)
Blair, als er noch Inselpremier war, machte

den luxemburgischen Ratsvorsitz im Juni 2005 für das Scheitern des EU-Gipfels verantwortlich. Junckers Vorschläge zur Finanzplanung der EU seien „nicht der richtige Deal für Britannien, nicht der richtige Deal für Europa" gewesen, wie Blair sich seinerzeit ausdrückte. Vergessen hat Juncker diese Erniedrigung bis jetzt nicht, zumal es einige Monate später unter britischem Vorsitz zu einer „millimetergenauen Annäherung" (dixit Juncker) an den Kompromissvorschlag der Luxemburger kam. Wie heißt es doch so schön? Wenn zwei Alphatiere sich streiten, freut sich das Dritte. (Oktober 2009)

Juncker gab ‚Le Monde' ungewohnte Einblicke in sein Seelenleben, als er ungefragt verrät, kein Zwerg zu sein: „Je ne suis pas un nain..." (Oktober 2009)

Premiermethusalem Juncker wird schon wieder ausgezeichnet – diesmal mit dem „Award des Europäischen Wirtschaftssenats" (...) Unter den früheren Preisträgern figuriert u.a. auch der hessische Ministerpräsident Roland Koch („Ich war nie der Typ, bei dem die Frauen auf den ersten Blick riefen: Der oder keiner!", Stern Nr. 4/2009) (November 2009)

Wir befinden uns im Jahre 2009 nach Christus. Ganz Europa ist davon überzeugt, dass Juncker nur noch geringe Chancen hat, erster Präsident des Europäischen Rats zu werden. Ganz Europa? Nein! Ein unbeugsamer Vizepremier (Jean Asselborn) hört nicht auf, an die europäische Karriere seines Premierministers zu glauben. (November 2009)

Herausgekommen ist (bei der Ernennung des ersten Präsidenten des europäischen Rats) ein recht blässlicher Geselle mit viel Brille und wenig Haar (...) ganz nach dem Geschmack der Browns/Sarkozys/Merkels/Berlusconis. Juncker blieb nichts anderes übrig, als gute Miene zum bösen Spiel zu machen, auch wenn er jetzt wohl damit vorlieb nehmen muss, auf immer und ewig in Luxemburg zu bleiben. (November 2009)

Um sich bei den Sarkozys, Browns, Merkels und Berlusconis beliebt zu machen, hätte er sich nur ein klein wenig die Lebensmaxime von Heinrich Manns ‚Untertan' (‚Nach oben buckeln und nach unten treten') zu eigen machen müssen, aber das ist nun mal nicht sein Ding, gilt der CSV-Premier doch auch außerhalb unserer Landesgrenzen als nicht gerade pflegeleicht. (November 2009)

Würde Schatzmeister Luc Frieden über ähnlich viel Geld verfügen wie Juncker Selbstbewusstsein hat, das Land wäre aus dem Schneider. Aber wie sagte schon des Premiers Lieblings-Aphoristiker Georg Christoph Lichtenberg: „Es gibt Leute, die können alles glauben, was sie wollen; das sind glückliche Geschöpfe." (Dezember 2009)

So ganz ohne Zugpferd Juncker ist die ‚CSV on tour' doch ein eher trauriger Haufen. (Mai 2010)

Juncker kam gestern in der ‚Märkischen Allgemeinen' zu Ehren, und zwar in der Rubrik ‚Worte der Woche'. Christliche Nächstenliebe besteht für ihn darin, „dass ich niemanden küsse, wenn ich eine schwere Erkältung habe". Da werden sich

S

Angela Merkel und Nicolas Sarkozy aber gefreut haben... (November 2010)

Der kleine Koalitionspartner hat (...) Gefallen gefunden an der Juncker'schen Guerilla-Taktik des Flohs, der den Löwen ärgert. Die CSV will sich (diese) Sticheleien aber nicht ewig gefallen lassen. (Januar 2011)

Hätte es den Hitler-Vergleich nicht gegeben, so hätte das Streitgespräch zwischen Christoph Blocher und Juncker im Schauspielhaus Zürich wohl unter Ausschluss der Öffentlichkeit stattgefunden (...). So fand es ein großes Medienecho. Der Showdown blieb aber aus. (Januar 2011)

Die Van Rompuy'sche Ermahnung (im gesamten EU-Ratsgebäude nicht zu rauchen) soll Juncker nicht einmal mitbekommen haben, denn er war... gerade rauchen! Als der Luxemburg-Chef dann in den Sitzungssaal zurückkam, soll der Belgier seinen Vortrag extra unterbrochen haben, um den Premierchef an das Rauchverbot zu erinnern. Bleibt nur zu hoffen, dass demnächst nicht auch noch das Flipperspiel, das Rilke-Lesen und das LSAP-Bashing verboten werden. Die premierchefliche Laune würde dann noch miserabler werden. (April 2011)

Der Regierungschef (hat) wegen seines Nebenjobs als Eurogruppenchef auch heute wieder keine Zeit, seine Minister zur Raison aufzurufen und endlich einmal kräftig mit der Faust auf den Tisch zu hauen, da er wegen Griechenland bekanntlich seit Wochen am Dauertelefonieren ist. (Juni 2011)

Eine Frechheit so was! Da stellte das ‚Handelsblatt' unseren allseits geschätzten Premier- und Eurogruppenchef doch glatt als Pinocchio mit einer langen Lügennase dar, dies weil Juncker sich vor Jahresfrist noch fest davon überzeugt zeigte, „dass Griechenland diese Hilfe nie wird in Anspruch nehmen müssen, weil das griechische Konsolidierungsprogramm in höchstem Maße glaubwürdig ist". Hm, und als Meister Gepetto (das war der Pinocchio-Schnitzer) von Jean-Claude Juncker kommt dann wohl nur Altdeutschkanzler Dr. Kohl in Frage. (Juni 2011)

Juncker verdankt einen Großteil seiner Popularität seinen Auftritten auf europäischer und internationaler Bühne, wo er in der Vergangenheit immer mal wieder mit lockeren Sprüchen oder die eine oder andere ‚Streicheleinheit' auf sich aufmerksam zu machen wusste. (Dezember 2011)

Juncker dürfte sich auch in Rom mit Zypern beschäftigt haben, hatte er doch bereits tags zuvor in Wien seinem eurogruppencheflichen Nachfolger wegen dessen Zypern-Rettung ins Zeug geflickt. Damit wollte er nur sagen, dass, wenn er noch Eurogruppenchef sei, so was nie passiert wäre. Loslassen kann eben manchmal verdammt schwierig sein... (März 2013)

Auch wenn der Regierungschef anscheinend selbst nach über 30 Jahren ununterbrochener Regierungszugehörigkeit immer noch Spaß an der Sache haben soll (...) so hat man - seinem Gesichtseindruck nach zu urteilen - zuweilen den Eindruck, der Premier müsse die ganze Last der Welt alleine tragen. (März 21013) DerWesten.de sprach davon, dass „hunderte von Nachtsitzungen und Millionen Flug-Kilometer dem perfekten Gesamteuropäer dennoch nicht seinen Humor und seinen Charme genommen haben." Da muss sich in Luxemburg in all der Zeit wohl ein anderer als Premierchef ausgeben, oder wer hat in den vergangenen achtzehn Jahren einen humorvollen und charmanten Juncker erlebt? Eben... (April 2013)

★ **Quellen-Würdigung**

Die Tageszeitung ,Lëtzebuerger Journal' (www.journal.lu) setzte unter Rob Roemen und jetzt unter Claude Karger, Nic Dicken, Pascal Steinwachs und anderen immer wieder neue Maßstäbe im Luxemburger Journalismus. Georges Schlosser: „Gerade für ein kleines Land wie Luxemburg ist es wichtig, eine Vielfalt an Printmedien zu haben. Das luxemburgische Journal gehört zu dieser unverzichtbaren Vielfalt. Es ist immer wieder erfrischend, die fundierten Analysen, aber auch die humorvollen Glossen, etwa von Pascal Steinwachs, zu lesen und so verschiedene Politik-Themen aus einer Perspektive zu sehen, die in anderen Zeitungen nicht geboten wird." (Dezember 2012) Wolfgang Kappl: „Seit 1995 ist Pascal Steinwachs beim Journal. Das bedeutet: Seit rund 20 Jahren kräftig gegen den Strom schwimmen, unangenehm gründlich recherchieren, hartnäckig bohrende

Fragen stellen, von Beruf aus lästig fallen, rücksichtslos eigene Meinungen vertreten. Mein Gott, Steinwachs, muss das wirklich sein? (Januar 2013)

Stoldt, Jürgen *Herausgeber, Zeitschrift Forum, zusammen mit Schmidt, Laurent und Thomas, Bernard:* Juncker (wirkt) auf viele Menschen wie die ideale Projektionsfläche ihrer eigenen Vorstellungen: schlau und pragmatisch, unverletzlich und dabei einfühlsam. Systematisch gibt er in der persönlichen Begegnung seinem Gesprächspartner recht und schafft eine Atmosphäre des gegenseitigen Verständnisses und Vertrauens. Kaum jemand geht aus seinem Büro, ohne das Gefühl, dass die Dinge sich jetzt zum Besseren wenden werden. In Kombination mit

S

seinen markigen Sprüchen ist es gerade diese Schwierigkeit ihn zu verorten, die Junckers Erfolg ausmacht: Ein Mann mit vielen Talenten aber ohne Eigenschaften. (Dezember 2012)

Obgleich ein Musterbeispiel für die Figur des politischen Apparatschiks - Juncker hat nie einen „normalen" Beruf ausgeübt - unterhält er mit Sprüchen wie dem, er sei der „letzte Kommunist", gekonnt eine Ambivalenz, die glauben lässt, er stünde in Opposition zum System „derer da oben". (Dezember 2012)

Juncker, der seiner Partei mit einer Mischung aus Dossier-Kenntnis, Vertraulichkeiten und beißendem Spott in Schach hält, hat es verstanden, die auf dem Schulhof erprobten Herrschaftsinstrumente auf alle Ebenen der Politik zu übertragen. Die öffentlichen Erniedrigungen und Verspottungen etwa, die seine Parteikollegen in der Regierung und im Parlament zu ertragen haben, sind gefürchtet - und kommen beim Publikum immer wieder an -, wobei der Leidtragende sich meist gezwungen fühlt, über die Erniedrigung mitzulachen, um keine Schwäche zu zeigen. (Dezember 2012)

Die Unsitte, ganz Europa zu küssen, zu umarmen und politische Beziehungen systematisch auf die Ebene von Männerfreundschaften zu erheben, hat sich während vieler Jahre als effizient erwiesen. Die nächste Generation europäischer Politiker scheint hier jedoch nicht mehr ganz so empfänglich zu sein und die Kussrituale sind dabei, langsam wieder von der europäischen Bühne zu verschwinden. (Dezember 2012)

Er selbst hat in einem Satz von entwaffnender Ehrlichkeit einmal formuliert, was ihn davon abhalte, klare Positionen zu beziehen: dass er und seine Kollegen zwar wohl wüssten, was zu tun wäre, aber dann riskierten, nicht wiedergewählt zu werden!" (Dezember 2012)

Stoos, Guy W. *Karikaturist Feierkrop, Woxx u.a.:* Spätestens seit der aktuellen Krise dürfte jedem klar sein, welch tristes Marionetten-Dasein unsere Politiker noch spielen dürfen.Wenn eine Tripartite-Runde als gescheitert gilt, nur weil sich die Gewerkschaftler plötzlich nicht mehr, wie in der Vergangenheit üblich, von den Arbeit"gebern" über den Tisch ziehen lassen, muss doch die Frage erlaubt sein, ob der hochgelobte soziale Frieden nicht seit jeher als Einbahnstraße gedacht war. Aber unsere politische Elite scheint sich ja noch immer wohl zu fühlen in ihrer Rolle als Krankenschwester am Bett des Kapitalismus. (September 2010) (Anm.: Antwort auf folgende Frage des Interviewers: „Das Coverbild von ‚Pomp Funäber' zeigt Herrn Juncker als Sonnenkönig, der mit Pomp sein politisches Scheitern zelebriert. Hat Politik heute überhaupt noch einen gesellschaftlichen Einfluss? Oder sind Politiker zwar machtsüchtige, aber im Grunde ohnmächtige Statisten, die ihre vermeintliche Macht längst an Wirtschaft und Banken abgetreten haben?")

Juncker hat ja angekündigt, dass er 2014 wieder mit in die Wahlen geht, als Spitzenkandidat. Und so hoffen wir, dass wir ihn vielleicht auch hier wieder sehen. (Dezember 2012)

Tasch, Olivier *Journalist, Le Jeudi:* Seine Achillesferse? Eine wenig freundschaftliche Beziehung mit dem französischen Präsidenten. (November 2009)

Juncker kennt alle Großen der Welt, begab sich 10x ins Weiße Haus, 8x in den Kreml und hat 8 chinesische Premierminister kennengelernt. (November 2009)

Tarrach, Rolf *Rektor, Universität Luxemburg:* Im Jahr 2005, acht oder neun Monate nach meiner Ernennung als Rektor der Universität, lud mich Herr Juncker in sein Büro ein, um mich kennenzulernen und sich über die Universität zu informieren. Sein erster Satz, beinahe als Begrüßung, war: „Ich war gegen die Gründung der Universität". Und der zweite: „Und auch heute habe ich meine Zweifel." Nachdem ich ihm meine Vision der Universität erklärt habe, sagte er: „Wenn Sie das schaffen, dann werden Sie die Unterstützung meiner Regierung haben." (November 2012)

2009 oder 2010 sollte ich einen Vortrag halten. Einen Tag vorher rief mich der Veranstalter an und sagte mir, Juncker würde an meiner statt sprechen, das könne ich ja verstehen, aber als Trost würde ich mittags neben ihm sitzen. Beim Essen gab es Pilze. Ich erzählte ihm vom Cortinarius orellanus, der unauffällig nach ein oder zwei Wochen tötet. Ich sagte ihm, ich wisse nicht, ob es

ihn in Luxemburg gäbe. Daraufhin sagte er: „Wenn es ihn gibt, könnte er mir ja bei meiner nächsten Regierungsumbildung nützlich sein." (November 2012)

Rolf Tarrach

Theis, Max *Journalist und Sprecher, RTL Radio Lëtzebuerg:* Wer könnte besser tiefgreifende Sparmaßnahmen und Reformen durchsetzen wie eine große Koalition unter Jean-Claude Juncker? Und wenn nicht jetzt, wann dann? (Oktober 2012)

Max Theis

T

Thill, François *Präsident SMILE Security made in Lëtzebuerg G.I.E.:* Ich erinnere mich an eine Talkshow mit Maybritt Illner. Sie fand im Mai 2009 statt - vor den Europawahlen. Das Thema lautete: ,Jeder für sich, keiner für alle - was nützt Europa in der Krise?' Eingeladen waren EU-Kommissar Günter Verheugen, der langjährige deutsche Außenminister Hans-Dietrich Genscher, eine Bundestagsabgeordnete der Linken und als Chef der Eurogruppe Jean-Claude Juncker. Verheugen erklärte ein kompliziertes europäisches Thema. Alle schauten mit Unverständnis. Da fasst ihn Jean-Claude Juncker an den Arm und sagt: „Komm Günter, lass' mal, ich erkläre es . . ."
(Oktober 2012)

Claude Turmes

François Thill

Turmes, Claude *Europaabgeordneter Déi Greng:* Warum Juncker nicht Ratspräsident wurde? Was da passierte, erinnert an das Mittelalter: man ernennt eine schwache Person, damit die Mächtigen ihren Deal unter sich ausmachen können.
(November 2009)

T

Valentiny, François *Hermann & Valentiny Associés:* 30 Jahre lang nun schon macht Jean-Claude Juncker Politik, und ist mit Klugheit, Können, Talent und seinem charakteristischen ,Juncker-Charme' nicht nur der dienstälteste Regierungschef der Europäischen Union, sondern zudem auch ein großer Staatsmann geworden. Zu Recht überschüttet mit Ehrungen und Preisen, dankt ihm so die Welt. (Januar 2013)

Von unserem gemeinsamen guten Freund Lucien Lengler erreichte mich in der Sommerfrische 2008 in Salzburg die Nachricht, dass Jean-Claude Juncker im Haus für Mozart der Herbert Batliner-Europapreis für Verdienste um den Kleinstaat verliehen werden soll. Eine Besonderheit, denn zu Österreich habe ich eine ganz eigene Affinität, und das Salzburger Festspielhaus bleibt für mich ein ganz besonderes Projekt. Hier vereinen sich für mich die Leidenschaften von Musik und Architektur zu einer Heimat. Dass mein Freund genau an diesem Ort seine Auszeichnung entgegennehmen sollte, war mir verständlicherweise eine sehr große Ehre und Freude. (Januar 2013)

In seiner Festrede für die ihm zuerkannte Ehre bedankte sich Jean-Claude Juncker folgendermaßen: „Ich bin heute sehr gerne nach Salzburg gekommen! Das tut man ohnehin gerne, heute doppelt gerne, eigentlich dreifach gerne, weil ich hier in dieser Stadt diesen - den Vorrednern nach - verdienten Preis für Kleinstaaten in Empfang nehmen darf. Und weil ich mich hier sehr zu Hause fühle, in diesem Haus für Mozart, das von einem luxemburgischen Architekten, Herrn Valentiny, mitgestaltet wurde. Ich genieße die drei Dinge: Stadt, Preis, Architektur, und bedanke mich für diese dreifache Aufmerksamkeit, die mir heute zuteil wird. Dass die Salzburger über soviel Weitblick verfügen, einen luxemburgischen Architekten zu beauftragen, etwas zu schaffen, was dem luxemburgischen Premierminister den würdigen und angemessenen Rahmen für eine Preisverleihung bietet, spricht für die perspektivische Kraft der Salzburger." (Januar 2013)

François Valentiny

Vanacker, Marc *Journalist La Voix:* War Juncker zu qualifiziert, zu erfahren, zu anerkannt? Dieser Juncker war auf jeden Fall zu perfekt (für den Posten des Ratspräsidenten). (November 2009)

Vogel, Gaston *Anwalt:* Juncker ist ein aufrichtiger und ehrlicher Mann. Auf Englisch würde man sagen: ‚right an honourable". Mit der Bommeleeër-Affäre hat er nichts zu tun. Gar nichts. (Februar 2013)

Gaston Vogel

Wagener, Frank *Präsident des Verwaltungs-rats der BIL:* Ein Juncker-Moment, an den ich mich gerne erinnere? Der langjährige deutsche Bundeskanzler Gerhard Schröder war zum Privatbesuch bei Jean-Claude Juncker. Juncker, den ich seit 40 Jahren persönlich kenne, schlug eine Visite des neuen Komplexes ‚Esch-Belval' vor. Dieses Areal liegt gegenüber seinem Heimatort Belvaux! Ein Rundgang im Gebäude der ‚BIL' mit Aussicht vom 18. Stockwerk über den Süden Luxemburgs war vorgesehen. Nur leider hatte der BIL-interne Kommunikationsdienst diese Besichtigung „verschlafen". So kam es dann, dass der deutsche Kanzler und der luxemburgische Premier am Hauptsitz von Belval an einem Samstagmorgen vom Portier empfangen wurden! Beide nahmen es recht sportlich-lustig. (November 2012)

Frank Wagener

Wagner, David *Journalist, Woxx:* Juncker beherrscht weiterhin die politische Szene. Sein Geheimnis? Die Leichtsinnigkeit seiner Gegner. (Januar 2013)
Juncker mag Einzelinterviews viel lieber als Talkshows mit einem großen Durcheinander. Das ist normal, denn in einer solchen Situation hat er einen klaren Vorteil: Als Mitglied der Regierung seit 30 Jahren verfügt er über einen Informationsvorsprung, bei dem ihm schwerlich jemand das Wasser reichen kann. (Januar 2013)

Wagner, Oliver *Journalist, Zeitung vum Lëtzebuerger Vollek:* Juncker schmierte den Delegierten des 6. OGBL-Kongresses Honig ums Maul, mit Sätzen wie: „Es ist ein Irrglaube, dass der Markt Solidarität erzeugt" und „Solange ich Premierminister bin, wird der Kündigungsschutz nicht verändert." (Dezember 2009)

Den autoritären Basta!-Jargon hat sich Juncker offenbar bei seinem Duzfreund Gerhard Schröder abgeguckt. ‚Das wird gemacht", stellte Juncker zwischen den Jahren klar. (Januar 2011)

Juncker? Laber der Nation. Bereits zum 16. Mal trat Juncker vor das Parlament, um gut eineinhalb Stunden über die Lage der Nation zu sprechen. Junckers diesjähriger Bericht enthielt jedoch kaum Neues. (April 2011)

Weber, Robert *Langjähriger Präsident des LCGB:* Juncker ist ein Mann des Konsenses. Ohne ihn wären wir alle in einer neuen Lage. Er hat ein soziales Gewissen. Allerdings weiß man, dass seine Konsensfähigkeit nicht unendlich ist. (November 2009)

Robert Weber

Welter, Parick *Journalist, Lëtzebuerger Journal:* Übervater in der Krise! Jetzt rächt es sich bitter für den Ober-Euro-Europäer Juncker, dass er seinen heimischen Laden nicht an der langen Leine, sondern faktisch gar nicht geführt hat. Während Juncker außerhalb Luxemburgs durchaus nicht

ungeschickt als Mittler zwischen den Großen die Welt oder zumindest Europa rettet (gelegentlich von Frau Brunis kleinem Ehemann torpediert), gilt für zuhause ‚Management by Helicopter'. Ständig über den Dingen schweben und wenn man sich mal in die Niederungen des politischen Alltags herab lässt, mit viel Lärm möglichst viel Staub aufwirbeln. Den ständig länger werdenden Reformstau in der klassischen Innenpolitik haben wir an dieser Stelle schon so oft beklagen müssen, dass es schon fast langweilig wird. Aber die Frage muss doch erlaubt sein, wie der Regierungschef eines Landes zu dringenden Themen steht, auch wenn es dazu keine Bloomberg-, DPA-, AFP- oder Reuters-Meldung gibt. Hat sich der Herr Premier jemals zu so einem schnöden Thema wie der Gemeindefinanzreform geäußert? Meines Wissens nach nicht. Erst wenn gar nichts mehr geht, wie weiland in der Wohnungsbaupolitik, wenn der Karren im frischen Beton versinkt, dann gibt man den Volkstribun und verabreicht öffentliche Prügel für überforderte Fachminister. Und wie sah die angebliche Lösung aus? Die goldene Gießkanne, das Wappentier der Luxemburger Politik, sorgte per ‚Wohnungsbaupakt' für Geld in breiten Strömen bis in den hintersten Winkel des Landes. Innovative Politik à la CSV. Und jetzt, wo Geld in der Kasse fehlt, ist die Irritation groß, jetzt müssen alle anderen mit ins Boot, um kräftig zu rudern - bei reduzierten Rationen. (April 2010)

Wenandy, Tom *Journalist, Tageblatt:* „Es gab keine Massenschlägerei" Mit Ironie kommentierte Juncker ein Regierungstreffen am 19. April 2010. Diesem Treffen vorausgegangen war eine turbulente Woche, in der die Regierung nicht gerade ein Bild der Einigkeit vermittelt hatte. (April 2010) Premierminister zu sein ist ein Vollzeitjob, der in wirtschaftlich günstigen Zeiten vielleicht eine ‚Nebenbeschäftigung' als Eurogruppenchef zulässt. Nun sind die Zeiten aber andere. Bei allen Kompetenzen und Leistungen: Jean-Claude Juncker ist kein Übermensch! (April 2010)

Werle, Gerd *Langjähriger Journalist Luxemburger Wort:* Der deutsche Bundeskanzler Helmut Kohl würdigte das diplomatische Geschick Jean-Claude Junckers, der sich in hervorragender Weise bei der Kompromissfindung des Stabilitätspaktes eingesetzt habe. (Dezember 1996)
Juncker trat in der irischen Hauptstadt als ‚ehrlicher Makler' zwischen den beiden Wirtschafts- und Währungsgiganten Deutschland und Frankreich auf, musste daran interessiert sein, dass der Euro zumindest so stark wie der belgisch/luxemburgische Franken sein wird.
(Dezember 1996)
Das Dubliner Treffen wird in die europäische Annalen eingehen. Mit dem ‚Pakt zu Stabilität und Wachstum' soll sichergestellt werden, dass die neue Währung ‚Euro' (. . .) keine Weichwährung, sondern ein grundsolides Zahlungsmittel sein wird. Der Schmied des Paktes war bezeichnenderweise der Regierungschef desjenigen Landes, das sich als erstes für die Währungsunion qualifiziert hat, Jean-Claude Juncker. (Dezember 1996)

Wey, Claude *Historiker:* Er ist der typische Fall CSV-Erfolgspolitiker: Aus einfachen Verhältnissen stammend vereint er sozialpolitisches Engagement mit individueller Kompetenz. Mit diesen Eigenschaften ist Juncker auch für der CSV ferne Milieus wählbar. Die Parteistrategen lagen also absolut richtig, als sie 2004 und 2009 in ihrer Kampagne auf den Juncker-Effekt setzten. Die Verbindung der beiden Slogans ‚déi mam Juncker' und ‚de séchere Wee' stellte sich als wahre Zauberformel heraus, um die sicherheitsversessenen Luxemburger für sich zu gewinnen.
(Dezember 2009)
Er ist intelligent, ohne intellektualistisch zu wirken. Als Vertreter einer sogenannten ‚catch all party' vergisst er nie, sein sozialpolitisches Engagement. Er ist ein geschickter Vermittler und vor allem ein hervorragender Rhetoriker, der aufs Phrasendreschen verzichtet. (Dezember 2009)
In all den Jahren als Spitzenpolitiker auf dem internationalen Parkett ist er der ‚normale Luxemburger' geblieben. Jemand, der gerne mal ein Bier trinkt und eine Bratwurst am Grillstand isst. Und die Wähler nehmen ihm das ab. (Dezember 2009)

Weydert, Raymond *Abgeordneter, Bürgermeister von Niederanven:* Als Direktor des Weinbauinstituts konnte ich Juncker im Oktober 2012 in Remich begrüßen. Er beteiligte sich an der Weinlese, ehe eine Besichtigung des Kelterhauses auf dem Programm stand. Juncker betonte, dass sein Besuch der Weinkeller keine Art von Wahlkampagne sei. Er meinte: „Ich hatte schon seit längerem vor, die Weinbauge-

W

biete an der Mosel zu besichtigen, denn ich bewundere die Arbeit der Winzer. Die Arbeit ist sehr wichtig und verdient größte Anerkennung. Auch wenn ich meine Präferenzen für Biersorten habe, so schmeckt mir der diesjährige Wein ausgezeichnet und ich kann nur betonen, dass der Wein nach Luxemburg gehört wie das Amen zum Gebet." Die Weinqualität und - quantität in diesem Jahr 2002 war übrigens sehr gut. (November 2012)

Raymond Weydert

Wickler, Christiane *Direktorin des Pall Center (Oberpallen):* Jean-Claude Juncker ist auch ein Sohn besonders stolzer Eltern. Wir hatten öfters das Glück und die Ehre, Mutter und Vater Juncker in unserem Restaurant in Oberpallen mit Bouchée à la reine zu bedienen. Dieses nette ältere Ehepaar erzählte mir von den Sorgen, die sich beide über ihren Sohn machten. Beide verurteilten heftigst die verbalen Attacken, denen er ausgesetzt war, und führten aus, dass er sehr viel arbeite. Das Wohl ihres Sohnes, aber gleichfalls das Wohl des Landes und die Verknüpfung dieser Prioritäten lagen ihnen bei diesem Austausch mit mir sehr am Herzen. Die Verbundenheit mit Jean-Claude und seiner Leistung hörte man

deutlich heraus und ist die Krönung einer tiefen und unglaublich reichen Wertevermittlung, die wir heute bei seinen Reden noch immer heraushören. Auch heute, denke ich, wo er ganz oben auf der Erfolgsleiter angekommen ist, tut es ihm noch immer gut, ihnen zuzuhören. Die Ehrlichkeit der Eltern ist wohl die beste Energie, die so einen erfahrenen Staatsmann antreibt. (November 2012)

Christiane Wickler

Wilmes, Serge *Abgeordneter der CSV:* Mir gefällt sein Redetalent. In der Politik ist es wichtig, ein guter Pädagoge zu sein. Man muss komplizierte Themenbereiche gut darstellen können. Was ihn als Person betrifft, ist er sehr zugänglich und direkt. Als junger Politiker weiß ich auch: Zu Beginn einer politischen Laufbahn muss man sich bewähren. (Dezember 2012)

W

Serge Wilmes

Wirion, Jacques *Langjähriger Professor, Apho-*
ristiker: Mein Aphorismus zum Thema
Jean-Claude Juncker? „Sein Wählerherz
schlägt links. Für Jean-Claude Juncker
könnte er diese anatomische Tatsache
vielleicht verdrängen, aber davor schützt
ihn die Wahlgeographie." (November 2012)

Wolf, Claude *Langjährige Chefredakteurin*
Revue: Die anstehenden Koalitionsverhandlungen werden nicht einfach sein.
Jean-Claude Juncker wird, trotz persönlicher Bestleistung und geschwächter
Partei, seine Haltung in der Rentenproble-
matik nicht ändern. (Juni 1999)

Wolff, Jean-Claude *Journalist, Radio 100,7:*
Amtsmüde ist er manchmal, denke ich, in
der Eurogruppe oder in Europa. Aber ich
denke trotzdem, dass die Luxemburger
Politik ihn noch immer, habe ich den
Eindruck, fasziniert. (Dezember 2012)

Würth, Michel *Präsident der UEL Union des*
Entreprises Luxembourgeoises: Mein
Wunsch an Jean-Claude Juncker im Jahr
2013? Dass wir mit ihm zusammenarbeiten
können, unter seinem Leadership, denn
das ist die Rolle des Premierministers in
Luxemburg. In der Vergangenheit war er
oft ein Visionär für die Menschen. Heute

wissen wir, dass wir eine Menge Probleme
haben. Jetzt geht es darum, in die Zukunft
zu schauen und die Probleme anzugehen.
Kurzfristig sind es Probleme finanzieller
Natur, die wir lösen müssen. Kurzfristig
müssen wir auch den Arbeitsmarkt in
Ordnung bekommen, denn die Arbeitslosigkeit steigt, und das, obwohl die Firmen
selbst immer noch Stellen schaffen.
Langfristig müssen wir schauen, wie wir
bei unseren Pensions- und Sozialleistungs-
kasssen einen Ausgleich hinbekommen.
Wir stehen dem Premierminister im
Rahmen des Sozialdialogs zur Verfügung,
denn wir sind immer noch der Überzeugung, dass es ohne Sozialdialog nicht
geht. Allerdings: Sozialdialog heißt: Auf
beiden Seiten zum ‚Geben und Nehmen'
bereit sein und nicht einfach zu sagen: „Es
darf nichts weggenommen werden und es
muss immer noch etwas hinzukommen."
Denn so geht die Gleichung in Luxemburg
nicht auf. (Januar 2013)

Michel Würth

W

Zeches, Léon *Langjähriger Chefredakteur Luxemburger Wort:* Frauen und Jugend heißen die Charakteristiken der ersten Juncker-Regierung (. . .). Die Tatsache, dass der Jugend zunehmend eine größere Chance an verantwortlicher Stelle in der Politik eingeräumt wird, ist an sich begrüßenswert, obwohl der Faktor Jugend allein nicht automatisch Synonym von Fähigkeit, Dynamik und Leistung ist. Die Parteien haben aber heute aus der personellen Verjüngung geradezu ein Schlagwort gemacht. Ein chinesisches Sprichwort sagt, dass der Alte im Sitzen weiter sieht als der Junge im Stehen. Wie wahr! (Januar 1995)

Die CSV hat mit Ausnahme einer Legislaturperiode fast das ganze Jahrhundert hindurch die Politik dieses Landes bestimmt. Das hervorragende Resultat (unter Juncker) zeigt, dass diese Partei trotz der außergewöhnlich langen Regierungstätigkeit heute keinen Anlass gibt, an ihrer Fähigkeit zu zweifeln, Luxemburg auch optimal ins nächste Jahrtausend hineinzuführen. Im Gegensatz zu ihrem jetzigen Koalitionspartner LSAP hat sie unter anderem den Vorteil, nicht ständig zwischen linkem und rechtem Lager hin- und hergezogen zu werden. (Juni 1999)

Juncker weiß in hervorragender Weise die Bedeutung seiner Nation als Brückenbauer und Vermittler zu nützen. Ihm ist es gelungen, das geographisch kleinste Mitgliedsland der EU an die Spitze der Bewegung zu bringen und so aus einem Kleinen einen Großen zu machen. (Dezember 2004)

Wenn Juncker so viele europäische Preise zugedacht werden, dann ist das der Beweis dafür, dass es klar unterscheidbare Menschen gibt, die in ihm den unermüdlichen europäischen Kämpfer schätzen und ihn als Vorbild so deutlich wie möglich sichtbar machen wollen. (Januar 2006)

Beim EU-Präsidenten mehr noch als bei anderen hohen europäischen Posten kommt es auf lange Erfahrung (Juncker ist der Dienstälteste), auf nahtlose europäische Überzeugung, Treue und Begeisterung, auf Wissen und Verhandlungsgeschick, auf die kohärente und globale Art der Führung, auf kompromissförderndes politisches Geschick an - alles Eigenschaften, die man bei Juncker nicht in Frage stellen kann (. . .). Er hat nur, wie es dieser Tage formuliert wurde, zwei „Fehler": „Er hat eine eigene Meinung und sagt sie auch." Ist das nicht, was sich die heutigen Generationen von der Politik sehnlichst wünschen und was Europa und die Welt brauchen? Wer möchte an Europas Spitze einen Unerfahrenen, einen nur halb Überzeugten, einen europäisch Farblosen gar? (November 2009)

Abgesehen von bösen bis lächerlichen

Kommentaren aus Politiker- und Medien-
kreisen der europäischen Vormachtländer
(‚Le Monde' bemühte gar die Quadratme-
terfläche des Landes, aus dem Jean-Claude
Juncker stammt), waren die wohl meisten
Beobachter der Überzeugung, dass Juncker
die besten objektiven Voraussetzungen für
dieses Amt mitbrachte. (November 2009)

Léon Zeches

Zeimet, Frank *Langjähriger Lokalchef Luxemburger Wort, Gründer von ‚brain&more':*
Das Arbeitsministerium ist für Juncker
weiterhin die große Herausforderung, den
noch nicht zufriedenstellend gelösten
Problemen zu begegnen. Gewiss mag
mitspielen, dass er, der immer respektvoll
und anerkennend von der schweren Arbeit
seines Vaters auf der „Schmelz" spricht,
sich besonders verpflichtet fühlt, das Ministerium zu leiten, das sich im Besonde-
ren um den Schutz des Arbeitnehmers zu
kümmern hat, doch spürt man noch mehr
heraus, wie es ihn wurmt, in der Beschäf-
tigungspolitik und bei der angestrebten
Senkung der Arbeitslosenzahlen nicht die
Erfolge verzeichnet zu haben, die er sich
erwartet hatte. (Januar 1995)
Die CSV kann eine stolze Bilanz vorlegen,
präsentiert ein nach allen Seiten ausge-

wogenes Zukunftsprogarmm und hat mit
Jean-Claude Juncker ein politisches Aus-
nahmetalent an ihrer Spitze. (Juni 1999)
Zeimet, Laurent *Langjähriger Journalist
Innenpolitik, Luxemburger Wort, jetzt Bürgermeister Bettemburg:* Juncker on Tour.
Unser Mann ist in Konz, da wo das Möbel-
haus steht. Der Saal ist voll, drüben wie
seinerzeit hüben. Es geht um Deutschland,
und Juncker wirbt für die Merkel-CDU. Zu
Hause murren die Parteifreunde, der Star
sei öfter für die deutsche Schwester unterwegs als für die Provinzkandidaten in den
eigenen Reihen. (September 2009)
Jean Asselborn rührt in seinem Haus-
sender Deutschlandfunk mächtig die
Werbetrommel für unseren Premier.
Gleich drei gute Gründe für Juncker macht
er ausfindig: „Ich glaube, er wäre weniger
Leuchtturm, denn Schmied, und einen
solchen Politiker können wir gut gebrauchen." Welch neue Dreistigkeit (kleine
Referenz im Schiller-Jahr)! Juncker kein
Leuchtturm? Wie soll man diese holpri-
ge Metapher nun wieder verstehen? Es
beschleicht uns ohnehin der Eindruck, der
Herr Asselborn betreibe heimlich Werbung
in eigener Sache. Am Ende wird er noch
EU-Außenminister. (November 2009)
Juncker selbst bezeichnet sich scherzhaft
als „letzten Überlebenden von Maastricht",
da er als einziger der Unterzeichner jenes
Vertrages noch in Amt und Würden ist.
(Januar 2010)
Juncker rührt die Werbetrommel für einen
blauäugigen Sarkozy-Hoffnungsträger in
der Lorraine. Ob das mal gut geht! Die
Umfragen sagen den Sarkozysten für die

Z

Regionalwahl nämlich den Untergang voraus. Am Ende schiebt man das unserem Premier wieder in die Schuhe. Der sozialistische Chef der Lorraine schreit Zeter und Mordio und will Juncker die Leviten lesen, weil der sich in den Wahlkampf einmischte. (März 2010)

Auf eine CSV ohne Jean-Claude Juncker an der Spitze würde sich die politische Konkurrenz schon länger freuen. (Juni 2010)

David Cameron absolviert seinen ersten EU-Gipfel. Unser Premier ist beeindruckt. So schlimm ist der ja gar nicht. Cameron will eine positive Rolle in Europa spielen. Lady Thatcher hat nie etwas anderes von sich behauptet. (Juni 2010)

Portugal wäre der Lieblingsweltmeister unseres Premiers. Elektoral gesehen ein cleverer Schachzug. (Juni 2010)

Für den liberalen Europaabgeordneten Charles Goerens ist Juncker ein „Teil der Lösung". Na, solch nette Töne über den Premier hat man aus der blauen Ecke schon länger nicht mehr vernommen. (Juli 2010)

Juncker macht deutlich, dass (die Gespräche mit den Sozialpartnern) keine ergebnisoffenen Verhandlungen sein sollen: „Wir werden nicht wochenlang um den heißen Brei herumreden." Denn schließlich müsse „das Land regiert werden". (September 2010)

Sir Elton John gibt sich die Ehre. Die Coque ist prall gefüllt. Mit der Legende altert auch das Publikum und so findet ein solches Konzert im Sitzen statt. In den ersten Reihen hat die Politprominenz Platz genommen. Ungezwungen geht es zu. Der Premier hat irgendwo eine Jeans gefunden. Das Kabinett ist nahezu vollzählig angetreten. Solange Elton John noch auf der Bühne steht, wollen die Babyboomer wohl nicht abtreten. The show must go on. (Dezember 2010)

Ein Floh kann einen Löwen ärgern, dem Floh ist der Löwe aber ziemlich gleichgültig. Mit diesem Bonmot beliebt Premier Juncker gerne das Verhältnis zwischen Kleinstaaten und großen Nationen zu schildern. In einer Variante der Fabel übernimmt ein Elefant die Rolle des Löwen. Mit seinem Vorschlag, Euro-Bonds aufzulegen, sorgt der Floh im Fell des deutschen Elefantenlöwen für mächtiges Jucken. Angela Merkel zieht eine Schnute. Aber das tut sie eigentlich oft. (Dezember 2010)

Große Aufregung (rund um die Auseinandersetzung mit Christoph Blocher). Um die Wogen zu glätten, sagt Juncker dann: „Ich bin der größte Schweizer, den es in Europa gibt." Was das wieder heißen soll? Vielleicht weil wir gemeinsam für das Bankgeheimnis kämpfen? Wir dachten immer, der größte Schweizer in Europa wäre Globi. Oder Heidi. Oder dieser Tell. (Januar 2011)

Der Premier beruft eine Pressekonferenz ein. Mitten in den Ferien? An einem Donnerstag? Vor einer Woche kündigte (der CSV-Fraktionsvorsitzende) Loulou Schiltz an einem Donnerstag seinen Rücktritt an. Er wird doch nicht etwa? Nicht nur die Presse ist in heller Aufregung. Aber niemand kann sagen, was der Premier im Schilde führt. Dann folgt die erlösende

Nachricht: Die Pressekonferenz ist abgesagt. (Februar 2011)
Der Premier ist nicht amused über den Vizepremier. Der Diplomatiechef glaubt ja die Welt durch Interviews im Deutschlandfunk und der Rheinischen Post verbessern zu können. LSAP-Kameraden hegen den Verdacht, Jean Asselborn wolle sich demnächst nach Brüssel absetzen. Das wäre natürlich ein starkes Stück, wenn der Jang vor dem Jean-Claude in Brüssel ankäme. (März 2011)
Die CSV kann in aller Bescheidenheit für sich in Anspruch nehmen, die einzige Volkspartei des Landes zu sein (. . .) Was bindet diese Frauen und Männer zusammen? Sicherlich nicht die Person eines Staatsministers. Staatsminister kommen und gehen. Auch nicht ein bestimmtes Anliegen oder Eigeninteressen. Was die CSV im Innersten zusammenhält, sind Werte und Grundsätze. (November 2012)

Laurent Zeimet

QUELLEN

Verzeichnis der Quellenangaben

Adamowicz, Jakub 17.9.2010, Luxemburger Wort / 17.11.2011, Luxemburger Wort, S.8

Althaus, Dieter 18.11.2007, bei der Thüringer Landesfeier zum Volkstrauertag 2007 am Ilmenauer Hauptfriedhof

Altmaier, Peter 18.10.2009, bei der 60 Jahr-Feier der Europa Union Saar

Asmussen, Jörg 20.12.2012, Antwort auf Frage der Herausgeber

Asselborn, Jean 21.7.2007, RTL Radio Lëtzebuerg / 12.11.2009, Deutschlandfunk, im Gespräch mit Stefan Heinlein / 20.11.2009, Tageblatt / 30.12.2009, Lëtzebuerger Journal

Balser, Christian 23.11.2012, 8:13 Uhr Antwort auf Frage der Herausgeber betreffend SR1 Europawelle-Sendung ‚Der Morgen im Saarland'

Bannas, Günter 22.2.2013, Wiedergabe aus FAZ

Barroso, José Manuel 18.6.2005, transkribiert und übersetzt aus einer Sendung vom 18.6.2005, RTL Radio Lëtzebuerg

Barthle, Norbert 31.7.2012, Die Welt

Batliner, Herbert 17.11.2009, Antwort auf Frage der Herausgeber

Baumanns, Markus 26.11.2009, Antwort auf Frage der Herausgeber

Bausch, François 13.7.2000, im luxemburgischen Parlament / 3.10.2006, RTL Radio Lëtzebuerg / 12.5.2010, Revue / 7.10.2010, Luxemburger Wort, S.4.

Bayrou, François 16.6.2004, zitiert in La Voix vom 17.6.2004

Becker, Michael 24.4.2008, ARD Tagesschau

Bergius, Michael 10.12.2010, Frankfurter Rundschau, S.13

Bergmann, Jan 27.11.2009, Antwort auf Frage der Herausgeber

Berschens, Ruth 9.12.2010, Handelsblatt, S.1 / 9.12.2011 Handelsblatt (zusammen mit anderen Handelsblatt-Kollegen)

Bettel, Xavier 18.11.2009, Lëtzebuerger Journal / 9.1.2010, Lëtzebuerger Journal; „Y-a-t-il un pilote dans l'avion?" fragte Bettel am 8.1.2010 beim ‚Oppositionsbriefing' seiner Partei angesichts der offensichtlichen

Divergenzen zwischen den Koalitionspartnern CSV und LSAP bei den Antworten auf Krise und Sanierung der Staatsfinanzen / 12.5.2010, Revue

Biltgen, François 14.11.2009, Luxemburger Wort, S.2 / 14.11.2009, La Voix, S.2 / 14.11.2009, La Voix, S.2

Blair, Tony 1.10.2010, aus der Biographie von Tony Blair. Im Original: „On the UK blocking an EU budget deal put together by the Luxembourg presidency in June 2005: It was just the wrong side of the line. He (Jean-Claude Juncker) was bitterly and justifiably disappointed. I was the party-pooper and he would have been quite within his rights to consider me a real pain in the neck. I had two problems over the (budget) rebate. The first was the truly hysterical behaviour oft the Euro-sceptic media. The other was Gordon (Brown)."; zitiert auch in Lëtzebuerger Journal, 16.10.2010

Blaschke, Florian 7.5.2009, über Junckers Auftritt bei Maybritt Illner am 6.5.2009

Bleser, Gabriel 3.5.2005,
Rede anlässlich des
‚Journée européenne de la
concurrence', gehalten in
Luxemburg

Blüm, Norbert 25.11.2009,
Antwort auf Frage der
Herausgeber / 28.9.2011,
Bericht bei RTL Radio
Lëtzebuerg

Bodry, Alex 21.12.2012, Le
Quotidien, S.4

Böhmer, Wolfgang 29.11.2009,
Antwort auf Frage der
Herausgeber

Borer, Thomas 1.8.2009,
Auszug aus Interview
in der Zeitschrift ‚Der
Beobachter'

Botzler, Uli 30.1.2013,
Télécran, S.24 / 30.1.2013,
Télécran, S.27

Brabandt, Inge 21.11.2009,
Antwort auf Frage der
Herausgeber

Breuer, Michael 25.3.2006,
bei der Überreichung des
Steiger Awards 2006 in
Dortmund-Hohensyburg

Brockmeier, Uli 21.11.2009,
Zeitung vum Lëtzebuer-
ger Vollek 21.11.2009 /
10.12.2010

Brok, Elmar 7.4.2003, im
Gespräch mit Margaretha
Kopeinig in Straßburg (für
das Buch ‚Jean-Claude
Juncker - der Europäer',

Czernin Verlag 2004) /
15.6.2004, zitiert von
Margaretha Kopeinig /
28.11.2009, Antwort auf
Frage der Herausgeber /
6.8.2011, Deutschlandfunk

Bronner, Oscar 9.12.2010,
Antwort auf Frage der
Herausgeber

Carstensen, Peter Harry
29.11.2009, Antwort auf
Frage der Herausgeber

Casdorff, Stephan Andreas
28.11.2012, Antwort auf
Frage der Herausgeber

Cohn-Bendit, Daniel
16.6.2004, zitiert in La Voix
vom 17.6.2004

Colarelli, Floralie 1.2.2013, LG
/ Lëtzebuerger Gemen-
gen, S.6

Conrad, Rainer W. 21.11.2009,
Antwort auf Frage der
Herausgeber

Cuturi, Rudolf A. 6.12.2010,
Antwort auf Frage der
Herausgeber

Dahmann, Klaus 4.11.2005,
Deutsche Welle

Daleiden, Guy 11.11.2012,
Antwort auf Frage der
Herausgeber

Da Silva Costa, Carlos
10.11.2011, Luxemburger
Wort

Defraigne, Pierre 3.10.2004,
La Tribune, S. 4

Deininger, Roman 17.5.2010,

Süddeutsche Zeitung

Delaunois, Paul 21.4.2009,
zitiert in Télécran

Delandmeter, Pierre 18.1.2013,
Antwort auf Frage der
Herausgeber

De Martines, Fredy 19.9.2009,
Lëtzebuerger Journal, S.2

Dennewald, Robert
21.12.2012, Le Quotidien,
S.5

Detaille, Joël 12.11.2012,
Antwort auf Frage der
Herausgeber

Dicken, Nic 29.4.2010 /
24.6.2010, S.3 / 2.7.2010,
S.3 / 14.9.2010, S.3 /
21.1.2011 / 24.2.2011 Lëtzebuerger Journal

Diekmann, Kai 17.11.2010,
Antwort auf Frage der
Herausgeber

Dijsselbloem, Jeroen
11.2.2013, Auszüge aus der
Rede zur Verabschiedung
von Jean-Claude Juncker
als Vorsitzender der
Eurogruppe

Dobrindt, Alexander
31.7.2012, Süddeutsche
Zeitung

Dofel, Katja 18.11.2010,
Antwort auf Frage der
Herausgeber

**Drescher, Jacques und das
gesamte Féierkrop-Team:
De Féierkrop** 3.11. 1995
/ 24.11.1995 / 15.3.1996

/ 17.5.1996 / 31.5.1996
/ 10.9.1996 / 3.1.1997 /
14.2.1997 / 4.4.1997 /
10.10.1997 / 9.1.1998 /
6.2.1998 / 13.3.1998 /
24.4.1998 (2 Aussagen)
/ 8.5.1998 / 22.5.1998 /
5.6.1998 / 26.6.1998
(2 Aussagen) / 4.9.1998
/ 11.9.1998 (3 Aussagen)
/ 15.1.1999 / 30.4.1999 /
14.5.1999 (2 Aussagen)
/ 3.9.1999 / 22.10.1999
/ 15.9.2000 / 23.3.2001
/ 7.9.2001 / 15.2.2002 /
10.1.2003 / 30.5.2003
(2 Aussagen) / 6.6.2003
/ 4.6.2004 / 18.11.2005 /
19.5.2006 / 6.10.2006 /
20.10.2006 / 15.12.2006 /
16.3.2007 (2 Aussagen)
/ 15.6.2007 / 21.9.2007 /
19.10.2007 (2 Aussagen)
/ 12.9.2008 / 28.10.2011 /
18.1.2013
Dury, Patrick 21.12.2012, Le
Quotidien, S.4
Duschinger, Annette
22.10.2009 / 12.1.2010, S.3
/ 12.2.2010, S.3 / 6.5.2010
/ 17.11.2011 /29.4.2013
Lëtzebuerger Journal
Elstner, Frank 28.11.2011,
Antwort auf Frage der
Herausgeber
Etgen, Fernand 11.11.2012,
Antwort auf Frage der
Herausgeber

Fekter, Maria 1.4.2012, im Ge-
spräch mit Thomas Mayer,
Der Standard, Wien
Fellner, Wolfgang 18.11.2009,
Tageszeitung Österreich,
S.4
Evans, Stephen 1.10.2010,
Business Review
Feltes, Paul 1.7.2008, Buch
„CSV: Spiegelbild eines
Landes und seiner Politik?
Geschichte der Christlich-
Sozialen Volkspartei
Luxemburgs im 20.
Jahrhundert", herausgege-
ben von Gilbert Trausch,
veröffentlicht von der
Imprimerie Saint-Paul im
Juli 2008. S.433 / S.440
und 441 / S. 446 / S.456 /
S. 456 (unten)
Ferber, Markus 20.11.2009, SR
- Saarländischer Rundfunk
Feyereisen, Claude 20.5.2010,
Luxemburger Wort
Flassbeck, Heiner 29.11.2009,
Antwort auf Frage der
Herausgeber
Flesch, Colette 20.12.1989, im
luxemburgischen Parla-
ment, 27. Sitzung
Fonck, Danièle 21.1.1995 /
13.5.2011 Tageblatt
Fratzscher, Marcel 9.8.2012,
FAZ
Frick, Lothar 30.11.2009,
Antwort auf Frage der
Herausgeber

Friedrich, Ingo 9.7.2002, bei
der Verleihung des Preises
‚Der Europäische Stier' in
Brüssel
Fritz-Vannahme, Joachim
13.1.2005, Die Zeit
Fuchs, Michael 31.7.2012, Die
Welt, mit Bezug auf ein
interview, das Fuchs der
„Passauer Neuen Presse"
gab
Funk, Isabell 23.11.2010,
Antwort auf Frage der
Herausgeber
Gammelin, Cerstin 20.4.2011,
Süddeutsche Zeitung, S.30
/ 27.10.2011, Süddeutsche
Zeitung
Gansterer, Helmut A. 1.7.2011,
Auszüge von Helmut A.
Gansterer und Christiane
Scholler aus ihrem Buch:
Erwin Pröll - Profil eines
Politikers, Styria Premium,
Graz
Geisen, Norbert 29.6.2010,
zitiert in Lëtzebuerger
Journal, 30.6.2010
Gengler, Claude 15.2.2013,
D'Lëtzebuerger Land
Genn, Felix 27.11.2009,
Antwort auf Frage der
Herausgeber
Genscher, Hans-Dietrich
6.5.2009, Wiedergabe der
Situation bei Maybritt
Illner
Gibéryen, Gast 8.12.2011, RTL

Radio Lëtzebuerg
Gillo, Peter 30.11.2009,
Antwort auf Frage der
Herausgeber
Gindt, Max 1.2.2013, Zeit-
schrift Forum, alle drei
Zitate auf S. 7
Glesener, Marc 15.6.1999 /
29.10.2009 / 13.11.2009 /
17.3.2010 / 16.12.2010 /
9.12.2011 Luxemburger
Wort
Goebbels, Robert 18.11.2003,
im Gespräch mit Mar-
garetha Kopeinig, im
Europäischen Parlament in
Straßburg (fünf Aussagen)
/ 11.6.2004, Tageblatt (drei
Aussagen) / 6.6.2009,
Tagblatt, Standpunkt
„Junckers Schatten muss
kürzer werden" (drei
Aussagen aus einem Wahl-
kampfbeitrag) / 20.11.2009,
Le Quotidien / 12.11.2011,
Tageblatt
Gödde-Baumanns, Beate
2.12.2009, Antwort auf Fra-
ge der Herausgeber
Gösch, Annette 3.12.2009,
Antwort auf Frage der
Herausgeber
Goerens, Charles 21.11.2009,
zitiert in Tageblatt
Goldrake, David 2.4.2013,
Antwort auf Frage der
Herausgeber
Graas, Gust 10.12.2012,

Antwort auf Frage der
Herausgeber
Graas, Gusty 16.11.2012,
Antwort auf Frage der
Herausgeber
Graf, Nico 24.5.2005 /
13.6.2009 (zwei Aussagen)
/ 19.11.2009, 7:50 Uhr (zwei
Aussagen) / 24.11.2009,
16.3.2010 RTL Radio
Lëtzebuerg
Gramegna, Pierre 19.11.2012,
Antwort auf Frage der
Herausgeber
Grasser, Fabien 28.10.2009, Le
Quotidien
Günther, Sven 4.2.2011, Promi
Lëtzebuerg
Gysi, Gregor 29.11.2009,
Antwort auf Frage der
Herausgeber
Hagelüken, Alexander
15.10.2011, Süddeutsche
Zeitung, S.2
Hahn, Max 27.4.2010, Lëtze-
buerger Journal, S.4
Hamus, Henri 26.2.2012, bei
der Messe im Mariendom;
herzliches Gelächter nach
diesem Versprecher
Hankel, Wilhelm 17.6.2011,
im Interview mit Frank
Meyer für Cashkurs.com
Hansen, Josée 5.4.2013,
D'Lëtzebuerger Land, S.
4 (in ihrem Kommentar
„Groundhog Day" anläss-
lich der Rede zur Lage

der Nation 2013)
Haslauer, Wilfried 23.11.2010,
Antwort auf Frage der
Herausgeber
Haug, Franz 29.9.2008, bei der
Verleihung der ‚Schärfsten
Klinge' im Theater- und
Konzerthaus Solingen /
29.11.2009, Antwort auf
Frage der Herausgeber
Hausemer, Georges 1.9.2012,
zitiert in: „Alles über Lu-
xemburg", Capybarabooks,
Luxemburg 2012
Hausmann, Hartmut
13.11.2012, Lëtzebuerger
Journal
Heinlein, Stefan 12.11.2009,
Deutschlandfunk
Hennicot-Schoepges, Erna
21.6.2004, Radio 100,7 / In
ihrem Blog; aufgerufen
am 18.11.2009
Hemmer, Martine 30.12.2009,
Télécran, Luxemburg
Hentgen, Pit 7.11.2012,
Antwort auf Frage der
Herausgeber
Herles, Wolfgang 15.7.2012,
Deutschlandfunk, 8:15
Uhr; Herles nannte einige
europäische Politiker, u.a.
Angela Merkel.
Herman, Yves 25.1.2013, im
Gespräch mit Uli Botzler,
veröffentlicht in Télécran,
30.1.2013
Herzog, Werner 12.4.2013,

Die Zeit Magazin; Juncker in diesem Fall nicht explizit genannt, jedoch Würdigung der Anstrengungen von europäischen Politikern

Hessel, Stéphane 4.10.2011, Point 24 (fr), S. 12

Hilger, Maternus 20.10.2011, Express, S.2

Hilgert, Romain 20.1.1995 / 26.8.2005 / 27.11.2009 D'Lëtzebuerger Land

Hillion, Jacques 19.11.2009, Le Jeudi, S.5

Hintze, Peter 18.6.2004, Deutschlandfunk

Hirsch, Mario 18.2.2005, D'Lëtzebuerger Land / 1.9.2008 Mario Hirsch in seiner Einleitung zum Buch „Das politische System Luxemburgs", hrsg. von Wolfgang H. Lorig / Mario Hirsch, VS Verlag für Sozialwissenschaften, Wiesbaden 2008

Hoffmann, André 6.5.2010, Tageblatt

Hoffmann, Frank 30.12.2009, Télécran, S. 18 / 30.12.2009, Télécran, S. 17

Hoffmann, Jean-Paul 20.1.1995, D'Lëtzebuerger Land

Hombach, Bodo 1.12.2010, Antwort auf Frage der Herausgeber

Hübner, Günther 12.5.2010, Revue, S.20/21

Hugue, Pascale 21.4.2007, Deutschlandfunk

Hunger, Anton 1.12.2011, Medium Magazin, S.76

Huss, Manuel 23.1.2013, Auszug aus dem Blog zum Thema, „Generation Juncker: starker Tabak"

Jagland, Thorbjorn 29.11.2011, Luxemburger Wort

Janning, Josef 16.6.2007, Deutschlandfunk

Jensen, Klaus 27.11.2009, Antwort auf Frage der Herausgeber

Juncker, Thomas 30.11.2009, Antwort auf Frage der Herausgeber

Jung, Mil 1.11.2002, Zeitschrift Forum

Jungwirth, Michael 1.9.1998, Veröffentlichung an der WU Wien

Kafsack, Hendrik 11.5.2011, FAZ, S.13 / 11.5.2011, FAZ

Kaiser, Guy 30.5.2006 / 10.10.2006 / 13.3.2012, 7:50 Uhr, RTL Radio Lëtzebuerg

Karger, Claude 6.6.2009 / 21.11.2009 / 14.4.2010 / 21.4.2010 / 9.6.2010 / 4.9.2010 / 11.11.2011 / 26.11.2011, Lëtzebuerger Journal

Kartheiser, Fernand 7.4.2011, zitiert in Luxemburger

Wort, S. 4

Kauder, Wolfgang 31.7.2012, in Bild sowie in Die Welt

Kayser, Paul 23.11.2006, Sendung ‚Dëckkäpp', RTL Radio Lëtzebuerg. Mitglieder der Stammmannschaft im Jahr 2006 waren: Sophie Proost, Rosi Lehmann, Emilia Oliveira, Jeannot Conter, Marc Faber, Rol Girres, Roland Kalte, Jos Kockelmann, Marcel Hamilius, Claude Juchem, Patrick Kayser, Rolli Steinfort und andere. Techniker war meistens: Patrick Bissen. Musikbegleitung: Erny Delosch. Leiter der Sendungen: Patrick Greis.

Kemmer, André 8.3.2013, Antwort auf Frage der Herausgeber

Kemp, Guy 21.11.2009, Tageblatt / 21.11.2009, Tageblatt

Kerp, Heinz 29.3.2013, Promi Luxemburg, S.8/9 (in gekürzter Form auch Aussage zu Niejahr

Kieffer, Marcel 19.1.1995, S.3 (2 Aussagen) / 26.1.1995, S.3 / 16.4.2010 (2 Aussagen) / 23.4.2010, S.3 / 28.4.2010, S.3 / 19.3.2011, 7.6.2011, S.3 Luxemburger Wort

Kieffer, Yolande 25.1.1995 (3 Aussagen), S.28 ff., Revue

Kim, Younhee 3.12.2009, Antwort auf Frage der Herausgeber

Klär, Karl-Heinz 8.12.2009, Antwort auf Frage der Herausgeber

Kleer, Christiane 21.12.2012, Le Quotidien

Kleinsteuber, Hans-Jürgen 18.11.2010, Interview mit dem Herausgeber am Rande der ‚European Media Days' im CNA Düdelingen

Klöckner, Julia 20.12.2012, Antwort auf Frage der Herausgeber

Kloeppel, Peter 3.12.2010, Antwort auf Frage der Herausgeber

Kmiotek, Christian 28.2.2012, in einer Korrespondenz mit Herausgeber

Knill, Marcus 20.11.2011, Antwort auf Frage der Herausgeber

Koch, Roland 3.12.2009, Antwort auf Frage der Herausgeber

Koczian, Wolfgang 29.5.2012, Deutschlandfunk

Köhler, Horst 8.12.2009, wiedergegeben im Luxemburger Wort, 10.12.2009

Köster, Thomas 24.11.2009, Antwort auf Frage der

Herausgeber

Kohl, Helmut 12.8.1998, in der Sendung ‚Schlaglicht' (SWR Fernsehen) / 6.5.2004, Margaretha Kopeinig im Gespräch mit Kohl in dessen Büro in Berlin / zitiert in BR-Fernsehen, 8.12.2009

Kollatz-Ahnen, Matthias 26.11.2009, Antwort auf Frage der Herausgeber

Kopeinig, Margaretha 9.12.1997, Interview zitiert in Buch: ‚Jean-Claude Juncker – der Europäer', S.7 / 2.9.2004, Eindruck von Kopeinig in Junckers Büro in Luxemburg / 2.9.2004, Schilderung eines Gesprächs mit Juncker vor Ort in Luxemburg / 25.10.2004, veröffentlicht in Buch ‚Jean-Claude Juncker - der Europäer', Czernin Verlag / 18.11.2009, Antwort auf Frage der Herausgeber

Kotanko, Christoph 14.9.2012, Oberösterreichische Nachrichten

Krause, Rolf-Dieter 15.5.2006, bei der Verleihung des Karlspreises in Aachen / 3.12.2009, Antwort auf Frage der Herausgeber

Krecké, Jeannot 9.3.2013, Antwort auf Frage der Herausgeber

Kremers, Marieke 17.11.2012, Antwort auf Frage der Herausgeber

Krombach, Charles 7.11.2012, Antwort auf Frage der Herausgeber

Krumrey, Henry 6.8.2012, in SWR2-Forum, 17.20 Uhr

Krupa, Matthias 31.10.2012, Die Zeit

Kubicki, Wolfgang, 8.4.2013, Antwort auf Frage der Herausgeber, Bestätigung Sendung vom 8.8.2005 im Deutschlandfunk

Kuffer, Frank 13.12.2005, RTL Radio Lëtzebuerg / 28.10.2011, RTL Radio Lëtzebuerg 7:50 Uhr / 13.12.2005, RTL Radio Lëtzebuerg 7:50 Uhr / Dialog: 7.5.2007, RTL Radio Lëtzebuerg

Kunzmann, Stefan 12.5.2010, Revue S.20 / Revue 10.12.2012, S. 12/13

Kurschat, Ines 11.1.2013, D'Lëtzebuerger Land, 11.1.2013 / 15.2.2013 / 22.3.2013

Kuttler, Jochen 23.12.2009, Télécran, S.3

Labro, Thierry 12.11.2009, La Voix

Lamberty, Claude 11.6.2004, Lëtzebuerger Journal

Lammert, Norbert 14.11.2009, FAZ

Langenbrinck, Christoph 3.3.2010, Luxemburger Wort

Langer, Arne 30.3.2013, Trierischer Volksfreund

Lanners, Albert 21.11.2009, Luxemburger Wort

Lanners, Guy 12.11.2009, Antwort auf Frage der Herausgeber

Leick, Romain 11.7.2005, SWR2

Leinen, Jo 19.11.2009, Deutschlandfunk

Leipold, Gerd 15.10.2009, Lëtzeburger Journal

Lellouche, Pierre 27.10.2009, Luxemburger Wort

Leminski, Jürgen 18.6.2005, Deutschlandfunk

Lenert, Roger 27.11.2012, Antwort auf Frage der Herausgeber

Lentz, Georges 6.11.2012, Antwort auf Frage der Herausgeber

Lewen, Hermann 11.12.2010, Antwort auf Frage der Herausgeber

Leyder, Henri 12.11.2012, Antwort auf Frage der Herausgeber

Leyers, Pierre 18.11.2009, Luxemburger Wort / 20.1.2010, Luxemburger Wort

Limbourg, Peter 30.11.2010, Antwort auf Frage der

Herausgeber

Linckelmann, Wolfgang 20.11.2009, Antwort auf Frage der Herausgeber

Linssen, Helmut 1.12.2009, Antwort auf Frage der Herausgeber

Linster, Léa 22.11.2009, Antwort auf Frage der Herausgeber

Linster, Marc 21.11.2006, RTL Radio Lëtzebuerg / 8.6.2009, RTL Radio Lëtzebuerg, Morgenjournal

Lipponen, Paavo 11.11.2003, im Gespräch mit Margaretha Kopeinig in Helsinki

Lönneker, Jens 6.12.2010, Antwort auf Frage der Herausgeber

Lorang, Pierre 1.9.2008, Buch ‚CSV-Spiegelbild eines Landes', S.808 / 29.10.2009, Luxemburger Wort

Lorent, John 11.11.2012, Antwort auf Frage der Herausgeber

Lorent, Josy 20.1.1995, Luxemburger Wort / 28.6.2010, Luxemburger Wort

Loser, Philipp 13.1.2011, Basler Zeitung

Ludovicy, Patrick 13.10.2004, Luxemburger Wort

Ludowig, Frauke 6.12.2009, Persönliche, handschriftliche Nachricht an die Herausgeber

Lux, Lucien 1.6.2010, Tageblatt

MacShane, Denis 19.5.2008, Newsweek

Mandell, Robert A. 17.11.2011, Luxemburger Wort

Marhold, Hartmut 6.12.2009, Antwort auf Frage der Herausgeber

Margue, Charles 30.4.2010, Luxemburger Wort / 7.6.2010, Luxemburger Wort

Marx, Léon 5.12.2009, Tageblatt / 7.4.2011, Tageblatt, S.13

Marx, Sonja 3.12.2012, SR Fernsehen, Aktueller Bericht

Mathieu, Monique 15.6.2004, Lëtzebuerger Journal

Mayer, Stephan 20.1.2004, BR Alpha

Mazal, Wolfgang 3.12.2009, Antwort auf Frage der Herausgeber

McAleese, Mary 16.10.2009, Luxemburger Wort

Meisch, Claude 30.4.2009, Le Jeudi / 20.11.2009, Tageblatt / 14.1.2010, Lëtzebuerger Journal / 5.5.2010, Luxemburger Wort

Merges, Joëlle 17.10.2009, S.2 / 19.11.2009 / 20.11.2009 / 22.12.2009 / 11.5.2010, S.5 / 7.3.2011, S.3, Luxemburger Wort

Metz, Dirk 13.12.2012, Antwort auf Frage der Herausgeber

Meyers, Reinhard 29.11.2009, Antwort auf Frage der Herausgeber

Middel, Andreas 6.12.2000, Die Welt

Molinaro, Claude 20.7.2010, Tageblatt, S.17

Montebrusco, Lucien 5.6.2009 / 13.11.2009 / 5.8.2010, Tageblatt

Morbach, Fern 18.2.2004, Télécran / 12.6.1999, Télécran

Mosar, Laurent 14.12.2012, Antwort auf Frage der Herausgeber

Moyse, Laurent 4.6.2005 / 21.7.2006 / 15.3.2007, La Voix

Müller, Peter 30.11.2009, Antwort auf Frage der Herausgeber

Muller, Christian 18.11.2009, Tageblatt

Mussler, Werner 4.1.2005 / 15.12.2010 / 4.12.2012 / 21.1.2013, FAZ

Muzik, Peter 12.12.2012, EU-Infothek

Nahles, Andrea 4.12.2009, Antwort auf Frage der Herausgeber

Neu, Jean-Paul 7.11.2009, Antwort auf Frage der Herausgeber

Nicolas, Jean 27.11.2009 / 17.12.2010 / 10.5.2012, Lëtzebuerg Privat

Nicolay, Pascal 24.3.2012, Antwort auf Frage der Herausgeber

Niejahr, Elisabeth 8.11.2012, Die Zeit Nr. 46

Oppermann, Thomas 2.12.2009, Antwort auf Frage der Herausgeber

Otte, Max 31.12.2012, Deutschlandfunk

Otterbach, Christian 3.12.2012, SR, Aktueller Bericht

Pansin, Albert 30.11.2009, Antwort auf Frage der Herausgeber

Pöttering, Hans-Gert 17.6.2004, Deutschland-funk

Polfer, Lydie 14.5.1999, im luxemburgischen Parlament, 44. Sitzung / 21.12.2012, Le Quotidien, S.4

Poos, Jacques 14.3.2010, Antwort auf Frage der Herausgeber / 21.12.2012, Le Quotidien, S.4

Poß, Joachim 30.7.2012, Deutschlandfunk

Poujol, Véronique 22.3.2013, D'Lëtzebuerger Land

Rauchs, Michael 12.5.2010, Lëtzebuerger Journal, S.6

Prantl, Heribert 7.12.2010,

Antwort auf Frage der Herausgeber

Pröll, Erwin 5.9.2003, im Gespräch mit Margaretha Kopeinig für den Kurier sowie für ihr Buch über Jean-Claude Juncker, im Büro von Erwin Pröll im Landhaus St. Pölten (sechs Aussagen inklusive Schilderung des Ablaufs am 20.2.2003) / 18.11.2009, Antwort auf Frage der Herausgeber.

Proissl, Wolfgang 5.10.2009, Financial Times Deutsch-land

Pühringer, Josef 29.11.2009, Antwort auf Frage der Herausgeber

Quatremer, Jean 20.12.2009, Interna aus dem Umfeld von Quatremer; Blog Postings (mittlerweile teilweise gelöscht, aber in der Ur-Version bei den Herausgebern) / 20.12.2009, Blog Postings (teilweise gelöscht, aber in der Ur-Version bei den Herausgebern)

Rauchs, Michael 12.5.2010, Journal

Rauchs, Paul 30.12.2009, Télécran

Raff, Fritz 3.12.2010, Antwort auf Frage der Herausge-ber

Rebentisch, André 17.12.2012, Freitag.de

Recktenwald, Udo 27.9.2009, Antwort auf Frage der Herausgeber

Reding, Jean-Claude 29.11.2011, Zeitung vum Lëtzebuerger Vollek / 23.11.2012, RTL Radio Lëtzebuerg 18:08 Uhr / 21.12.2012, Le Quotidien, S.4

Reichert, Birgit 9.6.2009, abgedruckt im Bonner Generalanzeiger

Reicherts, Martine 12.11.2012, Antwort auf Frage der Herausgeber

Reuß, Werner 8.12.2009, BR, BR Alpha

Reuter, Christian 1.6.2011 / 1.9.2012, D'Handwierk

Rewenig, Guy 2.11.2012, D'Lëtzebuerger Land

Rhein, Jean 9.5.2011, Antwort auf Frage der Herausgeber

Richard, Ady 10.11.2011, Luxemburger Wort, S.10

Riedel, Annette 11.2.2013, Deutschlandfunk

Riepl, Heidi 5.12.2012, Oberösterreichische Nachrichten

Roberts, Duncan 1.2.2012, Delano

Roemen, Rob 12.6.2004 / 23.4.2010, Lëtzebuerger Journal

Roettgering, Wera 23.3.2013, Antwort auf Frage der Herausgeber

Rodesch-Hengesch, Marie-Anne 29.11.2012, Antwort auf Frage der Herausgeber

Rosenkranz, Barbara 19.8.2011, Junge Freiheit, S.18

Roth, Eugen 4.12.2009 auf dem 6. OGBL-Kongress, zitiert in Zeitung vum Lëtzebuerger Vollek vom 5.12.2009

Rottmann, Stefan 1.3.2013, Neon

Ruckert, Ali 4.6.2009, zitiert in Le Jeudi vom 31.12.2009 / Zeitung vum Lëtzebuerger Vollek 12.12.2009 / 28.4.2010 / 17.7.2010

Rüttgers, Jürgen 9.5.1998, bei einer Rede in Düsseldorf

Rutz, Michael 29.11.2010, Antwort auf Frage der Herausgeber

Salihu, Hamisu 23.11.2009, Antwort auf Frage der Herausgeber

Santer, Jacques 18.11.2003, im Gespräch mit Margaretha Kopeinig, im Europäischen Parlament in Straßburg / 21.12.2012, Le Quotidien, S.4

Sautter, Rémy 3.11.2005, Le Nouvel Economiste

Schäuble, Wolfgang 14.12.2009, Luxemburger Wort / 11.4.2013, Süddeutsche Zeitung

Schellenberger, Rouven 27.10.2006, Berliner Zeitung

Schellhorn, Franz 28.11.2012, auf Ortneronline.at, laut Selbstbeschreibung ‚Zentralorgan des Neoliberalismus'

Schelp, Stefan 18.11.2012, Neue Westfälische, Bielefeld

Schlammes, Marc 12.11.2011, Luxemburger Wort

Schlechter, Marcel 18.2.2007, Radio 100,7

Schmidt, Harald 1.9.2012, SR, 17:20 Uhr / 8.4.2013, Focus

Schmidt, Helmut 7.12.2010, im Gespräch mit David Marsh, veröffentlicht im Handelsblatt

Schneider, Etienne 12.12.2012, Antwort auf Frage der Herausgeber

Schneider, Jean-Paul 29.4.2010, Luxemburger Wort, S.3

Schneider, Nikolaus 29.11.2009, Antwort auf Frage der Herausgeber

Schoentgen, Marc 19.11.2012, Antwort auf Frage der Herausgeber

Schiltz, Jay 19.6.2004, Radio

100,7

Schumacher, Dani 31.12.2009
/ 15.1.2010 / 16.1.2010 /
22.5.2010 / 30.3.2013,
Luxemburger Wort

Schreiner, Ottmar 2.12.2009,
Antwort auf Frage der
Herausgeber

Schroeder, Asko 15.6.2004 /
31.3.2010, S.4 / 17.6.2010,
S.4, Lëtzebuerger Journal

Schröer, Helmut 5.12.2012,
zitiert in Lëtzebuerger
Journal

Schwenkmezger, Peter
1.12.2009, Antwort auf
Frage der Herausgeber

Slomka, Marietta 3.12.2010,
Antwort auf Frage der
Herausgeber

Sinn, Hans Werner 4.11.2011,
im Gespräch mit Konrad
Handschuch und Malte
Fischer, veröffentlicht
in Wirtschaftswoche /
2.7.2012 Deutschlandfunk

Sinner, Michèle 18.1.2012,
D'Lëtzebuerger Land

Sold, Alvin 20.1.1995 /
12.6.1999 / 12.6.2004 /
17.12.2005 / 12.4.2008 /
14.11.2009 / 5.3.2011, S.11 /
17.12.2011, Tageblatt

Sosna, Artur 31.1.2013,
Antwort auf Frage der
Herausgeber

Späth, Lothar 29.9.2008
Rede zur Verleihung der

,Schärfsten Klinge' in
Solingen / 30.11.2009,
Antwort auf Frage der
Herausgeber

Springenberg-Eich, Maria
2.12.2009, Antwort auf Frage der Herausgeber

Stabenow, Michael 24.3.2008,
FAZ

Steil, Birgit 27.11.2009,
Antwort auf Frage der
Herausgeber

Steingart, Gabor 15.11.2011,
Antwort auf Frage der
Herausgeber

Steinwachs, Pascal 30.3.2005
/ 5.6.2009 / 22.9.2009 /
1.10.2009 / 6.10.2009 /
10.10.2009 / 27.10.2009
/ 13.11.2009 (Asselborn)
/ 19.11.2009 (Koch) /
21.11.2009 / 26.11.2009
/ 23.12.2009 / 14.5.2010
/ 5.11.2010 / 13.1.2011
/ 14.1.2011 / 6.4.2011 /
17.6.2011 / 24.6.2011 /
13.12.2011 / 13.3.2013 /
26.3.2013 / 26.4.2013,
Lëtzebuerger Journal

Sterdyniak, Henri 21.12.2012,
Le Quotidien, in einer
Analyse der Bilanz des
scheidenden Eurogrup-
pen-Chefs Juncker

Stix-Hackl, Christine 8.2.2013,
Wiener Zeitung

Stock, Oliver 9.12.2010, Handelsblatt

Stoiber, Edmund 27.11.2009,
Antwort auf Frage der
Herausgeber

Stoldt, Jürgen 1.12.2012,
zusammen mit Laurent
Schmit und Bernard
Thomas: „Der Mann ohne
Eigenschaften – Jean-
Claude Juncker zu seinem
dreißigsten Regierungs-
jubiläum", veröffentlicht
in: Zeitschrift Forum,
Luxemburg, S.4-11

Stoos, Guy W. 1.9.2010, zitiert
in: Guy W. Stoos, „Pomp
Funäber – Karikatu-
ren", Verlag Ultimondo,
Luxemburg / 3.12.2012,
SR Fernsehen, Aktueller
Bericht

Strothmann, Lena 1.12.2009,
Antwort auf Frage der
Herausgeber

Supino, Pietro 3.12.2010,
Antwort auf Frage der
Herausgeber

Tasch, Olivier 19.11.2009, Le
Jeudi

Tarrach, Rolf 8.11.2012,
Antwort auf Frage der
Herausgeber

Tchakaloff, Gaël 28.11.2009,
Le Nouvel Economiste

Theis, Max 2.10.2012, RTL
Radio Lëtzebuerg

Theobald, Martin 17.11.2006,
D'Lëtzebuerger Land

Thill, François 10.10.2012,

PERSONEN-REGISTER
Verzeichnis der Namen

360° FEEDBACK-REGISTER
Nach einer Idee von Charles Wilson (USA)

Die sogenannte 360 Grad-Beurteilung erlaubt eine Positionsbestimmung und zeigt Stellhebel für Optimierungen auf. Der Fokus liegt auf 4 Kategorien.

1. Ausstrahlung / Persönlichkeit (inklusive: Umgangston / Einfühlungsvermögen / Kritikfähigkeit / Menschlichkeit / Wertschätzung)

2. Kompetenz / fachliche Aspekte (inklusive: Fachwissen / Wissensvermittlung / Analytische Fähigkeiten / Problemlösungsfähigkeit / Effektivität und Effizienz / Umgang mit Ressourcen / Überblick)

3. Mitarbeiterführung (inklusive: Führungsstil / Teamfähigkeit / Kommunikationsfähigkeit / Mitarbeitermotivation / Konfliktlösung / Anerkennung von Leistungen / Offenheit / Delegierungsverhalten / Vorbildfunktion / Karriereförderung / Loyalität / Gleichbehandlung)

4. Ziel- und Ergebnisorientierung (Visions-, Strategie- und Zielentwicklung / Vereinbarung und Kommunikation von Zielen / Verfolgung der Zielerreichung / Feedback bei der Zielerreichung / Durchsetzungsfähigkeit / Erfolg und Ergebnisqualität / Compliance und Regeleinhaltung)

Das folgende 360° Feedback-Register zeigt nur einen kleinen Ausschnitt der sehr unterschiedlichen Rückmeldungen zu Juncker und erhebt keinen Anspruch auf wissenschaftliche Vollständigkeit.

K wie Kompetenz / fachliche Aspekte

M wie Mitarbeiterführung

Z wie Ziel- und Ergebnisorientierung

BILDNACHWEIS

Lejona Andres, Foto von Mai 2009: S. 91

Lenert Roger: S. 133

Lëtzebuerger Journal: S. 161

LG Lëtzebuerger Gemengen: S. 153, 154

Linster Léa: S. 133

Little, Brown and Company, Autorenfoto 1996: S. 6

Mächter Frank, dpa Fotoreport: S. 72

Marquardt Bea, Autorenfoto, Olzog „Der Marathonmann": S. 82

Matge Pierre, Tageblatt: S. 30

May Frank, picture alliance: S. 19

Metz Dirk: S. 50, 51

Minaire Olivier: S. 92, 107, 120

Montaigu Hervé, Tageblatt: S. 43, 108

Moser Henning, SAT 1: S. 43

NÖ Landesregierung: S. 58

O'Brien Press, Montage Irish Times/Axiom Images: S. 48

Observer Österreich: S. 39

Olinger Christoph: S. 124, 163

OÖ Landesregierung: S. 60

ORF: S. 85

Ossenbrink Frank: S. 10

Ossinger Horst, dpa Fotoreport: S. 28

Otte Max: S. 56

Pall Center: S. 171

PaperJam: S. 97, 118, 133, 136, 139, 148, 157, 164

Pedersen Britta, dpa: S. 71

Pfeiffer Wulf, dpa Fotoreport, Foto vom 27.2.2000: S. 41

picture alliance, dpa: S. 27

picture alliance, Foto vom 10.6.2008: S. 63

picture alliance, Foto vom 16.2.2007: S. 7

picture alliance, Foto vom 17.1.2007: S. 212 oben links

picture alliance, Foto vom 18.1.2007: S. 57

picture alliance, Foto vom 21.2.2012: S. 221 oben links

picture alliance, Foto vom 6.10.2008: S. 221 oben rechts

picture alliance, Foto vom 8.10.2007: S. 210 unten links

picture alliance, Foto vom 9.10.2007: S. 220 unten

Piper Verlag, Autorenfoto: S. 14

Piscitelli Claude: S. 134

Pizzolante Fabrizio, Foto vom 21.1.2010: S. 166

Pleul Patrick, dpa, Foto vom 2.11.2010: S. 22, 23

Portugiesische Zentralbank: S. 13

Privat, alle Rechte vorbehalten: S. 204, 205

Rheingold Institut: S. 46

RTBF: S. 13

RTL Luxemburg: S. 115, 123, 129, 163

Rüger Jörg, Verlagsfoto

Herder („Der fröhliche Sisyphos"): S. 64

Sauer Stefan, dpa: S. 210 oben links

Scheidemann Achim, dpa Report: S. 37

Schindler Karlheinz, dpa Report: S. 73, 75

Schlesinger Robert, dpa: S. 42

Schmit Raymond, dpa Bildarchiv: 3.3.1998, S. 147

Schoentgen Marc: S. 155

Schroewig, picture alliance: S. 40, 229

Schultes Klaus, dpa Fotoreport: S. 16

Schultz Arne, Autorenfoto Piper: S. 81

Seggelke Ute Karen, Ullstein, Autorenfoto: S. 70

Simon Sven, picture alliance: S. 40, 57, 59, 210 oben rechts, 224 oben,

SIP, alle Rechte vorbehalten: S. 37

SIP, Charles Caratini, alle Rechte vorbehalten: S. 135, 210 Mitte rechts

SIP, Jock Fistick, alle Rechte vorbehalten: S. 213 unten

Sky Deutschland: S. 66

SPD: S. 54, 56

SPV Recordings 2007: S. 6

SR1 Europawelle: S. 4

Stache Soeren, dpa: S. 25, 208 oben

Standard Wien: S. 9

Stölb Markus und Redaktion

16 vor: S. 30
SWR Fernsehen, Menschen der Woche: S. 17
Tagesspiegel Berlin: S. 28
Tele 5 (Screenshot): S. 36
The Council of the European Union: S. 14, 18
Theater Luxemburg: S. 120
Tittel Harald, dpa Fotoreport, Foto vom 27.5.2003: S.

69, 227
Trierischer Volksfreund: S. 20
Trifolion Echternach: S. 114
University of South Florida: S. 64
Von Erichsen, Fredrik, dpa: S. 226 unten
Voß Reiner, dpa Fotoreport, Foto vom 30.9.2003: S. 50, 226

Wagner Tom, Foto vom 4.4.2002 in Peking: S. 217 unten
Wagner Tom: S. 46, 135, 139
Warmuth Angelika, dpa: S. 67
Wiki Commons: S. 3
Wilwert Marc, Luxemburger Wort: S. 173
Wimmer Medien: S. 12
Zelck Andre, EKD: S. 68

DANKSAGUNG: Die Herausgeber danken neben den Fotografen den stilprägenden Grafikern dieses Lexikons (Barbara Schmitz, Stefan Thelen, Oliver Hengel) sowie folgenden Personen, die einen wichtigen Beitrag geleistet haben: Carsten Piontek, Melina Lukschanderl und Matthias Lauter. Für hilfreiche Auskünfte sei auch Raphaëlle Dickes und Patrick Greis (RTL Luxemburg) sowie dem früheren luxemburgischen Außenminister Jacques Poos gedankt.

HERAUSGEBER

Albin Wallinger, MBA

Serge Spellini, Ingenieur

v. l. n. r.: Albin Wallinger, Frank Elstner, Serge Spellini

Der Österreicher und der Luxemburger kennen sich von ‚Wetten, dass…?‘, waren dort Kandidaten bei Frank Elstner. Ihr erstes Prominentenlexikon widmeten sie dem Radio- und TV-Pionier Frank Elstner. Das vorliegende Metalexikon war nur durch eine eigens entwickelte Software möglich (PROM Software).

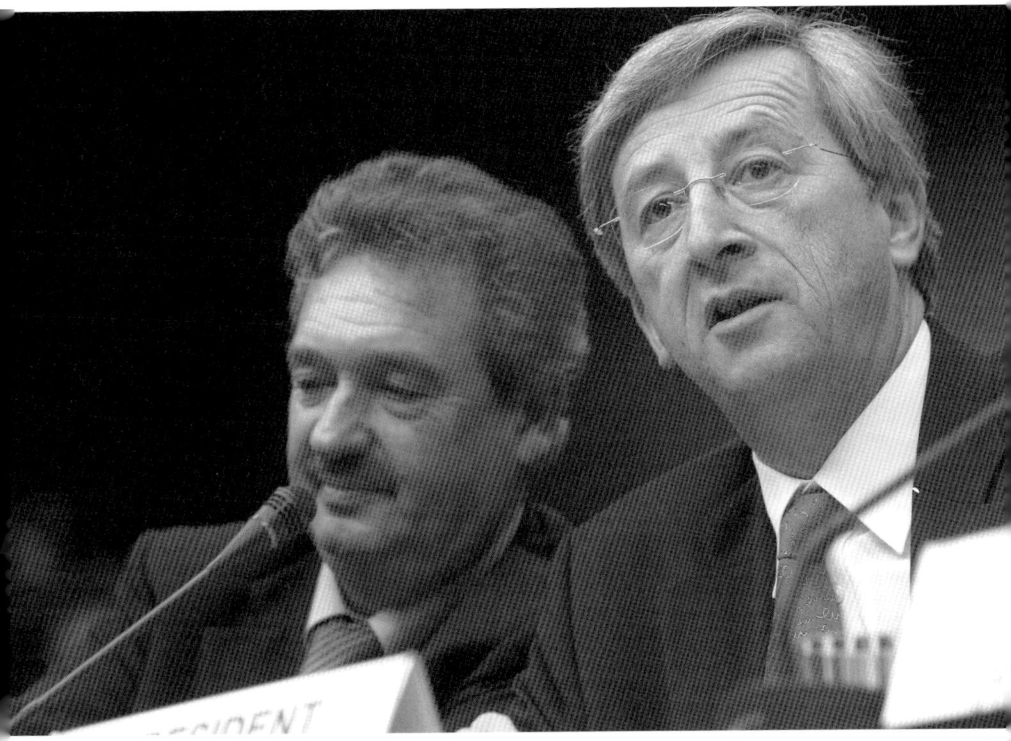

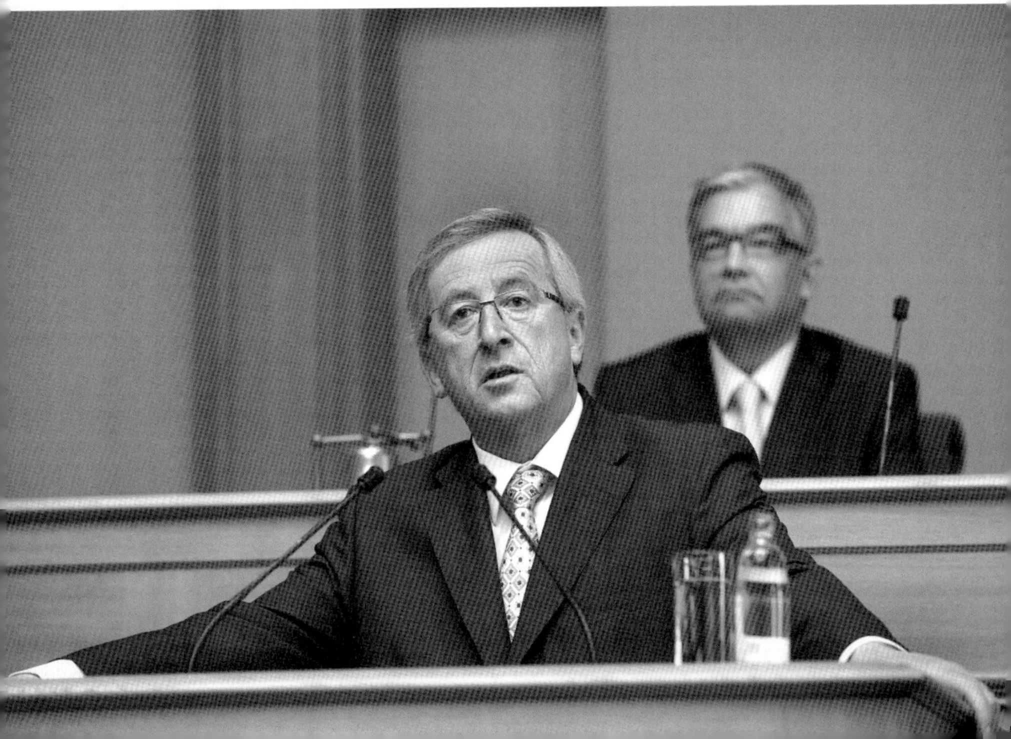

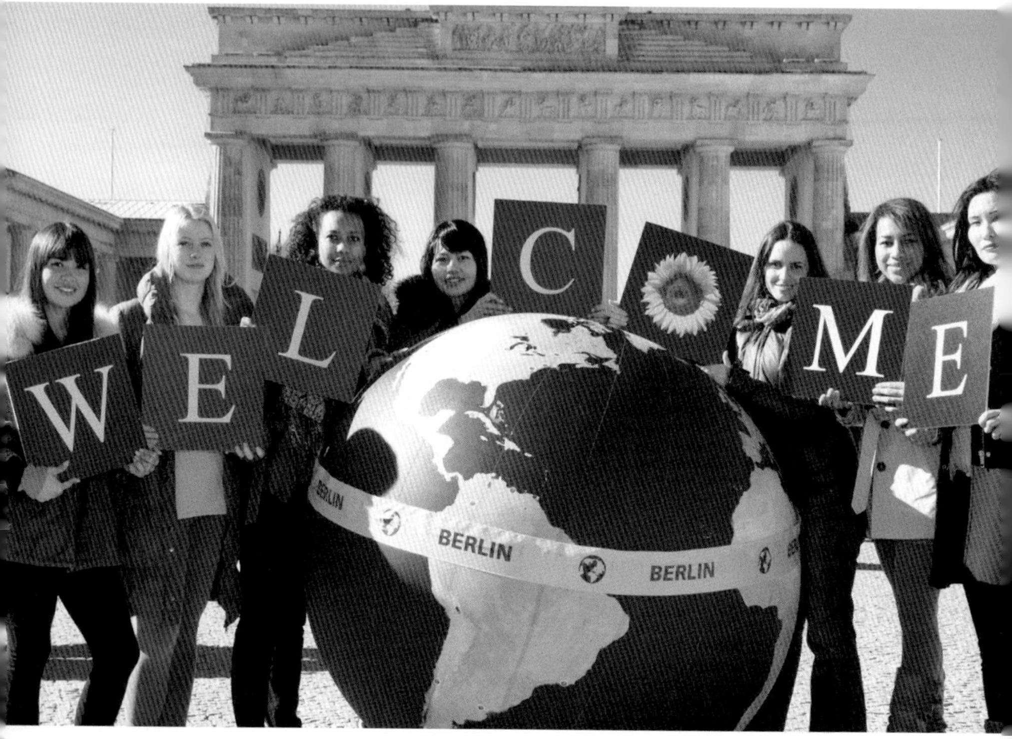
W
E
L
C
M
E
BERLIN
BERLIN
BERLIN

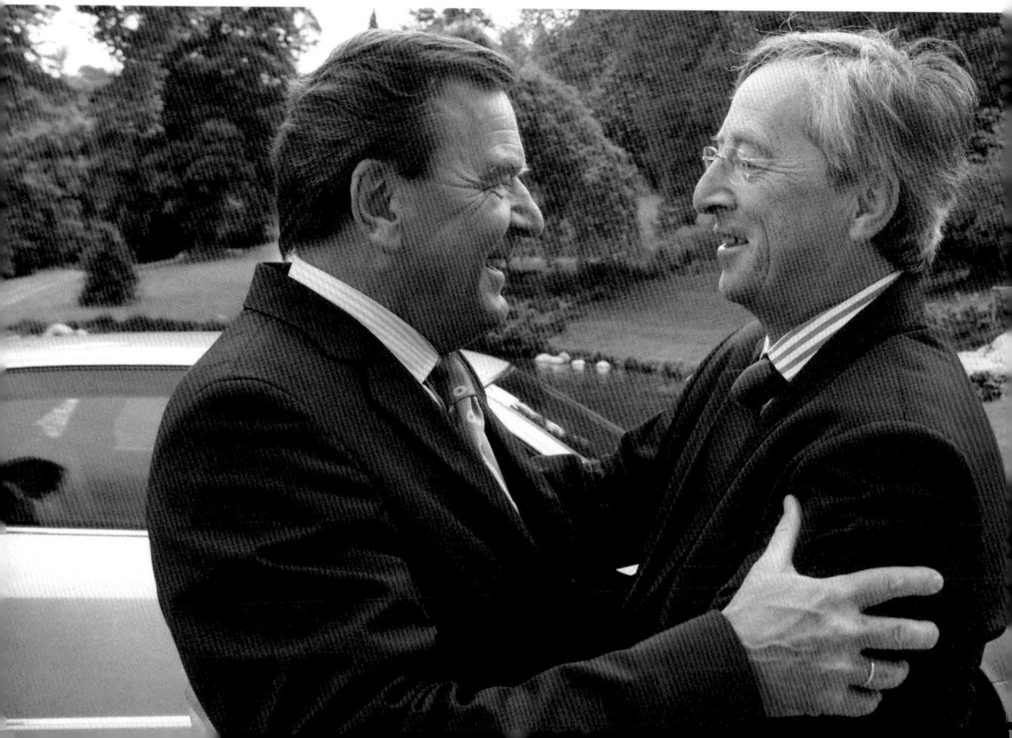

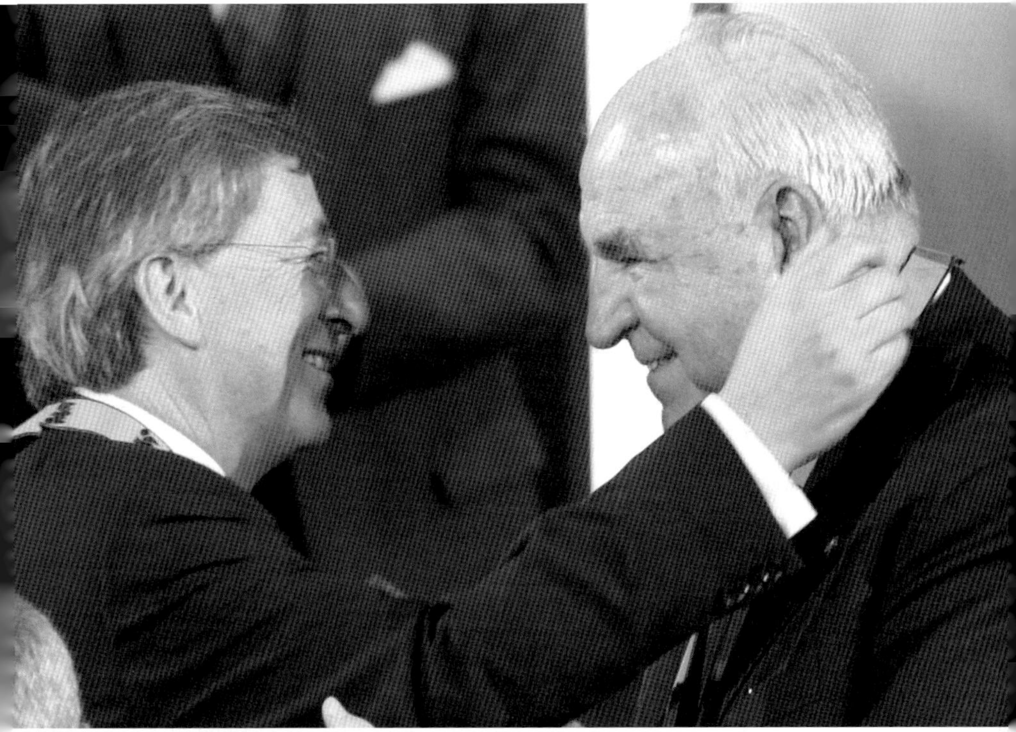

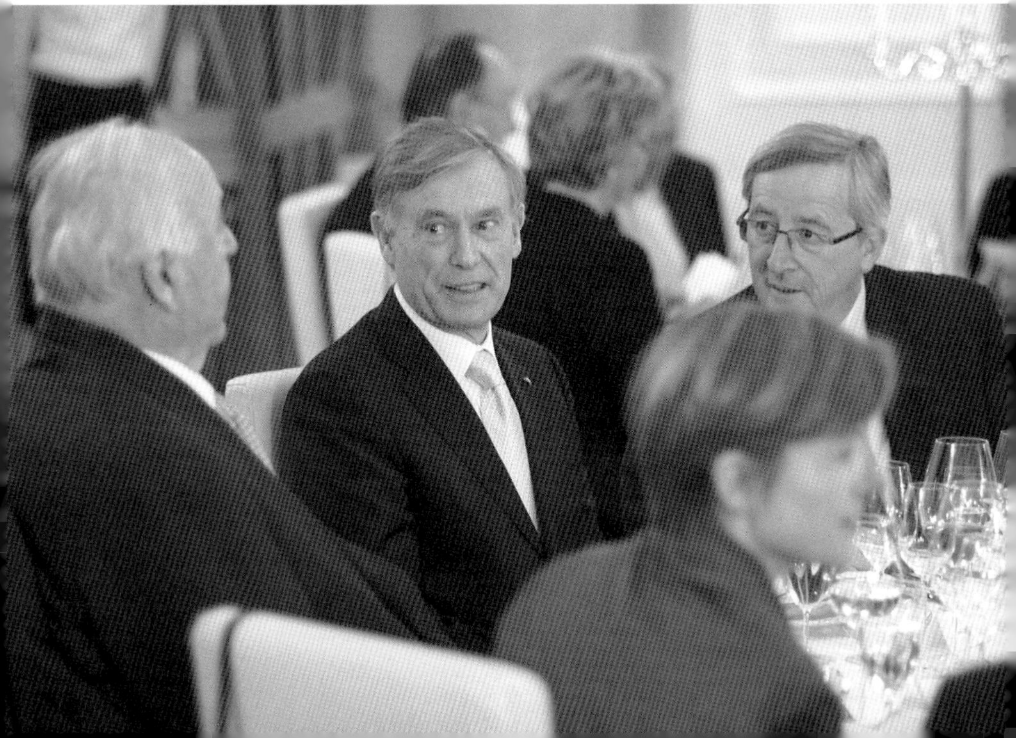

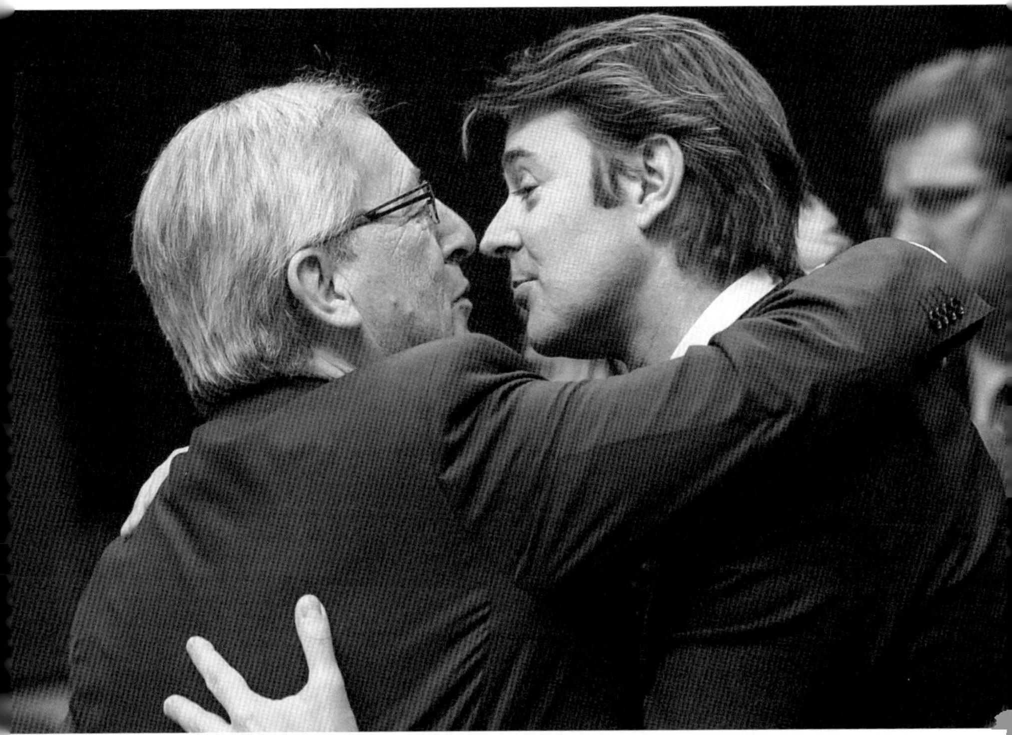

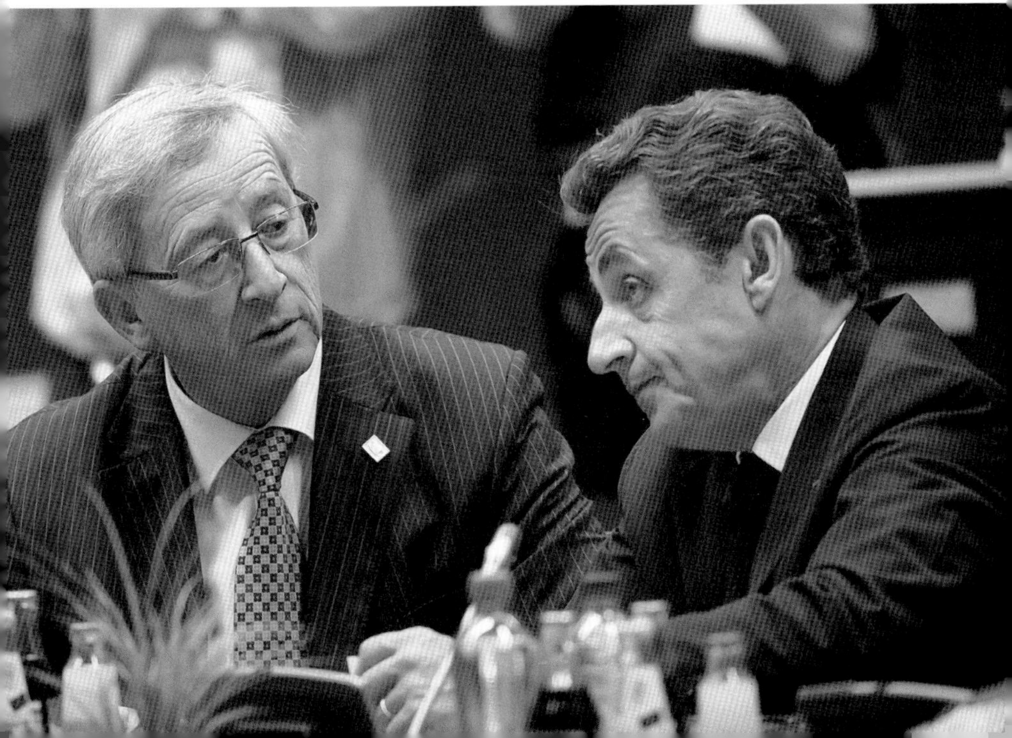

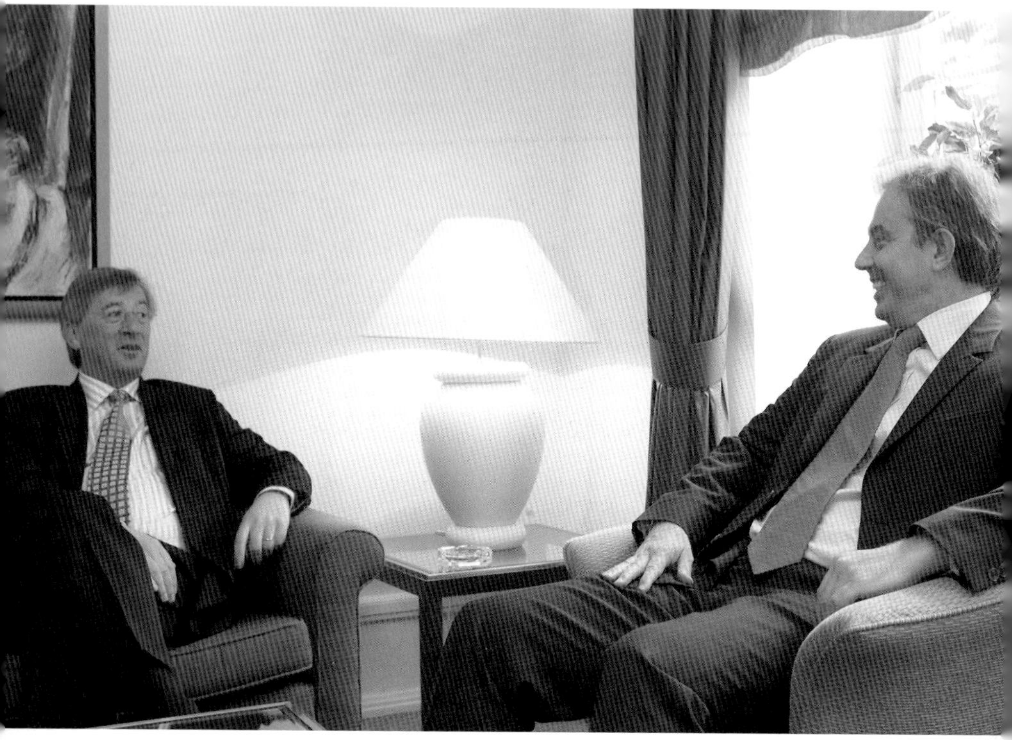

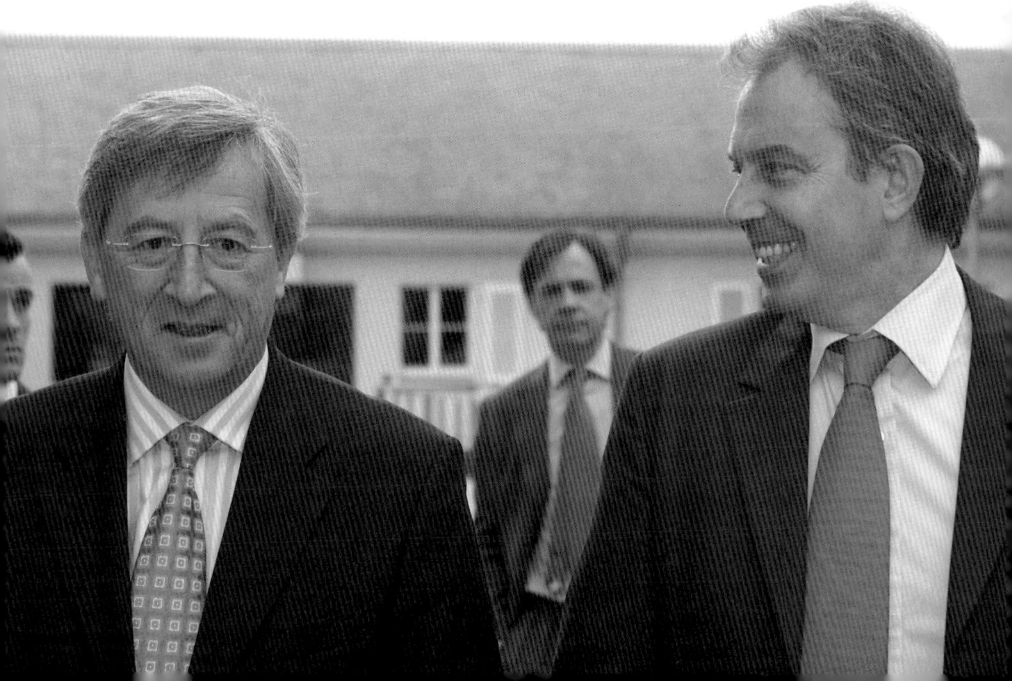

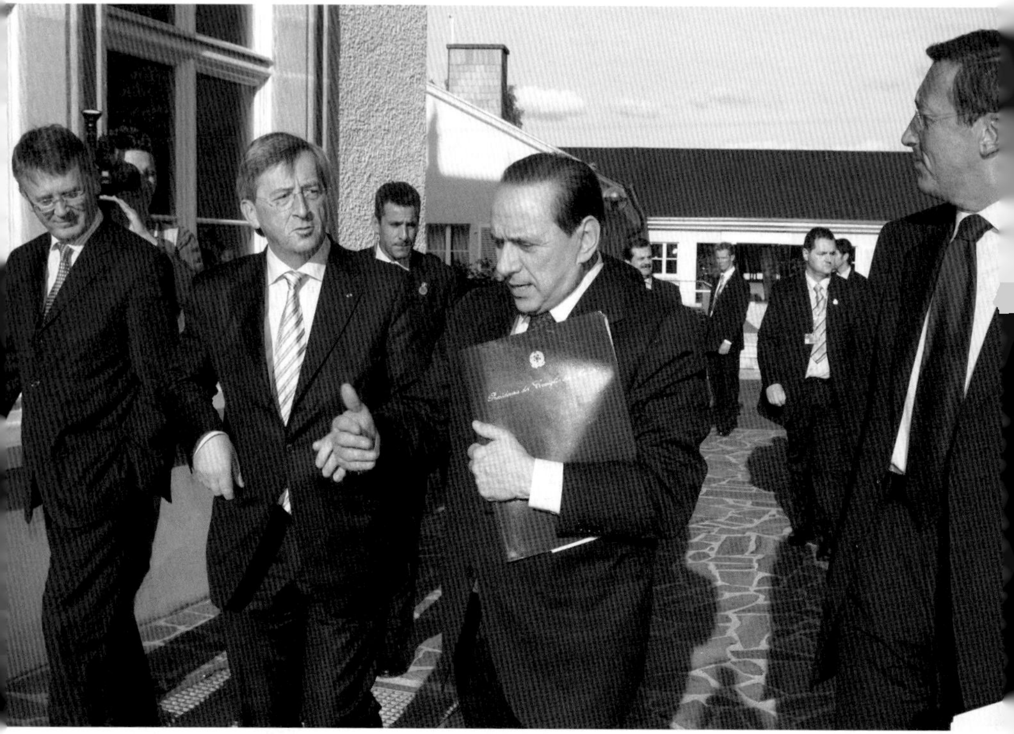

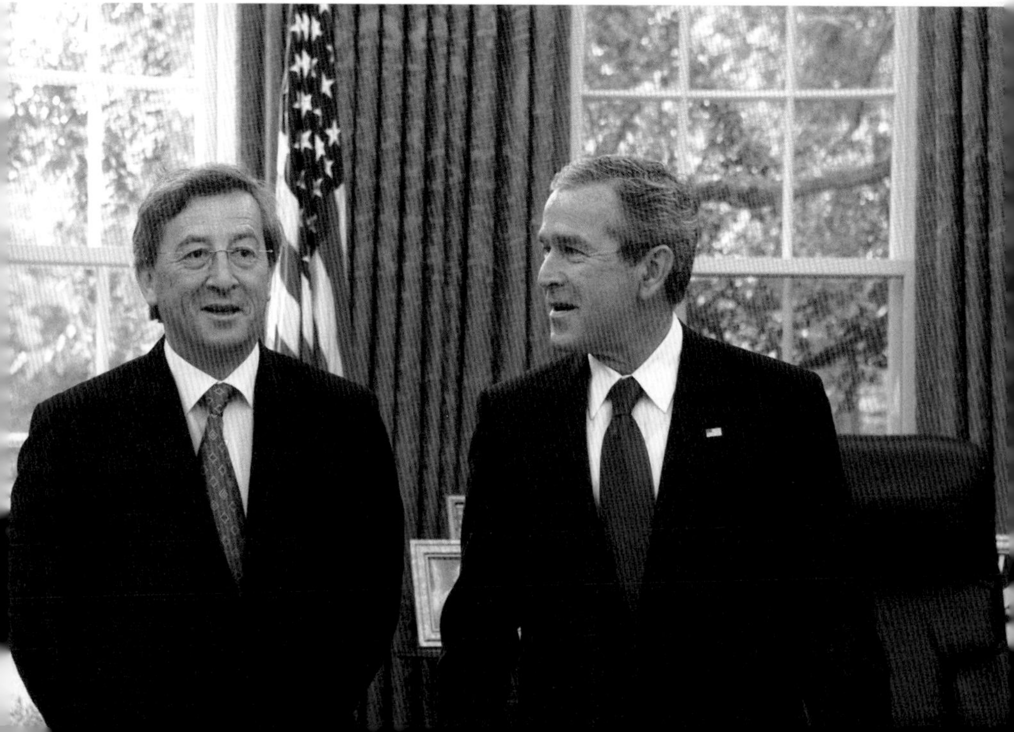

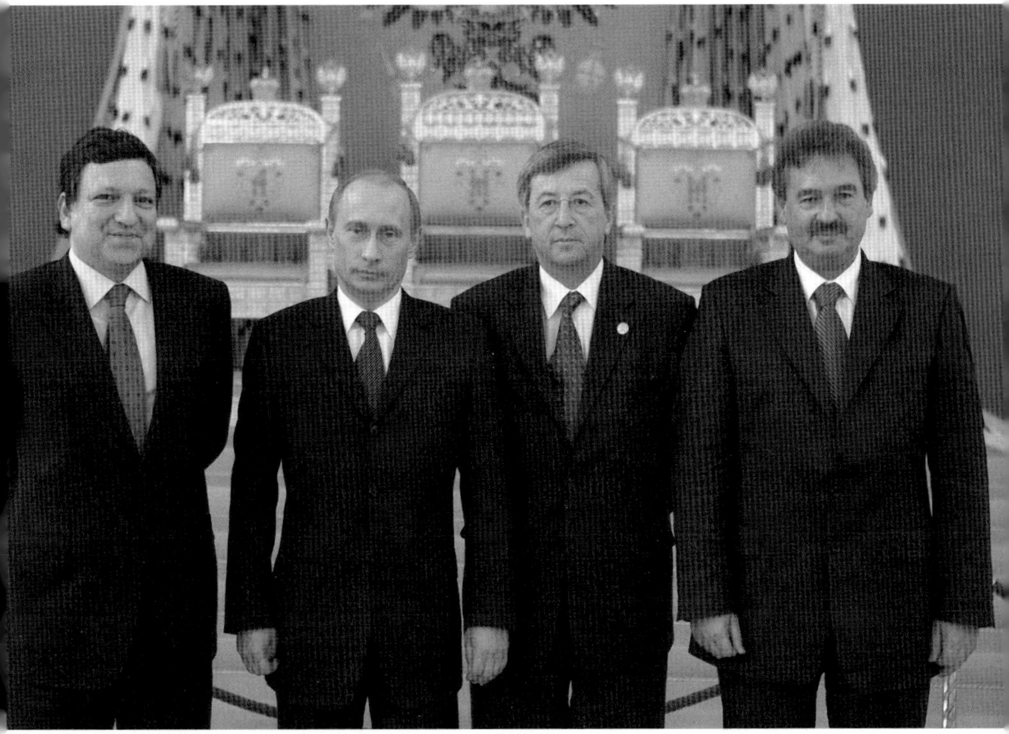

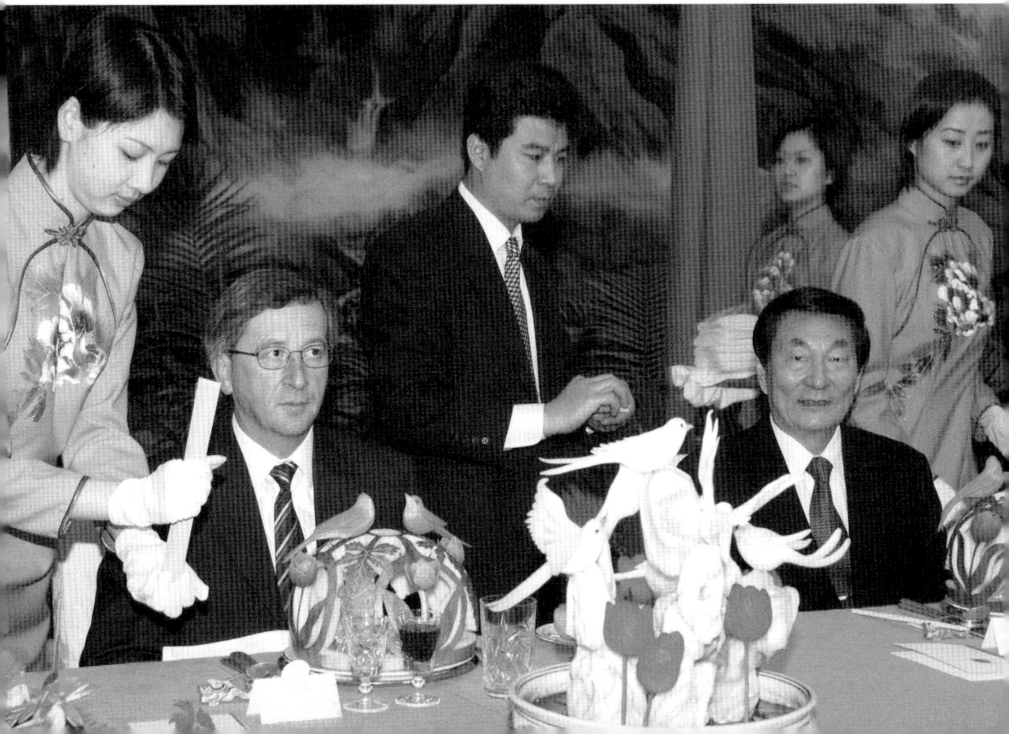

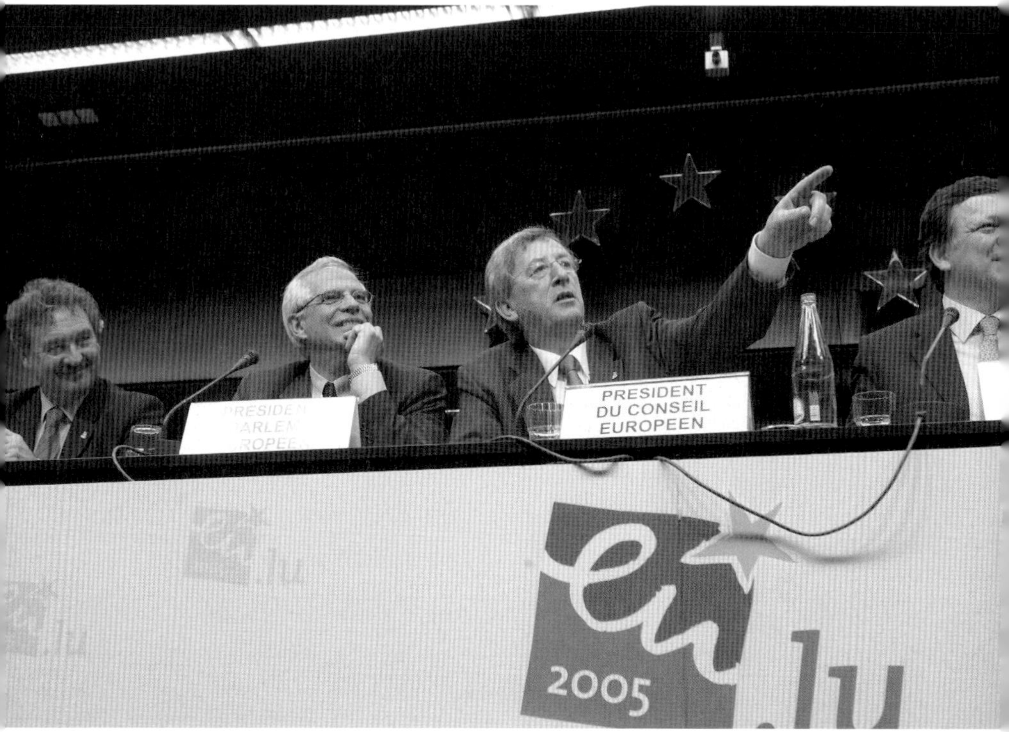
PRESIDENT
DU CONSEIL
EUROPEEN
2005
.lu

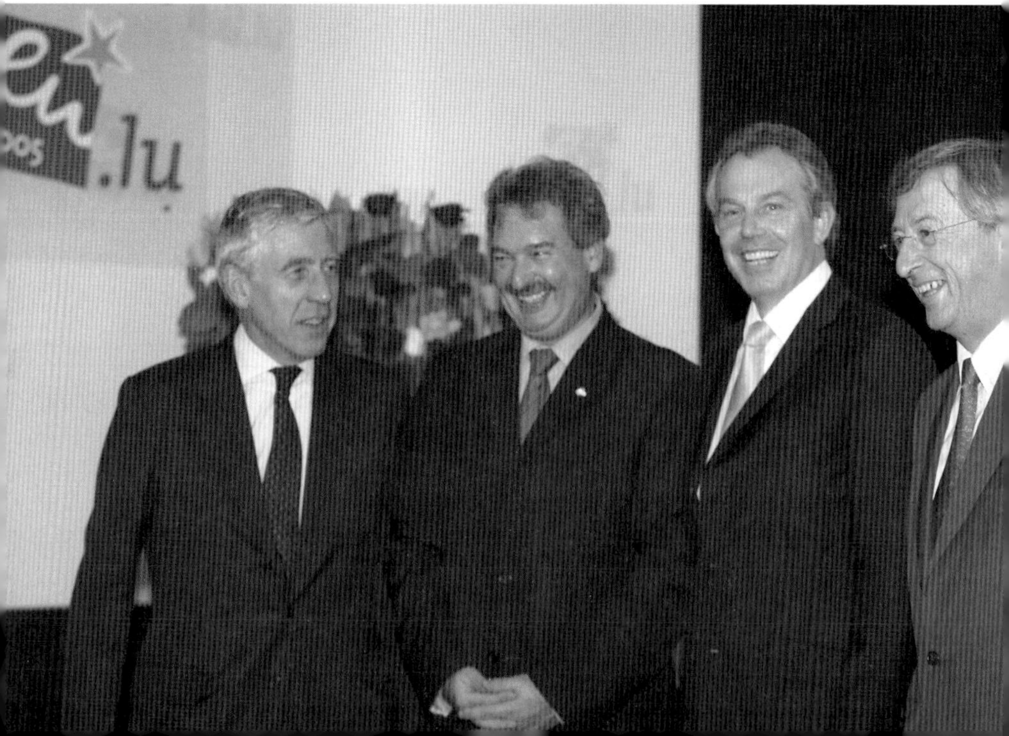
.lu

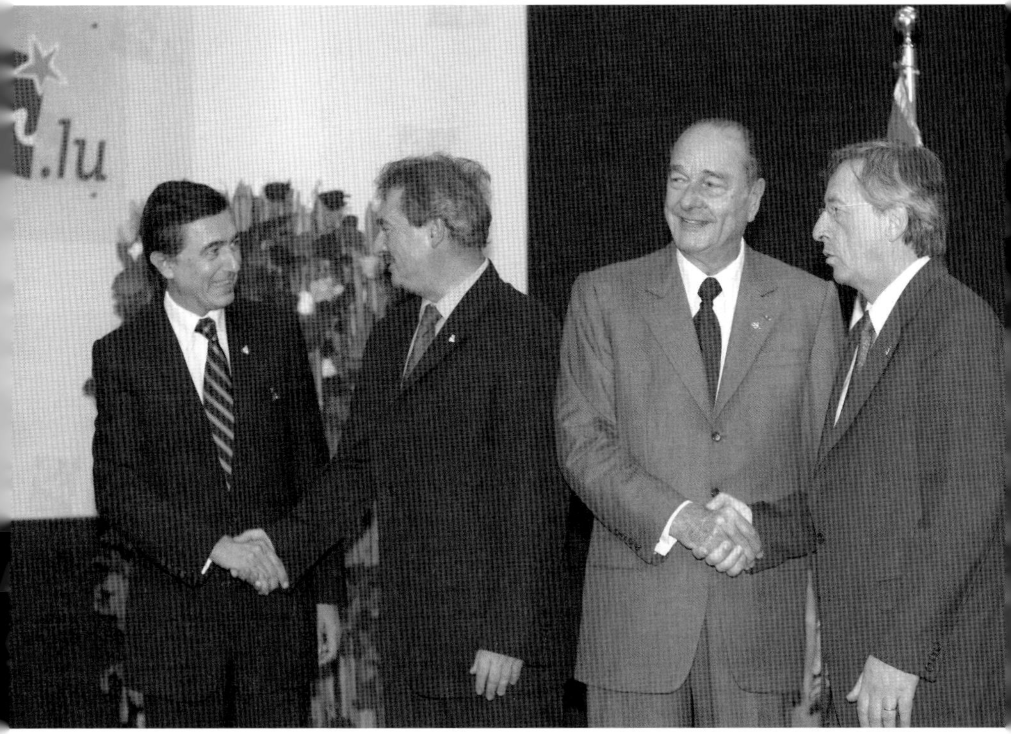
.lu

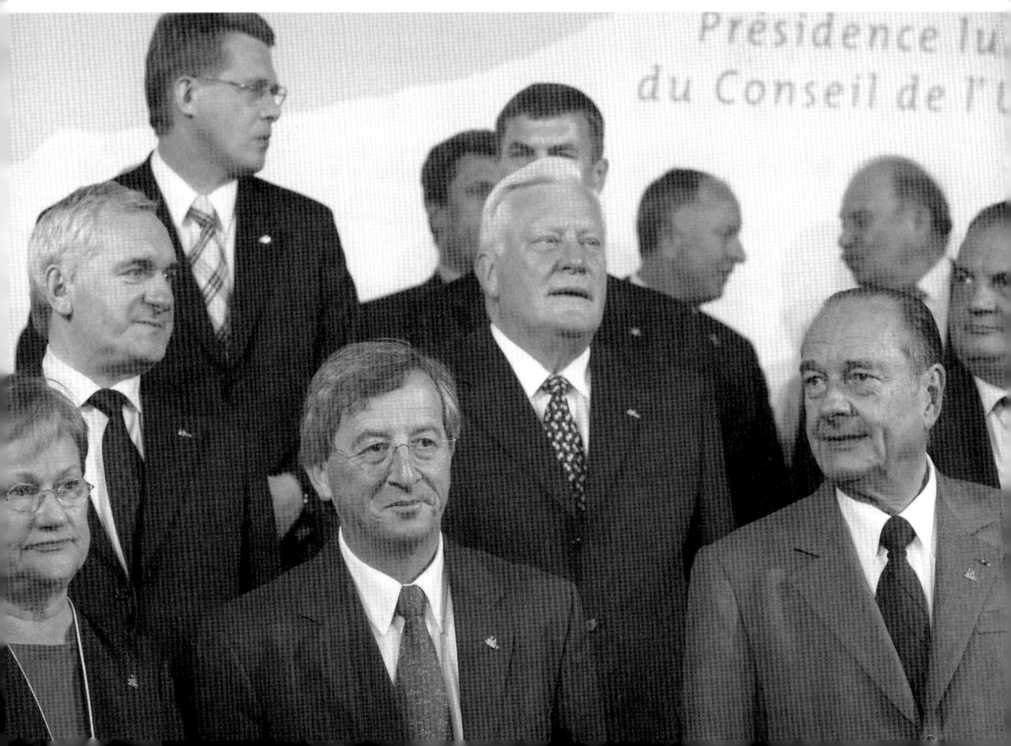
Présidence lu
du Conseil de l'U

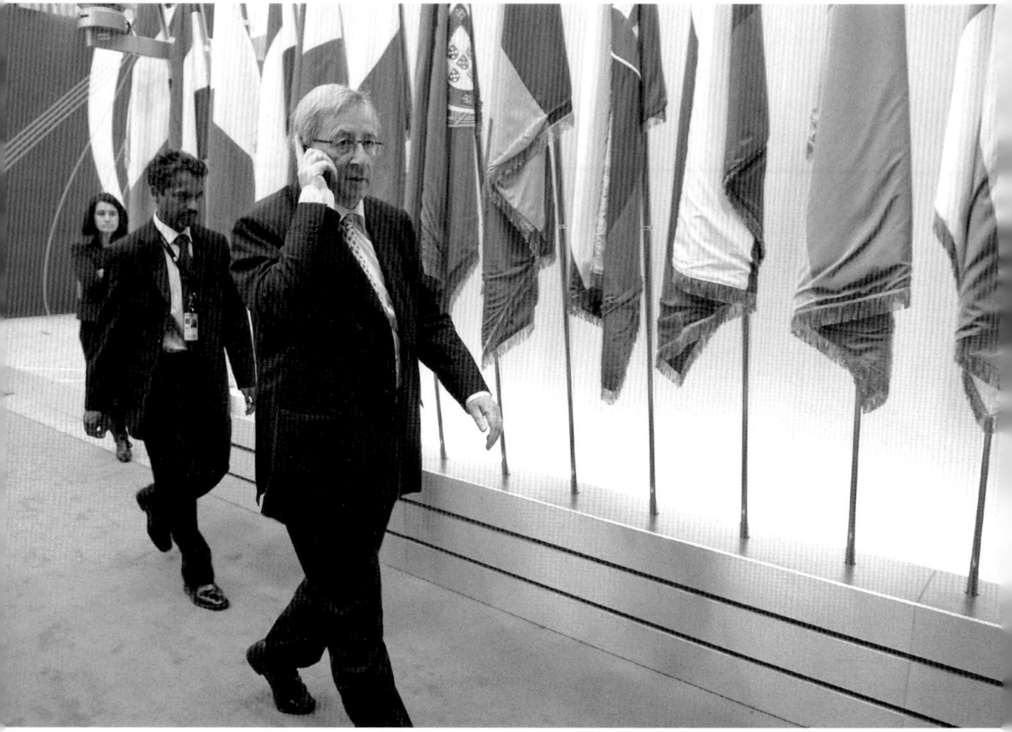

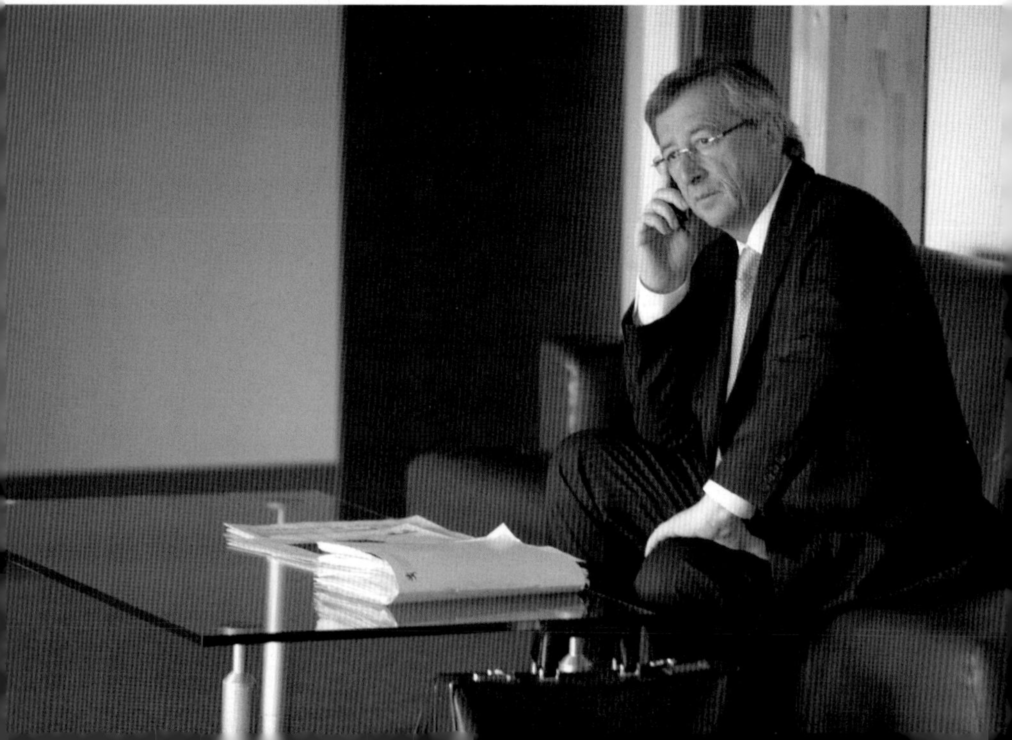

Herr Jean Claude Juncker
Premierminister von Luxembourg
erhält den
Ehrenpreis „Das Goldene Schlitzohr 2004"

Er hat sich im positiven, cleveren Sinne dafür ausgezeichnet
Der Preis ist mit einem Betrag zur Unterstützung
bedürftiger Kinder verbunden.

Internationaler Club der Schlitzohren e.V.

Mülheim a.d. Ruhr im Jahre 2004

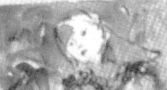

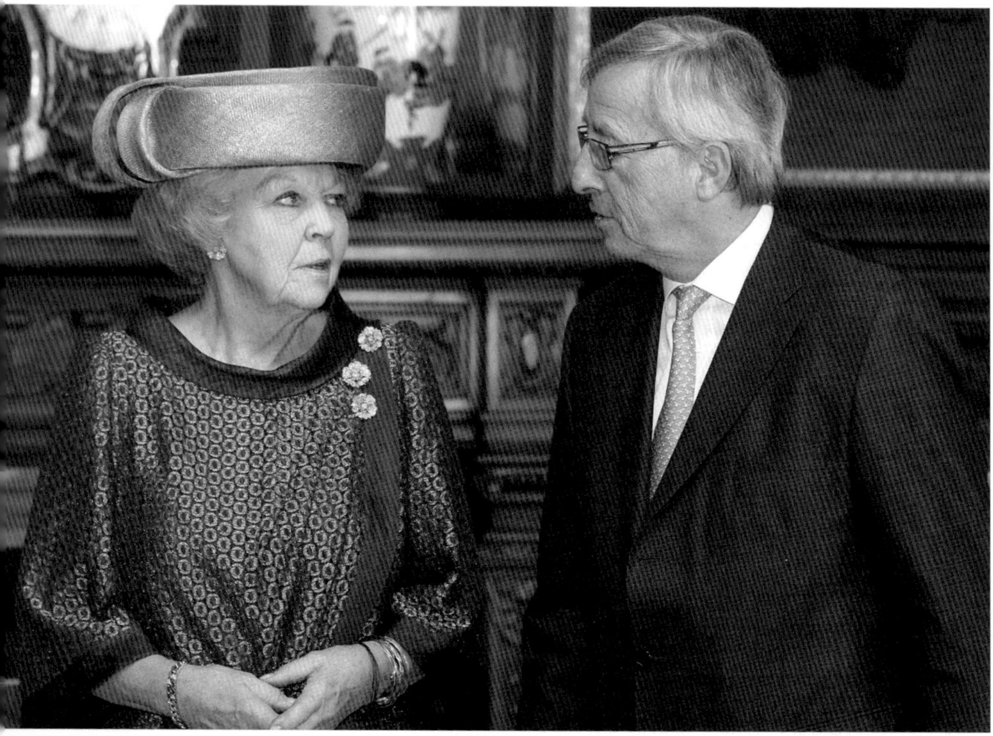

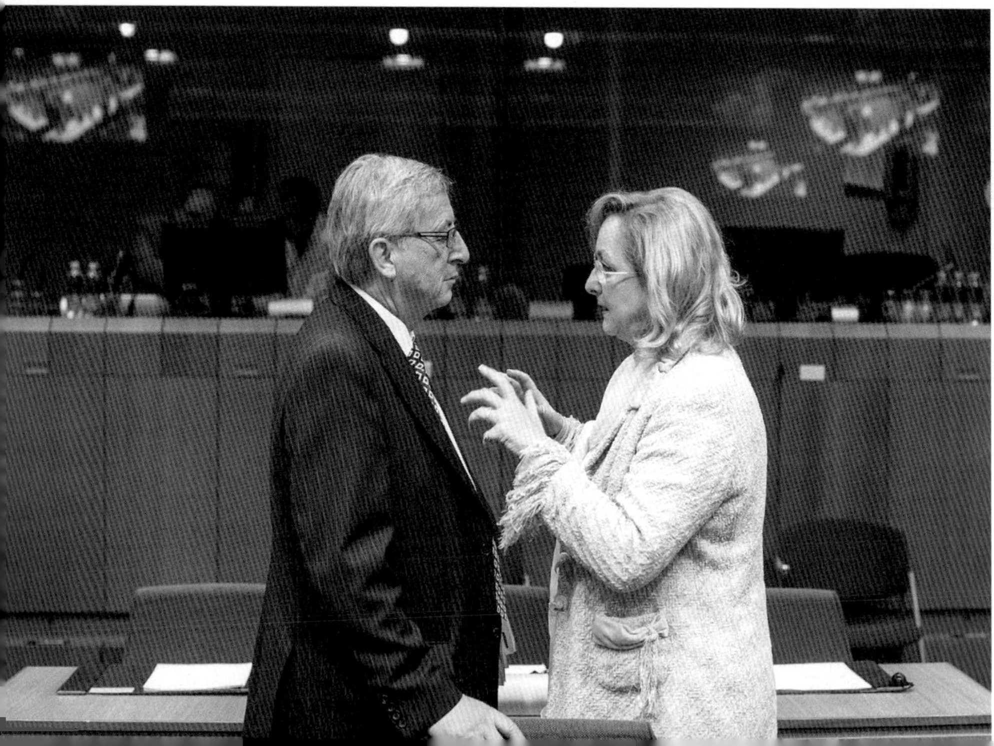

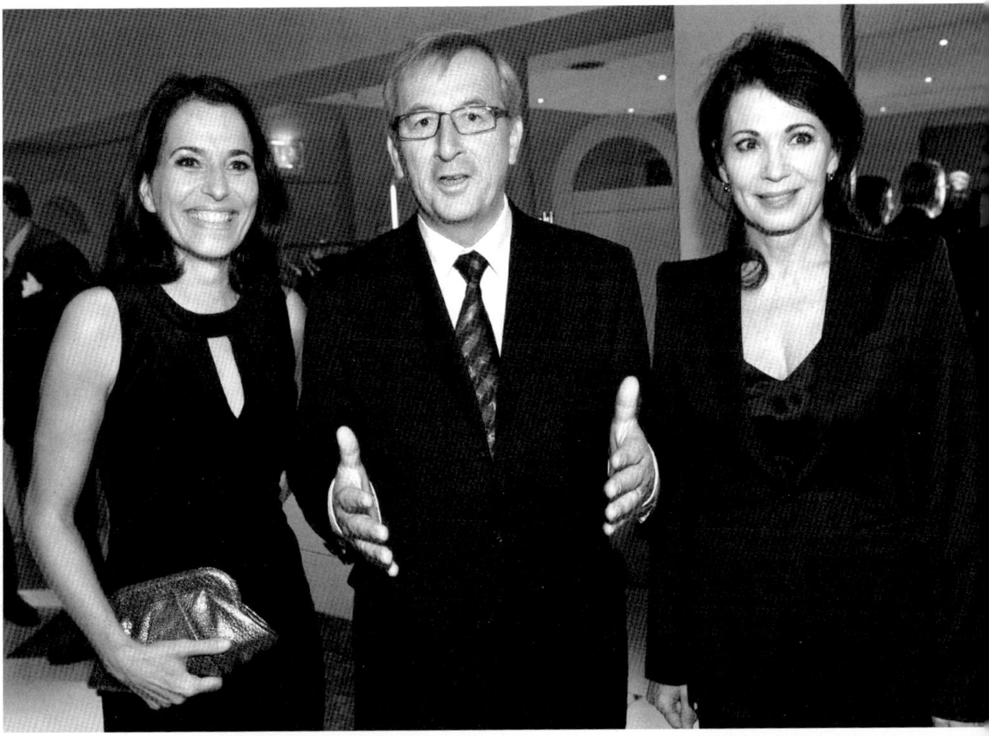

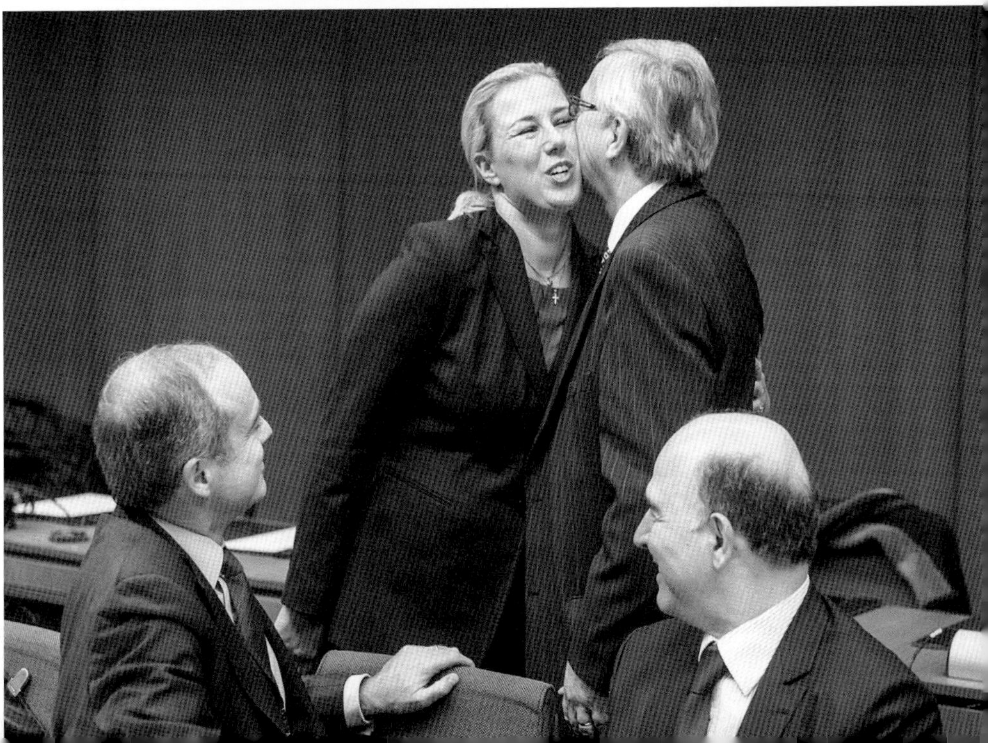

Die Deutsche Bibliothek - CIP Einheitsaufnahme

Wallinger, Albin / Spellini, Serge (Hg.):

Prominente über Jean-Claude Juncker

plus: Zitate von Jean-Claude Juncker (Doppellexikon)

Luxemburg, Prom Verlag, 2013

ISBN: 978-99959-761-1-8

1.Auflage 2013

Redaktion: Albin Wallinger, Serge Spellini, Luxemburg

Internationale Aufgaben: Dr. Reimund Schlosser, Orlando / USA

Lexikon-Software: Prom Verlag, Luxemburg / USA

Umschlagabbildung: Claudine Bosseler, Luxemburg

Umschlaggestaltung: Barbara Schmitz, Düsseldorf

Layout und Satz: Stefan Thelen, Oliver Hengel, thelen | werbeagentur, Trier

Druck und Bindung: CPI Ebner & Spiegel, Ulm

ISBN: 978-99959-761-1-8

www.promverlag.com

ZITATE

VON JEAN-CLAUDE JUNCKER

Albin Wallinger
Serge Spellini

Bankenstresstest Ich bin für die Veröffentlichung der Resultate der Bankenstresstests. Die Stresstests ergäben wenig Sinn, wenn wir die Ergebnisse nicht veröffentlichten. Würde man sich weigern, die Ergebnisse zu veröffentlichen, käme sofort der Verdacht auf, dass es etwas zu verstecken gäbe. (Juni 2010)

Belvaux In diesem Ort ist das Stahlwerk und die Arbeiter-Romantik, im guten Sinne des Wortes. Hier fühle ich mich getragen. (September 2004)

Berliner Mauer Ich habe den Fall der Berliner Mauer gewissermaßen im tiefen Schlaf erlebt und deshalb auch nur verschwommen in Erinnerung. Ich bin damals eben erst aus einem Koma nach einem schweren Verkehrsunfall aufgewacht. Doch auch andere Politiker in Deutschland und in Europa haben den 9. November 1989 verschlafen. Auch ohne Unfall. Ich war nicht der einzige. (November 2009)
Der Fall der Berliner Mauer zeigt, dass Menschen Geschichte selbst in die Hand nehmen können. Wenn sie nur wollen. (November 2009)

★ **berührt**

Dialog Frank Kuffer (RTL Radio Lëtzebuerg): „Sind Sie da sicher, dass Sie der Chef der Eurogruppe bleiben können?

Oder legen Ihnen die Franzosen vielleicht noch einmal Steine auf den Weg?" Juncker: „Ich bin berührt, dass Sie sich darüber so viele Gedanken machen. Es wird im Januar so entschieden." (Dezember 2009)

beschließen Wir beschließen etwas, stellen das dann in den Raum und warten einige Zeit ab, was passiert. Wenn es dann kein großes Geschrei gibt und keine Aufstände, weil die meisten gar nicht begreifen, was da beschlossen wurde, dann machen wir weiter – Schritt für Schritt, bis es kein Zurück mehr gibt. (Dezember 1999)

beschönigen Gott sei Dank unterlassen die Regierungen seit Beginn der Krise das, was sie üblicherweise zu tun versuchen: sie beschönigen die Lage nicht (. . .), sie schenken zur Zeit klaren Wein ein. (Januar 2009)

★ **Bettel, Dress**

Dialog Jean-Claude Juncker: „Und an diesem Tag zieht er (wieder) den ‚battledress' an." Xavier Bettel (DP): „Ich habe den jeden Tag an. Schon seit 37 Jahren heiße ich so." Juncker: „Besser ein ‚battledress' als ein ‚Bettel-Dress'." (Mai 2010)

D

Dementi Mein Hauptaugenmerk ist darauf gerichtet, die Menschen vor Nachteilen zu bewahren. Deshalb bin ich geradezu gezwungen, dafür zu sorgen, dass keine gefährlichen Gerüchte in Umlauf kommen. Wegen eines falschen Dementis renne ich jedenfalls nicht sofort zu meinem Beichtvater. Der liebe Gott versteht von den Finanzmärkten mehr als viele, die darüber schreiben. (Mai 2011)

Ich hatte zehn Sekunden Zeit, um zu entscheiden, wie ich auf die Meldung von ‚Spiegel Online' reagiere. Mal angenommen, ich hätte gesagt: „Okay, wir sitzen zusammen, aber ich sage nicht, worüber wir reden wollen." Das hätte an den Finanzmärkten einen Tsunami ausgelöst. Da habe ich mich lieber dafür entschieden, eine kleine Empörungswelle über eine Notlüge zu produzieren. (Dezember 2011)

Demokratur Das (was die LSAP macht) ist eine unerhörte Form von Demokratur, von Demokratie gar nicht zu reden (November 2004)

Denkpause, EU Es darf nicht nur eine Pause sein, es muss auch gedacht werden. (November 2005)

Dennewald, Robert Robert war letztes Jahr weniger sanftmütig mit mir umgesprungen als dieses Jahr. Doch, ich habe den Fortschritt schon bemerkt. (Januar 2013)

Robert Dennewald

Deutsche Trotz größter Anstrengungen wird es uns Luxemburgern in den nächsten Jahren nicht gelingen, bei der Bevölkerungszahl die Deutschen zu überflügeln. (Dezember 2000)

Die Deutschen haben es gern, wenn man ihnen den Spiegel vorhält. Sie hören gern die Wahrheit. Sie vergessen sie aber oft wieder. (Februar 2004)

Deutsche Bank Es ist mir jedes Jahr eine angenehme Freude, am Finanzmarkt-Forum der Deutschen Bank teilzunehmen. (Oktober 2002)

deutsche Position Wir haben uns alle daran gewöhnt, dass sich die deutsche Position evolutiv entwickelt (Dezember 2012)

Dass die Deutschen besonders Gehör finden, steht außer Frage. Das liegt an der schieren Größe. Aber es ist keinesfalls so, dass Deutschland in Europa den Kurs diktieren könnte. Es gibt ja auch noch die Niederlande, Schweden, Luxemburg

In der Politik spielen Geographie und Demographie eine große Rolle. Anfang des 20. Jahrhunderts hatten wir auf der Welt 20% Europäer. Im Jahr 2050 werden wir noch 7% Europäer haben, am 1. Januar 2100 noch 4% Europäer. (Dezember 2010)

Europa, einiges Die einzige Chance unseres Kontinents, nicht aus dem Bilderrahmen der Welt zu fallen, ist ein einiges Europa. Auch die Regierungschefs Deutschlands, Frankreichs oder Großbritanniens wissen, dass ihre Stimme international nur deshalb gehört wird, weil sie durch das Megafon der Europäischen Union sprechen. (März 2013)

Europa, Nachfrage Je weiter man von Europa entfernt ist, umso schöner ist auch Europa. Europa ist für mich nie schöner als in Asien oder in Afrika, weil alle asiatischen oder afrikanischen Gesprächspartner voll Bewunderung über dieses gelungene europäische Werk reden. (Januar 2002)
Es gibt eine riesige Nachfrage nach mehr Europa weltweit (. . .). Strahlende Kinderaugen in Afrika schauen nach Europa, hoffnungsvoll. Viele in Asien und sonst wo träumen von europäischer Stabilität. (September 2006)

Europa, soziales Wir haben die Alternative zwischen einem sozialen Europa, einem solidarischen Europa und einem nicht solidarischen Europa. Ich bin der Meinung, dass wir in Europa einen Mindestsockel von Arbeitnehmerrechten brauchen. (Juni 2005)
Der EU würde gut zu Gesicht stehen, wenn sie die soziale Dimension des Binnenmarkts stärker betonen würde. Ich wiederhole daher meine alte Forderung nach der Einführung von einem Mindestsockel an Arbeitnehmerrechten in der Union, zu dem auch ein gesetzlicher Mindestlohn in allen Mitgliedsländern gehört. Ich weiß, dass das nicht jeder so sieht. (März 2011)

★ Extragesetz

Dialog Robert Mehlen (ADR): „Ich habe eine Anfrage eingebracht (. . .), es ging um zwei präzise Fälle." Juncker: „Sie sind also wirklich der Meinung, wenn die Leute Wasser im Keller haben, dann sollen wir in die Abgeordnetenkammer kommen und ein Gesetz machen? Wir sind hier in einem Land, Herr Mehlen, das hier ist ein Staat, das hier ist nicht irgendeine Provinz von irgendeiner anderen Unterprovinz, das hier ist ein Staat. Und dieser Staat wird normalerweise so geführt, wie ein geordneter Staat geführt werden soll. Da kann man nicht für jeden Spatz, der draußen Hunger leidet, hier in die Abgeordnetenkammer kommen und Extra-Gesetze machen! Das ist mit allerbestem Willen nicht möglich. (November 1994)

EZB Ich bin durchaus Anhänger einer unabhängigen europäischen Zentralbank, die der Preisstabilität verpflichtet ist, da ich auch ein scharfer Gegner einer inflationsantreibenden Politik bin, die sich im Endeffekt immer gegen die Schwächeren in der Gesellschaft auswirkt. (April 1997)

Facebook Es ist ein Buch über Luxemburg herausgekommen, das heißt: ‚Was Sie über Luxemburg wissen müssen oder können.' Ich habe darin geblättert und festgestellt, dass ich nur 3608 Follower auf Facebook hätte. Das sind viele für jemanden, der keine Facebook-Seite hat. (Dezember 2012)

Familienpolitik Es wurde uns immer vorgeworfen, dass wir Familienpolitik mit der Gießkanne betreiben. Jetzt, wo wir Einschränkungen vornehmen, ist es auch nicht recht. (April 2010)

★ Familientradition

Dialog Henri Grethen (DP): „Das liegt bei Ihnen in der Familie." Juncker: „In unserem Familienstamm gibt es eine traditionelle Zärtlichkeit, Herr Grethen, etwas, was Sie noch nicht in der vollen Wirkung praktiziert haben."
(Dezember 1994)

Feind Mir fällt keiner ein, der mein Feind wäre. Also jemand, den ich zu einem Feind erklären würde. Ich finde, es sind verlorene Lebenstage, wenn man sich mit Feindschaften und mit Hass beschäftigt. Ich bin frei von diesen negativen Gefühlen. (Dezember 2012)

Fekter, Maria Sie hat eine im Werden begrif-

fene Entscheidung vor der Pressekonferenz mitgeteilt. (April 2012)
Ich komme aus einem Gespräch mit der österreichischen Finanzministerin, meiner Freundin Maria Fekter, die sich ansonsten meistens um meine Nierensteine kümmert. Aber heute hatten wir ein zielführenderes Gespräch als dieses abführende Gespräch, das ich damals mit ihr zu führen hatte.
Wir leben in geordneter Freundschaft.
(Januar 2013)

Maria Fekter

Fernsehinterview BR Alpha ist für ein Fernsehinterview mit 12 Leuten angereist, inklusive Maskenbildner für jede Wange.
(Dezember 2009)

★ Fernsehkamera

Dialog Robert Mehlen (ADR): „Wenn Sie einmal mehr Zeit haben, Herr Staatsminister, dann unterhalten wir uns de-

taillierter darüber." Juncker: „Ich würde mich, Herr Mehlen, über alles, was Sie gesagt haben, schrecklich gerne lange und im Detail unterhalten. Aber ich hätte es schrecklich gern, wenn immer eine Fernsehkamera dabei wäre. Der Genuss muss integral sein." (Mai 1996)

Finanzmärkte Das eigentliche Drama für einen Politiker ist, dass wir den Finanzmärkten hinterherlaufen. Und dass wir den Rhythmus von den Finanzmärkten diktiert bekommen, auch wenn die Länder schon alle größere Reformen durchführen. (Dezember 2010)

Finanzminister Ein Finanzminister, der Geschenke macht, soll sich einen anderen Beruf suchen. Man ist nicht Finanzminister, um Geschenke zu machen. (Dezember 2001)
Ein Finanzminister gehört nie zu den beliebtesten Menschen in einem Land. Bei mir ist es immer gut gegangen, aber das war Zufall. (Dezember 2009)

Finanzplatz Mir müssen uns aus der babylonischen Einnahmen-Gefangenschaft des Finanzplatzes befreien. (Mai 2010)
Es kann nicht sein, dass der Finanzplatz allein die Schwächen anderer Wirtschaftsbereiche kompensiert. (Dezember 2010)

Fischer, Joschka Fischer gehört zu den deutschen Politikern, die so gestrickt sind, dass für sie das europäische Engagement noch eine Herzensangelegenheit ist. (Juli 2003)
Ich bin völlig außerstande, zu Joschka Fischer die notwendige kritische Distanz

zu entwickeln, die man bräuchte, um ihn gebührend loben zu können. Ich kenne ihn zu gut. (Mai 2004)

Joschka Fischer

Flipper, spielen Dass die letzte Flipper-Firma in Kanada im Jahr 2003 dicht gemacht hat – das war die schlimmste Nachricht des Jahres. Mich erschüttert nur wenig, aber das hat mich erschüttert. (Januar 2004)
Den Flipper-Automaten in der Garage, den traktiere ich von Zeit zu Zeit. Der macht Krach, leuchtet und pfeift und tutet. Ich hab' das schrecklich gern. (September 2004)
Flipper spielen ist für mich wie ein Ausflug in eine unwichtige Welt, den ich mir ab und zu gönne. Ich habe einen Flipper zu Hause in der Garage stehen. Dass diese Dinger kaum noch gebaut werden, halte ich persönlich für einen kulturellen Rückschritt. (Dezember 2010)

★ **Folterkammer, von Ceausescu**

Dialog Jean-Claude Juncker: „Ich finde es unerhört! Sie haben es nicht so gemeint, Herr Grethen? Deshalb geniere ich mich auch, dass ich mich so lange damit aufhalte. Sie können nicht die

Luxemburger Politik mit dem Horror-
szenario und mit der Folterkammer von
Ceausescu und anderen Leuten vergleichen. Einigen wir uns darauf, dass Sie
das nicht hätten sagen sollen und dass
ich nicht darauf hätte antworten sollen.
Henri Grethen (DP): „Lassen Sie sich
nicht provozieren." (Dezember 1994)

Frankfurt / Petra Roth

Folterwerkzeuge Sie können sicher sein: Wir
haben die Folterwerkzeuge im Keller,
und wir zeigen sie, wenn es nötig ist. Das
Problem ist: Wenn alle wissen, dass es
einen Schrank voller Maßnahmen in der
Euro-Zone gibt, dann sieht keiner mehr
die Notwendigkeit, seine Haushaltspolitik
ambitioniert zu betreiben. Ich kann Sie
deswegen nur wissen lassen, dass es
Instrumente gibt. Ich darf aber nicht so
konkret werden, dass meine Antwort zu
einem Nachlassen der Sparbemühungen
in Griechenland führen würde.
(März 2010)

Fortis Bank Gestern, am 28. September, musste ich mich 18 Stunden um die Rettung der
Fortis Bank kümmern. Heute abend, um
23 Uhr, muss ich in einer ähnlichen, wenn
auch nicht identischen Sache in Brüssel
sein, damit nicht weitere Unglücke passieren. (September 2008)

Frankfurt Für die Stadt Frankfurt habe ich
nicht nur wegen der Intelligenz und des
Charmes der Oberbürgermeisterin Petra
Roth, sondern auch wegen der Bedeutung
dieser Stadt für die europäische Finanz-
wirtschaft größte Bewunderung.
(Januar 2009)

Frankreich Unser großes Wissen über französische und deutsche Vorgänge lassen
uns auf Frankreich ein Licht werfen, das
anders ist als die Eigenbespiegelung
Frankreichs und auch verschieden ist vom
Blick, den die Deutschen auf Frankreich
werfen. Im umgekehrten Verhältnis
Frankreich – Deutschland ist das ebenso.
(Mai 2002)

Französisch Beim Thema ‚französisch sprechen in Luxemburg' könnte man folgendes
antworten: Wenn die Verkäuferin Sie
zwingt, französisch zu sprechen, dann liegt
das unter anderem daran, dass Sie alles
unternommen haben, damit Ihr Sohn oder
Ihre Tochter eine Stelle in der kommuna-
len Verwaltung oder anderswo findet, aber
keinesfalls im Einzelhandel. Das Problem
ist somit sicherlich mit der sozialen Hier-
archisierung der beruflichen Tätigkeiten
in den Mentalitäten verbunden, nach dem
Motto: die Luxemburger übernehmen
Planungs- und Administrationsaufgaben
- und die Ausländer die Arbeiten in der
Produktion. (Oktober 1991)

Frauen Im Vergleich mit allen anderen Partei-
en in Luxemburg steht die CSV am besten
da, was junge Politiker und was Frauen auf

verantwortungsvollen Posten anbelangt. Dennoch halte ich weitere Anstrengungen für erforderlich. (Januar 1995)

Könnte ich mir eine Frau als Regierungschefin in Luxemburg vorstellen? Ja, absolut. (Juni 1999)

Freier Mann Ich war gefesselt von den Finanzmärkten. Wenn Sie als Präsident der Eurogruppe sprechen, hören Sie auf, ein freier Mann zu sein. (Januar 2013)

Was ich über acht Jahre vermisst habe: die freie Rede. Der musste ich Zügel anlegen in den letzten acht Jahren, weil man sehr genau darauf achtete, was ich zum Ausdruck brachte. Und dies hat auch an den Finanzmärkten immer wieder zu Kapriolen und zu erratischen und irrationalen Reaktionen geführt. Ich bin jetzt wieder ein freier Mann, kann sagen, was ich denke. Und ich werde mich in die europäische Debatte immer dann einbringen, wenn ich denke, es wäre gut, dass die Stimme der Vernunft sich meldet. (Januar 2013)

★ **Freunde, aussuchen**

Dialog Mars Di Bartolomeo (LSAP): „Herr Staatsminister, bis jetzt habe ich mir meine Freunde noch immer selbst ausgesucht." Juncker: „Das ehrt Sie. Und ich bin auch immer gut damit gefahren." (Juli 2002, im Parlament)

★ **Freundschaft, überprüfen**

Dialog René Urbany (KP): „Ich habe das Gefühl, Sie sind aus der Freundschafts-

bande ausgeschlossen." Juncker: „Ja, es ist schrecklich, Herr Urbany. Ich habe Sie immer zu meinen politischen Freunden gezählt. Ich muss das tatsächlich auch einem Revisionsprozess unterwerfen, weil auch die Äußerungen, die Sie hier gemacht haben, im Zusammenhang mit der geplanten Reform des Arbeitsvertragsrechts und des Kündigungsschutzes, für mich so schrecklich waren, weil so falsch, dass ich mich wirklich nicht mehr in den alten Freundschaftsbanden wiedererkenne, die bis jetzt unsere Beziehungen in diesem Haus hier charakterisiert haben." (März 1989)

Frieden, Luc Eine anregende und streckenweise auch aufregende Lektüre, die (...) der Berichterstatter Luc Frieden vorgelegt hat. (Dezember 1996)

Es wurde kein Pressesprecher im Finanzministerium eingestellt, weil ich für das Finanzministerium selbst spreche. Und wenn es mir die Sprache verschlägt, was vorkommt, was man aber selten merkt, dann spricht Herr Frieden, ehe ich den Mund aufgemacht habe. (Februar 1999)

Luc Frieden

früh aufstehen Die luxemburgischen und ausländischen Medien berichten darüber, was ich außerhalb Luxemburgs übernehme. Sie berichten nicht, dass ich morgens um 4 Uhr aufstehe, das Flugzeug nehme und abends um 11 wieder zu Hause bin, wenn ich tagsüber unterwegs bin. (Dezember 2012)

F

Fußball, unser Leben Ist Fußball wirklich unser Leben? Erstaunlich ist, mit welcher Selbstverständlichkeit das Religiöse Einzug in die Stadien hält und Einzelspieler sich völlig ungeniert bekreuzigen oder Koranverse zitieren. (Juli 2010)

Fußball, unser Leben

G 20 Es ist eine Anomalie, dass der Chef der Europäischen Zentralbank, also der ‚monetäre Vertreter' des Euro, an den Beratungen teilnimmt, nicht aber der Präsident der Eurogruppe als politischer Vertreter. (Juni 2011)

Geburtstag Ein Studienrat schrieb mir zum 55. Geburtstag eine SMS: „Wir Studienräte arbeiten in diesem Alter nur mehr 17 Stunden pro Woche. Du, Jean-Claude, musst mit 55 hoffentlich endlich weniger als 17 Stunden pro Tag arbeiten." (Dezember 2009)

Geduld Was Europa betrifft, gilt für mich: Jeden Tag geduldig daran arbeiten, schön langsam, Stück für Stück. (Juli 2005)

Gefallen Weil ich weiß, dass ich mich nicht in dem Maße verändern könnte, um Ihnen zu gefallen, bleibe ich lieber gleich der, der ich bin (auf die Frage der Reporterin, ob er nicht mal Kontaktlinsen oder einen anderen Haarschnitt ausprobieren würde, Anm.) (August 1998)

Gegeneinander Die grundsätzliche Bereitschaft, in vitalen Bereichen das Miteinander anzustreben und das plumpe Gegeneinander zu vermeiden, ist eine luxemburgische Kardinaltugend. Sie wird manchmal vom brüsk aufflammenden Tagesstreit überdeckt, so wie in der Pensionsfrage leider geschehen (. . .). Doch insgesamt gilt: Wir sind zu klein, um unsere Zukunftsprobleme im Gegeneinander zu lösen. Wir sind nicht groß genug, um auf das Miteinander verzichten zu können. (Juni 1999)

Geheimtreffen, in Luxemburg Als wir mit der Sitzung begonnen hatten, kam die Meldung, dass die Fünf – Frankreich, Deutschland, Italien, Spanien und Griechenland – zusammensäßen, um über den Ausstieg Griechenlands aus der Eurozone zu beratschlagen. Als diese Meldung fiel, habe ich dementieren lassen, dass eine Eurogruppe-Sitzung stattfindet und ich habe auch dementieren lassen, dass wir über diese Frage reden (. . .). Allein das über Spiegel Online verbreitete Gerücht hat ja schon dafür gesorgt, dass der Euro innerhalb kürzester Zeit an Wert verloren hat. Also habe ich entschieden, zu dementieren, um schlimmeres Unheil zu verhindern. (Mai 2011)

Geiselnahme Die Geiselnahme in Wasserbillig gehört zu meinen schwersten Stunden seit ich in der Regierung bin. (April 2004)

Geld Ich habe ein zwiespältiges Verhältnis zu Geld. Persönlich eigentlich überhaupt keines, in dem Sinne, dass ich der Vermehrung von Geld nichts abgewinnen kann (. . .). Geld stimmt mich eher skeptisch. Denn wir leben in einer gesellschaftlichen Atmosphäre, in der Geld äusserlich eine viel zu dominante Rolle spielt, während

das Immaterielle, die eigentlich wichtigen Werte im Leben, ungenügend beachtet werden. Insofern bin ich als Finanzminister fast eine Fehlbesetzung, da ich mit seinem wesentlichen Handwerkszeug auch Negatives verbinde. (November 2001)

Geld kann nicht arbeiten. Das müssen wir begreifen. Ich gehöre zu den altmodischen Politikern, die denken, dass man seinen Lebensunterhalt verdienen muss. Wohlstand ohne Schweiß darf es nicht geben. Wir müssen mit den Illusionen der Finanzwelt aufräumen und dafür sorgen, dass legitim gewählte Regierungen die Normen für den Markt festlegen – und nicht der Markt selbst. (Februar 2009)

Geldanlage Mein privates Geld investiere ich in klassische Sparguthaben. (Dezember 2010)

Geldgier Geld und Gier, dann also auch Geldgier, ist etwas, wozu man sich nicht offen bekennt. Und deshalb versteckt man sie in komplizierten Produkten, in intransparent strukturierten Finanzprodukten, die man anbietet. Man möchte ja nicht der Geldgier unterliegen und deshalb möchte man auch nicht verstehen, was man eigentlich tut und wie man es tut und auf Kosten wessen man es tut. (März 2010)

gemütlich Es geht darum, dass es gemütlich hier im Land bleibt, ohne dass es langweilig wird. (Januar 1995)

Generationen Ich habe jetzt noch Lust auf einen anderen pathetischen Satz: Ich bin eigentlich ein Wanderer zwischen den Generationen- weswegen ich eigentlich nicht so hundertprozentig in unsere Zeit passe. Aber unsere Zeit ist nichts, wenn

man die Zeit vorher nicht kapiert hat! (Dezember 2008)

★ **Geostrategisches Unding**

Dialog Juncker: „Ich lasse mich nicht in die geistige Nähe von Hitler stellen. Wenn Sie mich besser kennen würden, hätten Sie das nicht gesagt." Christoph Blocher (SVP Schweizerische Volkspartei): „Wir wollen kein geostrategisches Unding sein. Da sind wir empfindlich. Wir wollen ernst genommen werden. Die Schweiz musste immer für ihre Freiheit kämpfen." (Januar 2011)

Gesangsverein Man muss nüchtern erkennen, dass die Euro-Gruppe kein Gesangsverein ist, wo der Vorsitzende nur ansetzen muss und dann alle mit einstimmen. (Februar 2006)

★ **Geschichtsbücher**

Dialog Jean-Marc Sturm (Radio DNR): „Durch Ihre Arbeit, Ihr Engagement für das Zusammenwachsen der Europäischen Union werden Sie wohl in den den Geschichtsbüchern in einer Linie genannt werden mit Leuten wie Robert Schuman, Pierre Werner und anderen. Sie scheinen prädestiniert zu sein für den Posten des EU-Präsidenten. Wie kann man solch einem Angebot widerstehen?" Juncker: „Ich finde, dass Sie gut anfangen. Weil, wenn Sie mich in dieselbe Reihe wie Schuman und andere

stellen, dann ist das ja etwas, was mir gefällt, woran ich aber nicht richtig glaube." (Dezember 2007)

Geschichtsbücher, Eingang Es liegt nicht unbedingt im Spektrum meiner Ambitionen, in die Geschichtsbücher einzugehen. Ich würde mir aber wünschen, dass dabei nicht lediglich eine kurze Zeit des Schaffens zur Beurteilung herangezogen wird, sondern ein längerer Zeitraum: Hat man Überzeugungen zum Durchbruch verholfen oder hat man eine wertneutrale Politik betrieben? (. . .) Es gibt Dinge, auf die ich stolz bin und die ich für dauerhaft wirksam halte. Die Kündigungsreform von 1989 war die absolute Weigerung, den Neoliberalismus in Luxemburg einfach durchzuwinken und das Arbeitsrecht total aufzulösen im Sinne einer ,Entnormierung' der Arbeitsverhältnisse. Das hat dazu geführt, dass wir in Luxemburg im Gegensatz zum Ausland in der Regel noch unbefristete Arbeitsverträge haben. Ich bin sehr stolz über das Gesetz zur Leiharbeit, das festlegt, dass ein Leiharbeiter den gleichen Lohn erhält wie ein Festangestellter, der im gleichen Unternehmen die gleiche Arbeit macht. Das war eine absolute Bremse für den Neoliberalismus. Ich bin sehr stolz auf das ,statut unique', d.h. die Auflösung der unberechtigten Unterschiede zwischen Arbeitern und Angestellten. Ich bin stolz, dass wir Ende der 1990er Jahre eine Reform der Staatsbeamtenrenten durchgeführt haben, die heute niemand mehr wesentlich in Frage stellt. Ich bin stolz, dass ich als

Finanz- und Budgetminister geholfen habe, die Finanzierung des Mindesteinkommens sicherzustellen, etwas, was viele Länder ebenfalls nicht haben. Oder die Einführung der Pflegeversicherung, die ich für eine der wichtigsten Reformen halte, die viele heftigst bekämpften, und die ich als Finanzminister mit abgesichert habe. So könnte ich weiter - gründlich - über meine Bilanz sprechen. (Dezember 2012)

gerecht Dass immer mehr Menschen den Eindruck haben, es geht nicht mehr gerecht in unseren Gesellschaften zu, weil die Banken gerettet werden und die sogenannten kleinen Leute die Zeche zahlen, stellt einen Sprengsatz für unser sozialwirtschaftliches Gesellschaftsmodell dar. (Juni 2011)

Gesundheitszustand Über meinen Gesundheitszustand gebe ich nur in den gravierendsten Fällen öffentliche Erklärungen ab, und mein Gesundheitszustand ist nicht gravierend. (April 2012)

Gewerkschaften Es ist nicht die Pflicht der Regierung, sich ,koste was es wolle' mit den Gewerkschaften zu einigen. Es ist die Pflicht der Regierung, nach Anhörung aller Standpunkte, ihre Aufgabe und ihr Handwerk zu tun. Von ihr wird erwartet, dass sie regiert. Die Gewerkschaften sollen wissen, dass sie nicht regieren und auch nicht mitregieren. Sie können, wenn es ihnen danach zumute ist, den Versuch unternehmen, einen Gesetzesentwurf einzubringen (. . . .). Es wird ihnen nicht gelingen, sich selbst in die Regierung hineinzustreiken. (Februar 1992)

Ich habe übers Wochenende alle Gewerk-

schafts- und Patronatspräsidenten empfangen, weil ich die Meinung derjenigen, die auch eine große Verantwortung in unserer Gesellschaft tragen, hören wollte. Ich will im Dialog sein mit denen, die das Leben in Luxemburg mitgestalten. (Januar 1995)

Ich begegne pausenlos Leuten, die mir etwas ganz anderes sagen als das, was ihre Gewerkschaften sagen. Das sind keine Leute, die mir etwa gefallen wollen, denn davon haben sie nichts. (Dezember 2010)

Man muss den Gewerkschaften erklären, dass es zum Haushaltskonsolidierungsprozess keine Alternative gibt. Sie müssen einsehen, dass Europa sich nicht weiter verschulden kann, dass es wettbewerbsfähiger werden und die notwendigen Strukturreformen in die Wege leiten muss. Wie diese Reformen jeweils ausfallen, müssen die Regierungen der Mitgliedsländer jede für sich selbst entscheiden. (Juni 2011)

Gier Die Gier und die Arroganz des Geldes regen mich furchtbar auf. Diese doppelte Geschwindigkeit - die einen gehen zum Arbeitsamt und die anderen greifen zur Kasse - verträgt auf Dauer keine Gesellschaft. Wenn ich all dies beobachte und feststellen muss, dass nichts passiert, werde ich wütend. Ich werde aber auch wütend über mich selbst, weil ich glaube, dass ich mehr tun könnte. (Dezember 2009)

★ **glatt gekämmt**

Dialog Gabi Wuttke (Deutschlandradio): „Auch dem Vorsitzenden der Euro-Gruppe, Luxemburgs Premierminister Jean-Claude Juncker standen ob dieser Abmachung, Stichwort: ‚Deauville-Deal‘, erst mal die Haare zu Berge. Jetzt ist er am Telefon. Guten Morgen, Herr Juncker!" Juncker: „Guten Morgen! Ich bin wieder glatt gekämmt." (Oktober 2010)

Glauben Ich treffe meine Entscheidungen immer vor dem Hintergrund meines christlichen Glaubens. Glaube an Gott heißt für mich auch Einladung zur Toleranz Andersdenkender. Ich bin immer wieder überrascht, dass diejenigen, die von völlig anderer Provenienz herkommen, zu genau demselben Ergebnis kommen, zu dem ich komme, wenn ich vor dem Hintergrund meiner Glaubenseinsicht denke und reagiere. Da muss ich mir dann nicht die quälende Frage stellen, wer Recht hat. Wir haben beide Recht. Ich belästige andere Menschen nicht mit meinem Glauben an Gott, aber: Jeder muss wissen, dass ich vor diesem Hintergrund denke und mache, mehr noch: fühle. (Mai 2008)

Mein Glaube an Gott ist für mich eine wichtige Orientierungshilfe. Und Glaube ist für mich in erster Linie Liebe für die anderen. (Dezember 2010)

Gott Wenn in der Präambel (des Verfassungsvertrags) die noch heute gültigen religiösen Werte erwähnt werden, kann ich Gott ohne Mühe zwischen den Zeilen erkennen. Mich ärgert demnach die Aufdringlichkeit derer, die unbedingt verhindern wollen, dass Gott erwähnt wird. Mich ärgert aber auch die Aufdringlichkeit derer, die Gott unbedingt erwähnt sehen wollen. Ich hätte gerne, dass Europa eine Veranstaltung

der Toleranz wird. (Oktober 2003)

Ich habe Chirac und anderen erklärt, ich wäre der Meinung, als gläubiger Christ, Gott hätte das überhaupt nicht nötig, weil er ist da, ob wir ihn da hineinschreiben oder nicht, er ist da. Und wenn Gott nicht Gott wäre, sondern Lichtenberg, dann würde er sagen: ‚Auf Euren Kleinkram lach' ich Philosoph aus heiterer Höhe.' Er thront in heiterer Höhe und lacht über diese Debatte. Weil ich mir ohnehin einen lachenden Gott wünsche, einen, der Humor hat und der die Menschen kennt. Und ich glaube, er kennt sie sehr gut, weil er sie erschaffen hat. (Mai 2006)

Gratiszeitung Tamedia ist inzwischen in Luxemburg ein Begriff der neuen publizistischen Mitte geworden, weil Tamedia gemeinsam mit meinen Freunden von Editpress ein sehr erfolgreiches Presseprodukt, eine richtige Gratiszeitung, auf den Markt gebracht hat, die sehr gut ist und bei deren Lektüre man merkt, dass sie von Menschen gemacht wird, die ihr Handwerk verstehen. Ein einfaches Handwerk ist das ja nicht: Eine Gratiszeitung mit Erfolg auf einem eigentlich übersättigten Zeitungsmarkt, wie der luxemburgische es ist, unters Volk zu bringen. Ich lese sie jedenfalls jeden Tag, muss sie aber immer abholen, weil sie ja nicht frei Haus geliefert wird. Ich muss dann auf einen öffentlichen Platz in Luxemburg ausweichen, 400 Meter von meinem Büro entfernt, und dieser morgendliche Gang tut mir eigentlich sehr gut. Trotzdem wäre ich dankbar dafür, wenn man sich mal überlegen könnte, mir einen Sonderservice anzubieten, derge-

stalt, dass mir die Zeitung ‚L'Essentiel' frei Haus geliefert würde. (Januar 2008)

Gratiszeitung

Grenzen Jetzt steht das Einzige, was Europa sympathisch in den Augen der Menschen macht - die offenen Grenzen - zur Disposition. (Juni 2011)

Grenzen sind eigentlich die schlechteste Erfindung, die Politiker je gemacht haben. Politiker sind ja zu manchen schlimmen Erfindungen fähig. Aber die Erfindung der Grenze war der eigentliche Sündenfall vor dem Gebot des notwendigen Zusammenrückens der Menschheit. (Oktober 2011)

Grenzgänger Mit den Grenzgängern ist der große Vorteil verbunden, dass sie keine zusätzliche Wohninfrastruktur brauchen. Oder anders ausgedrückt, was ich bevorzuge: Die Grenzgänger müssen sich nicht die Tortur der Wohnungssuche antun. Das ist ein Aspekt, den man nie vergessen darf. Aus diesem Grund habe ich etwas in die Wege geleitet, was wir früher nie gemacht haben: Portugiesen oder Algeriern, die in Belgien oder in Frankreich wohnen, eine Arbeitsgenehmigung zu erteilen, falls sie den Wunsch haben, bei uns zu arbeiten. (Oktober 1991)

Leute, die eine Arbeit suchen, müssen

G

auch bereit sein, eine Stelle zu jenen Bedingungen anzunehmen, wie sie von Grenzgängern in Kauf genommen werden, sprich längere Anfahrtswege, sprich Schichtarbeit. (Januar 1995)

Wenn ich mir jene Tausende von Briefen und Karten der Grenzgänger anschaue, dann merke ich, dass die Gewerkschaften, die zu diesen Schreiben aufgerufen haben, ihre Sache schlecht erklärt haben. Ich kann nicht jedes Schreiben individuell beantworten. Das gilt auch für jene Tausende von Briefen, die ich aktuell aus Deutschland bekomme, wegen der Eurobonds. Ich würde sonst gar nichts mehr anderes tun können. (Dezember 2010)

Griechenland Griechenlands Lage ist in vollem Umfang selbstverschuldet. Griechenland hat es versäumt, nötige Strukturreformen einzuleiten. Die Lohnentwicklung sowohl im Privatsektor als auch im öffentlichen Bereich lag weit über den Möglichkeiten der Wirtschaft. (März 2010)

Griechenland hat kein Grundbuch. Ein Grundbuch braucht man, wenn man wissen möchte, was wem gehört. Weil sonst gehört allen alles und niemandem nichts. (Oktober 2011)

Wir können nicht zulassen, dass ein Land zwischen dem Balkan und der Türkei auseinanderfällt. (Februar 2012)

Großbritannien Auch ein großes europäisches Land ist nur groß, weil es zu den führenden Staaten der EU gehört. Großbritannien ohne Europa wird Britannien. Camerons Manöver enthält großes Erpressungspotenzial. Mit dem Revolver an der Schläfe kann man nicht handeln. (Januar 2013)

Großherzog Jean Er ist ganz stark an anderen Menschen interessiert. Er ist einer, dem die anderen Leute nicht egal sind. Er ist keiner, der in seinem Palast gesessen ist oder der jetzt im Schloss Fischbach sitzt und sich abschottet gegenüber dem, was im Land oder in der Welt vor sich geht. (Januar 2011)

Seine Frau hat in seinem Leben eine außergewöhnlich große Rolle gespielt. In der Abgeordnetenkammer habe ich einmal gesagt: ,Als die Großherzogin gestorben ist, hat er die Prinzessin seines Lebens verloren.' Das war auch so. (Januar 2011)

Ich würde ihm gerne ,merci' sagen für die guten Ratschläge, die er mir damals, als noch jungem Staatsminister, gegeben hat. Ich vergesse nie, dass ich der einzige Staatsminister bin, der vom Großherzog vereidigt wurde, der deutlich nach dem Zweiten Weltkrieg geboren wurde. Ich war auch der einzige - aber das ist jetzt fast ein lächerliches Detail- der in der Villa Vauban vereidigt werden musste, weil der großherzogliche Palast damals gerade umgebaut wurde. (Januar 2011)

Großherzog Jean

Großherzogtum Obwohl Luxemburg ein Großherzogtum ist, haben wir, seit wir zum ersten Mal den Blick über den Rand der Kindeswiege hinaus gewagt haben, festgestellt, dass es andere gibt, die größer sind als wir. Es gibt eigentlich für ein Großherzogtum kaum einen Kleineren, aber für einen Großen immer einen Größeren. Insofern ist dies ein Forschungsgegenstand der politischen Relativitätstheorie, zu dem ich künftige Doktoranden eigentlich nur inspirieren möchte. (Juli 2001)

Großmutter Meine Großmutter hat damit leben müssen, dass Hitler fünf ihrer Söhne in den Krieg geschickt hat. In einen Krieg, der mit ihnen überhaupt nichts zu tun hatte. Sie mussten eine in Luxemburg verhasste Uniform anziehen, um gegen die zu kämpfen, die damit beschäftigt waren, Luxemburg von der deutschen Besatzung zu befreien. Das war ein individuelles und kollektives Drama damals. (Dezember 2009)

Großregion Sagen wir so: Es ist eine Region, die unterwegs ist. Die sich für meinen Geschmack zu langsam bewegt, aber immerhin in Bewegung ist. Aber die Vorstellung, dass dauernd in der Zirkuskuppel neue Nummern geboten werden, ist aberwitzig. Nein, wir arbeiten sehr konkret an vielen Projekten. (Juni 2003)

Grüne Ich habe noch nirgends in Europa eine so an materiellen Werten inspirierte grüne Bewegung gesehen wie in Luxemburg. (Mai 1999)
Muck Huss, der nicht so viel Verständnis für die Interessen des Landes hat wie sein Parteikollege François Bausch, sagt immer, die CSV müsse sich noch stark ändern,

bevor sie mit den Grünen eine Koalition eingehen könne. Mein Eindruck ist, dass die Grünen sich noch viel ändern müssen, bevor sie für eine Koalition mit der CSV in Frage kommen: mehr Bausch und weniger Huss. (Juni 2004)
Ich habe keine prinzipielle Schwierigkeit, mit den Grünen eine Koalition zu bilden. Meine Partei hat schon in Sassenheim eine derartige Koalition gebildet. (Juni 2004)

Grüne, François Bausch

★ **Gunst gewinnen**

Dialog Anne Brasseur (DP): „Entschuldigen Sie. Ist Ihnen soviel daran gelegen, sich beliebt zu machen? Das ist dann ein neuer Stil." Juncker: „Wenn mich auf eine Art und Weise bewegen könnte, welche die Möglichkeit größer machen könnte, dass ich auch endlich Ihre Gunst gewinne, dann wäre mir das alle Anstrengung dieser Welt wert." (März 1995)

Handwerk Es ist, das geben die Bischöfe ohne jeden Zweifel zu, noch kein Meister vom Himmel gefallen. Wenn man Politik - ein Handwerk, das man auch lernen muss - richtig beherrschen möchte, muss man früh damit anfangen. Oder, wenn man später anfängt, schnell lernen, sonst ist es schon wieder vorbei. (September 2005)

Handwerksverbände Ich habe einen Fehler gemacht. Der Fehler war, mir alle Leitartikel der Zeitschriften der luxemburgischen Arbeitgeberverbände der letzten 12 Monate noch einmal vorlegen zu lassen. Erschreckende Lektüre und zärtliche Lektüre gleichermaßen. Weil sowohl bei der Fedil als auch bei Handwerksverbänden und anderen kam eine Sehnsucht zum Ausdruck, die mich doch trotzdem sehr berührt und angerührt hat, nämlich: Juncker kommt zurück. Und jetzt kümmert er sich um die Dinge des Landes. Das ist eine Falschmeldung. Und eine Fehlinformation, weil man nicht irgendwo zurückkehren kann, wo man nie weg war. (Januar 2013)

Handwerksverbände

Haushaltsdisziplin Ich bitte darum, Haushaltsdisziplin und Austerität nicht miteinander zu vermischen. Ich lege viel Wert darauf, die Mittel, die uns die Sprache bietet, auch zu nutzen. (März 2012)

Haushaltspolitik Unsere Politik bewegt sich eher im Reflexraum eines Familienvaters oder eines Oberbürgermeisters einer deutschen Mittelstadt als einer monetär abgefederten Finanzpolitik, bei der man mit Ausweitung von Kapazitäten spielen kann. Wir sind nicht Meister über die Rahmenbedingungen der Haushaltspolitik. Daher unsere Überzeugung, dass man nicht mehr Geld ausgeben soll, als man zur Verfügung hat. (April 1997)

Heinrich Brauns-Preis Dieser Preis hat wirklich etwas mit meinem Leben zu tun. (Februar 2004)

Held von Dublin In Dublin habe ich, auf Anfrage von Helmut Kohl und Jacques Chirac, versucht, eine Einigung in Sachen

Stabilitätspakt herbeizuführen, mit der auch die anderen Mitgliedsstaaten leben konnten. Es war schwer genug, Deutschland und Frankreich zusammenzuführen, aber das war nicht ausreichend. In Dublin war die Situation so verfahren, dass einer ran musste, der beide Länder gut kennt, und einer, der über das nötige Fachwissen verfügt. Als Held von Dublin kam ich mir damals nicht vor, und auch heute nicht. Allerdings lasse ich es mir gerne gefallen, wenn man mich als solchen bezeichnet. (Dezember 2012)

Held des Tages In Europa ist es leider so, dass jener der Held des Tages ist, der kräftig auf die nationale Trommel schlägt. Wer versucht, das europäische Ganze zu sehen, der sieht ein bisschen aus wie ein Hund, der den Rückzug antritt. (Dezember 2003)

Hellseher Wenn ich Hellseher wäre, würde ich mein Geld auf der Kirmes verdienen. (November 2012)

Hilfspaket, Griechenland Ich bin fest davon überzeugt, dass Griechenland diese Hilfe nie wird in Anspruch nehmen müssen, weil das griechische Konsolidierungsprogramm in höchstem Maße glaubwürdig ist. (März 2010)

Hinzert Hier sind Menschen gestorben, weil sie ihre Überzeugungen nicht verstecken wollten, und weil sie in Momenten, wo andere geschwiegen haben, weggeschaut haben, sich gegen das Unrecht aufgelehnt haben. (Dezember 2005)

Hoffmann, André Ich führe es einzig und allein auf unseren Altersunterschied zurück, dass wir uns nie in denselben Schulen begegnet sind. (Mai 2000)

André Hoffmann

Hühnerhaufen In der Außen- und Sicherheitspolitik darf die EU nicht wie ein aufgeregter Hühnerhaufen wirken, sie muss wie eine geschlossene Kampfformation auftreten. (Oktober 2007)

Hund Mein Hund Dagobert ist ja ein ganz spezieller Hund, weil er ein schwarzer Hund ist. Er hat einen Platz ausfindig gemacht, der ihm besonders gut gefällt, das ist der Laderaum des Autos, das meiner Frau gehört. Der Hund wird verrückt, wenn der Laderaum nicht aufgemacht wird und er sich da nicht hineinlegen kann, um dann auf die Straße zu schauen. Er verlässt diesen Platz eigentlich nur, um am Morgen mit den Kindern zu diskutieren, wenn sie in die Schule gehen, oder abends, um mit den Leuten, die eher im Rentenalter sind, zu diskutieren. Die haben sich auch angewöhnt, meinem Hund täglich ‚moien' zu sagen. Würde der Laderaum zugemacht werden, wäre das ein großes Psychodrama für den Hund. Und das macht man nicht mit einem schwarzen Hund. Um den soll man sich gut kümmern. (Dezember 2004)

Hungertod Europa hat auch eine Aufgabe in der Welt. Europa ist nicht nur für Europa da. Solange pro Tag weltweit 25.000

Kinder den Hungertod sterben, solange
hat Europa seine Aufgabe in der welt
nicht erledigt. Und das größte europäische
Projekt muss das sein, dass wir Europäer
- und wenn es sein muss, wir allein – in
den nächsten 30 Jahren Hunger und Armut
von der Erdoberfläche vertreiben. Das ist
europäische Pflicht. (Mai 2006)

H

★ Idee, gute

Dialog Juncker: „Ich sehe, Herr Bausch ist froh, dass er seine eigenen Ideen hier noch einmal so klar ausgedrückt bekommt." François Bausch (Déi Greng): „Ich habe es immer gern, wenn gute Ideen wiederholt werden." Juncker: „Die Idee ist gut, aber sie ist falsch." (Dezember 2002)

Idiot An einem Tag (im Jahr 2004) gerieten die Verhandlungen im Brüsseler Berlaymont-Gebäude ins Stocken. Alle brauchten erst mal frische Luft. Kaum wieder im Saal, hatte der Erste seinen Nachbarn auch schon einen Idioten gescholten. Nach drei Minuten hatte jeder jeden zum Idioten erklärt. Danach konnte weiterverhandelt werden. Mit Erfolg. (Januar 2005)

Imagepflege Imagepflege ist mir fremd. Man darf wachsen, aber sich selbst nicht entwachsen. (Dezember 2010)

★ in

Dialog Moderator (RTL Radio Lëtzebuerg): „Haben Sie eine Erklärung für den hohen Wahlsieg? Ist konservativ ‚in'?" Juncker: „Nein, die CSV ist ‚in'." (Juni 2004)

Informationstechnik Das, was der Satellit Mitte der 80er Jahre war, muss die Informationstechnik mit der Datenautobahn in der Mitte der 90er Jahre werden. Um diesen neuen Sektor muss man sich bemühen, das schafft Arbeitsplätze. Ich will jedenfalls nicht derjenige sein, der diesen Zug verpasst. (Januar 1995)

Inder ‚Kinder statt Inder'-Kampagne in Deutschland? Für den europäischen Hochmut ist es gut zu erfahren, dass nicht alles Wissen und alle Intelligenz in Europa konzentriert sind. (März 2000)

Index Ich habe keineswegs Probleme mit der Idee einer maximalen Indextranche. (Juni 2009)
Wir wollen den Index nicht abschaffen, aber wir müssen diesen Automatismus im Auge behalten (. . .) Ich verstehe die Gewerkschaften nicht, habe ich doch mit der befristeten Deckelung des Index eine Lösung vorgeschlagen, die bereits im Indexgesetz von 1984 steht. Auch bei der Rede zur Lage der Nation 2005 habe ich diese Lösung bereits vorgeschlagen. Diesmal habe ich mit der Abänderung des Indexwarenkorbs, aus dem die Erdölprodukte entfernt werden könnten, eine weitere Lösung angeboten. Die Bürger werden verstehen, dass hier etwas getan werden muss, davon bin ich überzeugt. Deshalb ist mir nicht bange in dieser Frage. (Juli 2010)

Ich habe soviel Zuspruch für den (Index-) Vorschlag bekommen. Von allen Sorten von Luxemburgern. Wirklich massiv und tausendfach in Form von Briefen. Ich habe fast soviel Post und Briefe von den Luxemburgern zum Thema Index bekommen wie von den Deutschen zum Thema Eurobonds. Die waren aber dagegen. (Dezember 2010)

Die Index-Frage bleibt eine schwierige in Luxemburg. Ausländischen Amtskollegen kann ich ihn nie in seiner ganzen Bedeutung beschreiben, weil es den Index außer in Luxemburg und Belgien, da aber in weitaus geringerem Maße, nirgendwo sonst gibt. (Dezember 2011)

Ich bin nach wie vor für einen gedeckelten Index. Ich bin nicht der Meinung, dass jemand, der viel verdient, durch eine Indexbranche in einem Monat soviel wie ein Mindestlohnbezieher in einem ganzen Jahr dazubekommen soll. (Mai 2012)

innenpolitisch Dass man zuerst einen innenpolitischen Blick auf europäische Themen wirft anstatt einen europäischen Blick auf innenpolitische Zustände, das macht mich schon besorgt. (April 2010)

★ **innere Ruhe**

Dialog Jacques-Yves Henckes (ADR): „In diesem Fall wären wir bereit, die Anschuldigung zurückzuziehen." Juncker: „Ich wollte Ihnen sagen, dass es mich in meiner inneren Ruhe nicht stark durcheinander bringt, wenn Sie mir hier eine Schuld zusprechen, obwohl ich das nicht gerne habe. Bei einem weiteren Nachdenken werden Sie feststellen, dass das keine gute Initiative war." (Oktober 1998)

Institutionen Normalerweise fangen europapolitische Reden damit an, dass man sich mit den Institutionen der Europäischen Union beschäftigt. Das hat immer zur Folge, dass Spezialisten zuhören, dass aber die Menschen in Europa nicht hören, was man über Europa zu sagen hat. (Juni 2001) Ob Kommissare, Parlamentarier oder Minister: Wir sollten es sein lassen, die öffentliche Meinung mit kompliziertesten institutionellen Vorstößen zu strapazieren. Es mag intellektuell reizvoll sein, sich in Grundsatzreferaten mit dem institutionellen Gefüge der Europäischen Union des Jahres 2030 auseinanderzusetzen. Doch Politik misst sich nicht an ihren Absichten, sondern an ihren Resultaten. Wenn die Politik bessere und griffigere Ergebnisse zeigt, dann nimmt auch die Zustimmung zur Europäischen Union zu. (August 2001)

Interkontinentalraketen Wenn es beispielsweise in die Zuständigkeit der EU fiele, sich regelmäßig über den Aus- oder Abbau von Interkontinentalraketen auszusprechen, würde ich mich sicher nicht als Erster zu Wort melden. Diese Debatte ließe sich durchaus ohne luxemburgischen Beitrag gestalten. Was ich damit sagen will: Kleine sollen sich nicht größer machen als sie sind, und Große sollten wissen, dass es zur Souveränität der Großen gehört, dass er diejenige des Kleinen anerkennt. (Juli 2002)

★ **intim**

Dialog Juncker: „Herr Bausch, wenn Sie
bei der großen Intimität dabei wären,
die meine Beziehungen mit Herrn
Schaack auszeichnen, dann würden
Sie keine solchen Interpretationen
machen." François Bausch (Déi Gréng,
Foto): „Ich wusste nicht, dass die Regierung jetzt an dem Punkt ist, dass ein
intimer Austausch besteht! Ich habe
mich eher auf den Inhalt bezogen, nicht
auf Ihr intimes Verhältnis mit Herrn
Schaack." (Juli 2000)

Ironie Das war jetzt keine romantische Ironie,
und es war keine Ironie in Kurzform. Es
war eine Feststellung, die zum internen
Schmunzeln gedacht war (nach einem
falsch verstandenen Satz, Anm.)
(Februar 1999)

Jackson, Michael Wenn man sieht, welche weltweite Bestürzung der Tod von Michael Jackson ausgelöst hat, dann ist das schon etwas, womit man sich zu beschäftigen hat. Weil die Musik eben flott ist, verstehe ich auch, dass jetzt ein Stück Lebensgefühl fehlt. Dies als Vorbemerkung. Aber ich fand, dass ein bisschen viel Michael Jackson auf 1, 2 Wochen zusammendrückt war. Weniger wäre mehr gewesen. (Dezember 2009)

Im Jahr 2009 hat mir zu denken gegeben, dass wir, en passant, zur Kenntnis nehmen, dass mehr als eine Milliarde Menschen an Hunger sterben, wir jedoch hauptsächlich vom Selbstmord eines deutschen Torhüters oder auch vom Tod von Michael Jackson sprechen. Und das, wo alle sechs Sekunden ein Kind an Hunger stirbt. Hier wäre ein viel größerer Einsatz von uns allen gefragt. (Dezember 2009)

Michael Jackson

Jean-Claude Ich habe auf mehrmaliges Nachfragen der US-Presse unterstrichen, dass ich nicht mehr an einem Wettbewerb teilnehmen wollte, der darin besteht, herauszufinden, wer denn nun ‚Mr. Euro‘ sei, Herr Trichet als Präsident der Zentralbank oder ich als Chef der Eurogruppe. Zum Spaß sagte ich, dieser ‚Mr. Euro‘ hieße auf jeden Fall immer Jean-Claude! (Dezember 2009)

Jiabao, Wen Ich bedaure sehr, dass der chinesische Premier nicht Luxemburgisch spricht und er wahrscheinlich umgekehrt, dass ich kein Chinesisch kann. Aber die chinesischen Dolmetscher sind von ausgezeichneter Qualität. (Dezember 2009)

Wenn ich den chinesischen Premierminister treffe - ich treffe ihn zwei Mal im Jahr, um über Währung zu reden – dann nehme ich ihn immer an der Schulter und sage: ‚Wenn Du, Kamerad Wen, und ich, wenn wir beide bedenken, dass Du und ich, dass Du Chinese und ich Luxemburger, ein Drittel der Menschheit repräsentieren, dann kriegt man ein Gefühl für die wahre Größe. (Mai 2012)

Wen Jiabao

Mil Jung

Journalist Hat ein Journalist (. . .) etwas geschrieben, dass mir überhaupt nicht passt,
dann rege ich mich erstens darüber auf.
Zweitens beruhige ich mich. Und drittens
frage ich mich, ob meine Art des Han-
delns richtig war oder ob ich ein Problem
schlecht erklärt habe. (November 2011)

Jubiläum, 30 Jahre Ich sage Jahrestag. Jubiläum, das ist angeberisch. (Dezember 2012)

Jugendwerk Ich habe den Maastrichter Vertrag, das war fast mein Jugendwerk, mit
Begeisterung verhandelt (. . .), weil ich
dachte, dass wir Friedenspolitik in unserer
Generation mit anderen Mitteln machen
wollen. Und die Währungsunion ist nichts
anderes. (September 2008)

jung Ich war immer der Jüngste. Ich war der
jüngste Staatssekretär, der jüngste Minister, der jüngste Parteipräsident und werde
vielleicht auch der jüngste Ehrenstaatsminister sein. (Januar 1995)

Jung, Mil Mil ist doch nur Meister, luxemburgischer Landesmeister über die 400
Meter-Strecke, geworden, weil sonst
kein Mensch in Luxemburg so weit läuft.
(Dezember 2000)

Jus-Studium Ich habe die Kurse in Jura so
besucht, dass es besser ist, wenn ich das
hier nicht beschreibe, denn das wäre
wirklich kein gutes Beispiel für jüngere
Menschen. Ich habe viel bei anderen
abgeschrieben, die tatsächlich in die Vorle-
sungen gingen, während ich dort nur sehr
selten anzutreffen war. Denn in dieser Zeit
war ich sonstwo beschäftigt. Ich machte
zum Beispiel bereits ein bisschen Politik.
(Dezember 2009)

J

Kant Ich habe den Thomas von Kempen-Preis erhalten. Das war ein Mystiker aus dem 15. Jahrhundert. Und weil in der Preisbegründung stand, er hätte mein Denken sehr geprägt, habe ich mich um sein Denken gekümmert, indem ich bei Kant nachgelesen habe, zur Imitatio Christi, zur Christinachfolge, was er über die Dinge der Welt so alles zusammengetragen hat (...) Es sind aber vier Bände, schon sehr beeindruckend. Ich habe auch nicht die vier Bände gelesen, sondern nur das Inhaltsverzeichnis. Und Kapitel 9, Spruch 16.6. der Imitatio handelt von der Vermeidung überflüssiger Reden. So, es gibt überflüssige Reden. Aber man kann sie abkürzen. Vielen Dank. (September 2010)

★ **Kanzler, von Deutschland**

Dialog Alex Bodry (LSAP, Foto): „Wollen Sie nicht Kanzler von Deutschland werden?" Juncker: „Herr Bodry, ich habe Ihnen im Leben schon so viele Wünsche erfüllt, besonders als Finanz- und Budgetminister, besonders solche, die teuer geworden sind. Aber diesen Wunsch kann ich Ihnen leider nicht erfüllen." (Dezember 2002)

★ **Katholische Kirche**

Dialog Henri Grethen (DP): „Die katholische Kirche kommt auch schon 2000 Jahre lang mit denselben Texten aus." Juncker: „Herr Grethen, ich kann Ihre Begeisterung für außerhalb vom Parlament stehende öffentliche Körperschaften nicht bremsen, aber wenn wir den Staat so organisieren würden wie die katholische Kirche organisiert ist, dann wäre das nur gut für den, der an der Spitze der entsprechenden Institution besteht. (April 1998)

Kerneuropa Ich mag den Ausdruck Kerneuropa nicht. Auch nicht den des Europas der verschiedenen Geschwindigkeiten. Weil ich gerne hätte, dass sich alle gemeinsam zusammen in dieselbe Richtung auf den Weg machen. (März 2007)

Kinder Wir wollen keine Welt, wo nur die,
die alles haben, ihren Kinden alles geben
können. (April 2004)
Die Kinder in Afrika, die Menschen in
Asien, schauen mit großen Augen auf
Europa. Und wir schauen sehr auf sie
herab, anstatt zur Kenntnis zu nehmen,
dass vieles in der Welt sich zum Besseren
gewendet hat, bei aller Mühsal, die bleibt.
(September 2008)
Kleinen Kindern in die Augen zu schauen
. . . das sind wichtige Momente.
(Dezember 2012)

Kindergarten, europäischer Nach EU-Gipfeln
denkt man sich schon: Hier geht es nicht
mehr um die Sache, hier geht es nur noch
um die eigene Positionierung, um den
eigenen Glanz, um die gute Figur, die man
auf dem nationalen Laufsteg machen kann,
wenn man aus Brüssel zurückkommt und
sagen kann: „Ich habe verhindert, dass . . ."
Das ist dieser europäische Kindergarten,
den man ja auch in diesen Wochen wieder
erlebt hat. Da möchte man dann schon
hinschmeissen. (Dezember 2009)

Kleine Leute Ich halte Politik gegen die kleinen Leute für ein Unding. Man kann nicht
gegen die kleinen Leute regieren. Man
muss den kleinen Leuten manchmal sehr
viel zumuten, das stimmt, aber sie sind
nicht blöder als die anderen.
(Dezember 2009)
Die kleinen Leute, einfache Leute, die ihre
Arbeit machen, die brauchen eine gewisse
Sicherheit. Sicherheit kann es ja nicht für
Aktionäre gegeben sein, die Dividenden
kassieren, sondern muss auch für diejenigen gewährleistet sein, die schnell in eine

prekäre Situation hineinkommen können.
(Januar 2013)

Kleinstaaterei Ende dieses Jahrhunderts
werden in Europa nur noch vier Prozent
von insgesamt zehn Milliarden Menschen
leben. Da haben wir mit Kleinstaaterei
keine Chance mehr. (Februar 2012)

Klimakonferenz, Kopenhagen Es ist eigentlich
lächerlich zu meinen, es würde genügen,
100 oder 150 Regierungs- und Staatchefs
zusammenzurufen, und zu meinen, diese
würden dann innerhalb von zwei Tagen
das Problem lösen (Dezember 2009)

Klimawandel Die Vorstellung, man könne
den Klimawandel mit poetischer Rhetorik
bekämpfen, ist eine naive Vorstellung. Die
Verhinderung der Klimakatastrophe kostet
Geld. (Mai 1999)

Koalition Das Zusammenspiel der CSV/
LSAP- Koalition ist in den letzten Monaten
suboptimal gelaufen. Die Regierung muss
eine Kampftruppe gegen die Krise und
kein Hühnerhaufen sein. (Juli 2010)
Nicht immer, wenn die Meinungen ausei-
nandergehen, gehen auch die Koalitionen
auseinander. (Mai 2010)
Der kleine Koalitionspartner muss wissen,
dass er nicht stärker wird, wenn man
dem großen Partner Knüppel zwischen
die Beine wirft. Wir sollten zielorientiert
regieren, nicht gegeneinander, sondern
miteinander. (Dezember 2012)

Koalitionsverhandlungen Es wird zu sehen
sein, welche Pfeile die Parteien, die bei
eventuellen Koalitionsgesprächen als Partner in Frage kommen, im Köcher haben.
Die giftigen Pfeile werden wir entfernen.
(Juni 2009)

K

Kölner Dom Es gibt die schöne Anekdote, wo ein Mann in der Kölner Altstadt jemanden trifft, der nicht sehr glücklich aussieht, und der am Kölner Dom arbeitet. Er fragt ihn: „Was ist denn los?" Und er antwortet: „Ich habe so viel Arbeit, ich muss hier dauernd als Steinmetz in Köln arbeiten." Dann geht er 10 Meter weiter und trifft jemanden, der über das ganze Gesicht strahlt, und fragt: „Und wieso geht es Ihnen so gut?". Er sagt: „Ich arbeite am Kölner Dom." Europa ist: jeden Tag am Kölner Dom arbeiten. (September 2008)

König Juan Carlos

Kölner Dom

König Juan Carlos Ich mag den spanischen König. Weil er in einem wichtigen Augenblick spanischer Nachdiktatur-Geschichte die Uniform des Oberbefehlshabers überstreifte und vor den Fernsehkameras die Armee, in der einzelne Offiziere ja geputscht hatten, aufforderte, in die Kasernen zurückzukehren. Der König hat sich um die spanische Geschichte extrem verdient gemacht. Und er verfügt über eine gesunde Portion Humor. Er ist jemand, mit dem ich gerne lache. (Dezember 2012)

Kohl, Helmut Helmut Kohl hatte auch ein übermäßig gut entwickeltes Verständnis für kleinere Staaten der Europäischen Union. Er hat halt nicht auf deutsche Großmachttour gemacht, sondern manchmal auch die Anliegen kleinerer Staaten gegen die Interessen größerer Staaten verteidigt. Das hat er nicht gemusst, hat es aber getan, weil er einen historischen Begriff von Europa hat. Nicht nur in der Vergangenheitsbetrachtung, sondern auch im perspektivischen Sinne des Wortes. (Juli 2003)

Seine Altersgenossen aus Ludwigshafen wissen sich mit Sicherheit daran zu erinnern, dass er als sehr rauflustig galt, als er hier in Ludwigshafen zur Schule ging, Grundschule und auch Gymnasium. Davon ist ihm ja zeitlebens auch einiges geblieben, weil an richtigen Raufereien hat er immer wieder seine Freude gehabt. (September 2005)

Ich war mit Kohl schon befreundet, bevor ich Premierminister wurde. Ich habe ihn immer sehr dafür bewundert, dass er, wenn er die Wahl zwischen nationalem Durchmarschieren oder europäischem Gleichklang hatte, immer die europäische

K

Karte gezogen hat. Auch mit dem Wissen, dass ihm dies in Deutschland nicht immer Zuspruch einbringen wird. (Mai 2008)
Mein Verhältnis zu Helmut Kohl ist unverändert gut und herzlich. Ich gehöre zu den wenigen, die ihm, seit er aus dem Amt geschieden ist, die Treue gehalten haben (. . .) Uns verbindet eine echte Freundschaft, die bis heute anhält. Jetzt, wo er sichtbar krank ist, telefonieren wir regelmäßig miteinander (. . .). Wenn wir uns sehen, brauchen wir allerdings keine langen, intensiven Gespräche, um zu spüren, dass wir auf dem festen Boden einer anhaltenden Freundschaft stehen. (Dezember 2009)
Meine Freundschaft mit Helmut Kohl geht weit über das Politische hinaus. Sie gründet auf Vertrauen und Verlässlichkeit, auf Zuneigung und Treue, auch wenn es einem von uns beiden nicht gut geht. (März 2010)
Zwei nicht private Begegnungen mit dem Alt-Bundeskanzler bleiben mir in besonders lebhafter Erinnerung. Die erste war telefonischer Natur. Am Tage meiner Amtseinführung als Staatsminister rief Helmut Kohl morgens in aller Frühe bei mir an - er hatte die schlechte Angewohnheit, immer sehr früh am Morgen anzurufen. Auf die Frage, womit ich mich zurzeit beschäftige, antwortete ich spaßeshalber, ich zählte das deutsche Fluchtgeld, das aufgrund seiner schlechten Politik in den vergangenen Jahren auf den luxemburgischen Bankkonten gelandet wäre. Kohl daraufhin: „Wenn Du soviel zu tun hast, dann rufe ich lieber erst in sechs Wochen wieder an." Helmut Kohl hatte selbst dort Humor, wo es für

ihn nichts zu lachen gab. Müntefering und Steinbrück hatten ihn nicht! Die zweite Kohl-Episode hat mich und mehr noch andere beeindruckt. Als ich mich einmal im Europäischen Rat der heftigen Kritik meiner Kollegen in Sachen Finanzplatz ausgesetzt sah, ergriff Helmut Kohl mitten in der Debatte das Wort und sagte für jedermann vernehmbar den einfachen Satz: „Damit die Dinge klar sind: Helmut Kohl stimmt nicht gegen Luxemburg." Dieser Satz beendete die Debatte. (März 2010)
Luxemburg und Europa haben Helmut Kohl viel zu verdanken. Mehr als die Luxemburger erahnen. Mehr als die Europäer wissen. (März 2010)
Die Freundschaft zu Helmut Kohl ist eine der wertvollsten, die ich das Glück hatte in meinem Leben zu genießen. Helmut Kohl hat mir in Europa viel geholfen, und ich habe das auch manchmal für ihn tun können (. . .) Noch gestern hatte ich ihn am Telefon, und ich werde ihn auch an Heiligabend wieder anrufen. (Dezember 2012)
Kommissionspräsident Warum bin ich nicht Kommissionspräsident geworden? Weil die ganze Kommission eine rauchfreie Zone ist. Als Raucher hätte ich ständig auf die Straße, die vielbefahrene Rue de la Loi, gehen müssen, um mir eine anzuzünden. (September 2004)
Kommunalpolitiker Mir fehlt der kommunale Teil der Politik. Das habe ich nie gemacht. Ich habe auch kein Talent dafür. Aber ich bewundere die Arbeit, die Kommunalpolitiker im Alltag machen, enorm, weil ich weiß, wieviele Einschränkungen das für sie mit sich bringt. (Dezember 2012)

K

Kommunikation Ich stelle mir ein Leben lang schon die Frage, wie man gut kommuniziert (Januar 2006)

Die Kommunikation rund um das Budget war nicht gelungen, aber sie war auch nicht - von der Substanz her - als Vorgang einzustufen, den ich unter die Rubrik des Außergewöhnlichen unterbringen würde (. . . .) Es gibt Leute, die sich wundern. Ich rede von Politikern, die keine Erinnerung haben an die Jahre 1979, 80, 81, 82, 83, 84, 85 und 86. Da sind nämlich auch heftige Diskussionen im Regierungslager vorgeschaltet gewesen, ehe es zu einem Abschluss des Budgets gekommen ist. (Januar 2013)

Kommunisten Hier gibt es unheimlich viele Kommunisten, bis zu 30%, und die wählen mich wie verrückt. Ich habe denen nämlich früher immer Lose für die Kirchentombola verkauft (über eine Arbeiterkneipe in Belvaux, Anm.) (August 1998)

Als ich ungefähr 15 Jahre alt war, wohnten bei mir in der Gegend, um dieses riesige ARBED-Stahlimperium herum, viele Arbeitnehmer, Arbeiter und Angestellte, die ständig darüber debattierten, ob man die Produktionsmittel verstaatlichen sollte. In dieser Wohngegend hat es immer unwahrscheinlich viele Kommunisten gegeben, früher wie heute. (Februar 2004)

Kompetitivität Das Kompetitivitätsgesäusel von Teilen des Patronats ist nur noch bedingt genießbar. (März 2011)

kompliziert Viele reden kompliziert und denken einfach. Richtig wäre jedoch, man würde kompliziert denken und einfach reden. (Juli 2001)

Meine Sorge ist die, dass, wenn die Dinge komplizierter werden, die Gedanken einfacher werden. Und wenn die Gedanken einfach werden, dann sind wir sehr schnell an den Pforten des dunklen Raums von Protektionismus und von ‚beggar-my-neighbour-policies'. (Januar 2009)

Kontakte, persönliche Das ist im politischen Leben nicht grundsätzlich anders als im Privatleben auch. Man mag sich oder man mag sich nicht. Und wenn man sich mag, sind Gespräche angenehmer, Kompromisse schneller gefunden und das gesprochene Wort gilt. (Mai 2002)

★ **Konjunktiv**

Dialog Gast Gibéryen (ADR): „Ich habe das gestern zum Ausdruck gebracht." Juncker: (. . .) Der Konjunktiv ist eine Sprach-Variante, die Sie nicht gut beherrschen, weil Sie immer sehr affirmativ sind, wenn Sie etwas behaupten! Ich habe aus Ihrem Mund gestern abend im Fernsehen, Herr Gibéryen, Sachen gehört, die Sie nicht dementieren können. Ich wäre froh gewesen, wenn wenn wir diese Sachen nicht gehört hätten." (Februar 1999)

KPL Ich stelle einen Zusammenhang fest zwischen dem Einbruch der KPL und dem Erfolg des ADR, doch dazu sind noch feinere Analysen der Wählerwanderungen notwendig. (Juli 1994)

Mit der KPL ging die CSV aus Gründen der Weitsicht übrigens nie eine Koalition ein. (Juni 2004)

Krecké, Jeannot Es ist mein lebenslänglicher Trost, dass er mich nicht so oft kritisiert wie andere. (Mai 2001)

Jeannot Krecké hat Recht, wenn er den Kompetitivitätsverlust anmahnt. Ich hoffe, seine Partei sieht das genau so. (August 2010)

Ich verstehe mich gut mit Jeannot Krecké und ich bin der Erste, der seinen Abgang beklagt. Dieser Abgang bedeutet für die Regierung einen Verlust von Substanz. (November 2011)

Jeannot Krecké

Krieg Unsere Väter erzählen nicht oft vom Krieg. So als ob sie mit der bewussten Erinnerungslücke, mit der sie die Kriegsjahre belegen, die Zeit verdrängen könnten, die ihnen für immer im Leben fehlt. Aber auch wenn die Väter die oft grausamen Erinnerungen für sich behalten, so wissen ihre Kinder doch, dass sie der ‚geopferten Generation' Dank schulden. Dank dafür, dass sie Trotz boten. Dank dafür, dass wir, die wir nach 1945 geboren wurden, ohne Bomben und Bajonnette groß werden durften. (Juni 1994)

Zu meinem politischen Überzeugungskodex und –kanon gehört, dass ich mit den sehr bescheidenen Mitteln luxemburgischer Politik dazu beitragen möchte, dass Krieg in Europa nicht wieder vorkommt. (Mai 2002)

In der nächsten Abgeordnetenkammer sitzen wahrscheinlich nur mehr Männer und Frauen, die nach dem Zweiten Weltkrieg groß geworden sind und die keine persönliche Kriegserinnerung haben. (April 2004)

Mir wird oft gesagt, wenn ich über Krieg und Frieden rede, dass dies ein Diskurs wäre, der junge Menschen nicht mehr erreichen würde. Das ist wahrscheinlich auch so, weil wer den Krieg nicht gekannt hat, kann den Frieden nicht in vollem Umfang genießen. (Mai 2006)

Ich sage Ihnen noch einmal, ich habe das auch in Aachen gesagt: Ein Monat Krieg ist teurer als 20 Jahre Finanzierung des europäischen Haushalts. (Mai 2006)

Die Männer und Frauen meiner Generation sollten nicht denken, dass Frieden in Europa der Normalzustand sei. In 400 Jahren hat es im Schnitt alle 15 Jahre Krieg zwischen Deutschen und Franzosen gegeben. Dies ist bis in die erste Hälfte des vergangenen Jahrhunderts ein unglücklicher Kontinent gewesen. (September 2008)

Krise, Euro Wir haben es ja nicht mit einer Krise des Euros zu tun. Sondern mit einer Schuldenkrise in mehreren Mitgliedsländern der Euro-Zone. (Dezember 2010)

Kritik, in den Medien Wenn jemand mich kritisiert, auf dessen Meinung ich achte, dann stelle ich mir Fragen über die Richtigkeit meines Tuns. Wenn jemand in unwahrheitsgemäßer Art und Weise über mich herzieht, werde ich traurig. Wenn

K

jemand, der noch nie ein gutes Haar an
mir gefunden hat, mich in Stücke reißt,
stößt das bei mir auf blankes Desinteresse.
(Juni 1999)

Kuchen Der Hauptsprecher der DP, Fraktions-
präsident Henri Grethen, hat eine ganz
wichtige Bemerkung gemacht, die auch
jeder teilt: Es ist eine Binsenweisheit der
Politik überall in der Welt und auch hier
in Luxemburg, dass der Kuchen zuerst
gebacken werden muss, ehe er verteilt
wird. (Mai 1996)

Kuss Ich weiß, dass das die Leute lächerlich
finden, aber es ist mir egal, was sie darüber denken. Ich küsse weiter.
(Dezember 2012)

K

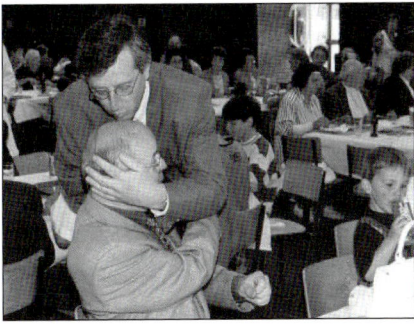

Kuss von Jean Spautz

Kuss von Jutta Urpilainen

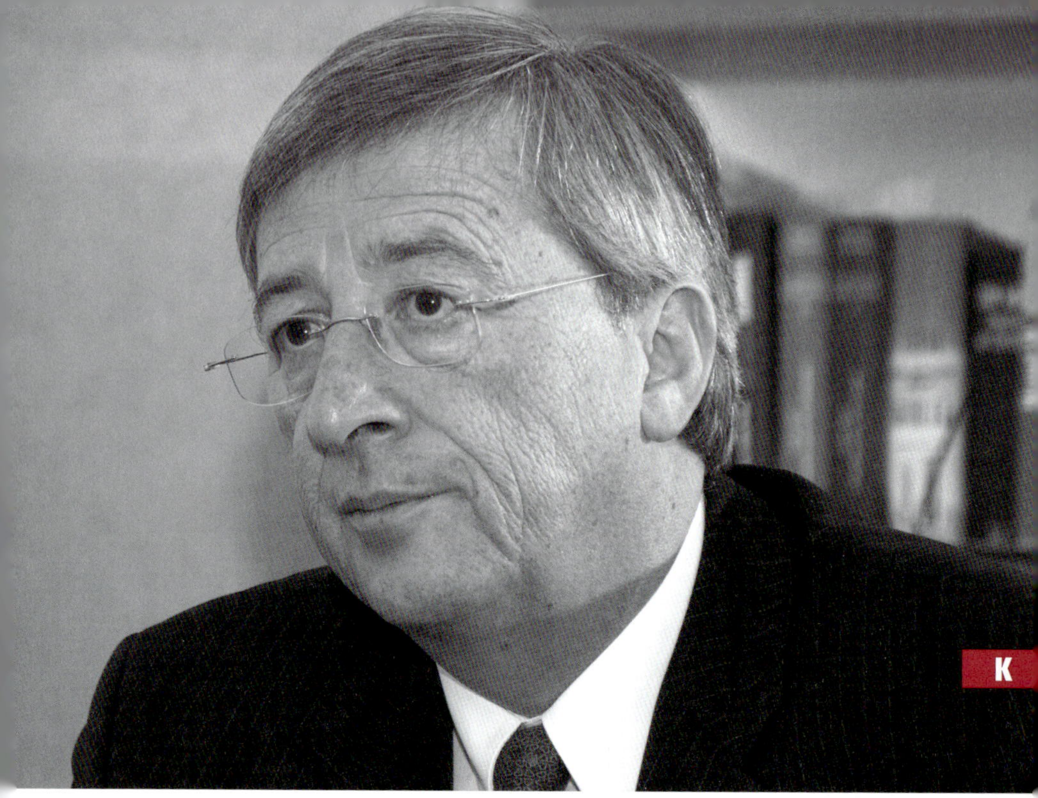

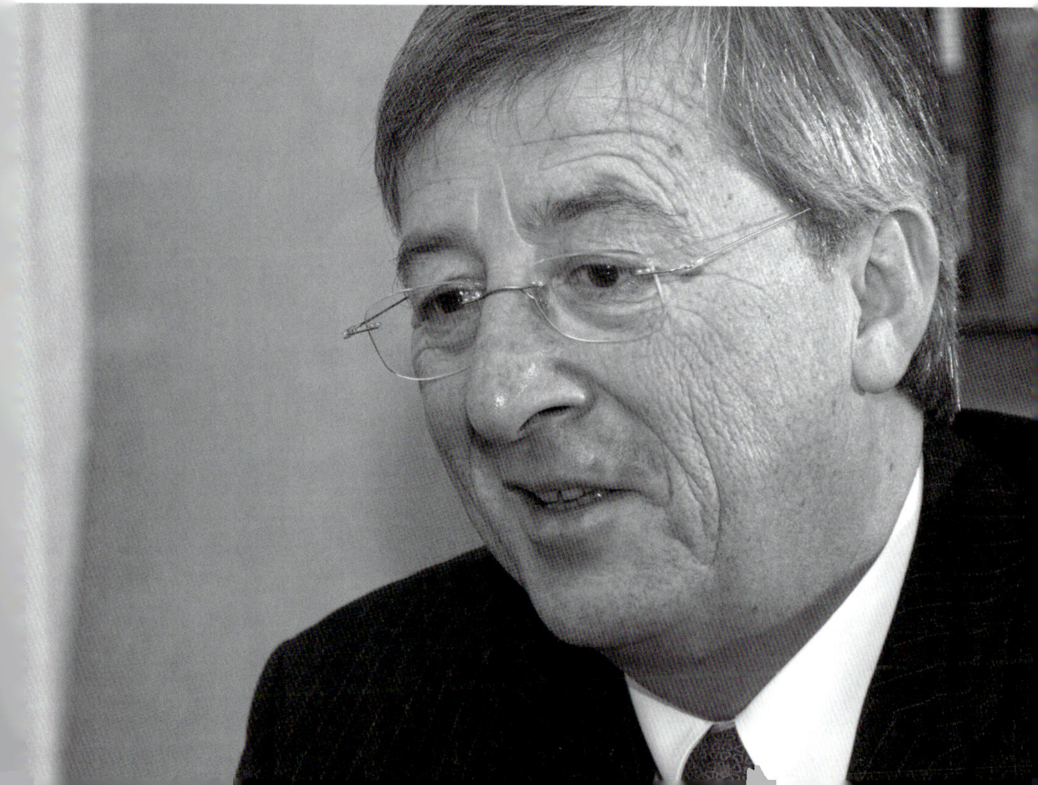

Lachen Ohne Lachen kommt keiner aus. Vor Augen sollte man sich jedoch halten, dass die systematische Spaßbetreibung als Lebensinhalt fatal ist. (Juli 2003)
Ich kann lachen, wenn ich jemand beobachte, der sich zwar ernst nimmt, aber eigentlich ein Luftikus ist. (Dezember 2010)

Länder, kleine Kleine Länder brauchen eine intelligente Nischenpolitik. Große Länder verkaufen Waffen, kleine Länder vermarkten Nischen. (Juli 2002)
Große müssen auch lernen, dass sie ohne die Kleinen rein gar nichts in der Europäischen Union zustande bringen. Rein gar nichts. (Mai 2006)
Als Spezialist kleiner Räume freue ich mich, dass man zur Kenntnis nimmt, dass auch kleinere Staaten Einfluss nehmen können, wenn sie sich artikulieren. Aus der Betrachtung der wirklich Großen sind auch Deutschland und Frankreich klein. (Juli 2008)
Zur Umsetzung angedachter Beschlüsse braucht es auch das aktive und intensive Mitmachen Kleinerer. Ergo muss man auch mit den Kleinen so reden, als ob sie Große wären und mit den Großen manchmal so reden, als ob sie nicht so groß wären wie sie denken, dass sie sind. (Januar 2013)

Landesvater Ich habe weder die Berufung, noch die Ambition, und auch keine Lust, in die Figur eines Landesvaters hineinzu-

wachsen. Wenn Sachen schiefgehen, bin ich nicht nur der jüngste Staatssekretär, der jüngste Minister, der jüngste Parteipräsident und der jüngste Staatsminister, sondern auch der jüngste Ehrenstaatsminister. (Januar 1995)

Landsleute Wenn ich Deutschland und Frankreich in Brüssel eins auf Dach gebe, dann sind meine Landsleute zu Hause begeistert. Das verschafft mir vier Stunden Genuss und anschließend zehn Jahre Ärger. (Februar 2010)

Larmoyanz Wenn ich mir die heutige Larmoyanz ansehe und das vergleiche mit der Stimmung nach dem Zweiten Weltkrieg, dann wäre es so, dass die Berliner Trümmerfrauen heute noch um eine Genehmigung nachsuchen müssen, um mit dem Wiederaufbau in Deutschland zu beginnen. Gott sei Dank haben sie keine Genehmigung gebraucht. (Oktober 2004)

★ **LCGB**

Dialog René Kollwelter (LSAP): „Ich bin nicht im LCGB, das stimmt." Juncker: „Herr Kollwelter, im LCGB kann nicht jeder Mitglied werden." (Dezember 1996)

Lebensplanung Ich verfüge nicht über eine so detailreiche Lebensplanung, wie Ihre

Frage vermuten ließ (auf die Frage, ob ihn die Position des europäischen Ratspräsidenten reizen würde, Anm.) (Mai 2006)

Lehman Brothers Der Niedergang von Lehman Brothers war nicht, wie häufig behauptet, der Auslöser der Krise. Krisenhafte Erscheinungen an den Finanzmärkten gab es seit August 2007. Diese Pleite war der Brandbeschleuniger einer Finanzkrise, die (erst) auf die USA beschränkt war, auf die Finanzwelt, und dann auf die Realwirtschaft des Rests der Welt übergriff. (September 2009)

Leitfaden In jedem Leitfaden für Laudatoren, für Festredner, für Grußwortgeber, steht, dass man immer sagen muss, dass man gerne dort ist, wo man in dem Moment gerade ist. Und das stimmt meistens nicht. Heute stimmt es in besonderem Maße. Ich bin gerne in dieser Stadt, in dieser Europastadt, und ich bin gerne nach Aachen gekommen. (Mai 2012)

Lesen Lesen trägt zu meiner Entspannung bei, so nicht-utilitaristisch das auch klingen mag. Ich lese gerne, weil ich während des Lesens niemandem zuhören muss. Man wird den ganzen Tag über so voll gequatscht, dass es eigentlich wohltuend ist, wenn man liest, denn dann halten alle anderen den Mund und man selbst auch, was für andere wiederum wohltuend ist. (März 2011)
Ich entspanne mich beim Lesen, lese viel, jeden Tag, kann ohne Lesen nicht sein. Ich bin Querfeldeinleser, Romane, Biografien, Krimis, insofern sie einem gewissen literarischen Anspruch Genüge tun, zum Beispiel skandinavische, oder jene des

Griechen Petros Markaris. (Dezember 2011) Ich habe einen Horror vor Tagen ohne Lektüre. Und ich ertrage es nicht mehr, Gedichte und Romane im Schnelldurchlauf lesen zu müssen. (Februar 2013)

Liberalen-Politiker, Grethen Ich war Herrn Grethen immer dankbar dafür, dass er bei all unserem Ringen und unserem Catchen einen solch ‚Gentleman'-artigen Kampfstil an den Tag gelegt hat, dass er, ehe wir beide gefallen sind, sich freiwillig auf den Boden gelegt hat. So bin ich immer auf ihn gefallen. Umgekehrt hätte ich es nicht so gern gesehen. (Mai 1996)

Liberalen-Politiker Henri Grethen

Liebe Ich kann mir ein Leben ohne Liebe nicht vorstellen. Ich werde unheimlich gerne berührt. (August 1998)

Linke Was fällt einem zu den Linken (in Luxemburg) ein? Dass sie den alten Linken sehr ähnlich sind. So wie Coca-Cola / Pepsi. (Juni 1999)

★ **Linker, letzter**

Dialog Redakteur Frankfurter Allgemeine Sonntagszeitung: „Und Sie sind, obwohl Christdemokrat, der letzte wahre Linke unter Europas Regierungschefs."

Juncker: „Und werde deshalb regelmäßig wiedergewählt, während die Sozialisten jede Wahl verlieren, zur Zeit."
(April 2002)

Lissabon-Agenda Damit der Euro auf Dauer Bestand hat, müssen wir ernst machen mit dem Umsetzen der Lissabon-Agenda, der Lissabonner Reformagenda.
(Oktober 2004)

★ **live, dabei**

Dialog Jeannot Krecké (LSAP): „Wir waren nicht dabei." Juncker: „Sie reden aber darüber, als seien Sie dabei gewesen. Ich will Ihnen sagen: Bei schwierigen Fragen, auf internationaler Ebene, oder gelegentlich auch in der Innenpolitik, bei innenpolitischen Verästelungen, ist es gut, wenn man sich nicht nur auf das Fernsehen verlässt." (Februar 2003)

★ **loben**

Dialog Henri Grethen (DP): „Loben Sie mich nicht zuviel." Juncker: „Ich lobe Sie ja nur, Herr Grethen, um Herrn Henckes zu ärgern." (Juni 1989)

Lobreden Im übrigen war das ein Hochgenuss. Weil derartiges passiert mir bei zunehmendem Alter (. . .) immer öfter, dass Laudationes auf mich gehalten werden. Meistens klingt das so wie ein Nachruf.

Diesmal war das eher ein freundschaftlicher Zuruf. (September 2006)

Lothringer Wir sind vom gleichen Schlag. Auf beiden Seiten der Grenzen kennen wir den Wert der Arbeit. Wir malochen seit Jahrzehnten in denselben Fabriken.
(März 2010)

LSAP Ich würde mich nicht wundern, wenn die luxemburgische sozialistische Arbeiterpartei eines Tages auch in einer Holding landen würde, weil sie sich in ihrer Fraktion eine Organisationsstruktur gegeben hat, die der Struktur von deutschen Aktiengesellschaften ähnelt. Da gibt es auch einen Sprecher des Vorstands, und einen Präsidenten, der selten da ist, und dann gibt es noch welche, die nicht zu allen Generalversammlungen kommen.
(August 1999)

lügen Den Leuten zu sagen ‚Ich bleibe, wenn Ihr mich und meine Partei wählt' und mich dann nicht daran zu halten, hätte mich krank gemacht. Die Vorstellung, dass ich durch Luxemburgs Straßen gehe und die Leute sagen ‚Da kommt der Lügner', würde schüttelfrostartige Reaktionen bei mir hervorrufen (über seinen Nicht-Abgang nach Brüssel nach der Wahl 2004, Anm.)
(September 2004)
Wenn es ernst wird, muss man lügen.
(April 2011)
Dieser Spruch hängt mir in den Kleidern. Das war kein Programmentwurf. Lügen soll man nicht, aber alles sagen muss und darf man auch nicht. Wenn Menschen darunter leiden, dass eine Information vorzeitig bekannt wird, obwohl eine Entscheidung noch nicht getroffen ist, dann

profitieren von dem Wissen die Multimilliardäre und nicht kleine Sparer. Wer also immer alles sagt, der muss wissen, für wen er unterwegs ist. (August 2012) Ich muss mich jetzt auch in angenehmen Interviews gegen den Eindruck wehren, als ob ich nichts anderes im Sinn gehabt hätte, als die Europäer systematisch zu belügen. Ich habe nicht immer die volle Wahrheit gesagt, wenn ich wusste, dass die Mitteilung in dem Moment der vollen Wahrheit Schaden mit sich bringen würde. Nicht für die Kapitalisten, weil die leiden nicht unter meiner Wahrheit, sondern für die einfachen Menschen in Europa. (Januar 2013)

Luther In Europa gilt noch mehr als in der nationalen Politik das Prinzip Luthers: Man soll dem Volk aufs Maul schauen, aber man darf ihm nicht nach dem Mund reden. (März 2013)

Lux, Lucien Mein Freund Lucien Lux, der in der Vergangenheit (. . .) nicht immer die richtigen Antworten gefunden hat auf die Fragen, die er heute stellt, stellt heute die richtigen Fragen. (Dezember 2009)

★ Lux, Lucien

Dialog Lucien Lux (LSAP, Foto): „Wir reden hier von einem Rahmengesetz. Sie sprechen von einem Begleitungsgesetz. Ich schlage vor, dass wir den Begriff ‚Be-Rahmengesetz' verwenden. Jeder behält da sein Gesicht und wir beide kommen aus der Diskussion raus. Juncker: „Nennen Sie es ‚Lux-Gesetz', aber nicht Rahmengesetz." (November 1997)

Luxemburg Ich glaube, dass Luxemburg im Bereich der Informations- und Kommunikationstechnologie noch eine gute Zukunft vor sich hat. Das gilt auch für den Bereich Forschung. Am Finanzplatz gibt es weiterhin Entwicklungschancen (. . .) ebenso in der Logistikbranche. Den Konsequenzen der Krise sind wir keineswegs machtlos ausgeliefert. (Juni 2009) Wir versuchen weiterhin, Luxemburg einen festen Platz in der Welt zu sichern. Luxemburg muss zu einer festen Adresse in der Welt für all jene gemacht werden, die Zukunftspläne in den verschiedensten Bereichen haben. Wir dürfen kein Opfer der globalisierten Welt werden. (Juni 1999) In der kleinen Luxemburger Welt ist nicht alles in Ordnung. (April 2011)

Luxemburger Ich will nirgendwo anders leben als hier. Und ich mag auch keine Menschen mehr als die Luxemburger. (Dezember 2010) Weil es uns trotz aller Anstrengungen auch in diesem Jahrhundert nicht gelingen wird, dass es mehr Luxemburger als Deutsche gibt (. . .), muss man sich daran

gewöhnen, dass dann Große und Kleine miteinander können müssen, wenn Europa etwas werden will. (September 2010)

Luxemburger Wort Es freut mich, dass Helmut Schmidt zu solch einer positiven Einschätzung über meine Person kam. Ich würde mir wünschen, das ‚Luxemburger Wort' könnte sich Stücke davon im Laufe des Jahres zu eigen machen. (Dezember 2010)

Luxemburger Wort

Luxemburgisch Als ich mit der Politik anfing - in die Regierung bin ich Ende 1982 gekommen - haben die Minister im Parlament französisch gesprochen. Ich war der erste Staatsminister, der damit anfing, die Erklärung zur Lage der Nation auf Luxemburgisch zu halten. Einen Premier nennt man im Luxemburgischen (übrigens) Staatsminister, und nicht Premier, wie die meisten Leute schreiben. Ich war der Erste, der die Regierungserklärung auf luxemburgisch vorgelegt hat und die Debatten im Parlament erfolgen heute auf Luxemburgisch. Früher, als ich angefangen habe, war das gar nicht so. Herr Werner, einer meiner Vorgänger, hat in den seltensten Fällen Luxemburgisch gesprochen. Insofern denke ich schon, dass die Sprache in ihrer Bedeutung

gewachsen ist. (Dezember 2004)

Wir Luxemburger haben mit Mangelwirtschaft und Defizitverwaltung unsere Erfahrungen. Es spricht ja beispielsweise in den unterschiedlichen Teilen Europas niemand die Weltsprache Luxemburgisch. Das zwingt dazu, die Sprache der anderen zu sprechen. (September 2010)

Da niemand sich die Mühe gibt, die Weltsprache Luxemburgisch zu beherrschen, hatten wir als (luxemburgisches) Volk die Intelligenz, die Sprachen der anderen zu lernen. Was uns letztes Endes ja einen gewissen Vorteil verschafft und stärker macht. Wir Luxemburger bewegen uns wie ein Fisch im Wasser und werden von allen anderen bewundert, dass wir das können. (Dezember 2011)

Luxemburg-Stadt Das ist für mich immer der schönste Moment, wenn ich so über die Stadt reinschwebe. Ich liebe diese Stadt und ihre Menschen. (August 1998)

Luxemburg-Stadt

Maastricht Als wir den Vertrag am 7. Februar 1992 in Maastricht unterschrieben haben, da hat man uns ja regelrecht ausgelacht. Ich vergesse das eigentlich nicht. Und bei aller Hochachtung vor deutschen Professoren - die Zahl derer, die spontan erkannt hätten, dass dies ein großer Wurf war, war relativ beschränkt. Und alle deutschen Tageszeitungen, die etwas auf sich hielten, haben fast bereitwillig ganze Breitseiten für Anti-Eurowerbung deutscher Hochschulprofessoren zur Verfügung gestellt. Man hat gedacht, diese Sache ‚Euro' würde nie etwas werden. (September 2006)

Macht Mein Thema ist ‚Europa – Wertemacht – Weltmacht'. Diesem Thema muss man sich eigentlich auf den Zehenspitzen nähern, weil ich das Wort ‚Macht' nicht so sehr mag. Weil Macht und Machtausübung immer irgendwo im Hinterkopf und auch im Hintergrund Militärisches vermuten lassen. Und ich mag das Militärische nicht so sehr. Ich habe lieber, dass wir auf die Kräfte der Zärtlichkeit, des guten Zuredens, eigentlich der Nächstenliebe setzen. (Mai 2006)

★ **Mäntelchen, soziales**

Dialog René Kollwelter (LSAP): „Sozial zu sein, das ist ein Mäntelchen, dass Sie sich gerne anziehen." Juncker: „Herr Kollwelter, mir steht das Mäntelchen mindestens genau so wie Ihnen." Kollwelter: „Aber ich sehe besser drin aus." Juncker: „Ja, Sie sind vielleicht schöner darin. Aber bei mir glauben die Leute, dass es die richtige Kleidung ist." (Mai 1997)

Managerboni Die Frage der Nichtklärung der Managerboni ärgert mich. Es kann nicht sein, dass man sich auf den Manager-Etagen auf Kosten der Allgemeinheit bedient. Das ist einfach ungerecht. Ich bedaure, dass hier keine Rückkehr zur Bescheidenheit stattgefunden hat. Solche Gehälter sind einfach hirnrissig. (Oktober 2009)

Manager, des Jahres Zu den Perversionen unserer Zeit gehört es, dass derjenige zum Manager des Jahres gekürt wird, der in der Industrie möglichst viele Arbeitsplätze abbaut. Ich bin der Überzeugung, dieser Titel sollte an den Chef jenes mittelständischen Unternehmens gehen, der noch Arbeitsplätze schafft. (Juni 1999)

Marketing Obschon Europa der zentralste und vitalste Teil unserer Politik ist, haben wir die Leute in den letzten 20 Jahren nicht miteinbezogen. Erst in den letzten Jahren, als wir merkten, dass das Marketing der Europapolitik total verfehlt war, dass innerlich die Leute von Europa

M

Abschied genommen hatten, haben wir wieder über die Fundamente der Europapolitik geredet. Erst jetzt sagen wir, dass Europa auf den Ruinen des 2. Weltkriegs entstand, und dass die friedensstiftende Wirkung der EU das ist, was ihre eigentliche Daseinsberechtigung ausmacht. (Januar 1995)

Marketing-Nullen Während der Woche reden wir die Braut schlecht. Und am Sonntag wollen wir, dass die Öffentlichkeit applaudiert. In Sachen Marketing sind wir die begabtesten Inkompetenten, die es gibt. (Dezember 2005)

So wie die Politik-Eliten über Brüssel reden, ist es nicht verwunderlich, dass immer weniger Europäer zur Wahl gehen. Wer die Braut über die Woche schlecht und hässlich macht, muss sich nicht beklagen, wenn sonntags keiner zur Hochzeit kommt. (Mai 2009)

Markt Der Markt produziert keine Solidarität. Solidarität entsteht nur aus dem Miteinander von wirtschaftlicher Effizienz und sozialer Verantwortung. (Juni 2009)

Massenschlägerei Die großen Erfolge zerreden wir, und zu neuen Erfolgen sind wir nicht fähig, weil wir nicht stolz sind auf die Erfolge, die wir erzielt haben. Wir haben uns angewöhnt, immer wieder zu bemängeln, was alles nicht geht. Durch diese Art der Diskussion entsteht bei den Bürgern das die EU eher einer Massenschlägerei gleicht als einem harmonischen Miteinander. Das ist meine Erklärung des europäischen Missmuts. (April 2010)

Mauer Menschen können Geschichte selbst machen. Die Mauer wurde von innen eingedrückt, von vielen kleinen Helden im Osten Deutschlands. Nichts ist unmöglich, wenn Menschen nur wollen. (November 2009)

Ich durfte am 9. November 1989, nachdem ich einen Autounfall erlitten hatte, gerade die Intensivstation verlassen. Ich habe den Mauerfall damals regelrecht verschlafen. Wie viele andere Europäer auch. (Dezember 2009)

Medwedew, Dimitri Ich mag Herrn Medwedew, weil er kein verschlossener Mensch ist und diesen Eindruck auch vermittelt. Ich höre auch aus den Gesprächen heraus, die er mit anderen Europäern führt, dass er zuhört und manche Botschaft gut abspeichert. (Dezember 2012)

Dimitri Medwedew

★ **Memoiren**

Dialog Renée Wagener (Déi Greng): „Es wäre höchste Zeit." Juncker: „Ich vertröste Sie auf den Teil der noch nicht geschriebenen Memoiren zu diesem Thema. Da werden Sie alles finden, was Sie wissen müssen. Es wird Ihnen gefallen." (Dezember 1994)

M

Menschenrechte In einer Rede vor Universi-
tätsstudenten habe ich das Thema Menschenrechte trotzdem nicht ausgespart
und das chinesische Fernsehen hat diesen
Auszug meiner Rede übrigens ungekürzt
übertragen. In den Redaktionsräumen des
Luxemburger Wort wird das chinesische
Fernsehen aber leider nicht gesehen.
(Mai 2006)

Menschenverstand Der gesunde Menschenverstand ist sehr unterschiedlich verteilt.
Man muss ihn aufspüren, um ihn so polen
zu können, dass man aus dem gesunden
Menschenverstand wieder den Stoff
macht, aus dem Politik gemacht wird.
Dazu muss auch gehören, dass wir nicht
abseits stehen, wenn in der Welt geforscht
und entwickelt wird. (Oktober 2004)
Ich stelle fest, dass der gesunde Menschenverstand in kleinen Staaten oft
weiter verbreitet ist als in Flächenstaaten.
(Mai 2006)
Die einfachen Menschen sind ja nicht blöder als die selbsternannten Eliten – weil
sie noch von gesundem Menschenverstand angetrieben sind. (Mai 2006)

Merkel, Angela Angela Merkel hat in einer für
mich sehr beeindruckenden Rede im März
2007 gesagt, mit Blick auf die Stelle, wo
die Mauer stand: „Dort, an dieser Mauer,
hörten alle meine Wege auf." Und deshalb
bin ich froh, dass die Mauer weg ist,
damit wir alle ein Stück weiterkommen.
(September 2006)
In der Regel telefonieren wir einmal in
der Woche miteinander. In letzter Zeit ein
wenig öfters. (Dezember 2010)
Mein Verhältnis zu Frau Merkel ist freund-

lich und freundschaftlich, was periodisches
und inhaltlich geführtes Handgemenge
ja nicht ausschließt. Sie verträgt viel, ich
auch. (Dezember 2012)

Angela Merkel

Mersch, Yves Er verfügt über ein großes Wissen. Ich habe ihn nicht umsonst für diesen
Posten vorgeschlagen. Zudem wurde sein
Mandat bereits zweimal verlängert. Ich
streite gern mit ihm und bin der Ansicht,
dass er längst nicht immer Recht hat.
(Dezember 2010)
Es war schwierig, seine Nominierung für
den Posten der Zentralbank durchzusetzen. (Dezember 2012)

M

Yves Mersch

★ **Messdiener**

Dialog René Kollwelter (LSAP): „Ich war

Messdiener." Juncker: „Davon ist bei Ihnen noch ein bisschen übriggeblieben. Ich war (auch) Messdiener, aber ich habe den Himmel nicht so in mir getragen wie einzelne andere, die heute nichts mehr davon wissen wollen." Kollwelter: „Deshalb kommen Sie auch nicht in den Himmel." (Dezember 1994)

Methusalem Ja, Methusalem bin ich vielleicht vom Dienstalter her, aber noch nicht von meinem körperlichen Alter her. Insofern sehe ich mich nicht in der Kategorie der Methusalems, der Dinosaurier und der Veteranenlandesmeister. (Dezember 2012)

Militarisierung Herr Bausch (von den Grünen) hat mich in einem Punkt enttäuscht: Er hat die Regierung beschuldigt, eine Politik der Aufrüstung zu machen. Das ist eine Art von Auseinandersetzung, von der ich meinte, sie wäre im Parlament definitiv verschwunden. Als ich jung war und auf der Parlamentstribüne den Debatten zugehört habe, habe ich von kommunistischen Kollegen (...) diese Art von politischer Terminologie öfters gehört. Die Regierung will keine Politik der Aufrüstung machen. Ich habe sogar ausdrücklich gesagt: Wir wollen keine Politik der stupiden Militarisierung. (Mai 2000)

militärisch Ich äußere mich zu strategischen Fragen, die die Welt in ihrer ganzen Welt berühren, selten. Weil ich die Erfahrung gemacht habe: Wenn sich der luxemburgische Premierminister zu militärstrategischen Fragen äußert, führt das im Regelfall nicht dazu, dass man in Washington oder in Moskau oder in Peking den Atem anhält. (Januar 2002)

Zu meiner betrüblichen politischen Lebenserfahrung gehört, dass wer nicht auch über militärische Macht verfügt, außenpolitisch nicht in seiner ganzen Wirkungsbreite wahrgenommen wird (...). Ich habe feststellen müssen, dass von Militärgewalt eine große faktische Überzeugungskraft ausgeht. Luxemburg hat bei militärischen Aktionen ohnehin wenig zu melden. Deswegen fände ich es ratsam, wenn luxemburgische Politiker sich in diesem Zusammenhang eine gewisse Bescheidenheit bei ihren Aussagen auferlegen würden. (März 2011)

Mindestlohn Ich bin sehr entschieden dafür, dass wir in der Europäischen Union soziale Mindeststandards brauchen. Zum Beispiel im Bereich der Arbeitnehmerrechte, des Kündigungsschutzes oder sogar beim Mindestlohn, der natürlich nicht einheitlich sein kann, aber trotzdem auf x Prozent des Durchschnitteinkommens des jeweiligen Landes festgelegt werden könnte. (Juni 2010)

Minister Hierzulande wird das Ministeramt hoffnungslos überschätzt. Es gibt auch andere Stellen im Staat, an denen man seinem Land dienen kann. Wir brauchen gute Abgeordnete, wir brauchen gute Parlamentspräsidenten, wir brauchen gutes politisches Personal in den Parteien. (Januar 1995)

Warum sind die Leute so interessiert an den ministeriellen Kompetenzen – und nicht an den ministeriellen Aufgaben? (Februar 1995)

★ **misslingen**

Dialog Henri Grethen (DP): „Wir wollten in die Regierung kommen und Sie wollen einfach nicht." Juncker: „Sie nehmen sich oft Sachen vor, die nicht gelingen, das muss ich sagen. Sie haben eine wechselhafte Einstellung zu wichtigen Lebenssituationen" (Dezember 1994)

Mister Euro Ich bin gegen die Bezeichnung ‚Mister Euro'. Das erweckt den Eindruck, der Vorsitzende ist so etwas wie der Chef der Europäischen Zentralbank, was er nicht ist. (September 2004)

Mitgefühl Mitgefühl, das ist mein erster Gedanke. Ich bin zu einem anderen im Moment nicht fähig (nach Zugunglück an französischer Grenze, Anm.) (Oktober 2006)

Mittal Wir stehen der feindlichen Übernahme feindlich gegenüber. Hinter dem Angebot steht kein erkennbares industrielles Konzept. Anders als bei Arcelor: Hier sind bewusst drei europäische Unternehmen zusammengegangen, um in der Globalisierung ein europäisches Unternehmen zu haben (. . .). Es gibt eine irrationale Beziehung der Luxemburger zur Stahlindustrie (. . .). Die Luxemburger könnten eine Milliarde Euro erlösen für ihre 5%-Beteiligung, aber sie wollen das nicht. (Februar 2006)

★ **Mittal**

Dialog Roy Grotz (RTL Radio Lëtzebuerg): „Sie haben in diesem Zusammen-

hang auch von der Vorruhestand-Lösung gesprochen (. . .). Das ist diese Woche auch aufgegriffen worden. Wie sind Ihre Beziehungen da mit der Familie Mittal?" Juncker: „Also ich sehe nicht richtig ein, warum ich hier über meine Beziehungen zur Familie Mittal Auskunft geben soll." (Mai 2012)

Mittelstand Wir müssen unsere Einstellung gegenüber Inhabern von kleinen und mittleren Betrieben ändern. Der Bäcker ist kein Stahlproduzent. Deshalb sollte man dem Mittelstand, dem Handel und dem Tourismus mehr Aufmerksamkeit schenken. (März 2013)

Mohikaner, letzter Was wir in Europa machen wollen ist nicht dergestalt, dass wir als die letzten Mohikaner des Bankgeheimnisses übrigbleiben wollen. Wir wollen eine Politik machen, die richtig ist. Und richtig ist sie, wenn wir in Richtung Abschaffung des Bankgeheimnisses und Einstieg in den Informationsaustausch kommen. Das können wir nur machen, wenn andere Finanzplätze von Drittstaaten, welche unseren ähnlich sind, mitmachen. (Dezember 2001)

★ **Mond**

Dialog Gast Gibéryen (ADR): „Das ist utopisch." Juncker: „Wenn es nach Ihnen gehen würde, wäre ich ja schon lange am Mond, das weiß ich. Ich hoffe, dass ich an diesem Tag, wo ich am Mond lande, dort zumindest Herrn Mehlen begegne." (Juli 2002)

Monica, kleine Ich bin als CSV-Präsident überhaupt nicht der Meinung, dass die Partei nur aus sechs Ministern besteht. Man muss die politischen Mandate weitaus breiter sehen, denn es gibt vielfältigere Ämter auf vielen Plätzen zu besetzen. Die guten Leute müssen nicht alle in der Regierung sein. Ich finde vielmehr, dass derjenige, der eine wichtige Aufgabe für andere erfüllt, zum Gelingen unseres kleinen Luxemburger Abenteuers soviel beiträgt wie ich. Tief beeindruckt hat mich in dieser Hinsicht übrigens das am vorigen Freitag von der kleinen Monica anlässlich des Kulturjahres in Luxemburg vorgetragene Lied mit seinem fundamentalen Wahrheitsgehalt: „Jeder hat etwas, zusammen haben wir viel." (Januar 1995)

Monica

Monster Vor allem die LSAP, aber auch andere Parteien waren damit beschäftigt, die CSV als dominanzlüsternes Monster darzustellen. (Juni 2004)

Motivation Was treibt mich an, mich seit so vielen Jahren für Europa zu engagieren? Die Lebensgeschichte meines Vaters, zum großen Teil, der Soldat im Zweiten Weltkrieg war. Deutscher Soldat, weil junge Luxemburger zur deutschen Wehrmacht zwangseingezogen wurden. (Juli 2003) Generell gilt, dass ich meine Motivation aus einer einfachen Tatsache ziehe: Weil ich jeden Tag, manchmal wird das auch demoskopisch erhoben, auf enorm viele Vertrauensbeweise stoße, die die Menschen direkt äußern, ob Luxemburger oder Nicht-Luxemburger, ob hierzulande oder in Europa. Wenn man das Gefühl hat, vom Vertrauen getragen zu sein, dann käme das Abstellen der Motivation für die, die einem vertrauen, einer Beleidigung gleich. Vertrauen zu bekommen ist etwas ganz Wichtiges. Meine einzig richtige Lebensangst ist es übrigens, das Vertrauen zu verlieren. Deshalb bin ich immer hoch motiviert, um die Menschen, die auf einen setzen, nicht zu enttäuschen. Es ist keine Last, aber eine Pflicht, das zu machen, wozu man da ist. Durch die vielen Vertrauensbeweise im Alltag wird diese in hohem Maße erträglich gemacht. (Dezember 2011)

Mosel Diesseits und jenseits der Mosel leben Menschen, die sehr bodenständig, sehr bodenhaftig sind, die nicht abheben, die wissen, worum es geht, die eigentlich noch dankbar sein können für die glücklichen Fügungen der Zeit, obwohl wir sie manchmal auch vergessen. (Mai 2003)

Motto, nationales Die Konsequenz der Globalisierung in Luxemburg ist nicht nur der Erhalt dessen, was wir haben, gemäß unserem nationalen Motto: „Mir wëllen hale, wat mir hunn" (Wir wollen behalten, was wir haben). (September 2006)

Müntefering, Franz Wir hatten im Juni 2009 Wahlen in Luxemburg – und diese Attacke

M

von Müntefering und Steinbrück fand mitten in unserem Wahlkampf statt. Die Luxemburger waren darüber schon sehr verärgert, zu Recht, wie ich finde. Ich hätte ohne Mühe mein ohnehin schon sehr gutes Wahlergebnis noch weiter verbessern können, wenn ich gegen Frankreich und vor allem gegen Deutschland Wahlkampf gemacht hätte. Was mir eher aufgestoßen ist als die Reduzierung Luxemburgs auf ein exotisches Steuerparadies durch Steinbrück – was so nicht stimmt und wovon er sagte, dass er das auch gar nicht so gemeint hätte -, ist diese Aussage von Müntefering, dass man das früher militärisch gelöst hätte. Wir waren im 20. Jahrhundert zwei Mal von Deutschland besetzt. Deutsche dürfen daher nicht so reden! (Dezember 2009)

Eine sehr intelligente Frau, die problemlos hätte studieren können, sie ist Jahrgang 1928, wenn es die Irrungen und Wirrungen der damaligen Zeit es zugelassen hätten. (September 2004)

Mutter

Franz Müntefering

Musik Zurzeit hat es mir ein lateinamerikanischer Gitarrenspieler angetan, der so zart und mitnehmend spielt, dass ich seine Musik höre, wenn ich dasitze und nachdenke. Musik und Denken geht wunderbar zusammen. (Dezember 2010)

Mutter Meine Mutter war die, die sich ohne viel Aufhebens um die Kinder – meine Schwester und mich – gekümmert hat.

nachhaltig, Finanzpolitik Ich ziehe den
  Begriff ‚nachhaltige Finanzpolitik' von
  Professor Ewringmann vor, dem Autor
  der Studie des Mouvement Ecologique.
  Die Luxemburger Finanzpolitik ist in
  vielen Sparten tatsächlich nachhaltig.
  Wir haben entsprechend dem Nach-
  haltigkeitsprinzip Reserven gebildet.
  (September 2003)

★ **nachmachen**

Dialog Juncker: „Ich bin seit 28 Jahren
Mitglied der Regierung, das schafft nicht
jeder." Christoph Blocher (SVP – Schweizerische Volkspartei): „Ich habe über 20
Jahre gegen die EU gekämpft. Das macht
mir auch keiner nach." (Januar 2011)

Nächstenliebe Luxemburg tritt heute in
  Deutschland (in Sachen Fußball) als eine
  geballte Macht der tätigen Nächstenliebe
  auf, weil die deutsche Fußballmannschaft
  um fünf Uhr gegen Luxemburg antritt.
  Und die luxemburgische Fußballmannschaft hat den Tagesbefehl des Premierministers zur Kenntnis zu nehmen, dass
  die Deutschen geschont werden müssen.
  (Mai 2006)

★ **Nächstenliebe**

Dialog Jean-Paul Rippinger (DP):
„Wenn die ADR verschwindet, dann
bekommen Sie aber ganz viele Stimmen
dazu." Juncker: „Ich stehe da in einem
permanenten Auftrag. Weil ich mich
der Nächstenliebe verpflichtet spüre,
von der immer auch die DP in meinem
politischen Wirken so weit wie möglich profitieren sollte. Und das mache
ich nicht, weil ich meine, dass die DP
fremde Hilfe nötig hätte. Es ist einfach
ein Reflexkostüm, aus dem man einfach
nicht herauskommt. Jeder hat eben die
Ausbildung und das Elternhaus, das er
hat. (Mai 1998)

Nationalhelden Zu Hause spielen manche
  den Nationalhelden, statt europäisch
  aufzutreten. Dazu kommt auch das

Medienproblem. Die Politiker reagieren auf die Erwartungshaltung der nationalen Medien. Das liest sich oft wie eine EU-Sportberichterstattung. Als wenn es ein europäischer Wettlauf wäre. Und wer wen besiegt hat. Europa ist doch kein Laufsteg für nationale Haltungen. (November 2007)

Nationalhymne Ein ganz besonderes Erlebnis ist für mich auch, wenn ich irgendwo, etwa im fernen Peking oder in der Mongolei aus dem Flugzeug steige, und die spielen dann die Luxemburger Nationalhymne. Das ist für mich dann ein besonderes Stück Heimat, auch wenn das vielleicht blöd klingt. (August 1998)

Nicht-Diplomat Das war für einen Nicht-Diplomaten eine relativ klare Aussage. Und ich gehöre zu den Nicht-Diplomaten. (Februar 2003)

Niederösterreich Wann immer man eine Rede hält, gehört es zum schicken Umgangston, dass man sagt, man hätte sich auf das Kommen sehr gefreut. Nur selten stimmt die Aussage. Aber heute abend stimmt sie wirklich, weil ich mich darauf gefreut habe, nach Niederösterreich zu kommen. (März 2001)
Die niederösterreichischen Zahlen, Fakten, vor allem aber Menschen, sprechen für sich. Man reist gerne irgendwo hin, wo irgendetwas passiert, wo Menschen auf dem Weg sind. Und die Menschen hier in Niederösterreich sind auf vielen Wegen unterwegs. (März 2001)

★ **Nuancen**

Dialog Juncker: „Ich will Sie ja nur zärtlich mit der Nuancenvielfalt vertraut machen, die eine Person charakterisiert." François Bausch (Déi Greng): „Wir werden in Zukunft dann mehr auf die Nuancen aufpassen!" Juncker: „Ja, da muss man aber gelegentlich einen scharfen Blick haben!" (Mai 1996)

N

Obama Obama hat ein relativ fundiertes Wissen über Luxemburg. Ich habe den Luxemburger Fotografen (Charles Caratini) gesucht. Und Obama hat ihn gefunden. (Dezember 2009)

Oberlehrer Die mir in der Presse gemachten Vorwürfe, ich träte stets als Oberlehrer der Nation auf, führen zwar bei mir zu einer neuen Bescheidenheit im Ausdruck, aber nicht zu einer Bescheidenheit im Geist. Das möchte ich hier ausdrücklich festhalten. Ich rede jetzt freundlich, aber ich denke weiterhin aggressiv. In der politischen Aktion muss man langsam gehen, aber immer in die richtige Richtung. In der politischen Erklärung aber muss man, ohne die Menschen zu verunsichern, die Schwierigkeiten der heutigen Zeit und der kommenden Zeit richtig darstellen. Ich halte es für einen Unsicherheitsfaktor, einem intelligenten Volk vorzugaukeln, es werde in Zukunft keine Probleme haben. (April 1997)

Öffentliche Verwaltung Was den öffentlichen Sektor betrifft, den Staat, die Kommunen: Sie können sich nicht vorstellen, wieviele Briefe ich bekomme von Personen, die eine Beschäftigung in der Privatwirtschaft haben und die in die öffentliche Verwaltung kommen wollen (Ponts & Chaussées, Stadt Luxemburg, etc.). Die Luxemburger flüchten aus den privaten Betrieben, um sich in der öffentlichen Verwaltung einzurichten. (Oktober 1991)

Österreich Als jener Premierminister, der Österreich als erster nach den Sanktionen besucht hat, kann ich mich genau an das Trauma erinnern, wie hochgradig ungerecht im Schnellverfahren beschlossene (EU-)Drohungsmechanismen wirken können. (August 2012)

Österreicher Die Österreicher haben ja immer die Nase vorn. Sie waren die ersten, die von der Notwendigkeit der Erweiterung geredet haben. Und zwar Jahre bevor sie selbst Mitglied der EU waren. Dann fanden sich viele Österreicher sehr rasch im Lager der eher grantigen Skeptiker wider. (Oktober 2002)

Ich habe die Ereignisse von 2000 in mulmiger Erinnerung, weil die Österreicher keine Einmischung in interne Angelegenheiten wollen. (März 2004)

Ich mag manches an der österreichischen Aufgeregtheit und vieles an der Gemütlichkeit. Vor allem aber mag ich die Art und Weise, wie die Österreicher sich durch die Zeit bewegen. (Januar 2013)

OGBL Es wurde mir gesagt, Frau Polfer hätte am Kongress vom ‚Onméigleche Gewerkschaftsbond Lëtzebuerg' gesagt, die Erhöhung des Mindestlohns würde die Zustimmung der Demokratischen Partei bekommen. Das finde ich gut. Darauf

O

warten wir seit 1973, als der Mindestlohn eingeführt wurde, dass die Demokratische Partei regelmäßig der Mindestlohnerhöhung zustimmt. (Dezember 1994)

Nach den letzten Sozialwahlen hat Jean-Claude Reding deutlich gesagt, die CSV müsse mit dem OGBL rechnen. Das hat mich erstaunt, da der OGBL seine Rolle scheinbar mit einer politischen Partei verwechselt und parteipolitisches Terrain besetzt. Das ist ein Benehmen, das Fragen aufwirft. Die muss jedoch nicht ich beantworten, sondern der OGBL. (Dezember 2010)

Opposition Ich finde, es hätte der Opposition gut zu Gesicht gestanden, auch einmal zu sagen, dass nicht alles, was sie gedacht, gemeint, gemacht, geplant und vorgeschlagen hat, richtig war. (Mai 1999)

Optimist So richtig passe ich nicht vor deutsches Publikum, weil ich dieser neudeutschen Tugend der Larmoyanz nicht richtig fähig bin. Man beklagt sich so gerne und so heftig in Deutschland, dass ich mich immer frage: Wiso lädt man eigentlich so einen Fundamentaloptimisten wie mich noch zu öffentlichen Vorträgen in Deutschland ein? Das deutsche Publikum hat man fest im Griff, wenn man ihm erklärt, wie schlecht es ihm gehe, und genau dies möchte ich eigentlich nicht tun. Mich stört an den Deutschen, an den Luxemburgern, an vielen anderen, dass wir nur über unsere Schwächen und Defizite reden, über das, was wir nicht können, nicht schaffen, nicht hinkriegen, und kaum noch Zeit darauf verwenden, uns unserer Erfolge zu erfreuen. Ich will nichts schönreden. Was

nicht klappt, das klappt nicht und das muss man schon klar benennen. Aber so zu tun, als ob nichts mehr ginge, ist auch nicht die Stimmung, die wir brauchen zur Erheiterung der Gemüter und zur Antreibung der Wirtschaftskräfte in Europa. Und wir haben viele Erfolge als Europäer! (Oktober 2004)

Orchidee Dass die Singapurer eine Orchidee auf meinen Namen getauft haben, ist schön, aber nicht ausnehmend wichtig. (Dezember 2012)

Ordnungspolitik Es gibt im übrigen kein französisches Wort für Ordnungspolitik. Das weiß man, wenn man Euro-Vorsitzender ist. Wenn man Ordnungspolitik sagt, machen die Franzosen große Augen. Und wenn man ‚gouvernement économique' sagt, verstehen die Deutschen überhaupt nicht, wovon man redet. (September 2006)

Organigramm Am ersten Tag, als ich Staatssekretär im Arbeitsministerium war, habe ich mir gesagt: ‚Jetzt mache ich ein Organigramm.' Diese Skizze habe ich nach 14 Tagen wieder zerrissen, weil im ganzen Ministerium keiner mehr ein Blatt Papier angefasst hat. Die waren einfach nicht zufrieden mit der Art und Weise, wie der Staatssekretär die Funktionen verteilt hat. (April 1998)

Osteuropäer Mit den 102 Millionen Osteuropäern haben wir heute mehr Außenhandel als mit den 290 Millionen Amerikanern (. . .) Deshalb müssen wir auch unseren Reichtum mit denen teilen. (Juni 2005)

Panther Rainer Maria Rilke ist mein Lieblingsdichter. ‚Der Schwarze Panther' ist mein
Lieblingsgedicht. (August 1998)

Papst Bendedikt XVI Die französische Akademie der Moral- und Politikwissenschaften
hat insofern Bedeutung, als ich da Mitglied bin und Papst Benedikt XVI auch. Er
wurde das, als er Kardinal war. Und wurde
Papst, nachdem er Mitglied der Akademie
geworden war. Ich möchte eigentlich das
bleiben, was ich bin. (März 2010)

Papst Franziskus Franziskus ist der Heilige
der Armen. Das deutet darauf hin, dass
er sich auf das Wesentliche, das Einfache
konzentrieren wird. (März 2013)

Parlament

★ **Parlamentarische Anfrage**

Dialog Juncker: „Die Klagen, dass die
Regierung nicht in adäquater Zeit auf
die Fragen von Abgeordneten antwortet,
begleiten mich seit 15 Jahren, auch in
der Zeit zwischen 1999 und 2004." Xavier
Bettel (DP): „Gut, 24 Monate müssten
normalerweise ausreichen, um auf eine
Frage zu antworten. Wir haben es aber
aufgegeben. Wir haben einfach gesagt:
‚Dann lassen wir sie verfallen.' Aber wie
gesagt, zwei Jahre ist aber wirklich sehr,
sehr lang, Herr Staatsminister (Dezember 2009, im Parlament)

Papst Franziskus

Paradies Wir treiben die Luxemburger nicht
aus dem Paradies, wir müssen das Paradies aber umbauen. (März 2010)

Parlament Sie sind hier nicht in Ellange, sondern im luxemburgischen Parlament! (zu
Gast Gibéryen, ADR, Anm.) (Mai 1999)

Parteien Parteien, meine jedenfalls nicht, sind
keine Gesangsvereine, wo einer vorsingt

und die anderen einstimmen. Es wird heftig miteinander diskutiert bis man zu etwas kommt, das Bestand hat. Man muss aber nicht in eine Partei gehen, um Politik zu machen, um Gehör zu finden, um Einfluss in der Gesellschaft zu haben. Das kann man ja auch machen, indem man in den Gewerkschaften aktiv oder in den NGOs aktiv ist. (Dezember 2004)

Partnerschaft Privilegierte Partnerschaft – mit diesem Begriff habe ich nie viel anfangen können. Weil ich mir seine Konkretisierung nicht in allen Verästelungen vorstellen kann. (Juli 2005)

Partylöwe Ich will arbeiten, werde kein Partylöwe sein und will lediglich einen Tag Ruhe pro Woche und dann zuhause sein. Mein Privatleben ist schließlich meine kleine Ecke. (Januar 1995)

Paulson, Henry Als die Subprime-Krise in den USA begann, war ich nicht überrascht, weil ich hatte so oft im Namen der Eurogruppe, deren Obermufti ich ja bin, dem amerikanischen Kollegen Paulson gesagt, dass es genau so käme. Und er hat mir immer gesagt, weil ein sichtbarer Altersunterschied uns voneinander trennt: „My young friend, the markets will do it." They have done it. (Januar 2009)

Henry Paulson

Personalunion Wenn man bedenkt, wie viel Zeit Regierungschefs damit verbringen, mit ihrem Finanzminister zu streiten, dann ist meine Personalunion ein großer Zeitgewinn. Ich muss mich nur mit mir selbst unterhalten und kann nach anstrengender Debatte eine Lösung finden. (Dezember 2005)

Wenn der Premierminister mit dem Finanzminister berät, trinke ich einen Schoppen. Und wenn ich dann noch keine Lösung habe, trinke ich noch einen Schoppen. (auf die Frage einer Bürgerin aus Trier, wie er mit seinen verschiedenen Ämtern einen Konflikt lösen würde, Anm.) (September 2008)

Pfund, britisches An dem Tag, an dem die Briten begreifen, dass das britische Pfund zu einer regionalen Währung ohne internationalen Einfluss geworden ist, werden sie der Eurozone beitreten. (Juni 2011)

★ **Phantasie, große**

Dialog René Kollwelter (LSAP): „Hat Frau Brasseur Sie belästigt?" Juncker: „Ich bin nicht so weit gegangen, wie Ihre Phantasie Sie treibt. Ihre Phantasie

P

ist so groß wie Ihr Gehör schlecht ist!"
(Dezember 1994, im Parlament)

Plato Plato ist ein griechischer Straßenhund.
Ich habe ihn von Tierfreunden gekauft, die
herrenlose Hunde auf Samos vermitteln.
Er bellt gelegentlich Besucher an.
(Juni 2011)

polemisieren Der Wunsch, zu polemisieren,
rund um sich zu schlagen, ist bei einzelnen
im Parlament deutlich intensiver ausge-
prägt als die politische Phantasie, aus
der sie Konzepte für die Zukunft ableiten
könnten. (Mai 1998)

Politik Politik ist für mich zuerst einmal – auch
wenn das sehr pathethisch klingt und pa-
thetische Aussagen eigentlich nicht meine
Sache sind – Dienst am Volk. Man vergisst
das sehr oft, aber es muss klar sein, dass
Politik kein Selbstzweck ist. Das, was man
tut oder zu tun versucht, ist daher wichtiger
als man selbst. (Dezember 2009)

Politiker-Typen Wenn jemand redet, weiß
ich genau, ob sich die Person mit einer
bestimmten Materie beschäftigt hat, oder
von einem Sprechzettel liest. So teile ich
auch Politiker in Europa ein: In die Gruppe
jener, die wissen und in die Gruppe jener,
die vorlesen. (September 2004)

Polykrise Politik hat sich in den vergangenen
30 Jahren fundamental verändert. Früher
hat man als Politiker Dinge noch erklären
können. Heute gibt es nicht nur eine Krise,
sondern eine Polykrise, die von den USA
ausgehend plötzlich die ganze entwickelte
Ökonomie weltweit erreicht. Da muss man
vielschichtiger erklären. Und zwar so lan-

ge, dass eigentlich niemand mehr zuhört.
(Dezember 2012)

Popularität Sympathien und Popularität
einheimsen ist nicht meine Stärke. Ich
will Rücksicht auf alle Strömungen in der
Gesellschaft nehmen, denn alle Menschen
haben ein Herz, und auf dieses kommt es
letztlich an. (Januar 1995)
Mir ist lieber, die Menschen respektieren
mich, als dass ich populär bin.
(Januar 1995)

Populismus Ich warne davor, Populisten nach-
zuäffen. Man muss in der Politik bereit
sein, sich von Zeit zu Zeit beschimpfen
zu lassen. Wenn man mit den Menschen
diskutieren will, dann muss man sich
ihnen manchmal auch in den Weg stellen
und sagen: ‚Halt, so geht das nicht.' Wer
den Wählern nur nachläuft, sieht sie nie
von vorn. (Mai 2011)
Ich bin zwar zu Demagogie und Populismus fähig, das werden Sie ab April
nächsten Jahres merken, aber das muss
ich ja jetzt noch nicht unter Beweis stellen.
(Januar 2013)

Portugal Ich mag Portugal sehr, es gehört
wirklich zu meinen Lieblingsländern,
obwohl ich nicht oft dort sein kann. So
viele Portugiesen haben in unserem Land
ganz wesentlich zur Schaffung unseres
Reichtums beigetragen. (Dezember 2012)

Preise Ich bedanke mich bei der Jury sowie
beim Herrn Bischof, dass er seinen
Hirtenauftrag spontan so begriffen hat,
dem Vorschlag der Jury zuzustimmen, mir
diesen Preis zu übertragen. (Februar 2004)
Ich wusste überhaupt nicht, dass man soviel Gutes über mich erzählen kann, dass

P

dies so lange dauert. Aber das führt dazu, dass ich mich etwas kürzer fassen muss und auch möchte. (November 2004)

Viele Luxemburger haben sich gefragt: Wieso deutscher Staatsbürgerpreis? Ist er jetzt nicht mehr Luxemburger? Insofern ist es gut, dass auch Jacques Delors und Vaclav Havel diesen Preis entgegennehmen konnte, sodass ich der Landesflucht nicht sofort angeklagt werde, wenn ich wieder nach Luxemburg zurückfliege. (September 2006)

Der ,Fasel'-Preis ist ein Preis für soziale Marktwirtschaft. Man darf sich nicht an dem komischen Familiennamen derer stören, die den Preis gestiftet haben. (Dezember 2009)

Es ist eher so, das ich keine Freizeit habe und ich halte es für einen starken Tobak, wenn man denkt, ich würde dauernd durch die Weltgeschichte segeln, um Preise in Empfang zu nehmen (. . .) Ich wünsche keinem anderen Luxemburger mein Leben. Ich wünsche es keinem. (Dezember 2010)

Ich weiß, dass viele Luxemburger sich über die Auszeichnungen und Preise, mit denen ich überhäuft werde, köstlich amüsieren (. . .) Die Laudatoren sprechen ja auch positiv über das Land, aus dem ich komme und auch über dessen Bürger. Die Auszeichnungen haben sehr viel mit dem Bild zu tun, das ich von Luxemburg im Ausland versuche, zu vermitteln. (Dezember 2010)

Die Preise stehen bei mir nicht aufgereiht nach Daten oder Wichtigkeit. Der Karlspreis ist trotzdem der wichtigste Preis, den man in Europa bekommen kann (. . .) Wenn man in mein Büro kommt, oder zu mir nach Hause, und da würden all die Preise in einer Reihe stehen, das fände ich ziemlich angeberisch. Viele Preise stehen auch im Speicher oder im Keller. (Dezember 2012)

Preisflut Man hat ausgerechnet, dass ich im Schnitt alle zwei Monate einen Preis erhalte. Manchmal, weil einige denken, es wäre jetzt an der Zeit, nachdem die üblichen Verdächtigen alle schon durch sind. Manchmal, weil ich ihn halbwegs oder ganz verdient habe. Und immer ist der Ablauf der gleiche: Es tritt ein Laudator auf und ich höre wieder meine Lebensgeschichte. Es ist jedes Mal so, als ob ich aufgebahrt wäre, wenn man so über meine Moritaten berichtet. (September 2008)

Pressehilfe Es ist gut, dass es auch noch Presseorgane gibt, die ohne Pressehilfe bestehen können. (Mai 2003)

Presse, luxemburgische Es stört mich etwas, dass die hiesige Presse immer Kommentare aufgreift, die sich weniger freundlich mit mir beschäftigen. (Dezember 2010)

luxemburgische Presse

Priestermangel Als wir 1991 damit anfingen, über den Euro zu sprechen, hat niemand geglaubt, dass wir das schaffen. Hätte die katholische Kirche so viele Spätberufene

wie der Euro, dann gäbe es keinen Priestermangel. (Juli 2003)

Prinz Guillaume Ich mag ihn sehr. Der Erbgroßherzog ist ein Mann, der das Herz am rechten Fleck trägt. Der durch die Art und Weise, wie er sich äußert und benimmt, zu erkennen gibt, dass er die Probleme des Landes gut kennt. Und der sich im Rahmen der offiziellen Wirtschaftsmissionen extrem professionell hervortut. Ich sehe in Prinz Guillaume eine Chance für unser Land. (Dezember 2011)

Prinzenhochzeit Als ich im Oktober in Laos war, wurde ich in den Hotellobbys von Menschen angesprochen, die die Hochzeit im Fernsehen gesehen hatten. Ich gehe davon aus, dass mich die Laoten, wenn sie die Hochzeit nicht im Fernsehen verfolgt hätten, wohl kaum auf der Straße erkannt hätten. (Dezember 2012)

Prinzenhochzeit

★ **privilegiert**

Dialog Christoph Blocher (SVP – Schweizerische Volkspartei): „Sie sind in einer sehr privilegierten Situation." Juncker: „Das sagen Sie als Schweizer!" (Januar 2011)

Probleme, lösen Meine Devise ist dabei: Große Probleme soll man behandeln, solange sie noch klein sind. Wenn man sie aber groß werden lässt, ist man selber oft zu klein, um sie dann noch zu lösen. In der Rentenfrage wie in anderen Punkten soll daher ohne Aggressivität, aber mit klarem Blick, ruhiger Hand und dem nötigen Fingerspitzengefühl an die Sache herangegangen werden. (Januar 1995)

Prodi, Romano Ist mit Romano Prodi gut Kirschen essen? Ich esse mit Romano Prodi keine Kirschen. Im Regelfall setzt er mir italienische Spezialitäten vor, die ich ganz gerne habe (. . .) Es gibt zwischen Herrn Prodi und mir – entgegen dem was die internationale Presse gelegentlich schreibt - keine Schwierigkeiten. (April 2000)

Pröll, Erwin Erwin Pröll stattete mir im November 1999 einen Besuch ab. Es gibt zwischen uns so etwas wie spontane Freundschaft, weil so oft sind wir uns noch nicht über den Weg gelaufen, bevor wir uns zueinander bekannt haben. Deshalb bin ich froh, einen Gegenbesuch in Niederösterreich machen zu dürfen. (März 2001)

Prost-Heinisch, Marie-Paule Wenn die Regierung einmal zum Schluss kommen sollte, dass auch in den Kneipen und Cafés ein Rauchverbot eingeführt werden soll, dann wird es so sein. Marie-Paule Prost-Heinisch macht mir stets klar, welch gutes Beispiel ich in der Hinsicht sein könnte. Aber leider kann man nun mal nicht in allen Bereichen des Lebens ein gutes Beispiel sein. (Dezember 2010)

P

Marie-Paule Prost-Heinisch

Pussy Riot Ich habe Putin vorgeschlagen, die Pussy Riot-Sängerinnen und Demonstrantinnen mit nach Luxemburg zu nehmen. Das fand übrigens wenig Widerhall hierzulande. Ich weiß auch nicht, wie die Luxemburger reagiert hätten, wenn die mit mir aus dem Flugzeug gestiegen wären (. . .). Das war eine Offerte. Da der russische Präsident über das Recht verfügt, Strafen nachzulassen, dachte ich, es wäre gut, ihm ein solches Angebot zu unterbreiten. (Dezember 2012)

Putin Jeder schreit nach gemeinsamer Energiepolitik, weil es ja lächerlich ist, dass 27 Delegationen nach Moskau reisen, um Herrn Putin die Welt im Energiebereich zu erklären. Aber wenn wir mit einer Stimme auftreten, wird auch Herr Putin zuhören müssen. (März 2007)
Ich war im September 2003 in Moskau und habe ein fünfstündiges Gespräch mit Vladimir Putin geführt. Wir duzen uns, unterhalten uns auf Deutsch und reden auch über Menschenrechts- und andere Rechtsstaatsfragen. Das ändert nichts an meiner Auffassung, dass Putin die russische Föderation auf den Weg der Staatswerdung geführt hat. Seine De-

mokratiebemühungen sind ausbaufähig. (Dezember 2012)
Ich habe eine lange Geschichte mit und ein gutes Verhältnis zu Vladimir Putin. Ich halte ihm zugute, dass er aus den vielen russischen Staaten eine Einheit gebildet hat, die Stabilität in den Kontinent gebracht hat. Unser Verhältnis ist gut, weil wir in vielen langen, persönlichen Gesprächen über mehrere Stunden hinweg keinen Umweg auch um kritischere Fragen wie die der Menschenrechte machen. Hier schenken wir uns nichts. (Dezember 2012)

Vladimir Putin

Putsch Ich bin aus dem Alter heraus, wo man noch putscht, um sich bekannt zu machen. (Juni 2004)
Ich verstehe, wenn das einzelnen Leuten auf den Wecker geht (dass ich seit knapp 18 Jahren Premierminister bin). Aber ich bin kein Putschist! Ich bin gewählt, und nicht schlecht. (Dezember 2012)

P

Rabe, Thomas Ich weiß um seine engen Beziehungen, die fast intime Beziehungen sind, zu Luxemburg. Wo jemandes Wiege stand, da bleibt das Herz auch liegen, auch wenn er der Wiege deutlich entschlüpft ist. (Januar 2013)

Thomas Rabe

Rating-Agenturen Die Rating-Agenturen haben sich pausenlos geirrt. Sie haben Monate vor der Lehmann-Pleite noch die höchsten Bonitätswerte für deren Produkte verteilt. (Juli 2012)
Ich bin sehr dafür, dass wir uns aus der babylonischen Gefangenschaft der Bewertung durch amerikanische Agenturen herausbewegen. Darum bin ich auch dafür, dass wir eine europäische Agentur auf die Beine stellen. Aber die Vorstellung, dass wir durch eine solche Agentur von heute auf morgen eine Absolution im Euroraum erhalten, wäre sehr naiv. Schließlich sind die Bewertungen nicht komplett falsch. (November 2012)

Ratschläge Öffentlich vorgetragene Ratschläge sind eher Schläge als guter Rat. (Januar 2013)

Rauchstopp Ob ich mit dem Rauchen aufhöre? Nein. Aber ich rauche ja, wie die Leute wissen, weniger. Frau Prost und andere sagen mir, das hätte null Wert. Wenn man nämlich 10 Zigaretten täglich rauche, wäre man schon auf einem Trip, der nicht gut wäre. (Dezember 2009)

Rechts-Partei Würde die extrem Rechte jemals einen charismatischen Anführer finden, hätten wir die selben Resultate wie in den Nachbarländern. (März 2010)

Redeanfragen Ich wundere mich immer wieder, dass ich so viele Redeanfragen aus Deutschland bekomme, denn ich bin kein typisch deutscher Redner. (September 2006)

Rede, Länge Man hat mir, um über das ‚Europa von morgen' zu reden, exakt 15 Minuten zur Verfügung gestellt. Das reicht bei mir normalerweise, um mich durch den ersten Teil der einführenden Worte in die Einleitung zu führen. (Mai 2006)

Rede, Nation Es ist seit 1975 Tradition, dass der Premierminister im Namen der Regierung eine Erklärung zur Lage der Nation vorlegt. Ich weiß, dass diese mit den Jahren eine unterschiedliche Tonlage bekommen hat. Trotzdem ist es die Erklärung der ganzen Regierung und nicht

nur die Erklärung des Premierministers ganz allein (. . .). Gelegentlich werde ich so beschrieben als einer, der alles allein zu sagen hätte. Ich wäre froh, wenn das so wäre. Aber es ist Gott sei Dank nicht so, denn da wären schon viele Dummheiten geschehen, die so verhindert werden konnten. (Mai 2002)

Nach jeder Rede zur Lage der Nation erhalte ich etwa hundert Briefe von Einzelpersonen oder Organisationen, die meinen, ihr Interesse sei mangelhaft beschrieben worden. Ich bin eigentlich strikt unsensibel gegenüber solchen Kritiken, denn ich kann nicht jedes Jahr alles im Detail vortragen. Das geht einfach nicht. (September 2003)

Rede, Vorbereitung Wenn ich Reden vorbereite, was ich nur sehr bedingt tue, lese ich im Flugzeug zu dem Ort, wo die Rede stattfinden soll, meistens die Reden derer, die in den Vorjahren geredet haben. (Januar 2009)

Reding, Jean-Claude Nach den letzten Sozialwahlen hat Jean-Claude Reding deutlich gesagt, die CSV müsse mit dem OGBL rechnen. Das hat mich erstaunt, da der OGBL seine Rolle scheinbar mit einer politischen Partei verwechselt (. . .). (Dezember 2010)

Reding, Viviane Sie hat in der Tat einen beeindruckenden Werdegang hinter sich, wenn man bedenkt, was sie in der Europäischen Kommission bewegt hat. Zum einen ihre Ergebnisse in Sachen Roaming-Gebühren und zum anderen, was sie mit der Frauenquote zumindest angestoßen hat. Das beweist, dass die CSV eine weitblickende

Partei ist. 1982 war sie meine Gegenkandidatin. Wie man sieht, hat sie ihre Talente in der EU-Kommission voll entfalten können. (Dezember 2012)

Viviane Reding

reflektieren Ich werde künftig erst Kommentare abgeben, wenn ich mit der notwendigen Ruhe über ein Thema reflektieren konnte. (Januar 2011)

Reformen Wer früher in der Politik von Reformen redete, der war sich des Applauses sicher. Wer heute über Reformen redet, der macht sich suspekt, der wird argwöhnisch beäugt, dem traut man die schlimmste Dinge zu. Früher waren Reformen positiv, heute sind sie schon alleine vom Ausdruck her negativ behaftet. Wir müssen die Reform als Gesellschaftsentwurf rehabilitieren. (Oktober 2004)

Einzelne prominente Akteure unserer Wirtschaftspolitik kritisieren auch meine Person regelmäßig. Sie sagen, wenn man so populär ist wie der Premierminister, dann müsste man eigentlich mehr durchgreifende Maßnahmen in Angriff nehmen. Sie denken dabei an die Maßnahmen, die sie ergreifen würden, wenn sie so populär wären wie ich, aber sie sind es nicht. (Dezember 2012)

R

★ **Regierungsleistungen, gute**

Dialog, Stimme aus der hinteren Reihe:
„Immer diese Aufzählungen." Juncker:
„Sie sind schon so nervös geworden
bei den 3 oder 4 Punkten, wo ich gute
Resultate der Regierung vorstellen
konnte. Ich werde jetzt aber wirklich
nicht den Sadismus so weit treiben, Sie
mit dem ganzen Spieß von weiteren
guten Leistungen zu konfrontieren."
(Mai 1999)

Regierung, Umbildung Über Regierungsum-
bildungen redet man nicht, Regierungsum-
bildungen macht man zu einem Zeitpunkt,
an dem niemand damit rechnet, dies
zum Wohl des Landes und der Menschen.
(März 2013)

Reichtum Wo steht eigentlich geschrieben,
auch in den Heiligen Schriften, dass es dieses Naturrecht der Luxemburger und ihrer
Nachbarn gäbe, den Reichtum der Welt für
sich allein und exklusiv beanspruchen zu
dürfen? Und dass andere keinen Anspruch
auf Anschluss an diesen Wohlfahrtszug
haben dürften? (September 2006)

★ **Reihe**

Dialog Mars Di Bartolomeo (LSAP):
„Sie machen in der einen Regierung
etwas anderes als sie in der vorherigen
Regierung gemacht haben." Juncker: „Sie
kommen auch noch an die Reihe! Ich
habe einst gesagt: ‚Jeder kommt an die
Reihe!'" (August 1999)

Reisen Wissen Sie, wieso ich gerne reise,
weite Reisen mache? Das ist der Tatsache
zu verdanken, dass man sich so richtig
als Europäer fühlt, wenn man in Asien,
Afrika, sonst wo aus dem Flugzeug steigt.
Man wird nicht nur als derjenige, der man
ist, als luxemburgischer Premierminister,
begrüßt, sondern auch als Europäer. Die
ganze Welt schaut mit bewundernden
Augen auf das, was die Europäer nach
dem Zweiten Weltkrieg zustande gebracht
haben. Nur wir Europäer, sind wir wieder
in Europa zurück, werden sofort in das ab-
grundtiefe Gefühl versenkt, dass wir alles
falsch gemacht haben und alles weiterhin
falsch machen. (Oktober 2011)

Rettungsschirm Wird der Rettungsschirm
aufgestockt? Ich glaube nicht, dass wir
eine Entscheidung treffen werden, was
die Vergrößerung des Volumens der
Finanzfazilität anbelangt. Ich bin auch der
Meinung, das man diese Frage im Vorfeld
anstehender Gesamtentscheidungen
nicht privilegiert behandeln sollte. Wenn
das sein müsste, was ich nicht so sehe,
dann soll man das tun, ohne wochenlang

R

darüber zu diskutieren. (Juncker-Rhethorik in der Krise, Anm.) (Dezember 2010)

Revier, Ruhrgebiet Hier im Revier leben Menschen, die sich nicht kleinkriegen lassen. (Dezember 2011)

Revue Die Zeitschrift Revue ist nicht einfach ein Teil unserer Presselandschaft. Sie gehört zur luxemburgischen Gesellschaft schlechthin. Weil sie so ist, wie wir sind, ist sie ein authentisches Stück Luxemburg. (September 2005)

Rilke, Rainer Maria Rainer Maria Rilke ist mein Lieblingsdichter. ‚Der Schwarze Panther' ist mein Lieblingsgedicht. (August 1998)

Rolex Eine Uhr ist für mich Privatsache, und die bleibt es auch. Ich kann nur sagen, dass ich nie im Leben eine Rolex tragen werde, und auch nicht das Auto fahren werde, das zu dieser Uhr passt. (Dezember 2012)

geben darf. (Juni 2005)

Ich war schon als Premierminister dabei, als die Bertelsmann-Gruppe Hauptaktionär bei RTL wurde. Ich habe schwierige Gespräche mit Gaston Thorn, Albert Frère, mit vielen anderen in meinem Büro, mich über den Inhalt ausschweigend, über mich ergehen lassen müssen. Und habe wesentlich dazu beitragen dürfen, dass diese Zusammenarbeit mit Bertelsmann sich angebahnt hat, sich zu einer Erfolgsgeschichte sowohl für Bertelsmann als auch für Luxemburg entwickelt hat. (Januar 2013)

RTL

Rolex

RTL Aus Nischen können auch manchmal Prinzipien entstehen: RTL und SES zum Beispiel. Heute will jeder auf unseren Satelliten, und alle haben ihre Rundfunklandschaft liberalisiert. (September 2003) Luxemburg hat mit RTL bewiesen, dass es keine Grenzen bei Radio und Fernsehen

R

Saarländer Die Luxemburger können von den Saarländern lernen, dass man, wenn man einen festen Kurs einschlägt, und wenn man arbeitsam ist, Erfolg hat, obwohl die natürlichen Voraussetzungen nicht immer die besten sind. Die Saarländer können von den Luxemburgern lernen, bescheiden, aber nicht unglücklich zu sein. (Dezember 2010)

Saarländer sind für uns Saarländer. Egal, in welche politische Kategorie sie sich verirrt haben. (Dezember 2012)

Sachkenntnis Das Wichtigste in der Politik ist, gut informiert zu sein und seine Dossiers im Detail zu kennen. (Januar 2013)

Sammelband Ich muss leider sagen, dass Ihre Interventionen zwar umfangreich sind, aber nicht beeindruckend genug, um sie in Sammelbänden zu publizieren! (zu Ben Fayot/LSAP, Anm.) (Mai 2001)

Sanem Ich werde mit Sicherheit im weiteren Verlauf meiner Biografie nicht Bürgermeister von Sanem werden, davon können Sie ausgehen (zu Mars Di Bartolomeo/LSAP, Anm.) (Dezember 2001)

Santer, Jacques Jacques Santer ist wirklich kompromissbegnadeter als ich. (Januar 1995)

★ **Sarkozy, Nicolas**

Dialog Francine Closener (RTL Radio

Lëtzebuerg, Foto): „Wie ist denn jetzt Ihr Verhältnis mit Nicolas Sarkozy? Die französische Zeitschrift ‚Le Point‘ hat eine Liste herausgegeben von 10 Leuten, die Sarkozy nicht leiden kann. Sie sind da auf Platz 8. Sie erklärt es damit, dass Sie sich getraut haben, ihm zu widersprechen" Juncker: „Ja, so ist es. Und ich habe den Eindruck, er hat das nicht immer ganz gerne. Aber wenn ich Dinge zu sagen habe, sage ich das auch, selbst, wenn Sarkozy oder ein anderer nicht dieser Meinung ist. (Dezember 2009)

Sarkozy, Nicolas Nachdem die Entscheidung über den ersten permanenten EU-Präsidenten gefallen war, war ich enttäuscht, habe (diese Entscheidung) aber wiederum auch nicht allzu dramatisch genommen. Europa ist wichtiger als einzelne Personen. Trotz Enttäuschungen ist der luxemburgische Staatsminister verpflichtet, für gute

das europäische Publikum muss das wirken wie ein Boxkampf, der da alle paar Monate in Brüssel stattfindet, wo 27 Kerle aufeinander einhauen und der Klügste gibt nach und macht die Kompromisse möglich. Die Unklügsten sind dann die ewigen Sieger. (März 2010)

★ Schlussfolgerung

Dialog Roy Grotz (Radio DNR): „Das heißt, Sie stehen Ihrer Partei für die nächsten Wahlen zur Verfügung?" Juncker: „Sie haben meiner Antwort nicht richtig zugehört. Wenn Sie ihr richtig zugehört hättet, dann hätten Sie weder diese noch die gegenteilige Schlussfolgerung ziehen können. (Dezember 2007)

schönreden Ich bin strikt dagegen, dass man immer alles schönredet. Wenn alles in Ordnung wäre, dann bräuchte ich auch keine Politik machen. Politik macht man, wenn man denkt, es gibt noch einiges, was es zu richten gilt. Aber wir sollten uns an dem erfreuen, was wir haben. Und wir haben in Europa Frieden. (März 2000)

Schmelztiegel Wer denkt, dass wir aus Europa einen einzigartigen, gewaltigen, gigantischen Schmelztiegel machen könnten, in dem alles Regionale und Nationale aufgesogen und zum Absterben gebracht wird, der weiß von den Menschen in Europa sehr wenig. (Dezember 2009)

Schmidt, Helmut Ich freue mich über das Lob von Helmut Schmidt, denn schließlich ist er nicht irgendwer. Ich sehe mich aber

nicht als einen der letzten Europäer. Es gibt viele, die mit Europa immer noch Glaube und Hoffnung verbinden. Das tue ich auch. (Dezember 2010)

Helmut Schmidt

Schmit, Nicolas Ich lasse es nicht zu, dass Minister so einfach abgeschossen werden. (März 2011)

Nicolas Schmit

Schmuggel Reisen war einmal unwahrscheinlich mühseliger. Die Europäer reisen (heute) grenzenlos und wundern sich überhaupt nicht mehr darüber, dass es keine Grenzen mehr gibt. Manchmal denke ich mir in Momenten, in denen ich es wirklich satt habe mit Europa: „Wir sollten vielleicht die Grenzen wieder drei Monate lang einführen. Drei Monate wieder am Grenzübergang stehen, drei Monate wieder schmuggeln müssen, drei Monate

wieder dreifache Unterwäsche tragen, um
über die Grenze zu fahren, drei Monate
wieder doppelte BH's tragen, um von
Trier nach Luxemburg zu fahren, weil ja
geschmuggelt werden muss und nicht die
Bereitschaft besteht, spontan Zollabgaben
zu bezahlen. (September 2008)

Schneider, Etienne Etienne Schneider kenne
ich seit langen Jahren als jemanden, der
mir extrem sympathisch ist, dessen vielfäl-
tige Kenntnisse ich öfters schon beobach-
ten konnte und von dem ich überzeugt
bin, dass wir eine gute Zusammenarbeit
zustande bringen. (Dezember 2011)
Etienne Schneider ist ein angenehmer und
kompetenter Minister. (Dezember 2012)

Etienne Schneider

Schnelllebigkeit Das ständige Gehetze nach
Informationen, dieses Bangen, was wieder
über den Ticker läuft, ist verdrießlich. Es
muss alles schnell gehen, man hat nicht
mehr das Recht, zu denken. Das ist eine
Schwäche. (Juni 2011)
Politiker sind heute viel mehr zu Oberflächlichkeit gezwungen als früher. Ich
verzweifle eigentlich daran, dass man sich
nicht mehr erklären kann.
(Dezember 2012)

Schröder, Gerhard Ich kann mich fast noch

anekdotenhaft an einen Besuch des
damaligen Ministerpräsidenten Schröder
in Luxemburg erinnern, wo wir über den
Euro geredet haben. Ich war dafür, er war
auf dem Weg dahin. (Oktober 2006)
Es stand zu lesen: ,Juncker wurde bestellt,
um dem Kanzler zu huldigen.' Könnte ich
das, würde ich es nicht tun. Aber über ihn
und sein Buch zu reden, ist mir eine angenehme, vor allem auch persönliche Freude.
(Oktober 2006)
Gerhard Schröder habe ich in seinen
Anfangsjahren als jemanden erlebt, der
systematisch die nationale Karte zog und
der langsam, aber sicher, und dann in
immer überzeugenderer Weise, tendenziell dazu neigte, die europäische Karte der
nationalen Karte vorzuziehen. (Mai 2008)

Gerhard Schröder

Schulden Mein Vater und meine Mutter
haben ein Haus gekauft und dafür Schulden gemacht. Sie haben aber nie zu mir
gesagt: ,Du bezahlst unsere Schulden, weil
Du hier wohnst.' Es war relativ klar, dass
sie ihre eigenen Schulden selber bezahlen
würden. So habe ich auch das Land zu
führen gelernt. Jene, die Schulden machen,
sollen sie auch bezahlen. (Dezember 2009)
Schulden tun nicht weh und haben keinen

sofort feststellbaren unangenehmen Geruch. Sie sind süßes Gift, das vermeintlich sanft einschläfert, das aber de facto unsere Gesellschaft in ein Wachkoma versetzt, das uns zur vollständigen Bewegungslosigkeit verdammt. (Februar 2010)

Schuldenberge Wenn wir die Schuldenberge weiter anwachsen und die Defizite weiter zunehmen lassen, was eine Zeit lang geschehen muss, dann wird das Geld sicherlich eines Tages bei denen geholt, die heute 17 Jahre alt sind. Wenn wir aber eine vernünftige Politik machen, eine mit Herz und Verstand, wenn wir dafür sorgen, dass wir die Defizite in den nächsten Jahren wieder begrenzt bekommen und wir die Schuldenberge nicht anwachsen lassen, dann verhindern wir, dass die Generation der heute 17-jährigen 20 oder 25 Jahre ihres Lebens damit beschäftigt sind, die Schulden zurückzuzahlen, die wir jetzt machen. Es braucht also Rücksicht für jene, die heute jung sind. Deren Lebenschancen dürfen wir nicht einengen dadurch, dass wir uns jetzt ein bisschen gehen lassen. (Dezember 2009)

Schulden, Eurozone (. . .) Aber trotzdem sind die Schuldenstände in der Europäischen Union, vornehmlich in der Eurozone, in keinerlei Weise vergleichbar mit den Haushaltsdefiziten in den Vereinigten Staaten von Amerika oder in Japan. Und unsere Schuldenstände sind auch wesentlich niedriger als das, was Herr Bush und Herr Obama in geistigem Schulterschluss in den letzten 10 Jahren zustande gebracht haben. Deshalb wehre ich mich auch mit einiger Inbrunst gegen Zurechtweisungen aus Washington. Es weiß zwar niemand es, aber wir sind wesentlich besser als die Amerikaner. Die einzigen, die es wissen, sind die Amerikaner, und deshalb tun sie so, als wüssten sie es nicht. Und deshalb glauben wir, weil die Amerikaner nicht zugeben, dass sie schlechter sind als wir, wir wären schlechter als die Amerikaner. Genau das Gegenteil ist der Fall. (Oktober 2011)

Schulreform Wenn die Welt sich ändert, wenn die Situation sich dreht, wenn vieles anders wird, dann kann die Schule nicht bleiben, wie sie ist. Die verschiedenen Schulpartner, insbesondere die Lehrergewerkschaften, sollten sich nicht auf Nebenkriegsschauplätzen verausgaben, die nur sie selber betreffen, sondern sich im Mittelfeld der Herausforderungen aufzuhalten. (April 2011)

Schulzeit, eigene Ich habe den Eindruck – und so beschreiben mich auch andere, die mit mir in der Schule waren – dass ich immer gerne Menschen um mich geschart habe, um etwas zu tun. Ich habe kaum jemals etwas alleine getan. Aber ich hatte immer die Idee, was die Gruppe tun sollte. (September 2004)

★ **Schwarzer Peter**

Dialog Juncker: „Herr Gibéryen, es gibt nur mehr Schwarze in der Regierung: die CSV und die schwarzen Peter." Gast Gibéryen: „Und schwarze Hunde, Sie haben ja einen." Zwischenruf: „Einen mit einer roten Zunge." Gast Gibéryen: „Mit einer roten Zunge, ja." (August 1999)

Schweiz Ich bin gerne in die Schweiz gekommen. Die Anreise war einfach, die Landung in Zürich auch, aber dann begannen die Schwierigkeiten, weil ein mittelmäßig freundlicher Zollbeamter mich in nicht unbarschem Ton darauf verwies, dass man einen Pass bräuchte, um in die Schweiz einzureisen. Der lag aber im Flugzeug. Also musste ich wieder ins Flugzeug zurück und ich habe diese gehobene Schengenlaune sehr genossen. Ich verstehe ja auch die Schweizerischen Zollbeamten, dass sie die letzten Monate, die sie im Vollgenuss ihrer Amtsgewalt erleben dürfen, auskosten - bis zum für mich bitteren Ende. (Januar 2008)
Ich bin ein ausgewiesener Freund der Schweiz. Ich wäre über eine Vollmitgliedschaft der Schweiz in der Europäischen Union sehr froh. Und ich würde auch perspektivisch frohlocken, weil es gäbe einen Schub an gesundem Menschenverstand und an Erdverbundenheit, an Bodenhaftigkeit der Europäischen Union, die ja manchmal Gefahr läuft, abzuheben. Die Schweizer, gemeinsam mit anderen, würden die EU daran hindern, dies zu tun. (März 2008)
Es gibt keine Schweizer Großväter, die ihren Enkeln Kriegserlebnisse schildern müssen. Die gibt es in Luxemburg, die gibt es in Frankreich, die gibt es in Deutschland. Das hat also sehr verschiedenartige Prägungen im Volkscharakter, wenn ich dies so sagen darf, zur Folge gehabt. (März 2008)
Was in der Schweiz an direkter Demokratie praktiziert und gelebt wird, hat dauerhaften Vorbildcharakter für andere. (Dezember 2010)

Ich bin nicht in der Schweiz, um die Schweizer zu überreden oder gar zu bewegen, in die EU einzutreten. Es geht mir darum, zu erklären, was die europäische Integration ist, wie wir sie leben und was sie uns bringt. (Januar 2011)
Es ist ganz alleine die Entscheidung der Schweiz, ob sie Mitglied der EU werden möchte. Ich wünschte es mir. Die EU könnte ein wenig gesunden Menschenverstand gebrauchen. Aber ich zwinge sicher niemandem zu einem Beitritt. (Januar 2011)
Den Wunsch, dass die Schweiz der EU beitreten würde, habe ich aus Liebe zur Schweiz geäußert. Aber Liebeserklärungen versteht man im ersten Augenblick selten. (Januar 2011)

Schweiz

Schweizer Ich mag die Schweizer. Ich bewundere die Schweizer für vieles, vor allem dafür, dass es ihnen gelingt, unterschiedliche Sprachfamilien unter einem Dach zu vereinen und aus dem interkantonalen so etwas wie einen eidgenössischen Bund gemacht zu haben. (Dezember 2010)
Ich mag die Starrsinnigkeit der Schweizer, wenn von kleinen Ländern verlangt wird, ungeprüft die Vorgaben größerer Länder zu übernehmen. (Dezember 2010)

S

Ich bin auch deshalb für den EU-Beitritt der Schweiz, weil wir dann nicht mehr so isoliert wären. Wir Luxemburger sind die Schweizer der EU. (Dezember 2010)
Ich bin der größte Schweizer, den es in Europa gibt. (Januar 2011)

Schwiegermutter Ein Co-Vorsitzender der Eurogruppe zu sein, kommt für mich nicht in Frage. Ich werde nicht die Schwiegermutter der Eurogruppe sein! (Februar 2013)

schwierige Zeiten In Luxemburg sind wir nicht sehr viele. In schwierigen Zeiten ist es deshalb umso wichtiger, vereint zu sein (und zusammenzuhalten).
(Dezember 2009)

Seelenmassage Wer als Kommissionspräsident 25 Kommissare bändigen muss, ist mehr mit interner Seelenmassage beschäftigt als mit effizienter Führung. (Februar 2004)

selbstkritisch Wir gehören ja alle einer Partei an, und wir wissen ja, wie schwierig es dem einzelnen und der Partei fällt, in sich zu gehen und selbstkritisch etwas von sich selbst zum Besten zu geben. Ich bin besonders untalentiert darin. (April 1998)

Selbstmitleid Wir haben eine Regierung, ein Parlament, Parteien. Also es ist nicht nur der Premier, der im Land entscheidet, was geschieht. Gelegentlich, wenn ich besonders in Selbstmitleid verfalle, denke ich mir: ,Wenn ich allein etwas zu sagen hätte, würde alles besser gehen.' Aber ich zweifle selber daran, ob das wahr ist.

Selbstzufriedenheit Nichts ist schlimmer als Selbstzufriedenheit. Und gäbe es eine internationale Tabelle über Selbstzufriedenheit, dann wären wir weltweit führend.

Und gäbe es eine Tabelle über Neidbereitschaft, wären wir auch weltweit führend. Ich habe meinem guten Freund und Bruder Luc Frieden vor sechs Monaten geraten, er soll eine Neid-Steuer in Luxemburg einführen. Er würde im Geld schwimmen, wenn er dies täte. (Januar 2013)

SES Aus Nischen können auch manchmal Prinzipien entstehen: RTL und SES zum Beispiel. Heute will jeder auf unseren Satelliten (. . .). (September 2003)
Ich bin froh, dass Wim Kok bereit war, den Generaldirektor der SES, Romain Bausch, in die Vorbereitungsgruppe zu berufen. Herr Bausch versteht etwas von Wirtschaft und auch von den Menschen, die in der Wirtschaft arbeiten. (April 2004)

SES

Sexualleben Die luxemburgische Wochenzeitung ,Privat' weiß über mein Privatleben so viel, wie ich über das Geschlechts- und Sexualleben der Tsetse-Fliege in Tansania weiß. (Dezember 2009)

Sicherheit Die Leute brauchen Sicherheit. Wenn mein Vater alle sechs Monate hätte bangen müssen, ob sein Arbeitsvertrag verlängert wird, hätte er das finanzielle Risiko, seinen Jungen studieren zu lassen, nicht eingehen können. (April 2004)

S

Sitzungsverlauf, EU Ich habe ein ganzes Paket Zeitungsartikel und Agenturmeldungen mitgebracht. Die Hälfte dessen, was da an Sitzungsverlauf geschildert wird, habe ich nicht erlebt, und dabei war ich nicht außerhalb des Raums! Da treten Helden auf, die drinnen ruhig waren. Da treten Helden auf mit Zitaten, die sie drinnen nie geäußert haben. Gelegentlich ist das schon ein betrüblicher Vorgang! (November 2000)

Sofortismus Wir leben in einer Phase des sofortigen Sofortismus. Man räumt uns ja nicht mehr das Recht ein, nachzudenken. Wir werden ständig zu Stellungnahmen gedrängt, dazu geben andere Stellungnahmen ab. Und dann entfacht sich ein Reaktionsfeuer, das mit der eigentlichen Nachricht nicht mehr viel zu tun hat. (Juli 2012)

Soldatenfriedhöfe Ja, es mag stimmen, junge Menschen sind schwerhörig geworden, wenn es um Krieg und Frieden geht. Genau deshalb und weil man ihnen daraus keinen Vorwurf machen kann: wer nicht gekannt hat, was Krieg bedeutet, kann nicht ermessen, was Frieden ist. Aber weil es so ist, sollten Besuche auf Soldatenfriedhöfen zum obligatorischen Schulfach werden. Deshalb kann man begreifen, wieso und weshalb Europa sein muss. (Mai 2006)

Junge Menschen besuchen ja nur selten Soldatenfriedhöfe. Ich hingegen mache das manchmal, weil ich dabei gelegentlich Reden halten muss. Aber ich gehe auch so ab und zu mal auf Soldatenfriedhöfe. Man muss sich dabei die Inschriften auf den Gräbern und Gedenktafeln anschauen: Die Zahl der 17- bis 19jährigen ist erschreckend hoch! Und das waren ja keine Überzeugungstäter, noch nicht einmal Täter. Nein, diese jungen Männer, die dabei regelrecht verbrannt wurden, deren Träume und Hoffnungen zerstört und deren Zukunft ausgelöscht wurde, waren lediglich Werkzeuge in den Händen anderer. Das ist wirklich ein Thema, das mich bewegt. (Dezember 2009)

Solidarität Der Markt selber produziert keine Solidarität, aber wir brauchen Solidarität. (Juni 2005)

Wie uns die katholische und, allgemeiner gefasst, die christliche Soziallehre lehrt, produziert der Markt allein keine Solidaritätsergebnisse. (Oktober 2008)

Solingen Die Stadt Solingen gehört zu meinen frühen Kindheitserinnerungen: Bei uns zuhause in der Küche hatten wir Schneidgeräte aus dieser Stadt. Ich wusste also sehr genau, was Solingen ist, konnte mir damals aber noch nicht vorstellen, dass ich über diese - manchmal blutige - Begegnung hier einmal öffentlich sprechen würde. (September 2008)

sozial Man kann nicht 25 Jahre hinter einem Stahlwerk wohnen, ohne sich mit der sozialen Frage zu beschäftigen. Das geht ja nicht (. . .). Mein Vater hat die soziale Einstellung praktisch vorexerziert und meinen eigenen Umgang mit Menschen geprägt. Das waren unendlich viele Begegnungen. Ich nahm am Gewerkschaftsleben und am christlich-sozialen Parteileben teil. Ich habe als Jugendlicher mit sehr vielen Politikern geredet, aus allen Parteien (. . .). Das Soziale ist tief in mir verwurzelt. (September 2004)

S

andere heißt Poor. Und die haben heute Morgen zum Ausdruck gebracht, was ich schon wusste, dass sie dies täten, und ich habe die auch gebeten, das so zu tun, dass das terminlich zu dieser Veranstaltung passen würde. Die haben ja heute Morgen objektiv festgestellt, dass die luxemburgische Finanzpolitik (...) sich weltweit einigermaßen zeigen kann. (Januar 2013)

Steinbrück, Peer Der SPD-Vorsitzende sagte, früher hätte man dort Soldaten hingeschickt. Solche Interventionen sind heute in Europa aber nicht mehr möglich. Ich bin Europa sehr dankbar dafür. (Mai 2009) Steinbrück mache ich nur den Vorwurf, dass er sich in weltweiter Geografie ungenügend auskennt. Sonst hätte er nämlich nicht Ouagadougou mit Luxemburg verglichen. Diese Aussage ist übrigens von den Herrschenden in Ouagadougou als Kompliment aufgefasst worden – obwohl das so von Peer Steinbrück gar nicht gemeint gewesen sein dürfte. (Dezember 2009) Als Peer Steinbrück seine Sprüche zum Besten gab, rief ich ihn direkt an und sagte ihm, dass das so nicht gehe und ich ,not amused' sei. (Dezember 2009) Mit dem ehemaligen Finanzminister Peer Steinbrück habe ich inzwischen Frieden geschlossen, was man ja auch dem vor kurzem erschienenen Buch von Steinbrück entnehmen kann, wo ich mit Zärtlichkeiten bedacht werde. Leider habe ich noch keine Zeit gehabt, mich literarisch zu revanchieren. (November 2010)

Peer Steinbrück

★ **Steinfort**

Dialog Juncker: „Herr Asselborn hat ja beim LSAP-Kongress gesagt, wenn es nach mir ginge, dann würde ein Schnellzug direkt von Capellen nach Berlin eingerichtet werden." Jean Asselborn (LSAP, Foto): „Über Ludwigshafen!" Juncker: „Da bekommt man gute Ideen, wenn man über Ludwigshafen nach Berlin fährt, umso mehr, weil jetzt die CDU den Oberbürgermeister von Ludwigshafen stellt, das erste Mal seit dem zweiten Weltkrieg. Ich wollte jetzt aber nicht mit dem Bürgermeister von Steinfort über den Bürgermeister von Ludwigshafen sprechen. Wenn erster mit dem Schnellzug nach Berlin fahren will, dann muss er sowieso über Capellen fahren. Insofern haben wir dieselben Streckeninteressen..." (Mai 2001)

Stéphanie, de Lannoy Sie ist eine Frau, die zum Erbgroßherzog passt. Sie ist eine Frau, die auch zu uns passt. Denn ihre Einfachheit, ihr natürlicher Charme, ihre große Intelligenz und ihre solide Art und Weise werden aus ihr eine Erbgroßherzogin machen, welche alle unsere Erwartungen übertreffen wird. (Oktober 2012)

Stéphanie de Lannoy

Steuer, Finanztransaktionen Wenn wir eine Stempelmarke vom 'Enregistrement' brauchen, um mit dem Auto durch die Kontrollstation zu kommen, aber keine Steuern auf Börsengeschäfte zu zahlen sind, dann klappt doch etwas nicht. Aber wenn ich dies sage, bekommen die Banker Schweißausbrüche. (September 2009)

Ich bin sehr dafür, dass wir in Europa diese Finanztransaktionssteuer einführen, auch wenn der Rest der Welt das nicht will. Es ist nicht normal, dass ich, wenn ich ein Pfund Butter kaufe, Mehrwertsteuer bezahlen muss, wenn ich aber massive Transaktionen im Finanzbereich vornehme, dort kein Cent Steuer entfällt. Das ist keine normale Welt. Auch Finanztransaktionen gehören besteuert. (Oktober 2011)

Steuer, Paradies Präsident Sarkozy und Premierminister François Fillon haben mir versichert, dass sie nicht an Luxemburg denken, wenn sie Kritik an Steuerparadiesen üben. (Oktober 2008)

Mich stört vor allem, dass die Europäer gnadenlos von den Amerikanern untergebuttert werden, wenn es darum geht, ihre eigenen internen Steuerparadiese zu retten, wie Wyoming, Nevada oder Delaware. Das sind Steuerparadiese, deren Ausmaße wir uns überhaupt nicht vorstellen können (September 2009)

Steuerregeln, gemeinsame Wann immer es in Europa Fortschritte bei gemeinsamen Steuerregeln gegeben hat, geschah das unter luxemburgischen Vorsitz, unter meinem Vorsitz, um präzise zu sein. Am 24. Juni 1991, da war ich junger Finanzminister, haben wir um viertel vor acht Uhr abends die Harmonisierung der Mehrwert- und Konsumsteuern beschlossen. (März 2013)

Stimmrechte Wir lehnen einen Entzug von Stimmrechten bei anhaltenden Verfehlungen gegen den Stabilitätspakt strikt ab. Der von Deutschland und Frankreich eingebrachte Vorschlag ist keine zielführende Idee (. . .). Der Rat kann Stimmrechte ent-

S

ziehen, wenn ein Land in gröbster Weise gegen Menschenrechte verstößt. Würden wir jetzt hinzufügen, dass ein Land auch Stimmrechte verliert, wenn es gegen Regeln eines Stabilitätspakts verstößt, so wäre dies politisch und auch moralisch nicht nachzuvollziehen. (Oktober 2010)

Stoiber, Edmund Als Sozialabbaumaschine hätten er und seine Partei es nie geschafft, in Bayern regelmäßig mehr als die Hälfte der Wähler zu überzeugen. (April 2002) Mit Edmund Stoiber habe ich mich einmal spät am Abend im n-tv Fernsehen heftig zerstritten über den Euro, ob er stabil werde oder nicht. Stoiber sagte, er werde nie stabil, und ich habe munter gesagt, eher breche in Bayern eine Hungersnot aus, als dass der Euro nicht stabil werde. Jetzt ist er den Bayern vorübergehend zu stabil geworden. Und Edmund Stoiber hat sich bei dieser Strauß-Juncker-Rede in München mit jugendlichem Elan, mit postpubertärer Begeisterung für den Euro ausgesprochen. Ich habe ihn deshalb in dem im Wachsen befindlichen Club der Spätberufenen begrüßt. (September 2008)

Edmund Stoiber

Stoßgebet Was Europa betrifft, zitiere ich gerne einen schwäbischen Theologen mit dem Stoßgebet: „Herr gib' mir Kraft, die Dinge, die ich nicht ändern kann, mit Gelassenheit zu ertragen, und gib' mir den Mut zu ändern, was geändert werden kann, was geändert werden muss, und gib' mir bitte die Weisheit, beides voneinander zu unterscheiden." Diese Weisheit wünsche ich uns allen. (September 2006)

Strafen Was nützen Strafen, etwa Defizitsündern die Stimmrechte zu entziehen, wenn sie viel zu spät kommen? Es macht wenig Sinn, mit der Sexualaufklärung im hohen Alter zu beginnen. Ich bin sehr dafür, dass man das in der präpubertären Zeit macht. Da kann man besser zuhören, und dann ist das Thema auch interessanter. (Oktober 2010)

Streit Ich war verärgert. Aber es ist nicht so, dass ich mich mit der österreichischen Finanzministerin, meiner Freundin Maria, im Dauerstreit befinden würde. Das war ein Vorfall, und der ist vergessen. (April 2012)

Stress Ich habe viel Stress, es wäre ja lächerlich, dies in Abrede zu stellen. Aber ich halte alles gut aus, weil ich mein Leben mit dem anderer Leute vergleiche. Mein Vater war einige Zeit Arbeiter im Hüttenwerk, er hat während meiner Primärschulzeit auf drei Schichten gearbeitet und alle paar Wochen die lange Schicht geschoben, 16 Stunden am Stück. Alle meine Nachbarn haben das getan. Wenn man 20, 30, 40 Jahre lang den Körper zwingt, zu arbeiten, wenn er schlafen will, wenn man schlafen muss, obwohl man lieber wach bleiben möchte - dieser Stress ist doch unendlich größer! (Oktober 2006)

Suggestivfrage Ich verstehe die suggestive

Wirkung der Frage, und indem ich sie als Suggestivfrage bezeichne, mache ich deutlich, was ich davon halte. (Dezember 2012)

Supermenschen Wenn ich dieser Tage meine Briefe lese, dann habe ich das Gefühl, diese Leute suchten einen Supermenschen, und dabei bekommen sie nur mich! Ich wünsche mir, dass sie verstehen, dass Politik ein kompliziertes Handwerk ist, dass die Probleme äusserst vielschichtig sind. (Januar 1995)

Superstaat Der Name ‚Verfassung' suggerierte, die EU werde ein Superstaat. Wir werden nie die Vereinigten Staaten von Europa, das entspricht nicht dem Lebensgefühl der Menschen. (Oktober 2007)

S

Minister Biltgen hat ein ausländisches Expertenteam mit diesen Fragen beschäftigt. Mittlerweile liegt ein Bericht vor. (Dezember 2012)

Trichet, Jean-Claude Das Deutsch von Jean-Claude Trichet wird von Tag zu Tag besser. (November 2009)
Trichet mag meine Idee der Eurobonds nicht, aber ich mag seine Idee eines europäischen Finanzministers, in dem Sinn, dass dieser beiträgt zur Verstärkung der Überwachung der Haushaltspolitiken. (Juni 2011)
Ein treuer und loyaler Freund. (März 2013)

Jean-Claude Trichet

Trier Meine besondere Beziehung zu Trier ist schon etwas älter. Trier war in meiner frühen Jugend die einzige deutsche Stadt, die ich kannte. Deshalb habe ich jahrelang Trier und Deutschland miteinander verwechselt. (Mai 2003)
Die erste deutsche Stadt, in die man nach dem zweiten Weltkrieg reiste - ich bin Ende 1954 geboren - das war Trier. Es gibt keine verdienstvollen Messdiener in Luxemburg, die nicht in jungen Jahren in Trier waren. (Mai 2003)
Trier hat ja etwas Südländisches. Das merkt man wahrscheinlich nicht, wenn man Trierer ist. Wenn man aber aus dem hohen

luxemburgischen Norden kommt, dann bemerkt man sofort dieses südländische Ambiente der Stadt. (Mai 2003)
Nicht nur die Landschaften ähneln sich, die Menschen ähneln sich auch sehr. Es gibt in Trier, im Trierer Raum und in Luxemburg denselben Sinn für gut gemachte Arbeit. Hier sehen die Menschen die Arbeit noch nicht als etwas, was sie bei der Freizeitgestaltung störte, sondern wirklich als etwas, was ihrem Leben Sinn gibt. Dies ist eine Landschaft, die mit der Arbeit der Menschen sehr intim verwachsen ist. (Mai 2003)
Ich bin der einzige Ausländer, der Ehrenbürger der Stadt Trier ist. Und sehr zu meinem Entsetzen hat der Oberbürgermeister der Stadt Trier mir mitgeteilt, dass nur ein Privileg mit der Ehrenbürgerschaft der Stadt Trier verbunden sei, nämlich das, kostenlos in Trier beerdigt zu werden. (September 2005)
Ich bin Ehrenbürger eines Vororts von Luxemburg: der Stadt Trier. Das hat mich besonders berührt, weil ich diese Stadt sehr mag, da sie die erste große deutsche Stadt jenseits der Mosel ist. Wobei die Trierer Stadträte ebenso weitsichtig sind wie die Solinger Stadträte. Fast noch mehr: Als ich Ehrenbürger der Stadt Trier wurde, wurde ich über meine Privilegien unterrichtet. Ich bin der einzige noch lebende Ehrenbürger der Stadt Trier. Und das einzige Privileg, das ein Ehrenbürger der Stadt hat, ist dass er dort kostenlos beerdigt wird. Meine Erben blicken also, so gesehen, dem Ereignis, von dem ich nicht sprechen möchte, relativ sorgenfrei entgegen. Die Trierer Stadtväter sind des-

T

halb weitsichtig, weil ich zwei, drei Jahre
später Mitglied der französischen Akademie der Politikwissenschaften wurde. Und
die Mitglieder der französischen Académie
des sciences morales et politiques dürfen
sich in Frankreich unsterblich nennen.
(September 2008)

Trier

Trierer Ich mag die Stadt und ihre Menschen.
Die Trierer sind den Luxemburgern sehr
ähnlich. Die Leute sind bodenständig,
fleißig, ernsthaft und haben trotzdem
Lust, zu leben. Und bei allem sind sie
nicht provinziell. Trier ist ja eine weltoffene Stadt. Gleiches gilt für Luxemburg.
Kurzum: Wir sind beide klein, aber nicht
blöd. (Mai 2003)
Ein Trierer, der nach Luxemburg fährt,
fährt nicht ins Ausland. Ich glaube, dass
sich ein Trierer in Luxemburg unendlich
wohler fühlt als in Mainz. (Mai 2003)

Tripartite Die Tripartite darf kein Mikado-
spiel werden, bei dem der erste, der sich
bewegt, verloren hat. Wenn man sich
fürchtet, sich als erster in Bewegung zu
setzen und auf diese Weise schuld daran
ist, dass keiner sich in Bewegung setzt,
dann werden wir in 10 Jahren (noch) bewe-
gungslos sein. (Dezember 2009)

★ **Trost**

Dialog Juncker: „Den Beitrag von Herrn
Bodry empfand ich nur als ¾-Trost."
Henri Grethen (DP): Herr Juncker übt
sich im Bruchrechnen. Wird immer
wichtiger in der luxemburgischen Politik." (März 1989)

Trümmerfrauen Alle Europäer waren eigentlich Trümmerfrauen. Wenn ich den Mut dieser Vorgängergeneration mit dem Kleinmut
vieler, die heute leben, vergleiche, Europa
würde heute noch in Schutt und Asche liegen, wenn wir mit diesem Kleingeist an die
großen Aufgaben unserer Zeit herangehen
würden. (September 2006)

Türkei Ich habe mich 1997 sehr gegen den
damals von der Türkei aktiv betriebenen
Wunsch nach Mitgliedschaft in der EU
ausgesprochen, weil in der Türkei damals
noch gefoltert wurde, weil es in der Türkei
keine Rechte für kulturelle Minderheiten
gab. Das hat sich in der Zwischenzeit aber
alles zum Besseren gewendet, sodass ich
heute der Meinung bin, wir sollten nun
mit den Türken offen reden. Aber das hat
mir damals in der Tat viel Ärger eingebracht. (Dezember 2009)

tugendhaft, Staaten Bei (gedeckelten) Eurobonds würde es auf den Restbestand der
nationalen Schuldenstände immer eine
Zinsdivergenz geben zwischen den sogenannten tugendhaften, also annähernd
konsolidierten Staaten, und den Staaten,
die sich in der Vergangenheit divergierend
verhalten haben. (Dezember 2010)

T

Ü 50 Was mich beschäftigt: dass immer mehr junge Leute aus dem Arbeitsprozess herausgedrückt werden - das mit 50, 51, 52 oder 53 Jahren. Das ist eine ungesunde Entwicklung für unsere Gesellschaft. Der Umgang mit denen, die nicht mehr 100% leistungsfähig sind, ist nicht gut. Das ist einfach unmenschlich. (Mai 2000)

★ **Übel, kleineres**

Dialog Juncker: „Das hätte noch gefehlt, dass Herr Henckes Arbeitsminister wird!" Anne Brasseur (DP, Foto): „Haben Sie das gepachtet?" Juncker: „Nein, wir von der CSV haben das nicht gepachtet. Sie können sich (aber) nicht vorstellen, Frau Brasseur, wie groß meine Lust wäre, etwas anderes im Leben zu machen als das Handwerk, dass ich im Moment mache. Das können Sie sich überhaupt nicht vorstellen!" Anne Brasseur (DP): „Sie sind also nicht froh, Arbeitsminister zu sein?" Juncker: „Das habe ich nicht gesagt. Aber wenn ich mir allerdings nur eine Sekunde vorstelle, dass Herr Henckes mein Nachfolger sein könnte, da kann ich Ihnen sagen: Es liegt durchaus im Spektrum meiner Ambitionen, das Ganze hier noch einmal 5 Jahre zu machen." (April 1989)

Überlebender Der Euro und ich sind die einzigen Überlebenden des Maastricht-Vertrags. (Februar 2013)

Überregulierung Ich habe mir in Luxemburg vorgenommen, ernst zu machen mit dem Abbau administrativer Hemmnisse. Deshalb habe ich eine Behörde gegründet, um den Regierungswortschwall der Behörden den Garaus zu machen. Die Behörde besteht aber nur aus einem Mann, und dieser eine Mann bin ich selbst. Wir müssen den Abbau der Überregulierung zur Chefsache machen! (Oktober 2004)

Überzeugung, politische Ich kann nicht glauben, dass das Zerschlagen des Arbeitsrechts der einzige Weg aus der Beschäftigungskrise sein soll, da wir dann das soziale Modell des Kapitalismus aufgeben, der das Merkmal Westeuropas ist (. . .). Das berührt bei mir den heiligsten Kern meiner politischen Überzeugungen. (April 1997)

U

Uhr, goldene In dem Handwerk, das ich mache, da bekommt man keine goldene Uhr. (Dezember 2002)

uneuropäisch Man lehnt unseren Vorschlag ab, bevor man ihn studiert hat. Das wundert mich doch sehr. Diese Art, in Europa Tabuzonen zu errichten und sich gar nicht mit den Ideen anderer zu beschäftigen, ist eine sehr uneuropäische Art, europäische Geschäfte zu erledigen. (Dezember 2010)

Universität Weil bei uns weder Wirtschaft noch Politik von der Forschung bedient werden, war ich immer der Meinung, eine Luxemburger Universität müsse auch stark nach unseren Bedürfnissen ausgerichtet sein. Individuelle intellektuelle Bedürfnisse können wir wahrscheinlich besser an schon bestehenden Universitäten befriedigen als an einer eigenen Universität. Deshalb halte ich eine Ausrichtung der Universität auf die Bedürfnisse der Wirtschaft, aber auch der Politik, für ein ‚must'. (Juni 2004)

In der Großregion gibt es 78 Hochschulen. Es soll meines Erachtens in Luxemburg keine Hochschule geben, die es anderswo schon gibt. Es ist nicht nötig, hier das Geschlechtsleben von Tsetse-Mücken oder mittelalterliche Lyrik aus Südfrankreich zu studieren. Das wird an anderen Plätzen schon gemacht. (Juni 2004)

UN, Milleniumsziele Luxemburg erfüllt die UN-Milleniumsziele. Ich hätte gerne, dass diejenigen, die trotz ihrer Versprechen nur einen geringen Beitrag zur Erreichung der Ziele geleistet haben, sich vor der Weltöffentlichkeit für ihr Versagen erklären. (September 2010)

Umarmung Aufmerksamen Beobachtern wird es nicht entgehen, dass ich manche Personen öfter küsse und umarme, manche seltener. Es gibt auch noch Personen, die ich noch nie umarmt habe. (Dezember 2012)

Umarmung

Umweltpolitik Ich war in der Frage der Umweltpolitik nie zu dem Simplicissimus fähig wie der frühere Wirtschaftsminister. (Dezember 2000)

Unternehmer Ich habe immer gedacht - das ist so meine Vorstellung - Unternehmer arbeiten 7 Tage in der Woche. Das tue ich auch. (Januar 2013)

USA Ich war nie der Ansicht, dass die EU eine Konkurrenzveranstaltung zu den USA bilden sollte. Die EU kann selbst in total gefestigter Form das transatlantische Verhältnis nicht ersetzen. (November 2006)

U

U

Van Rompuy, Herman Unter den amtieren- den Staats- und Regierungschefs bin ich derjenige, der van Rompuy am besten kennt (. . .). Zwischen seinen europäischen Überzeugungen und meinen eigenen Vorstellungen gibt es eine sehr große Schnittmenge. Die Belange der EU sind in seinen Händen gut aufgehoben. (November 2009)
Diejenigen, die ihn ernannt haben in der Erwartung, ihn plattzuwalzen, werden sich schwer wundern. (November 2009)
Van Rompuy wird das gut machen. Ich bin der einzige, der ihn 20 Jahre lang kennt, die anderen kennen ihn 10 Monate. (Dezember 2009)
Van Rompuy ist ein hochintelligenter Mann, der sehr europäische Ansichten hat, von denen ich hoffe, dass er sie auch kund tut. Ob er sich durchsetzen kann, hängt nicht nur von ihm, sondern auch von den anderen Europäern ab. Die Frage ist doch, wie viel Raum einem Ratspräsidenten gelassen wird. (Dezember 2009)
Von uns beiden verfüge ich nun einmal über den größeren Erfahrungsschatz. Des- wegen nimmt er sich meine Ratschläge zu Herzen. (Dezember 2009)
Van Rompuy ist ein wahrer Europäer, ein sehr intelligenter Mann, der ein starker Präsident sein wird, man wird das sehr schnell entdecken. (Januar 2010)

Sie kriegen es hier schwarz auf weiß: Ich schließe aus, Nachfolger Herman Van Rompuys zu werden. (März 2013)

Hermann van Rompuy

van Werweke, Thierry Der Tod von Thierry van Werweke wurde von unseren Künstlern als Auftrag empfunden, immer (an sich zu arbeiten und so immer) besser zu werden. (Dezember 2009)

Vater Mein Vater war deutscher Soldat im Krieg. Die jungen Luxemburger, die zwischen 1920 und 1927 geboren waren, wurden in die Wehrmacht zwangsrek- rutiert und mussten in fremder Uniform kämpfen. Daher brachten sie mit der Stadt Berlin nur Unangenehmes in Erinnerung. An dem Tag, als der Beschluss gefasst wurde, Berlin zur Hauptstadt zu machen, hat mein Vater mir Folgendes gesagt: „Ab jetzt gibt es nur noch gute Nachrichten aus Berlin!" (November 2000)
Er hat nicht groß berichtet über seine Kriegserlebnisse, über das Schreckliche,

was ihm und seinen Kameraden im Krieg widerfahren ist. Da braucht auch der Worte nicht viel. Man wusste das. Vier seiner Brüder waren auch Soldaten im Zweiten Weltkrieg. Das zieht sich dann wie ein roter Faden durch den Anfang eines jungen Lebens (Juli 2003)

Mein Vater hat mir mal erzählt, als er aus russischer Gefangenschaft nach Luxemburg zurückkam, dass er auf dem Bahnhof Luxemburg sich vorgenommen hätte, sich im Leben nie mehr zu beklagen. Und er hat das auch nie gemacht. (Juli 2003)

Mein Vater ist vom Naturell her jemand, der sehr auf Ausgleich bedacht ist. Er hat uns Kinder nicht deutschfeindlich erzogen, sondern uns beigebracht, dass die jungen Deutschen, mit dem, was ihm widerfahren ist, ursächlich nichts zu tun haben. Wir sind eigentlich deutschfreundlich erzogen worden, aber auch Frankreich-freundlich, was ja ein Gemengelage ergibt, das sich ergänzt und die luxemburgische Identität ausmacht, das, was wir sind. (Juli 2003)

Mein Vater war Gewerkschaftler, christlicher Gewerkschaftler. Ja, das sind so meine Kindheitserinnerungen, die sind in der Nachbetrachtung sehr prägend gewesen, weil abends nach Schichtende bei uns in der Küche so kleine Treffen von Stahlarbeitern stattfanden, wo über die Probleme des Betriebs geredet wurde, wo über Arbeitspausen geredet wurde, wo über Transportmöglichkeiten hin zum Werk geredet wurde und wo ‚das Unsoziale' ein Thema war. Mein Vater und seine Brüder waren zwangsrekrutierte Soldaten im Zweiten Weltkrieg, Soldaten genau

in den Ländern, von denen acht jetzt der Europäischen Union als neue Mitglieder beitreten. (April 2004)

Einer meiner Leitsätze: „Würde mich mein Vater verstehen?" (Januar 2005)

Mein Vater war deutscher Soldat, nicht weil er es hätte werden wollen, sondern weil Hitler und die Nazis alle jungen Luxemburger, die zwischen 1920 und 1927 geboren waren, zur Wehrmacht zwangsrekrutierten. Mein Vater ist in einem Dorf im hohen Norden Luxemburgs geboren. Als er seinen Stellungsbefehl kriegte, war er noch nie weiter als fünf Kilometer von seinem Dorf entfernt auf Reisen gewesen. Nach drei Wochen ist er an der russischen Front gelandet. (September 2006)

Mein Vater ist ein sehr anständiger Mensch. Einfache Menschen sind sehr oft nobler als diejenigen, die ihre Noblesse durch Universitätstitel zum Ausdruck bringen wollen. (Dezember 2009)

Wenn mein Vater, der Stahlarbeiter war, immer nur Zeitverträge gehabt hätte, hätte bangen müssen alle sechs Monate, ob sein Arbeitsvertrag verlängert wird, dann hätte ich nicht zur Universität gehen können. (März 2010)

Vater

Veränderungen Ich bin zwar keiner von denen, die alles Bestehende über den Haufen werfen wollen, doch kommt es mit Sicherheit zu Veränderungen und Änderungen. Ist es jedoch klug, das vorher zu sagen? Oder soll man es nicht einfach die Leute merken lassen? Ich bin für die zweite Möglichkeit. (Januar 1995)

Vereinfachung, administrative Ich weiß nicht, wie oft ein Luxemburger eine administrative Stempelmarke vom ‚Enregistrement' braucht. Als Minister für administrative Vereinfachung werde ich die übrigens allesamt abschaffen. (September 2009)

Vereinigte Staaten, Europa Vereinigte Staaten von Europa? Ich wehre mich gegen diesen Begriff der 50er Jahre, aus der Churchill-Rede 1946 in Zürich. (Mai 2006) Ich nehme es zur Kenntnis, und es entspricht auch meiner eigenen Befindlichkeit, dass die Menschen keine Vereinigten Staaten von Europa im Sinne der USA haben wollen. Die Menschen brauchen ihren nationalen und regionalen Referenzrahmen. Gemütlichkeit, in der man sich wohlfühlt. Das wollen wir uns durch den Integrationsprozess nicht wegspülen lassen. Wir möchten Luxemburger, Deutsche und Westfalen bleiben. (November 2012)

Verfassung Ich werde mich nach dem luxemburgischen EU-Vorsitz 10 Tage lang mit Leidenschaft der Kampagne (zur Verabschiedung des Verfassungsvertrags) widmen, ohne der Verfassung Verdienste anzudichten, die sie nicht hat. (Juni 2005)

Verfassung, Vertrag Wenn der Verfassungsvertrag neu verhandelt wird, dauert das 15 Jahre (. . .) Ich wünsche mir das nicht

wirklich. (September 2006) Der Verfassungsvertrag konnte nur verteidigt werden, indem wir Abstriche machen. Wir mussten bereit sein, auf Symbole zu verzichten – wie Fahne, Hymne oder den Titel ‚Verfassung' (Juni 2007)

vergessen Ich habe in 6 Regierungen mit verschiedenen Partnern und Kollegen zusammengearbeitet, viel erlebt und nichts vergessen. (Mai 2006)

★ Vergleich mit Chirac

Dialog Jacques-Yves Henckes (ADR, Foto): „Hätten Sie gelesen, was der neo-gaullistische Präsident über die Europapolitik sagt, würden Sie vielleicht merken, dass verschiedene Dinge auch in anderen Ländern, sogar in Italien, diskutiert werden." Juncker: „Herr Henckes, wenn Sie sagen, der Herr Chirac hätte Sachen geschrieben, über die Sie auch identisch denken, kommt mir aber nicht in den Sinn, Sie mit Chirac zu vergleichen." (Juli 1995)

Verhandlungsstrategie Wer eine Verhandlungsstrategie hat, sollte sie nicht vor Beginn der Verhandlungen offenlegen, sonst

hat er nämlich keine mehr. (Januar 2013)

verliebt, Europa Die Europäer müssen wieder lernen, Europa zu lieben. Sie verachten Europa nicht, aber hemmungslos verliebt sind sie nicht. (November 2009)

Verschuldung Die Verschuldung ist ein süßes Gift, das heute keinem weh tut. Es ist aber ein Gift, das einen bitteren Nachgeschmack für die hat, die nach uns kommen. (Mai 2010)

Verständlichkeit, Politik Es ist wahr, dass ich im Europäischen Rat im Kreise der Regierungschefs schon manches Mal gesagt habe: „Erkläre mir das bitte noch einmal, denn mein Vater versteht das so nicht." (Dezember 2009)

Vizepremier Ob ich auch als Vizepremier in einer LSAP/CSV-Koalition mitmachen würde? Was ich wann wo mache, entscheiden die Wähler und meine Partei. (Juni 1999)

vorbeireden, aneinander Wenn ich über die Staatsbeamten rede, reden Sie über die Bauern. Wenn ich über die Bauern rede, reden Sie über die Staatsbeamten. Wenn ich über den Mindestlohn rede, reden Sie über das Staatsbudget. . . . und Herrn Kollwelter! (zu Robert Mehlen, ADR, Anm.) (Dezember 1994)

Vorsitz, deutscher Auf dem Informationszettel war zu lesen, ich hätte hier zu sprechen zum europapolitischen Kurs am Vorabend des deutschen Vorsitzes (des EU-Rates). Was mich schon sehr mit zärtlichen Gefühlen erfüllte. Weil ich mir dachte, dass es wohl nicht so sein kann, dass man sich jetzt auf den Einfallsreichtum des luxemburgischen Premierministers verlässt, um den deutschen Vorsitz mit Inhalten zu füllen. (September 2006)

Vulkan, isländischer Ich saß in Madrid und konnte nicht wegfliegen. Da musste ich einen Bus aus Luxemburg kommen lassen, damit alle Luxemburger, die in diesem Moment in Madrid waren, in die Heimat ‚überführt' werden konnten. Von Madrid aus, am Samstag um 11 Uhr, haben wir ein luxemburgisches Busunternehmen, Voyages Weber aus Canach, kontaktiert. Es war eine richtige luxemburgische Kolonie, für die ein Rücktransport organisiert wurde. (Dezember 2010)

V

Wachstum Ich stelle fest, dass jene Länder, die ihre Finanzen nicht im Griff haben, gleichzeitig jene sind, die am wachstumsschwächsten sind. Portugal ist nicht gewachsen. Italien wächst schon seit langen Jahren nicht. Wenn man mit hohen Schulden wachsen würde, wäre Italien die Wachstumslokomotive Europas. Ist es aber nicht. Deshalb gibt es zur Konsolidierung der öffentlichen Finanzen keine Alternative. (November 2011)

Währungspolitik Das Wort ‚Währungspolitik' setzt sich nun einmal aus zwei Worten zusammen: aus Währung und Politik. Beides gehört zusammen. (Januar 2004)

Wir werden uns in 20 Jahren an die Idee gewöhnen müssen, dass die chinesische Währung weltweit eine übergeordnete Rollen spielen wird. 1,3 Milliarden Chinesen werden ihre Währung in die internationale Währungspolitik und ins internationale politische Geschäft einbringen. Insofern hat es einfach seinen guten Sinn, wenn man der europäischen Identität in der internationalen Politik eine gewichtigere Stimme verleihen möchte, dass man diesen Währungszusammenschluss (des Euro) zustandebringt. Deshalb wurde der Euro gemacht. Es gibt also viele Gründe für den Euro. (Januar 2004)

Wahlen Ich sehe Wahlen immer heiter gelassen entgegen. Wenn man abgewählt wird, dann haben ja nicht die Leute Unrecht, sondern eher man selbst. (Dezember 2009)

★ **Wahlkampf, in Deutschland**

Dialog Jean Asselborn (LSAP): „Meine Frage war: Ist es für Luxemburg als Land opportun, dass sich der luxemburgische Premierminister in die deutsche Politik einmischt?" Juncker: „Ich will Ihnen sagen, dass es in Europa eine ganz normale Sache ist, dass Menschen, die über die Landesgrenzen hinweg parteipolitisch aktiv sind, ihre Parteifreunde in anderen Ländern unterstützen." (März 2001)

Wahrheit Was die Index-Politik betrifft: Ich bin nicht da, um die Luxemburger zu besänftigen, sondern um ihnen die Wahrheit zu sagen. (Dezember 2012)

Waigel, Theo Ich muss daran erinnern, dass mein Freund und Bruder Theo Waigel einer der großen ‚Euro'-Macher war. Sogar der Name ‚Euro' ist seiner Phantasie entsprungen. Er erinnert mich immer daran, dass ich den Namen überhaupt nicht hören wollte. Ich war damals auch deutlich jünger und sagte: „Das klingt absolut nicht erotisch, Dein Euro." Und dann sagte Theo Waigel: „Hauptsache ist: Er bleibt -

und wird so hart wie die Deutsche Mark.
(September 2008)

Theo Waigel

Wasserstandsmeldungen Ich könnte es jetzt
so machen, dass ich anstelle einer kurzen
Rede von 20 Minuten 20 Stunden lang
Wasserstandsmeldungen, die von vielen
Beamten ausgefeilt wurden, auf Französisch vorlese. Sie können sich damit dann
beschäftigen. (Mai 1995)

★ **Wasserwaage**

Dialog Juncker: „Nach den nächsten
Wahlen schenke ich Ihnen einen Spiegel, Herr Mehlen, ganz persönlich, damit
sie sich darin ansehen können. Robert
Mehlen (ADR, Foto): „Und Sie bekommen eine Wasserwaage." Juncker: „Sie
können mir so viele Wasserwaagen geben, wie Sie wollen. Solche zu haben ist
immer nützlich. Ich zweifle aber, dass
Sie selbst eine haben. Wenn ich sehe,
wie Ihre Politik permanent aus dem Lot
ist, glaube ich, dass Sie sich selbst erst
eine kaufen müssen." (Mai 1998)

★ **Wasser zu Wein**

Dialog, Stimme aus der zweiten Reihe:
„Diese Pirouette des Herrn Juncker (zum
Thema Rententisch) ist mindestens so
erstaunlich wie das, was vor 2000 Jahren
in Kana geschehen ist, wo Wasser zu
Wein wurde." Juncker: „Merci für den
Vergleich!" (Mai 2001)

Weber, Robert Mein Freund Robert Weber
darf immerhin von sich behaupten, dass
ich ihn zum Mitglied der christlichen Gewerkschaft gemacht habe. Ich war nämlich
in der christlichen Gewerkschaft bevor ich
in der Christlich-Sozialen Volkspartei war.
Er nicht. Er war in der CSV, bevor er im
LCGB war, denn er hat mich in die Partei
aufgenommen. Insofern gibt es, so am
Lebensabend, dem näheren wir uns ja
an, zärtliche Momente, an die man sich
erinnern soll. (September 2006)

W

Robert Weber

Wein Auch wenn ich meine Präferenzen für Biersorten habe, so schmeckt mir der luxemburgische Wein ausgezeichnet. Ich kann nur betonen, dass der Wein zu Luxemburg gehört wie das Amen zum Gebet. (Oktober 2002)

Wein

Weissagung Die Süddeutsche Zeitung schreibt über den, der da geredet hat: „Eine Partei mit diesem Redner an der Spitze kann fröhlich in den Wahlkampf ziehen." Ich hoffe, dass diese Weissagung einer großen überregionalen deutschen Zeitung zutrifft. (März 2001)

Weltkrieg, Zweiter Der Zweite Weltkrieg war ein Moment, wo versucht wurde, unser Land von der Weltkarte herunterzuholen. (April 2004)

Weltmeister Wer in unserem Land investieren

will, muss das auch machen können. Deshalb müssen wir wieder Weltmeister der kurzen Wege werden. Prozeduren müssen schlanker werden und schneller gehen. Administrative Hürden müssen abgebaut werden. (März 2013)

Weltoffenheit, Berlin Der regierende Bürgermeister steht für dieses weltoffene, auf Europa zugewandte Berlin, für eine deutsche Hauptstadt, die in der Mitte Europas das zusammenbringt, was zusammengehört. (November 2000)

Weltoffenheit, Berlin

Werle, Gerd Der Tod von Gerd geht mir nahe. Ich habe es genossen, mit ihm über Europa zu diskutieren. Als Mann der Grenze hatte er ein besonderes Verständnis für die Notwendigkeiten und Zwänge der europäischen Integration. Er hat stets an Europa geglaubt. (Februar 2010)

Werner, Pierre Ich möchte an einen Mann erinnern, der einen maßgeblichen Anteil am Zustandekommen dieser europäischen Wirtschafts- und Währungsunion hatte. Es ist mein Vorgänger, Premierminister Pierre Werner, der 1970 als erster in Europa einen Plan vorgelegt hat, eine europäische Wirtschafts- und Währungsunion zu machen. Herr Werner hatte damit 28 Jahre

W

vor allen anderen Recht! Das ist ein Grund, als Luxemburger stolz auf ihn zu sein und als Land stolz darauf zu sein, dass wir vom ersten Tag an zu den Mitgliedern gehört haben. (April 1998)

Schon in den 70er Jahren hat mein Amtsvorgänger Pierre Werner den sogenannten Werner-Plan verfasst, der ebenfalls zum Ziel hatte, eine europäische Wirtschafts- und Währungsunion zu schaffen. Dies ist dann aber alles nicht so gekommen, weil es unter anderem 1973 die Ölkrise gegeben hat und weil weltweit die Dinge in vielerlei Hinsicht durcheinander gerieten. Gegen Ende der 80er Jahre ist diese Idee dann wieder aufgegriffen worden. Der Fall des Eisernen Vorhangs, die Perspektive der deutschen Wiedervereinigung, hat das selbstverständlich befördert. Die deutsche Wiedervereinigung hat dem Euro natürlich Beine gemacht. (Januar 2004)

Wie ich unter anderem meine Regierungsarbeit umschreiben könnte? Das Vermächtnis von Pierre Werner leben. (Juli 2004)

Pierre Werner

widersprechen Da möchte ich Ihnen doch energisch widersprechen. Nicht energisch... widersprechen allein genügt ja

schon! (zu Radiomoderatorin, Anm.) (Mai 2006)

wiederholen Es gehört zu den unwahrscheinlichen Vorgängen im Leben, dass man im Parlament gelegentlich gezwungen ist, etwas, das man deutlich gesagt hat, ein zweites Mal deutlich zu wiederholen. (Juli 2002)

Wiederwahl Ich sage jetzt mal einen großen Satz: Man darf nicht die falsche Politik machen, nur weil man Angst hat, nicht wiedergewählt zu werden. Wer regieren will, muss Verantwortung für sein Land übernehmen. Und das heißt: Er muss im Zweifel die richtige Politik machen, auch wenn viele Wähler sie falsch finden. (März 2013)

Wirtschaft Wenn jetzt von einigen Eilfertigen, nicht Geschichtskundigen, die Parole herumgereicht wird: ‚Europa ist vor allem Wirtschaft', dann sage ich: Europa ist auch Wirtschaft, aber es ist nicht nur Wirtschaft. Wirtschaft ist ein Mittel zum Zweck, ist nicht ein Zweck an sich. Deshalb muss das Wirtschaftliche auch um das Soziale ergänzt werden. Man kann Europa nicht gegen den Willen der Arbeitnehmerschaft gestalten. (Januar 2002)

Wenn Wirtschaft nur für sich selbst da ist, kann sie mir gestohlen bleiben. Ich bin der Meinung, Wirtschaft ist da für die Menschen. Beides geht zusammen. Und so ist das auch mit Wirtschaft und Sozialem. Und auf dieser Grundlage mache ich weiter. (September 2008)

Wirtschaftsregierung Die europäische Wirtschaftsregierung verdient diesen Namen nicht. Wäre sie wirklich eine Regierung,

W

müsste sie jetzt vier Tage tagen, weil sich die Regierungschefs intensiv mit jedem Land beschäftigen müssten. (Juni 2011)

WM-Favorit Mein Lieblingsweltmeister wäre Portugal. Doch nachdem ich die letzten Minuten des Spiels gegen die Elfenbeinküste gesehen habe, halte ich mich mit meinen Aussagen zum WM-Favoriten zurück. (Juni 2010)

★ **Wünsche-Sammlung**

Dialog Xavier Bettel (DP): „Es waren so viele ausgefüllte (Wunsch-)Karten. Juncker: „(. . .) diese telefonbuchartige Auflistung aller möglichen Wünsche. Die waren nicht alle blöd, die meisten aber schon." (Mai 2010)

Würdigung Auch ich werde manchmal, wenn auch nicht oft genug, gewürdigt. (September 2005)

Würth, Michel Ich hätte gern, dass wir aus der Atmosphäre des Kalten Kriegs zwischen den Sozialpartnern herauskommen. Herr Würth hat Recht: ‚Jeder muss einen Schritt machen.' Aber auch die Vertreter der Arbeitgeberorganisationen müssen einen Schritt machen. (Januar 2013)

Wulff, Christian Ich kenne ihn schon irrsinnig lang und seit vielen Jahren. Die bilateralen Beziehungen zu Deutschland sind ausgezeichnet. (November 2010)

W
X

Xavier Xavier und Xylophon liegen nah beieinander. Und Xavier Bettel spielt mehr als eine Partitur. Er ist mir sympathisch. Er behandelt mich korrekt und freundschaftlich, manchmal sogar mit Nachsicht. Ich ihn aber auch. (Dezember 2010)

Xavier Bettel

X

Zärtlichkeit Herr Grethen verlangt von mir eine exzessive Zärtlichkeit. (Dezember 1994)
Herr Grethen überhäuft mich heute so mit Zärtlichkeiten, dass ich anfange, mir Fragen zu stellen. (Oktober 1998)

Zärtlichkeit

Zärtlichkeit, Nächstenliebe Ich mag das Militärische nicht so sehr. Ich habe lieber, dass wir auf die Kräfte der Zärtlichkeit, des guten Zuredens, eigentlich auf Nächstenliebe, setzen. (Mai 2006)

Zahnarzt Es gibt einzelne Fraktionen, da habe ich den Eindruck, sie besteht nur aus Zahnärzten. Weil die Herren Henckes und Mehlen es immer wieder fertigbringen, Dinge miteinander zu ‚amalganieren', die wirklich überhaupt nichts miteinander zu tun haben. (Oktober 1998)

Zeit, für sich selbst Ich habe 3-4 Stunden täglich mit der Eurogruppe zu tun. Das bedeutet, dass ich insgesamt auf 15-16 Stunden täglich komme, und dass ich am Samstag und Sonntag arbeiten muss. Und das will ich eben nicht mehr machen. Die Zeit, die ich da gewinne, ist keine Zeit, die ich mehr hier in das eigene Land investiere, weil da habe ich nichts von meiner Zeit abgezweigt. Es ist nur Zeit für mich, es ist reiner Egoismus. (Mai 2012)

Zeitung Ich habe ein erotisches Verhältnis zu Zeitungspapier und seinem Geruch. Ich muss es berühren und ich mag es, das Geräusch beim Umblättern einer Seite zu hören. (November 2011)

Zeitschrift ‚Forum' Die Zeitschrift Forum und ich kommen ganz deutlich zu einer unterschiedlichen Bilanzierung meiner Tätigkeit. In dem Artikel wird festgestellt, ich sei nicht mehr derselbe wie von vor 30 Jahren. Das dürfte einem relativ normalen Evolutionsprozess entsprechen. Oder haben Sie den Eindruck, die Zeitschrift Forum hätte sich nicht in den letzten 30 Jahren geändert? (Dezember 2012)

Zensuren Viele Redner haben hier in der Parlamentssitzung eine gute Rede gehalten. Es liegt aber nicht an mir, Zensuren zu geben. Obwohl ich selbst viele solche Zensuren entgegennehmen muss. (Mai 2000)

Zigaretten Ich rauche zehn Zigaretten am Tag. Wenn ich zehn Stück geraucht habe, ist Schluss. So einfach ist das. Wenn ich morgens früh anfange zu rauchen, dann habe ich halt abends keine mehr.

Z

(Dezember 2010)
Gelegentlich rauche ich Substitutionsziga-
retten. Das ist ein Geschenk, das ich vom
japanischen Premier bekam. Die Japaner
sind ja oft weiter wie wir, die haben Zigaretten, die keinen Rauch erzeugen. Wenn
ich diese Zigaretten anzünde, das sind
Zigaretten mit Mentholtabak, dann ärgern
sich die anderen Raucher, weil sie keine
solche haben. Auch die Nichtraucher ärgern sich, denn sie können nicht dagegen
protestieren, wenn man gar nicht raucht.
(Dezember 2010)

Zinssätze, niedrige Absolut niedrige Zinssätze
sind sehr oft am Ursprung zukünftiger,
größerer gesamtwirtschaftlicher Krisen
gewesen. Aus der Kombination von globalen Ungleichgewichten und niedrigen
Zinssätzen ergibt sich ein hochexplosives
Gemisch, nicht für die nächsten zwei Jahre,
sondern für die Zeit danach. (Januar 2009)

zitieren Ich habe es mir zur Gewohnheit
gemacht, nur das aus ausländischen
Zeitungen zu zitieren, das mir in den Kram
passt. Davon gibt es, was den Zeitungs-
ertrag betrifft, heute eine ganze Menge.
(Januar 2001)

Zollkontrollen Die Europäer reisen heute
grenzenlos und wundern sich überhaupt
nicht mehr darüber, dass es keine Grenzen
mehr gibt. Manchmal denke ich mir in
Momenten, in denen ich es wirklich satt
habe mit Europa: „Wir sollten vielleicht die
Grenzen (und die Zollabgaben) wieder drei
Monate lang einführen."
(September 2008)

Zukunft Die Tatsache, dass es uns in der
Vergangenheit immer besser gegangen

ist, heißt nicht, dass das auch weiterhin
so sein muss. Es gehört nicht zu unserer
Staatsräson, dass es uns immer besser
gehen wird, besser als all den anderen.
(Dezember 2010)

Zusammenhalt, sozialer In dieser freneti-
schen Atmosphäre von Liberalisierung,
Dereglementierung und Deregulation versuche ich so zu agieren, dass der soziale
Zusammenhalt nicht verschwindet unter
dem Deckmantel des Modernismus und
der vermeintlichen Innovation.
(November 2009)

★ **Zwerg, achter**

Dialog Moderator (RTL Radio Lëtze-
buerg): „Welcher der 7 Zwerge wären
Sie? Die Schlafmütze? Der Chef? Der
Optimistische? Der, der schwer begreift?
Der Seppl?" Juncker: „Ich wäre der achte
Zwerg, mit Eigenschaften von allen
sieben und mit einer Besonderheit, die
nur ich habe." (Juni 2004)

Z

QUELLEN

Verzeichnis der Quellenangaben

Aachen 16.11.2002, Rede anlässlich der Jahrestagung der Stiftung für den Aachener Dom

Abendessen 9.12.2009, persönliches Gespräch der Herausgeber mit Juncker im Staatsministerium

Akademie 12.3.2010, bei der Petersberger Convention in Bonn

Alter 28.1.1995, Télécran / 22.12.2012, Spiegel / 10.2.2013, Libération, im Gespräch mit Nathalie Dubois

Amazon 12.9.2003, Woxx

Antiklerikalismus 14.11.2011, Le Quotidien

Angst 28.1.1995, Télécran

Apfel 5.12.2002, im luxemburgischen Parlament / 12.6.2004, CSV Profil

Arbeitsamt 27.4.2004, im luxemburgischen Parlament, 51. Sitzung

Arbeitsrecht 11.6.2004, CSV-Anzeige im Luxemburger Wort, S. 5

Arbeitsvertrag 14.2.2004, Rede bei der Verleihung des Heinrich Brauns-Preises

Arbeit/Wert 21.1.1995, Luxemburger Wort, S. 4

Arroganz 25.1.1995, Revue, S. 33

Ashton, Catherine 16.9.2010,

Luxemburger Wort

Asien 29.9.2008, Rede im Theater- und Konzerthaus Solingen

Asselborn, Jean 9.5.2001, im luxemburgischen Parlament, 52. Sitzung / 12.6.2004, CSV Profil / 21.12.2010, Revue

Atomkraft 26.10.2000, im luxemburgischen Parlament

Aufgabe, in der Welt 25.5.2006, Rede zur Verleihung des Karlspreises in Aachen

Außenpolitik 13.12.2001, Interview / 1.5.2002, Forum

Austeritätspolitik 15.7.2010, auf CSV-Kongress in Hesperingen / 19.1.2013, RTL Radio Lëtzebuerg

Autobahntankstelle 9.5.2001, im luxemburgischen Parlament

Autounfall 2.9.2004, im Gespräch mit Margaretha Kopeinig im Staatsministerium in Luxemburg

Bankenstresstest 30.Juni.2010, im Gespräch mit AWV; veröffentlicht in den AWV-IInformationen 4/10

Belvaux 2.9.2004, im Gespräch mit Margaretha Kopeinig

Berliner Mauer 7.11.2009, Luxemburger Wort

berührt 19.12.2009, RTL Radio

Lëtzebuerg

beschließen 27.12.1999, Der Spiegel, S. 136

beschönigen 16.1.2009, Rheinischer Merkur

Bettel, Dress 7.5.2010, im luxemburgischen Parlament, 30. Sitzung

Bettel, Xavier 21.12.2010, Revue / 19.12.2012, Revue (Politik-Stil) / 31.12.2012, Luxemburger Wort (ein Jahr Bürgermeister)

Beweggründe 8.12.2009, BR Bayrischer Rundfunk

Blair, Tony 28.4.2002, FAZ / 29.9.2009, Konferenz ‚Globalisierung in Luxemburg' / 8.12.2009, BR Bayrischer Rundfunk

bleiben, was wir sind 14.4.2005, RTL Radio Lëtzebuerg

Blocher, Christoph 13.1.2011, 20 Minuten

Bodry, Alex 13.3.2001, im luxemburgischen Parlament, 37. Sitzung

Blüm, Norbert 27.2.2003, Rede im Internationalen Club La Redoute e.V.

Bombenleger-Affäre 19.12.2012, Revue

Bonussysteme 23.9.2009, Télécran

Brandt, Willy 29.9.2006, Konferenz ‚Globalisierung in Luxemburg' / 28.12.2007,

Lëtzebuerger Journal /
19.6.2011, im Gespräch
mit Cerstin Gamellin,
Süddeutsche Zeitung
Brehms Tierleben 4.5.2004,
Rede anlässlich der
Verleihung des Gottlieb
Duttweiler-Preises an den
deutschen Außenminister
Joschka Fischer
Brok, Elmar 18.2.2004,
Télécran
Brücken 2.9.2004, im Ge-
spräch mit Margaretha
Kopeinig
Brückenbau-Funktion
2.9.2004, im Gespräch mit
Margaretha Kopeinig
Bürokraten 3.10.2000, Rede
zum 10. Jahrestag der
deutschen Wiederverei-
nigung
Bush, George W. 20.1.2004,
BR Alpha / 15.12.2012,
veröffentlicht in Télécran
am 19.12.2012
Braut 9.12.2009, im Gespräch
mit den Herausgebern im
Büro von Juncker
C 25.12.2010, im Interview mit
Radio DNR
Castegnaro, John 18.5.2004,
im luxemburgischen Par-
lament, 34. Sitzung /
28.5.2003, Revue /
19.12.2012, Revue
CDU 24.3.2005, RTL Radio
Lëtzebuerg

China 29.9.2006, Konfe-
renz ,Globalisierung in
Luxemburg' / 22.12.2010,
Eldoradio / 15.1.2013, beim
Neujahresempfang der
FEDIL, Luxemburg
Chirac 23.2.2005, Rede in
Brüssel am CEPS (Center
for European Policy
Studies) / 16.12.2010, Han-
delsblatt / 15.12.2012, ver-
öffentlicht am 19.12.2012
in Télécran / 10.2.2013,
Libération, im Gespräch
mit Nathalie Dubois
Chor 31.12.2010, La Voix
Christiane 19.12.2012, Revue,
Luxemburg
Churchill 29.9.2006, Konfe-
renz ,Globalisierung in
Luxemburg' / 9.12.2009, im
Gespräch mit den Heraus-
gebern im Büro
Clinton, Bill 21.10.2004,
Wirtschaftstag 2004 in
Frankfurt
Cognac 10.2.2013, Libération,
im Gespräch mit Nathalie
Dubois
CSV 12.6.2004, CSV-Profil /
19.12.2012, Revue, Luxem-
burg
Dementi 23.5.2011, Der Spie-
gel / 1.12.2011, Medium
Magazin, zitiert von: An-
ton Hunger, Das Märchen
von der Wahrheit, S. 76
Demokratur 21.11.2004, RTL

Radio Lëtzebuerg
Denkpause, EU 24.11.2005,
RTL Radio Lëtzebuerg
Dennewald, Robert 15.1.2013,
Neujahresempfang der
FEDIL, Luxemburg
Deutsche 10.12.2000, Welt
am Sonntag / 19.2.2004,
Télécran
Deutsche Bank 23.10.2002,
Rede bei der Deutschen
Bank, Luxemburg
Deutsche Position 22.12.2012,
Der Spiegel / 4.1.2013, VDI
Nachrichten
Deutschland, bilaterale
Beziehungen 10.3.2010,
Luxemburger Wort, S. 3
Deutschland, Frankreich
2.9.2004, im Gespräch mit
Margaretha Kopeinig /
11.6.2005, RTL Radio Lëtze-
buerg / 29.7.2005, FAZ
Diktator 28.1.1995, Télecran,
Luxemburg, S. 31
Dinosaurier 18.6.2011, La
Libre Belgique, S. 27
Dolmetscher 12.9.2003, Woxx,
Luxemburg
Doppelte Nationalität
5.12.2002, im luxemburg-
ischen Parlament
Dreier-Koalition 7.6.1994,
CSV-Profil / 12.6.1999,
Luxemburger Wort
Dudelange 19.12.2001, im lu-
xemburgischen Parlament
Dudelange, Stahlindustrie

27.4.2004, im luxemburgischen Parlament, 51. Sitzung
Dummheiten 7.2.2005, Deutschlandfunk
dummer Satz 11.2.1999, im luxemburgischen Parlament, 27. Sitzung
Dunkelkammer 16.6.2003, Der Spiegel / 11.7.2003, Tagesspiegel / 30.10.2003, RTL Radio Lëtzebuerg
durchgesetzt 4.11.2005, zitiert in: Klaus Dahmann, Deutsche Welle, ‚Geschickter Vermittler in der EU'
eGovernment 27.4.2004, Rede zur Lage der Nation 2004
Energie, negative 19.12.2012, Revue, Luxemburg
eigenständig 23.6.2004, O-Ton in RTL Radio Lëtzebuerg
Einheiten, kleinere 25.5.2006, Rede bei der Verleihung des Karlspreises in Aachen Einzelschicksale 31.12.2009, Luxemburger Wort
Elstner, Frank 21.3.2007, Antwort auf Frage der Herausgeber; auch veröffentlicht in: Télécran vom 21.4.2007, S.45
Engagement, europapolitisches 8.12.2009, BR Bayrischer Rundfunk
Entwicklungshilfe, luxemburgische 6.7.2002, RTL Radio

Lëtzebuerg
Erfolgsgeheimnis 28.12.2007, Lëtzebuerger Journal
Erinnerungsvermögen 19.6.2011, im Gespräch mit Cerstin Gamellin, Süddeutsche Zeitung Erklärungsnotstand 18.8.2012, Tiroler Tageszeitung / 4.1.2013, VDI Nachrichten
Erstaunen 21.5.2006, Deutschlandfunk
erstaunlicherweise 19.1.2013, RTL Radio Lëtzebuerg
ESM 27.1.2012, Handelsblatt
EU 26.10.2000, im luxemburgischen Parlament / 13.7.2006, Rheinischer Merkur / 15.11.2007, Tageblatt, Luxemburg / 18.11.2009, Rede anlässlich der Verleihung der Auszeichnung ‚Banker of the Year 2008'
EU, Aussenpolitik 11.10.2007, Kurier
EU, Eliten 29.07.2005, FAZ
EU, Gipfel 11.12.2006, RTL Radio Lëtzebuerg / 30.5.2009, Rheinische Post / 16.7.2012, Der Spiegel EU, Ratspräsident 16.10.2009, Financial Times Deutschland / 29.10.2009, Luxemburger Wort
EU, Vorschriften 30.5.2009, Rheinische Post
Euro 7.10.2002, RTL Radio

Lëtzebuerg / 11.7.2003, Tagesspiegel / 31.10.2003, Radio DNR, Luxemburg / 21.10.2004, Wirtschaftstag 2004 in Frankfurt / 25.5.2006, Rede bei der Verleihung des Karlspreises in Aachen
Eurogruppe, Vorsitzender 16.12.2010, Handelsblatt / 18.1.2013, Rheinische Post
Europäer 21.10.2004, Wirtschaftstag 2004 in Frankfurt / 27.5.2006, beim Katholikentag 2006 in Saarbrücken / 29.9.2008, Solingen / 22.12.2010, Eldoradio
Europa, einiges 11.3.2013, Der Spiegel
Europa, Nachfrage 15.1.2002, anlässlich des Vortrags „Die europäischen Institutionen" / 29.9.2006, Konferenz ‚Globalisierung in Luxemburg'
Europa, soziales 25.6.2005, RTL Radio Lëtzebuerg / 24.3.2011, Luxemburger Wort
Extragesetz 17.11.1994, im luxemburgischen Parlament, 7. Sitzung
EZB 1.4.1997, Zeitschrift Forum, S. 7 / 2.9.2004, im Gespräch mit Margaretha Kopeinig
Facebook 27.12.2012, Eldo-

radio
Familienpolitik 20.4.2010,
Luxemburger Wort
Familientradition 13.12.1994,
im luxemburgischen
Parlament
Feind 20.12.2012, RTL Radio
Lëtzebuerg
Fekter, Maria 4.4.2012, ORF /
15.1.2013, Rede beim Neu-
jahrsempfang der FEDIL,
Luxemburg / 30.1.2013,
Kleine Zeitung
Fernsehinterview 9.12.2009,
im Gespräch mit den
Herausgebern
Fernsehkamera 9.5.1996,
im luxemburgischen
Parlament
Finanzmärkte 18.12.2010,
Radio 100,7, Jahresend-
interview
Finanzminister 19.12.2001,
im luxemburgischen
Parlament / 19.12.2009,
RTL Radio Lëtzebuerg,
Sendung ‚Background'
Finanzplatz 12.5.2010, Revue,
in einem Zitat aus der
Rede zur Lage der Nation
/ 21.12.2010, Revue, Lu-
xemburg
Fischer, Joschka 2.7.2003,
SWR Wortwechsel /
4.5.2004, Rede anlässlich
der Verleihung des Gott-
lieb Duttweiler Preises
Flipper, spielen 16.1.2004,

Phoenix TV / 2.9.2004, im
Gespräch mit Margaretha
Kopeinig / 21.12.2010,
Revue
Folterkammer, von Ceausescu
13.12.1994, im luxembur-
gischen Parlament, 19.
Sitzung
Folterwerkzeuge 1.3.2010,
Handelsblatt
Fortis Bank 29.9.2008, Rede
im Theater- und Konzert-
haus Solingen
Frankfurt 26.1.2009, Rede in
der Deutschen Börse AG
Frankreich 1.5.2002, Zeit-
schrift Forum, S. 6
Französisch 1.10.1991, Zeit-
schrift Forum
Frauen 28.1.1995, Télécran,
Luxembourg / 10.6.1999,
Tageblatt, Luxemburg
freier Mann 10.1.2013, n-tv
Telebörse / 30.1.2013,
Kleine Zeitung
Freunde, aussuchen 16.7.2002,
im luxemburgischen
Parlament
Freundschaft, überprüfen
22.3.1989, im luxembur-
gischen Parlament, 57.
Sitzung
Frieden, Luc 4.12.1996,
im luxemburgischen
Parlament, 12. Sitzung /
11.2.1999, im luxemburgi-
schen Parlament
früh aufstehen 3.12.2012, SR

Saarländischer Rundfunk,
Aktueller Bericht
Fußball 5.7.2010, Rheinischer
Merkur
G 20 19.6.2011, zitiert in:
Süddeutsche Zeitung,
Gespräch mit Cerstin
Gamellin
Geburtstag 9.12.2009, im
Gespräch mit den Heraus-
gebern
Geduld 9.7.2005, Radio 100,7,
Luxemburg
Gefallen 12.8.1998, SWR
Fernsehen, Sendung
‚Schlaglicht'
Gegeneinander 5.6.1999, CSV
Profil
Geheimtreffen, in Luxemburg
12.5.2011, Luxemburger
Wort, im Gespräch mit
Wolf von Leipzig
Geiselnahme 27.4.2004, im
luxemburgischen Parla-
ment, 51. Sitzung
Geld 9.11.2001, Frankfurter
Rundschau / 14.2.2009,
Potsdamer Neueste
Nachrichten
Geldanlage 6.12.2010, SR
Fernsehen, Saar-Talk
Geldgier 12.3.2010, Petersber-
ger Convention, Bonn
gemütlich 19.1.1995, nach
seiner Ernennung zum
neuen Regierungschef,
zitiert im Lëtzebuerger
Journal vom 20.1.1995

Generationen 8.12.2009, BR Bayrischer Rundfunk

geostrategisches Unding 12.1.2011, im Zürcher Schauspielhaus

gerecht 24.6.2011, Luxemburger Wort

Gesangsverein 11.2.2006, Börsenzeitung

Geschichtsbücher 31.12.2007, Radio DNR, Luxemburg

Geschichtsbücher, Eingang 22.12.2012, im Gespräch mit Laurent Schmit und Bernard Thomas, für die Zeitschrift Forum, Ausgabe Februar 2013

Gesundheitszustand 4.4.2012, ORF

Gewerkschaften 15.2.1992, CSV Profil / 25.1.1995, Revue, Luxemburg / 18.12.2010, Radio 100,7 / 24.6.2011, Luxemburger Wort

Gier 31.12.2009, Luxemburger Wort

glatt gekämmt 28.10.2010, Deutschlandradio

Glauben 1.5.2008, Cicero / 21.12.2010, Revue, Luxemburg

Gott 31.10.2003, Radio DNR, Luxemburg / 27.5.2006, Katholikentag 2006, Saarbrücken

Gratiszeitung 29.1.2008, bei Tamedia in Zürich

Grenzen 24.6.2011, Woxx / 17.10.2011, Rede im Management Center Innsbruck

Grenzgänger 1.10.1991 Zeitschrift Forum / 28.1.1995, Télécran, Luxemburg / 31.Dezember 2010, Jahresendinterview, La Voix

Griechenland 25.3.2010, Luxemburger Wort / 17.10.2011, Rede im Management Center Innsbruck / 7.2.2012, Tagesanzeiger

Großbritannien 30.1.2013, Kleine Zeitung

Großherzog Jean 5.1.2011, RTL Radio Lëtzebuerg / 5.1.2011, Radio 100,7 (2 Aussagen)

Großherzogtum 6.7.2001, Rede an der Uni Münster

Großmutter 8.12.2009, BR Bayrischer Rundfunk

Großregion 30.6.2003, SR Saarländischer Rundfunk

Grüne 5.5.1999, im luxemburgischen Parlament, 48. Sitzung / 1.6.2004, Zeitschrift Forum, Luxemburg / 1.6.2004, Zeitschrift Forum, Luxemburg

Gunst gewinnen 7.3.1995, im luxemburgischen Parlament

Handwerk 2.9.2005, Rede zu Ehren von Helmut Kohl

Handwerksverbände 15.11.2002, Neujahrsempfang der Fedil

Haushaltsdisziplin 1.3.2012, PaperJam

Haushaltspolitik 1.4.1997, Zeitschrift Forum, S. 6

Heinrich Brauns-Preis 18.2.2004, Télécran

Held von Dublin 19.12.2012, Revue, Luxemburg

Held des Tages 28.12.2003, Radio DNR

Hellseher 23.11.2012, SR 1 - Europawelle Saar

Hilfspaket, Griechenland 25.3.2010, zitiert in: Süddeutsche Zeitung, 22.10.2011, S. 25

Hinzert 13.12.2005, bei der Eröffnung des Dokumentationszentrums in Hinzert

Hoffmann, André 18.5.2000, im luxemburgischen Parlament, 34. Sitzung

Hühnerhaufen 11.10.2007, Kurier, Östereich

Hund 20.12.2004, Eldoradio

Idee, gute 5.12.2002, im luxemburgischen Parlament, 12. Sitzung

Idiot 13.1.2005, zitiert in: Die Zeit, Beitrag von Joachim Fritz-Vannahme

Imagepflege 21.12.2010, Revue, Luxembourg

in 14.6.2004, RTL Radio Lëtzebuerg

Lëtzebuerg
Kommunikation 5.1.2006,
beim Empfang der Presse
in Luxemburg / 1.1.2013,
RTL Télé Lëtzebuerg
Kommunisten 12.8.1998,
SWR, Sendung ‚Schlag-
licht' / 14.2.2004, Bei der
Verleihung des Heinrich
Brauns-Preises
Kompetitivität 20.3.2011,
CSV-Kongress, zitiert in
Tageblatt, 21.3.2011
kompliziert 6.7.2001, Rede
anlässlich der Überrei-
chung der Ehrendoktor-
würde der Uni Münster
/ 26.1.2009, Rede bei
der Deutsche Börse AG,
Frankfurt
Kontakte, persönliche
1.5.2002, Zeitschrift Fo-
rum, Luxemburg, S. 10
Konjunktiv 11.2.1999, im luxemburgischen Parlament
KPL 1.7.1994, Zeitschrift
Forum / 12.6.2004, Luxem-
burger Wort
Krecké, Jeannot 8.5.2001, im
luxemburgischen Parla-
ment / 3.8.2010, zitiert in
Luxemburger Wort vom
4.8.2010 / 14.11.2011, Le
Quotidien
Krieg 9.6.1994, CSV Profil /
1.5.2002, Zeitschrift Forum
/ 27.4.2004, im luxem-
burgischen Parlament,

51. Sitzung / 27.5.2006,
Katholikentag 2006,
Saarbrücken / 29.9.2008,
Theater Solingen
Krise, Euro 16.12.2010, Luxem-
burger Wort, S. 2
Kritik, in den Medien
10.6.1999, Tageblatt
Kuchen 9.5.1996, im luxem-
burgischen Parlament
Kuss 19.12.2012, Revue,
Luxemburg
Lachen 12.7.2003, in einer
luxemburgischen Schul-
klasse, im Rahmen der
Aktion ‚Presse à l'école' /
21.12.2010, Revue, Luxem-
burg
Länder, kleine 2.7.2002,
RTL Radio Lëtzebuerg /
25.5.2006, Rede zur Ver-
leihung des Karlspreises,
Aachen / 26.7.2008 Kurier
/ 30.1.2013, Kleine Zeitung
Landesvater 21.1.1995, Lu-
xemburger Wort, S. 3
Landsleute 17.2.2010, Juncker
gegenüber der DPA, zitiert
im Lëtzebuerger Journal
vom 18.2.2010
Larmoyanz 21.10.2004, Wirt-
schaftstag 2004, Frankfurt
LCGB 19.12.1996, im luxemburgischen Parlament
Lebensplanung 21.5.2006,
Deutschlandfunk
Lehman Brothers 23.9.2009,
Télécran, Luxemburg

Leitfaden 17.5.2012, Laudatio
bei der Verleihung des
Karlspreis an Wolfgang
Schäuble
Lesen 1.3.2011, OPUS Kultur-
magazin / 16.12.2011, Re-
vue, Luxemburg / 9.2.2013,
im Gespräch mit Nathalie
Dubois, veröffentlicht in
Libération vom 10.2.2013
Liberalen-Politiker 9.5.1996,
im luxemburgischen
Parlament, 44. Sitzung
Liebe 12.8.1998, SWR, Sen-
dung ‚Schlaglicht'
Linke 12.6.1999, CSV Profil
Linker, letzter 28.4.2002,
Frankfurter Allgemeine
Sonntagszeitung
Lissabon-Agenda 21.10.2004,
Wirtschaftstag 2004,
Frankfurt
live, dabei 26.2.2003, im
luxemburgischen Parla-
ment, 33. Sitzung
loben 30.6.1989, im luxem-
burgischen Parlament, 66.
Sitzung
Lobreden 29.9.2006, Konfe-
renz ‚Globalisierung in
Luxemburg'
Lothringer 3.3.2010, Luxem-
burger Wort
LSAP 13.8.1999, im luxembur-
gischen Parlament
lügen 2.9.2004, im Gespräch
mit Margaretha Kopeinig
/ 18.4.2011, Aussage aufge-

schrieben und publiziert von Tobias Schmidt, Korrespondent der deutschen Nachrichtenagentur dapd in Brüssel. Die Agentur zur luxemburgischen Wochenzeitung ‚Privat': „Juncker hat den Satz auf einer Abendveranstaltung in der Bayerischen Landesvertretung in Brüssel am Mittwoch vor Ostern gesagt." / 17.8.2012, in einem Interview mit dem Titel ‚Grexit darf nicht passieren', veröffentlicht in: Tiroler Tageszeitung vom 18.8.2012 / 21.1.2013, RBB Inforadio

Luther 11.3.2013, im Gespräch mit Christoph Schult und Michael Sauga in Brüssel, veröffentlich in Der Spiegel, 11.3.2013

Lux, Lucien 13.11.1997, im luxemburgischen Parlament / 15.12.2009, im luxemburgischen Parlament, 14. Sitzung

Luxemburg 12.6.1999, Luxemburger Wort / 6.6.2009, Luxemburger Wort / 6.4.2011, Rede zur Lage der Nation 2011

Luxemburger 21.12.2010, Revue, Luxemburg / 21.9.2010, Deutscher Juristentag

Luxemburger Wort 31.12.2010, Jahresendinterview, Luxemburger Wort

Luxemburgisch 20.12.2004, Eldoradio / 21.9.2010, beim Deutschen Juristentag / 16.12.2011, Revue, Luxemburg

Luxemburg-Stadt 12.8.1998, SWR, Sendung ‚Schlaglicht'

Maastricht 29.9.2006, Konferenz ‚Globalisierung in Luxemburg'

Macht 27.5.2006, Katholikentag 2006, Saarbrücken

Mäntelchen, soziales 15.5.1997, im luxemburgischen Parlament

Managerboni 29.10.2009, Luxemburger Wort

Manager, des Jahres 12.6.1999, Luxemburger Wort

Marketing 25.1.1995, Revue, Luxemburg, S. 31

Marketing-Nullen 27.12.2005, Le Soir, Belgien / 30.5.2009, Rheinische Post

Markt 6.6.2009, Luxemburger Wort

Massenschlägerei 14.4.2010, Financial Times Deutschland

Mauer 12.11.2009, Luxemburger Wort / 16.12.2009, veröffentlicht in Télécran, Luxemburg, vom

23.12.2009

Medwedew, Dimitri 15.12.2012, veröffentlicht in Télécran, Luxemburg, am 19.12.2012, S. 16

Memoiren 13.12.1994, im luxemburgischen Parlament, 19. Sitzung

Menschenrechte 1.5.2006, Zeitschrift Forum, S.6

Menschenverstand 21.10.2004, Wirtschaftstag 2004, Frankfurt / 24.5.2006, Deutschlandradio / 27.5.2006, Katholikentag 2006, Saarbrücken

Merkel, Angela 29.9.2006, Konferenz ‚Globalisierung in Luxemburg' / 21.12.2010, Revue, Luxemburg / 15.12.2012, veröffentlicht in Télécran, Luxemburg, am 19.12.2012, S. 19

Mersch, Yves 21.12.2010, Revue, Luxemburg / 19.12.2012, Revue, Luxemburg, S. 28

Messdiener 13.12.1994, im luxemburgischen Parlament

Methusalem 22.12.2012, Radio 100,7, Luxemburg

Militarisierung 18.5.2000, im luxemburgischen Parlament, 34. Sitzung

militärisch 15.1.2002, Vortrag ‚Die europäischen Institutionen', Erfurt / 1.5.2002,

Zeitschrift Forum, S.8 /
24.3.2011, Luxemburger
Wort
Mindestlohn 30.6.2010,
abgedruckt in den AWV-
Informationen 4/2010
Minister 28.1.1995, Télécran /
8.2.1995, im luxemburgi-
schen Parlament
misslingen 13.12.1994, im
luxemburgischen Parla-
ment, 19. Sitzung
Mister Euro 7.9.2004, Kurier
Mitgefühl 11.10.2006, RTL
Radio Lëtzebuerg
Mittal 2.2.2006, Deutschland-
funk / 12.5.2012, RTL Radio
Lëtzebuerg
Mittelstand 9.3.2013, CSV-
Nationalkongress in
Junglinster
Mohikaner 19.12.2001, im
luxemburgischen Parla-
ment, 21. Sitzung
Mond 16.7.2002, im luxem-
burgischen Parlament
Monica 21.1.1995, Luxembur-
ger Wort, S.4
Monster 12.6.2004, Luxem-
burger Wort
Motivation 2.7.2003, SWR
Wortwechsel
Motivation 16.12.2011, Revue,
Luxemburg
Mosel 27.5.2003, bei der
Verleihung der Ehrenbür-
gerwürde der Stadt Trier
Motto, nationales 29.9.2006,

Konferenz ‚Globalisierung
in Luxemburg'
Müntefering 8.12.2009, BR
Bayrischer Rundfunk
Musik 21.12.2010, Revue,
Luxemburg
Mutter 2.9.2004, im Gespräch
mit Margaretha Kopeinig
nachhaltig 12.9.2003, Woxx
nachmachen 12.1.2011, Schau-
spielhaus Zürich, zitiert in:
20 Minuten, 13.1.2011
Nächstenliebe 27.5.2006,
Katholikentag 2006,
Saarbrücken / 14.5.1998,
im luxemburgischen
Parlament
Nationalhelden 15.11.2007,
Tageblatt
Nationalhymne 12.8.1998,
SWR, Sendung Schlaglicht
Nicht-Diplomat 11.2.2003,
Woxx
Niederösterreich 25.3.2001,
Rede im Congress Casino
Baden
Nuancen 9.5.1996, im luxem-
burgischen Parlament, 44.
Sitzung
Obama 16.12.2009, veröffent-
licht in Télécran, Luxem-
burg, am 23.12.2009
Oberlehrer 1.4.1997, Zeit-
schrift Forum
Öffentliche Verwaltung
1.10.1991, Zeitschrift
Forum
Österreich 18.8.2012, Tiroler

Tageszeitung / 12.10.2002,
Die Presse / 24.3.2004,
Kurier / 30.1.2013, Kleine
Zeitung
OGBL 13.12.1994, im luxem-
burgischen Parlament
/ 21.12.2010, Revue,
Luxemburg
Opposition 5.5.1999, im
luxemburgischen Parla-
ment, 48. Sitzung
Optimist 21.10.2004, Wirt-
schaftstag 2004, Frankfurt
Orchidee 15.12.2012, ver-
öffentlicht in Télécran,
Luxemburg, am 19.12.2012
Ordnungspolitik 29.9.2006,
Konferenz ‚Globalisierung
in Luxemburg'
Organigramm 2.4.1998, im
luxemburgischen Parla-
ment, 36. Sitzung
Osteuropäer 25.6.2005, RTL
Radio Lëtzebuerg
Panther 12.8.1998, SWR,
Sendung ‚Schlaglicht'
Papst Bendedikt 12.3.2010,
bei der Petersberger
Convention in Bonn
Papst Franziskus 14.3.2013,
Luxemburger Wort
Paradies 5.3.2010, zu den
Zukunftsaussichten des
Landes nach wochenlan-
gem Schweigen zu den
Vorbereitungsarbeiten der
Tripartite, veröffentlicht
in: Lëtzebuerger Journal

vom 11.3.2010
Parlament 5.5.1999, im luxemburgischen Parlament, 48. Sitzung
Parlamentarische Anfrage 15.12.2009, im luxemburgischen Parlament, 14. Sitzung
Parteien 20.12.2004, Eldoradio
Partnerschaft 29.7.2005, FAZ
Partylöwe 21.1.1995, Luxemburger Wort, S. 4
Paulson, Henry 26.1.2009, Rede bei Deutsche Börse AG
Personalunion 12.12.2005, im Beitrag von Larissa Vassilian, Die Welt / 29.9.2008, Situation wiedergegeben von Lothar Späth, bei der Rede zur Verleihung der ‚Schärfsten Klinge' in Solingen Pfund 19.6.2011, im Gespräch mit Cerstin Gamellin, Süddeutsche Zeitung
Phantasie 13.12.1994, im luxemburgischen Parlament
Plato 19.6.2011, im Gespräch mit Cerstin Gamellin, Süddeutsche Zeitung
polemisieren 14.5.1998, im luxemburgischen Parlament, 44. Sitzung
Politik 8.12.2009, BR
Politiker-Typen 2.9.2004, im Gespräch mit Margaretha

Kopeinig
Polykrise 11.12.2012, n-tv
Popularität 21.1.1995, Luxemburger Wort / 28.1.1995, Télécran
Populismus 23.5.2011, Der Spiegel / 15.1.2013, Neujahresempfang der FEDIL
Portugal 15.12.2012, veröffentlicht in Télécran, Luxemburg, 19.12.2012, S.19
Preise 14.2.2004, Rede anlässlich der Verleihung des Heinrich Brauns-Preises / 4.11.2004, Rede anlässlich der Verleihung des Walter Hallstein-Preises / 29.9.2006, Konferenz ‚Globalisierung in Luxemburg' / 19.12.2009, RTL Radio Lëtzebuerg / 18.12.2010, Radio 100,7, Luxemburg / 21.12.2010, Revue, Luxemburg / 20.12.2012, RTL Radio Lëtzebuerg
Preisflut 29.9.2008, Rede im Theater- und Konzerthaus Solingen
Presse 31.12.2010, Luxemburger Wort
Pressehilfe 22.5.2003, im luxemburgischen Parlament
Priestermangel 12.7.2003, Tagesspiegel
Prinz Guillaume 16.12.2011, Revue
Prinzenhochzeit 15.12.2012,

veröffentlicht in Télécran, Luxemburg, am 19.12.2012, S. 17
privilegiert 12.1.2011, im Schauspielhaus Zürich
Probleme, lösen 21.1.1995, Luxemburger Wort, S. 4
Prodi, Romano 12.4.2000, RTL Radio Lëtzebuerg
Pröll, Erwin 25.3.2001, Rede im Congress Center Casino Baden
Prost, Marie-Paule 21.12.2010, Revue, Luxemburg
Pussy Riot 22.12.2012, im Gespräch mit Laurent Schmit und Bernard Thomas, veröffentlicht in der Zeitschrift Forum, Februar 2013
Putin, Vladimir 25.3.2007, Deutschlandfunk / 15.12.2012, veröffentlicht in Télécran, Luxemburg, am 19.12.2012 / 22.12.2012, im Gespräch mit Laurent Schmit und Bernard Thomas, veröffentlicht in der Zeitschrift Forum, Februar 2013
Putsch 12.6.2004, Luxemburger Wort / 22.12.2012, im Gespräch mit Laurent Schmit und Bernard Thomas, veröffentlicht in der Zeitschrift Forum, Februar 2013
Rabe, Thomas 15.1.2013, Neu-

Jahresempfang der FEDIL
Rating 30.7.2012, Süddeutsche Zeitung / 17.11.2012 im Gespräch mit Bernhard Hänel, veröffentlicht in ‚Neue Westfälische‘
Ratschläge 19.1.2013, NZZ
Rauchstopp 19.12.2009, RTL Radio Lëtzebuerg
Rechts-Partei 30.3.2010, bei einer Konferenz in der Abtei Neumünster, zitiert in La Voix vom 31.3.2010
Redeanfragen 21.11.2006, Vortrag ‚Welche Mission braucht Europa?‘ bei der Bosch-Stiftung
Rede, Länge 24.5.2006, Rede an der RWTH Aachen
Rede, Nation 15.5.2002, im luxemburgischen Parlament, 45. Sitzung / 12.9.2003, Woxx
Rede, Vorbereitung 26.1.2009, Vortrag, Deutsche Börse AG, Frankfurt
Reding, Jean-Claude 21.12.2010, Revue, Luxemburg
Reding, Viviane 19.12.2012, Revue, Luxemburg
reflektieren 3.1.2001, beim Neujahresempfang für die luxemburgische Presse, zitiert in Tageblatt vom 4.1.2011, S. 11
Reformen 21.10.2004, Wirtschaftstag 2004, Frankfurt

/ 22.12.2012, Radio 100,7 Regierungsleistungen 5.5.1999, im luxemburgischen Parlament, 48. Sitzung
Regierung, Umbildung 24.3.2013, zitiert im Luxemburger Wort vom 25.3. 2013
Reichtum 29.9.2006, Konferenz ‚Globalisierung in Luxemburg‘
Reihe 13.8.1999, im luxemburgischen Parlament, 4. Sitzung
Reisen 17.10.2011, Management Center Innsbruck
Rettungsschirm 16.12.2010, Luxemburger Wort
Revier 20.12.2011, WAZ
Revue 14.9.2005, Revue, Luxemburg
Rilke 12.8.1998, SWR, Sendung ‚Schlaglicht‘
Rolex 19.12.2012, Revue, S. 26
RTL 12.9.2003, Woxx / 25.6.2005, RTL Radio Lëtzebuerg / 15.1.2013, Neujahrsempfang der FEDIL, Luxemburg
Saarländer 6.12.2010, SR Fernsehen, Saar-Talk / 3.12.2012, SR Fernsehen, Aktueller Bericht
Sachkenntnis 1.1.2013, bei Caroline Mart, RTL Télé Lëtzebuerg
Sammelband 9.5.2001, im lu-

xemburgischen Parlament
Sanem 19.12.2001, im luxemburgischen Parlament
Santer 28.1.1995, Télécran, Luxemburg, S. 29
Sarkozy, Nicolas Dialog vom 19.12.2009, RTL Radio Lëtzebuerg, Sendung ‚Background‘
Sarkozy, Nicolas 16.12.2009, veröffentlicht in Télécran, Luxemburg, am 23.12.2009 / 19.12.2009, RTL Radio Lëtzebuerg, Sendung ‚Background‘ / 21.12.2010, Revue, Luxemburg (Sarkozy / herzlich) / 25.12.2010, Radio DNR, Luxemburg (Sarkozy / persönlich) / 15.12.2012, Aussage veröffentlicht in Télécran, Luxemburg, vom 19.12.2012
Schachbrett 27.4.2004, im luxemburgischen Parlament
Schachtelsatz 22.3.2003, im luxemburgischen Parlament, 59. Sitzung
Schäuble, Wolfgang 16.5.2012, im Gespräch mit Oliver Rehling, Inforadio RBB / 17.5.2012, Laudatio auf Wolfgang Schäuble, bei der Verleihung des Karlspreises in Aachen / Beitrag von Juncker in dem Buch ‚Der fröhliche Sisyphos‘ (Herder Verlag,

Freiburg, August 2012, herausgegeben von Bruno Kahl, Markus Kerber, Nils Ole Oermann, Johannes Zachhuber

schamlos 5.5.1999, im luxemburgischen Parlament

Schengen 14.6.2010, Luxemburger Wort, S. 3

schlechtreden 18.3.2010, DGAP im Dialog

Schlussfolgerung 31.12.2007, Radio DNR, Luxemburg

schönreden 26.3.2000, Rede in Düsseldorf

Schmelztiegel 8.12.2009, BR

Schmidt, Helmut 16.12.2010, Handelsblatt

Schmit, Nicolas 21.3.2011, Tageblatt

Schmuggel 29.9.2008, Rede im Theater- und Konzerthaus Solingen

Schneider, Etienne 16.12.2011, Revue, Luxemburg / 15.12.2012, veröffentlicht in Télécran, Luxemburg, am 19.12.2012

Schnelllebigkeit 19.6.2011, im Gespräch mit Cerstin Gamellin, Süddeutsche Zeitung / 11.12.2012, n-tv

Schröder, Gerhard 26.10.2006, bei der Buchvorstellung von Gerhard Schröder im Willy Brandt-Haus / 1.5.2008, Cicero

Schulden 19.12.2009, RTL Ra-

dio Lëtzebuerg, Sendung ‚Background' / 6.2.2010, Rheinischer Merkur

Schuldenberge 24.12.2009, Eldoradio

Schulden, Eurozone 17.10.2011, im Management Center Innsbruck

Schulreform 6.4.2011, Rede zur Lage der Nation 2011, zitiert in: Tageblatt, 7.4.2011

Schulzeit, eigene 2.9.2004, im Gespräch mit Margaretha Kopeinig

Schwarzer Peter 13.8.1999, im luxemburgischen Parlament

Schweiz 29.1.2008, Rede vor Führungskreis der Tamedia AG, Zürich / 23.3.2008, 3 SAT, Sternstunde Philosophie / 16.12.2010, Die Zeit / 12.1.2011, im Schauspielhaus Zürich / 12.1.2011, zitiert in: 20 Minuten, 13.1.2011

Schweizer 16.12.2010, Die Zeit / 12.1.2011, Schauspielhaus Zürich

Schwiegermutter 10.2.2013, Im Gespräch mit Nathalie Dubois, Libération

schwierige Zeiten 31.12.2009, La Voix

Seelenmassage 18.2.2004, SWR 2

selbstkritisch 2.4.1998, im

luxemburgischen Parlament, 36. Sitzung

Selbstmitleid 12.9.2003, Woxx

Selbstzufriedenheit 15.1.2013, Neujahresempfang der FEDIL

SES 12.9.2003, Woxx / 27.4.2004, im luxemburgischen Parlament, 51. Sitzung

Sexualleben 9.12.2009, im Gespräch mit den Herausgebern

Sicherheit 27.4.2004, Rede zur Lage der Nation 2004

Sitzungsverlauf, EU 28.11.2000, im luxemburgischen Parlament

Sofortismus 30.7.2012, Süddeutsche Zeitung

Soldatenfriedhöfe 25.5. 2006, Rede bei der Verleihung des Karlspreises, Aachen / 8.12.2009, BR

Solidaridät 25.6.2005, RTL Radio Lëtzebuerg / Ausgabe 42/2008, Rheinischer Merkur

Solingen 29.9.2008, Theater Solingen

sozial 2.9.2004, im Gespräch mit Margaretha Kopeinig

Sozialdemokratie 13.1.2001, im luxemburgischen Parlament

sozialdemokratisch 15.5.1997, im luxemburgischen Parlament

sozial gerecht 4.12.2009, auf dem 6. OGBL-Kongress
Soziallehre 14.2.2004, Rede anlässlich der Verleihung des Heinrich Brauns-Preises / 6.6.2009, Luxemburger Wort / 29.9.2006, Konferenz ‚Globalisierung in Luxemburg'
Souveränitätsnischen 20.1.1995, D'Lëtzebuerger Land
Spätberufene 20.1.2004, BR Alpha
sparen 9.7.2002, Dankesrede anlässlich des Preises ‚Der europäische Stier' in Brüssel
Spaßgesellschaft 12.7.2003, im Gespräch mit Schülern im Rahmen der Aktion ‚Presse à l'école'
Spektakel 7.2.2012, Tagesanzeiger
Spiegel 16.7.2012, Der Spiegel, S. 29
Spiegel Online 23.5.2011, Der Spiegel
Sprachen 23.6.2001, im Gespräch mit Michael Stabenow, dapd, in Brüssel / 12.9.2004, Woxx / 21.9.2010, beim Deutschen Juristentag
Sprache, Umgang mit 23.6.2001, im Gespräch mit Michael Stabenow, dapd, in Brüssel

spritzig 13.8.1999, im luxemburgischen Parlament, 4. Sitzung
Staat 42/2008, Rheinischer Merkur
Staatsbudget 13.12.1994, im luxemburgischen Parlament, 19. Sitzung
Staatsdefizit 5.5.1999, im luxemburgischen Parlament, 48. Sitzung
Staatsfinanzen 11.6.1994, CSV Profil / 13.12.1994, im luxemburgischen Parlament / 21.1.1995, Luxemburger Wort, S. 3 / 21.1.1995, Luxemburger Wort, S. 4 / 12.6.2004, CSV Profil / 12.5.2012, im Gespräch mit Roy Grotz, RTL Radio Lëtzebuerg
staatsmännisch 22.5.2003, im luxemburgischen Parlament, 59. Sitzung
Stabilitätspakt 16.12.2010, Handelsblatt
Stahlindustrie 1.5.2002, Zeitschrift Forum, S.6 / 4.12.2009, beim Pressebriefing, zitiert in: Vollek, 5.12.2009
Stahlkrise 21.1.1995, Luxemburger Wort, S.4
Standard & Poors 15.1.2013, beim Neujahresempfang der FEDIL, Luxemburg
Steinbrück, Peer 6.5.2009, bei Maybritt Illner, ZDF /

8.12.2009, BR / 16.12.2009, veröffentlicht in Télécran, Luxemburg 23.12.2009 / 12.11.2010, beim Staatsbesuch von Christian Wulff in Luxemburg, zitiert im Lëtzebuerger Journal, 13.11.2010
Steinfort 9.5.2001, im luxemburgischen Parlament, 52. Sitzung
Stéphanie, de Lannoy 18.10.2012, Ansprache anlässlich der Hochzeit des Erbgroßherzogs mit Gräfin Stéphanie de Lannoy
Steuer, Finanztransaktionen 23.9.2009, Télécran, Luxemburg, S. 19 / 17.10.2011, im Management Center Innsbruck
Steuer, Paradies 22.10.2008, Luxemburger Wort sowie 6.6.2009, Tageblatt / 23.9.2009, Télécran, Luxemburg, S. 18
Steuerregeln, gemeinsame 11.3.2013, im Gespräch mit Christoph Schult und Michael Sauga in Brüssel, Der Spiegel
Stimmrechte 28.10.2010, Luxemburger Wort, S. 2
Stoiber, Edmund 28.4.2002, FAZ / 29.9.2008, Theater- und Konzerthaus Solingen
Stoßgebet 21.11.2006, Rede

bei der Bosch Stiftung, Stuttgart

Strafen 28.10.2010, Die Welt

Streit 4.4.2012, Im Gespräch mit Fabio Polly, ORF

Stress 28.10.2006, Télécran

Suggestivfrage 31.12.2012, Luxemburger Wort

Supermenschen 25.1.1995, Revue

Superstaat 11.10.2007, Kurier

Tageblatt 26.2.2003, im luxemburgischen Parlament

Talente 1.4.1997, Zeitschrift Forum

Thorn, Gaston 26.8.2007, RTL Radio Lëtzebuerg / 30.8.2007, bei der Beerdigung

Tirol 30.1.2013, Kleine Zeitung

Tomaten 29.9.2008, Rede im Theater- und Konzerthaus Solingen

Touristen 23.12.2009, Télécran, Luxemburg

Traditionen 9.5.1996, im luxemburgischen Parlament, 44. Sitzung

Transparenz 14.5.1998, im luxemburgischen Parlament, 44. Sitzung / 4.4.2012, ORF

traurig 13.12.1994, im luxemburgischen Parlament

Trennung 9.7.1996, im luxemburgischen Parlament, 58. Sitzung / 10.6.1999, Tageblatt / 19.12.2012, Revue,

Luxemburg, S. 26

Trichet, Jean-Claude 18.11.2009, Rede zur Verleihung der Auszeichnung ‚Banker of the Year' / 18.6.2011, La Libre Belgique / 6.3.2013, im Luxemburger Cercle Cité bei der Verleihung des ‚Collier du Mérite européen'

Trier 27.5.2003, Trierischer Volksfreund / 27.5.2003, Rede anlässlich der Verleihung der Ehrenbürgerwürde der Stadt Trier / 2.9.2005, Rede zu Ehren von Helmut Kohl in Ludwigshafen / 29.8.2008, Rede im Theater- und Konzerthaus Solingen

Trierer 27.5.2003, Trierischer Volksfreund

Tripartite 28.12.2009, Radio DNR

Trost 22.3.1989, im luxemburgischen Parlament

Trümmerfrauen 29.9.2006, Konferenz ‚Globalisierung in Luxemburg'

Türkei 8.12.2009, BR

tugendhaft 16.12.2010, Luxemburger Wort, S. 2

Ü 50 18.5.2000, im luxemburgischen Parlament, 34. Sitzung

Übel 27.4.1989, im luxemburgischen Parlament, 73.

Sitzung

Überlebender 10.2.2013, im Gespräch mit Nathalie Dubois, Libération

Überregulierung 21.10.2004, Wirtschaftstag 2004, Frankfurt

Überzeugung 1.4.1997, Zeitschrift Forum, S.8

Uhr 29.12.2002, RTL Télé Lëtzebuerg

uneuropäisch 9.12.2010, Die Zeit

Universität 1.6.2004, Zeitschrift Forum

UN 20.9.2010, Luxemburger Wort

Umarmung 19.12.2012, Revue, Luxemburg, S. 24

Umweltpolitik 14.12.2000, im luxemburgischen Parlament

Unternehmer 15.1.2013, Neujahresempfang der FEDIL

USA 19.11.2006, Frankfurter Rundschau

Van Rompuy, Herman 20.11.2009, Luxemburger Wort / 16.12.2009, veröffentlicht in Télécran, Luxemburg, vom 23.12.2009 / 19.12.2009, RTL Radio Lëtzebuerg, Background / 22.12.2009, Luxemburger Wort / 28.1.2010, Le Quotidien, S.9 / 11.3.2013, Der Spiegel

Van Werwerke, Thierry

31.12.2009, La Voix
Vater 20.11.2000, Laudatio
auf Eberhard Diepgen,
Berlin / 2.7.2003, SWR,
Wortwechsel / 27.4.2004,
im luxemburgischen
Parlament / 13.1.2005, Die
Zeit / 29.9.2006, Konferenz
,Globalisierung in Lu-
xemburg' / 8.12.2009, BR
/ 12.3.2010, Petersberger
Convention
Veränderungen 21.1.1995,
Luxemburger Wort, S. 3
Vereinfachung 23.9.2009,
Télécran, Luxemburg, S.19
Vereinigte Staaten, Europa
21.5.2006, Deutschland-
funk / 17.11.2012, im Inter-
view mit Bernhard Hänel,
Neue Westfälische
Verfassung 3.6.2005, RTL
Radio Lëtzebuerg
Verfassung, Vertrag 4.9.2006,
bei der Botschafter-Konfe-
renz in Berlin / 28.6.2007,
Rheinischer Merkur
vergessen 6.5.2006, RTL Radio
Lëtzebuerg
Vergleich mit Chirac 12.7.1995,
im luxemburgischen
Parlament, 63. Sitzung
Verhandlungsstrategie
19.1.2013, NZZ
verliebt 28.11.2009, Le Nouvel
Economiste
Verschuldung 5.5.2010, Rede
zur Lage der Nation 2010

Verständlichkeit 8.12.2009,
BR
Vizepremier 10.6.1999,
Tageblatt
vorbeireden 20.12.1994, im lu-
xemburgischen Parlament
Vorsitz 4.9.2006, Botschafter-
konferenz, Berlin
Vulkan 22.12.2010, Eldoradio
Wachstum 17.11.2011, Tage-
blatt
Währung 20.1.2004, BR Alpha
Wahlen 16.12.2009, veröf-
fentlicht in Télécran,
23.12.2009
Wahlkampf 13.3.2001, im
luxemburgischen Parla-
ment, 37. Sitzung
Wahrheit 18.12.2012,
L'Esssentiel
Waigel, Theo 5.9.2008, Rede
bei der Verleihung des
Franz Josef Strauß-Preises
in München
Wasserstand 10.5.1995, im
luxemburgischen Parla-
ment, 49. Sitzung
Wasserwaage 14.5.1998,
im luxemburgischen
Parlament
Wasser, Wein 9.5.2001, im lu-
xemburgischen Parlament
Weber, Robert 29.9.2006,
Konferenz ,Globalisierung
in Luxemburg'
Wein 10.10.2002, in Remich,
gegenüber Raymond Wey-
dert, zitiert in Luxembur-

ger Wort, 11.10.2002
Weissagung 13.3.2001, im
luxemburgischen Parla-
ment, 37. Sitzung
Weltkrieg 14.4.2005, RTL
Radio Lëtzebuerg
Weltmeister 9.3.2013,
CSV-Nationalkongress,
Junglinster
Weltoffenheit 10.11.2000,
Laudatio auf Eberhard
Diepgen, Berlin
Werle, Gerd 11.2.2010, Luxem-
burger Wort, S. 2
Werner, Pierre 1.4.1998, im lu-
xemburgischen Parlament
/ 20.1.2004, BR Alpha
/ 21.7.2004, RTL Radio
Lëtzebuerg
widersprechen 21.5.2006,
Deutschlandfunk
wiederholen 16.7.2002, im lu-
xemburgischen Parlament
Wiederwahl 11.3.2013, im
Gespräch mit Christoph
Schult und Michael Sauga
in Berlin, Der Spiegel
Wirtschaft 15.1.2002, Vortrag
„Die europäischen
Institutionen" / 29.9.2008,
Solingen
Wirtschaftsregierung
19.6.2011, im Gespräch
mit Cerstin Gamellin,
Süddeutsche Zeitung
WM-Favorit 17.6.2010, Luxem-
burger Wort
Wünsche-Sammlung 7.5.2010,

REGISTER

der Namen, Orte und Begriffe

BILDNACHWEIS

November 2011: S. 51
D'Handwierk, Luxemburg: S. 37
Ebener David, dpa: S. 81
Echo des Entreprises, Fedil,
Foto vom 15.1.2013: S. 78
Edita SA Luxemburg, S. 33
EU2005.lu: S. 8, 10, 27, 52, 58,
71, 76, 81, 86, 87, 90, 106
(Balkenende)
Europäische Kommission: S. 79
Finzi Isabella, Editpress, Foto
vom 22.4.2009: S. 5, 97
Fondation Cancer: S. 76
Fontana Lavinia, picture
alliance zusammen mit
Geisler Fotopress: S. 71
Hase Tobias, dpa Report, Foto
vom 5.9.2008: S. 98
Jallay Guy, Luxemburger
Wort: S. 67, 113, 114
Jensen Rainer, dpa: S. 86
Jung Michael, dpa Fotoreport,
Foto vom 25.11.1997: S. 9
Kegler, Salome, dpa, Foto
vom 31.10.2006: S. 26
Laurent David, Wide: S. 45,
55, 61, 118

Lejona Andres: S. 36, 43, 110
LG Lëtzebuerger Gemengen:
S. 87
Minaire Olivier: S. 38, 80
PaperJam, Foto vom 5.7.2012:
S. 14
picture alliance, Foto vom
10.2.2007: S. 72
21.2.2012: S. 21
8.10.2007: S. 96
picture alliance, Photoshot,
Foto vom 16.12.2012: S. 45
Foto vom 2.6.1988: S. 44
Foto vom 20.10.2012: S. 97
picture alliance, Photoshot:
S. 85
Popp Roland, dpa: S. 66
Privat, alle Rechte vorbehal-
ten: S. 66, 109
Radke Sascha, picture alliance,
Foto vom 31.3.2009: S. 60
Roessler Boris, dpa Fotoreport,
Foto vom 15.7.2000: S. 34
RTL Luxemburg: S. 82
Sanden Heinrich, picture
alliance: S. 100
Schultes Klaus, dpa Fotoreport,

Foto vom 14.2.2004: S. 18
Simon, Sven, picture alliance:
S. 48
SIP, Charles Caratini, alle
Rechte vorbehalten: S. 74
SIP, Jock Fistick, alle Rechte
vorbehalten: S. 84
Spichtinger Herbert, picture
alliance zusammen mit
Image Source: S. 89
Stache Soeren, dpa: S. 114
Tschauner Franz-Peter, dpa
Fotoreport, Foto vom
2.6.2000: S. 51
Van Katwijk Patrick, dpa: S. 75
Wagner Tom, Foto vom
4.4.2002 in Peking: S. 12
Welters Gordon, dpa Fotore-
port, Foto vom 27.6.2003:
S. 25
Wiedl Hans, picture alliance: S. 4
Wilms Rolf, picture alliance:
S. 103
Wilwert Marc, Luxemburger
Wort: S. 105
Zettler, picture alliance, Foto
vom 26.1.1963: S. 9

DANKSAGUNG: Die Herausgeber danken allen Fotografen, insbesondere Claudine Bosseler für ihre Fotoserie, die dieses Lexikon auszeichnet. Ein besonderer Dank geht auch an die stilprägenden Fotografen der luxemburgischen ‚Maison Moderne' rund um den Verleger Mike Koedinger, etwa an Julien Becker, Luc Deflorenne, David Laurent, Andres Lejona und Olivier Minaire. Ihre Bildsprache prägt ebenfalls dieses Lexikon. Für ihre Unterstützung im Bereich Fotos sei außerdem folgenden Personen gedankt: Stefanie Simonelli, Peter Stroh, Petra Korn sowie Roland Klostermann.

LEBENSLAUF

Jean-Claude Juncker wurde am 9. Dezember 1954 in Rédange-sur-Attert als Sohn von Marguerite Hecker und Jos Juncker geboren. Er ist verheiratet mit Christiane Frising.

1974 Baccalauréat am Lycée Michel Rodange in Luxemburg
1974 Eintritt in die Christlich-Soziale Volkspartei
1975-79 Studium der Rechtswissenschaften an der Universität Straßburg, anschließend Zulassung zum Rechtsanwalt
1979-82 Fraktionssekretär
1982-84 Staatssekretär für Arbeit und soziale Sicherheit
1984-89 Arbeits- und stellvertretender Budgetminister
1989-94 Arbeits- und Finanzminister
1989-95 Gouverneur der Weltbank
1990-95 Vorsitzender der Christlich-Sozialen Volkspartei
1991 Vorsitzender des Ecofin-Rates
1991 Führend bei der Ausarbeitung des Maastricht-Vertrages
1992 Mit-Unterzeichner des Maastricht-Vertrages
Seit 1995 Premierminister des Großherzogtums Luxemburg
1996 Verhandlungserfolg beim Thema Stabilitäts- und Wachstumspakt („Held von Dublin')
1997 Vorsitzender des Europäischen Rats im Rahmen der EU-Präsidentschaft Luxemburgs
2004 Wahl zum Vorsitzenden der Eurogruppe (September)
2005 Vorsitzender des Europäischen Rats im Rahmen der EU-Präsidentschaft Luxemburgs
2005-2013 Vorsitzender der Eurogruppe (Vorsitzender der Finanzminister der Euro-Zone)
2006-2010 Mitherausgeber der Wochenzeitung Rheinischer Merkur

Auszeichnungen und Preise (Auswahl)
1988 Großes Bundesverdienstkreuz mit Stern und Schulterband
2001 Ehrendoktor der Universität Münster
2002 Grand Officier de la Légion d'Honneur
2003 Ehrenbürger der Stadt Trier
2003 Heinrich Brauns-Preis für besondere Verdienste um die katholische Soziallehre
2004 Goldenes Schlitzohr
2005 Walter Hallstein-Preis für besondere Verdienste um die Europäische Integration
2006 Internationaler Karlspreis der Stadt Aachen
2006 Europapreis für politische Kultur der Hans Ringier-Stiftung
2008 Mitglied der französischen Akademie der Moral- und Politikwissenschaften
2008 Deutscher Staatsbürgerpreis
2009 Ehrensenator der Europäischen Akademie der Wissenschaften und Künste
2010 Großes Goldenes Ehrenzeichen der Republik Österreich
2011 Europäischer Kulturpreis
2012 Kommunikator des Jahres (Preis der Deutschen Public Relations Gesellschaft)

INHALT

EINLEITUNG

„Wieso spricht Juncker so eigenartig?" Ganz normale Leute stellten in den letzten drei Jahren diese Frage. „Jedes Wort wägt er ab, er formuliert bürokratisch und steif, seine Schachtelsätze sind noch länger als gewohnt", ergänzten sie. Ganz normale Menschen erlebten einen ganz seltsamen Jean-Claude Juncker. Sie erlebten einen Vorsitzenden der Eurogruppe, der in der schweren Staatsschuldenkrise eher ein Funktionsträger war denn ein Mensch. „In dieser Funktion ist man kein freier Mann", erklärte er selbst seine übervorsichtige Rhetorik.

Nein, das war nicht der Juncker, den viele in den 27 Jahren davor kennengelernt haben. 27 Jahre lang war er „der erfrischend andere Politiker", der den abgenutzten Politfloskel-Anteil in der europäischen Politik sehr reduziert hat. Auf YouTube sieht man es: Juncker kann schlagfertig sein, er kann aus Situationen heraus agieren, er ist zu einem leichten, unbeschwerten Ton fähig, selbst bei tiefen, wichtigen Themen. In der Tradition der Politik-Rhetorik ist das eigentlich ganz ungewöhnlich.

Das vorliegende Nachschlagewerk ist ein Buch zu 30 Jahren Juncker-Rhetorik. Es versammelt seine besten Aussagen aus 30 Jahren Regierungstätigkeit. „Warum gerade jetzt?", werden sich viele fragen. Nun, Jean-Claude Juncker war in seinen letzten 30 Jahren ungewöhnlich produktiv: Er hat Tausende von Reden und Vorträge gehalten, unzählige Interviews gegeben, diverse Grußworte, Tages- und Festansprachen an diverse Gruppen gerichtet . Aber: Bis heute war und ist sein „Gesamtwerk" kaum dokumentiert. Wahrscheinlich aus gutem Grund: Denn in physische Archive zu gehen, Mikrofilmbestände der luxemburgischen Nationalbibliothek zu analysieren, Transkripte von Organisationen anzufordern, Parlamentsberichte nachzulesen etc. ist eine unendlich mühsame Kleinarbeit. Zu den Besonderheiten in Luxemburg gehört nämlich, dass Institutionen und Verlage Inhalte aus den 80er-, 90er- und Nuller-Jahren nicht online gestellt haben. Die Herausgeber haben den ganzen Recherche-Aufwand dennoch auf sich genommen. Der Lohn der Mühe? Sie als Leser haben jetzt Zugriff auf ältere Quellen, die kaum einer kennt. Sie finden hier auch echte Überraschungen, Entdeckungen und sogar kleine Sensationen. Auf jeden Fall viele gänzlich unbekannte Zitate, die tatsächlich einen neuen und umfassenden Blick auf Jean-Claude Juncker werfen.

Warum ein Buch ausgerechnet über Juncker? Er ist ein dankbares Objekt. Er ist einer der wichtigsten europäischen Politiker der letzten Jahre, laut der luxemburgischen Tageszeitung Journal sogar „der höchstdekorierte Politiker westlich des Urals." Er ist auch ein Mensch, der in Luxemburg extrem polarisiert: Einige schätzen seine Qualitäten, andere sehen ihn extrem kritisch. Die Notwendigkeit eines Buches über Juncker hat noch einen anderen, wichtigen Grund: Als Regierungschef eines Landes hat er weiterhin einen enormen Einfluss in Europa. Auf EU-(Krisen-)Gipfeln werden auch weiterhin die entscheidenden Weichen für die Zukunft Europas gestellt werden. Vieles geschieht in Hinterzimmern ohne viel Transparenz. Da möchte man wenigstens wissen, wie und warum jemand denkt und handelt. Ein anderer Grund für die Wichtigkeit dieses Buchs? Die neue Kultur der Wahlkämpfe, die keine Blockkämpfe mehr sind. Das gilt auch für Luxemburg. Die Luxemburger wählen keine Weltanschauung mehr - und nicht mehr in strenger Abhängigkeit von sozialer Herkunft oder Religionszugehörigkeit. Auch in Luxemburg scheint immer mehr der charismatische Anführer eines Lagers zu genügen. Das vorliegende Buch bietet einige Ansatzpunkte für die „Entzauberung" eines solch tendenziell charismatischen Politikers wie Jean-Claude Juncker - aber auch für eine sachliche Auseinandersetzung mit Themen, die Juncker wichtig sind (Arbeitnehmerrechte, Prinzipien der Katholischen Soziallehre), die jedoch in elektronischen Medien oft zu kurz kommen.

Juncker als Protagonist eines Zitate-Lexikons bietet sich aus einem weiteren Grund an: Juncker „redet viel und oft" (S. 111, Robert Goebbels). Und er gibt in Selbstaussagen Dinge von sich preis, die selbst ein Seelentiefschürfer niemals herausfinden würde. Solch ein „gläserner Juncker" ist für einen Verlag natürlich ein Geschenk. Politiker offenbaren bekanntlich viele Informationen von sich. Juncker ist fast ein extremes Beispiel. Dagegen ist nichts einzuwenden. Kritisch wird es, wenn sich durch die Kombination diverser Aussagen plötzlich ein Gesamtbild erstellen lässt, von dem er nichts ahnt. Die Datenbank und die Software hinter diesem Lexikon machen es möglich.

Damit sind wir bei den missglückten Aussagen von Jean-Claude Juncker. Es gibt ja viele berühmte Bonmots von ihm, etwa jenes von dem Floh, der einen Löwen ärgern kann. Von Juncker stammen aber auch zwei beunruhigende Sätze („Wir beschließen etwas… bis es kein Zurück mehr gibt" und „Wenn es ernst wird, muss man lügen"), die in der heutigen Mediengesellschaft immer wieder hervorgekramt werden. Nach der missglückten Lügen-Aussage war Juncker sichtlich um Schadensbegrenzung bemüht. Er tat es mit folgenden Worten: „Dieser Spruch hängt mir in den Kleidern. Das war kein Programmentwurf. Lügen soll man nicht, aber alles sagen muss und darf man auch nicht. Wenn Menschen darunter leiden, dass eine Information vorzeitig bekannt ist, obwohl eine Entscheidung noch nicht getroffen ist, dann profitieren von dem Wissen Multimilliardäre und nicht kleine Sparer. Wer also immer alles sagt, der muss wissen, für wen er unterwegs ist." (S.56)

Das war ein Politiker in einer Extremsituation, in einer Notsituation. Niemand ahnte, er selbst am wenigsten, welche Dynamik, welche Folgewirkung gewisse Sätze entwickeln können. Angesichts der Abneigung vieler Menschen gegen eine Politik, die in Hinterzimmern stattfindet, darf Juncker nicht in Schutz genommen werden. Manche meinen aber: „Angesichts der Lebensleistung von Juncker sind solche missglückte Aussagen nur Randnotizen. Auch deshalb, weil es so etwas wie die Projekte ‚EU' und ‚Euro' noch nie in der gesamten Weltgeschichte gab und wir beim Projekt Euro erst mittendrin sind." Als Herausgeber von Prominentenlexika meinen wir: Missglückte Aussagen müssen akribisch dokumentiert werden, sind aber nur ein kleines Mosaiksteinchen im großen Bild einer prominenten Person.

Eine Besonderheit dieses Zitate-Lexikons ist auch eine Zusammenstellung der besten Dialoge aus dem luxemburgischen Parlament. Wie reagiert Juncker auf Kritik von Oppositionspolitikern? Wie geht er mit Anhängern der eigenen Partei um? Die entsprechenden Dialoge können in eigenen Kästen nachgelesen werden. Von ‚Gehör' über ‚Intimität' bis hin zu ‚Wasser im Keller' finden Sie eine Fülle interessanter Themen, die alle aus dem Luxemburgischen ins Deutsche übersetzt wurden. Viele Leser im deutschen Sprachraum werden das schätzen, weil sie auf diese Weise erstmals Zugriff auf Szenen haben, die sich im luxemburgischen Parlament abspielen.

Ein seriöses Lexikon verlangt die präzise Angabe aller Quellen. Deshalb finden Sie am Ende des Buches zahlreiche Quellenverweise, und natürlich auch ein ausführliches und praktisches Register aller Namen, Orte und Begriffe. Ein kurzer Blick auf die Einträge unter den Buchstaben (etwa: Abendessen, lachen, Zwerg…) genügt, um Lust darauf zu bekommen, sich eine Stunde in eine Ecke zu verziehen und in diesem Buch zu schmökern.

Mit dem Juncker'schen Zitate-Lexikon haben Sie jetzt eine Fülle von zitierfähigen Aussagen auf dem aktuellsten Stand vor sich liegen. Sie als Leser erwartet eine spannende Zeitreise durch die vergangenen 30 Jahre eines wichtigen europäischen Politikers. Es ist eine Zitatensammlung, die Ihnen erlaubt, sich selbst ein Bild über das Weltbild und die Denkweise von Jean-Claude Juncker zu machen. Eine Zitatensammlung, die auch für jüngere Menschen interessant ist, als eine Analyse- und Nachdenkhilfe. Sie erfahren hier nämlich, alphabetisch geordnet, wie ein exponierter Politiker denkt und wie er mit politischen Gegner umgeht. Ein Insider gegenüber den Herausgebern: „Juncker wendet im politischen Alltag rund 35 kluge Rhetorik-Strategien an. Bei einer Aussage über einen luxemburgischen Politiker, der ihm gefährlich werden könnte, wählte er sogar eine ‚Helmut Schmidt-Strategie. Ausgerechnet Juncker, der als ein Ziehsohn von Helmut Kohl gilt!"

Welche Juncker-Zitate werden in die Geschichte eingehen - vielleicht sogar als „Jahrhundert-Zitate"? Keine Ahnung. Vielleicht werden es seine Aussagen sein, die er in den letzten 30 Jahren als großer und engagierter Kämpfer für Arbeitnehmerrechte in einem großen Europa gemacht hat. Oder seine Aussagen über die Wichtigkeit der katholischen Soziallehre in Zeiten der Globalisierung. Viele zweifeln daran. Denn es entspricht nicht dem Zeitgeist.

Albin Wallinger und Serge Spellini   Mai 2013

BENUTZERHINWEIS

Dieses Zitate-Lexikon besteht aus Selbstaussagen von Jean-Claude Juncker zu 549 Namen, Orten und Begriffen. Die Stichwörter sind alphabetisch geordnet.

- Angesichts des langen Analysezeitraums von 30 Jahren kann ein Lexikon dieser Größenordnung lediglich einen Ausschnitt anbieten.
- Einige Aussagen wurden aus dem Französischen und Luxemburgischen ins Deutsche übersetzt. Eine wortgetreue Übersetzung war nicht immer möglich.
- Kürzungen von Originalaussagen sind durch (…) angedeutet.
- Für die im Lexikon gemachten Angaben gilt: Redaktionsschluss Anfang Mai 2013.

HINTERGRUNDINFORMATIONEN

Unabhängig Dieses Zitate-Lexikon entstand unabhängig von Jean-Claude Juncker und unabhängig von staatlichen Stellen und Institutionen. Der Verlag ist unabhängig und frei von jeglichen Interessensgruppen oder Subventionen.

Neutral Die Herausgeber verstehen sich bei diesem Zitate-Lexikon als neutrale Beobachter. Sie werten nicht. Sie sehen einfach genau hin, geben die Juncker'sche Rhetorik und seine Sicht der Dinge wieder, ordnen streng alphabetisch und innerhalb der Stichworte streng chronologisch.

Neuartig Das vorliegende Zitate-Lexikon lässt herkömmliche Lexikon-Genrekriterien hinter sich. Neue Standards im Bereich Zitate-Dokumentation etabliert zu haben, war gewollt. Die Herausgeber wollen damit zeigen, dass es auch im Lexikon-Bereich Weiterentwicklungen geben kann.

Journalistisch Bei aller Innovation arbeiteten die Herausgeber streng journalistisch: Quellen suchen, Fakten verifizieren, Lesern einen Mehrwert bieten. Damit agier(t)en sie schon fast wieder konservativ.

Parlamentsquellen Das vorliegende Lexikon enthält auch Dialoge aus dem luxemburgischen Parlament. Entsprechende Unterlagen wurden in der luxemburgischen Nationalbibliothek eingesehen. Da sämtliche Originalaussagen nur auf Luxemburgisch verfügbar waren, wurden sie ins Deutsche übersetzt.

Urheberrecht Sämtliche Rechte an den Zitaten verbleiben bei Jean-Claude Juncker selbst. Jede Abänderung oder jede Verwendung außerhalb des ursprünglichen Kontexts sowie jede Verwendung ohne genaue zeitliche Einordnung (Datierung) ist unzulässig.

Sorgfalt Die Angaben in diesem Buch basieren auf sorgfältigen Recherchen der Herausgeber, nach bestem Wissen und Gewissen. Trotzdem können sich Fehler eingeschlichen haben. Verlag und Herausgeber können keine Haftung für die Vollständigkeit und Richtigkeit der Angaben in diesem Buch übernehmen.

Verbesserungsvorschläge Jean-Claude Juncker ist bekannt dafür, dass er ein nahezu perfektes Gedächtnis in Bezug auf eigene Zitate hat. Auch wenn die Herausgeber alle Aussagen korrekt belegen können, sind sie für ergänzende oder korrigierende Hinweise jederzeit dankbar.

Adresse: Prom Verlag, Postfach 1888, L-1018 Luxemburg

ZITATE

VON JEAN-CLAUDE JUNCKER

Aachen In Aachen über Europa zu reden ist schwieriger als Eulen nach Athen zu tragen, obwohl ich mir das auch relativ schwierig vorstelle. In Aachen redet man gern über Europa, weil diese Stadt ein zutiefst europäisches Ambiente austrahlt, Europa in dieser Stadt nie zum Fremdwort verkommen ist und man sich auch ohne Mühe und Scheu zu europäischen Grundanliegen und Grundlinien äußern darf. (November 2002)

Abendessen Am 8. Dezember 2009 fand im Schloss Bellevue in Berlin ein Abendessen zu Ehren von Helmut Kohl statt, organisiert von Bundespräsident Horst Köhler. Wir waren rund 40 geladene Gäste, darunter Jacques Delors, Felipe González, Miklós Nemeth, Hans-Dietrich Genscher und Theo Waigel. Das Ganze war 'highly emotional'. Jeder von uns musste eine kleine Anekdote erzählen. Aus irgendeinem Grund haben sie bei meiner Anekdote am meisten gelacht. (Dezember 2009)

Abendessen

Akademie, französische Die französische Akademie der Moral- und Politikwissenschaften hat insofern Bedeutung, als ich da Mitglied bin und der Papst auch. Er wurde das, als er Kardinal war. Und wurde Papst, nachdem er Mitglied der Akademie geworden war. Ich möchte eigentlich das bleiben, was ich bin. (März 2010)

Alter Ich kann mich nicht älter machen als ich bin. Und ich hoffe, dass ich mich, wenn ich älter bin, nicht jünger mache als ich bin. Ich finde beides lächerlich. Man wächst mit dem Alter, mit dem Amt, mit den Herausforderungen, mit den Menschen, denen man begegnet. (Januar 1995)
In meinem Alter überrascht mich nichts mehr. (Dezember 2012)
Ich bin 58. Aber jeder sagt, ich sähe älter aus. (Februar 2013)

Amazon Ich kenne 15 andere Länder, die mit uns im Wettbewerb standen, um die beiden Firmen Amazon und AOL zu sich zu bekommen. (September 2003)

Antiklerikalismus Unsere Sozialisten in Luxemburg sind von einem archaischen Antiklerikalismus gelenkt - auch wenn es den Klerikalismus alter Prägung gar nicht mehr gibt. Würde die CSV als meine Partei nur die Stimmen jener Wähler bekommen, die zur Messe gehen, käme die Partei nur auf 15%. (November 2011)

A

Angst Wovor ich Angst habe? Vor Autounfällen. (Januar 1995)

Apfel, gegen den Durst Die Leute verstehen es, dass wir einen Apfel gegen den Durst zur Seite gelegt haben. Jetzt haben wir Durst, also beißen wir in den Apfel. Andere beißen ins Gras im Ausland, weil sie keinen Apfel haben. Wir beißen in den Apfel, weil wir für den Durst vorgesorgt haben. (Dezember 2002)

Unsere Finanzpolitik, einen Apfel gegen den Durst auf die Seite zu legen, hilft uns heute, die Krise besser zu bewältigen. Diese Weitsicht ist auch morgen gefragt. (Juni 2004)

Apfel für den Durst

Arbeitsamt Das Arbeitsamt ist keine passive Verwaltung. Sie organisiert eine große Zahl von aktiven Beschäftigungsmaßnehmen. Allein im Februar 2004 waren das 3015 einzelne Maßnahmen. (April 2004)

Arbeitsrecht Wir wehren uns gegen den sozialen Kahlschlag. Mit uns gibt es kein Attentat auf das Arbeitsrecht. (Juni 1994)

Arbeitsvertrag Ich gehöre zu den letzten Dinosauriern, die denken, dass der Regel-Arbeitsvertrag ein unbefristeter Arbeitsvertrag sein muss – und nicht diese sich modern nennende Zerstückelung in 50 oder 60 Teilzeitperioden. Ein Vater, der das Universitätsstudium zweier Kinder finanzieren muss, der im Werk arbeitet und der alle 6 Monate bangen muss, ob sein Arbeitsvertrag verlängert wird oder nicht, der also nicht planen und finanzieren kann, der kann mit diesem Gerede über die Flexibilisierung der Arbeitsverhältnisse nichts anfangen. (Februar 2004)

Arbeit, Wert Jede Arbeit hat ihren Wert und ihre Würde. Und jeder arbeitende Mensch verdient Anerkennung. Es sind deshalb Fragen zu stellen: Warum sind luxemburgische Eltern kaum zu bewegen, ihr Kind Bäcker, Metzger, Maler oder Schreiner werden zu lassen? Und warum sind viele junge Luxemburger nicht mehr bereit, in drei Schichten zu arbeiten? Wenn mein Vater nach dem Ende des Weltkriegs nicht bereit gewesen wäre, im Stahlwerk in drei Schichten zu arbeiten, säße ich heute nicht hier. Denn dann wäre kein Geld dagewesen, um mich studieren zu lassen. Dies will heute aber kaum einer mehr begreifen. (Januar 1995)

Arroganz Ich lasse mich durch die Kampagne der Liberalen über meine angebliche Arroganz und Besserwisserei nicht beeindrucken. Die sind auf einen gefügigen Staatsminister aus, der sich wie ein Plüschtier in der politischen Landschaft bewegt. So werde ich nicht sein. (Januar 1995)

Ashton, Catherine Ich würde mir wünschen, dass Frau Ashton mit deutlich erkennbaren eigenen Vorschlägen die Arbeit des Europäischen Rats animieren würde. Das konnte ich bei der Vorbereitung des Sondergipfels nicht einmal ansatzweise erkennen. (September 2010)

Asien Wenn ich in Asien bin, in Afrika bin: überall ist die Begeisterung für Europa groß. Die Menschen dort wissen, was die Europäer geleistet haben seit dem Ende des Zweiten Weltkriegs in Sachen Friedenspolitik, in Sachen friedliche Lösungen. Die europäische Zukunft und Friedenssphäre strahlt auf den Rest der Welt aus. (September 2008)

Asselborn, Jean Ich weiß, dass Asselborn kompliziert denkt und gelegentlich in vereinfachter Form redet. Man muss aber immer zeigen, dass man in der Rede auch tatsächlich diese Reihenfolge einhält. (Mai 2001)

Im Vergleich zu dem Liebespaar Asselborn/Castegnaro, im Vergleich zu der Bruderschaft Di Bartolomeo/Lux/Goebbels/Krecké ist ein Hühnerhaufen eine geschlossene Kampfformation. (Juni 2004)

Asselborn ist ein guter persönlicher Freund. Auch außerhalb der Politik haben wir gemeinsame Erörterungsflächen. Er ist ein loyaler Partner und ein guter Außenminister. Ich hatte bislang stets die Chance, nur gute Außenminister zu haben. Ob Jacques Poos, Lydie Polfer oder nun Jean Asselborn. (Dezember 2010)

Jean Asselborn

Atomkraft Die CSV war immer gegen die Atomkraft! Das kann nicht jede Partei hier drinnen sagen! (Oktober 2000)

Außenpolitik Jeder Regierungschef lebt in der Illusion, dass er der Außenpolitik seine volle Aufmerksamkeit schenken müsste, weil sie so wichtig ist. Und jeder Regierungschef entdeckt, dass die Wähler an Außenpolitik weit weniger interessiert sind als an innenpolitischen Vorgängen. (Dezember 2001)

In der luxemburgischen Außenpolitik geht es natürlich nicht darum, dass die Liliputaner sich mit den Riesen misst, sondern Ziel ist, dass das Großherzogtum für jene, die in der Welt und für die Welt Entscheidungen zu treffen haben, kein weißer Fleck bleibt. Dieser Wille, Luxemburg auch für andere sichtbar zu machen, nimmt unterschiedliche Ausdrucksformen an. (Mai 2002)

Austeritätspolitik Jene, die das entsprechende Programm unserer Regierung als ‚Austeritätspolitik' bezeichnen, fordere ich auf, mal über die Grenzen hinaus zu sehen, um zu wissen, was das heißt. (Juli 2010)

Als Vorsitzender der Eurogruppe habe ich mich viel mit Austeritätspolitiken in Europa beschäftigt. Und unter vielen auch gelitten, weil ich mir die Lebensbedingungen der Menschen in Griechenland und in Portugal zum Beispiel gut vorstellen kann. Das aber, was wir hier in Luxemburg machen, ist keine Austeritätspolitik im eigentlichen Sinn des Worts. Konfuzius, der nicht bei mir in der Partei war, hat gesagt: ‚Wenn die Worte ihren Sinn verlieren, dann entsteht Chaos.' Wir sind in einer entsprechend chaotischen sozialen Situation. (Januar 2013)

Autobahntankstelle In Luxemburg haben wir Autobanktankstellen. Bürgermeister wollen eine Autobahntankstelle, denn sonst fahren die Lastwagen durch ihre Ortschaften. Das garantiere ich schriftlich auf 17 Salzpackungen. (Mai 2001)

Autounfall Nach meinem Autounfall erkannte ich: Die eigene Person, das mag arrogant klingen, wird unwichtig. Die kleinen Leiden, die man hat, finden als mitzuteilendes Erlebnis nicht mehr statt. Ich vergleiche alles, was mir selbst oder anderen zustößt, mit dem Absoluten, das einem zustoßen kann. (September 2004)

Bankenstresstest Ich bin für die Veröffentlichung der Resultate der Bankenstresstests. Die Stresstests ergäben wenig
Sinn, wenn wir die Ergebnisse nicht
veröffentlichten. Würde man sich weigern,
die Ergebnisse zu veröffentlichen, käme
sofort der Verdacht auf, dass es etwas zu
verstecken gäbe. (Juni 2010)

Belvaux In diesem Ort ist das Stahlwerk und
die Arbeiter-Romantik, im guten Sinne
des Wortes. Hier fühle ich mich getragen.
(September 2004)

Berliner Mauer Ich habe den Fall der Berliner
Mauer gewissermaßen im tiefen Schlaf erlebt und deshalb auch nur verschwommen
in Erinnerung. Ich bin damals eben erst
aus einem Koma nach einem schweren
Verkehrsunfall aufgewacht. Doch auch
andere Politiker in Deutschland und in
Europa haben den 9. November 1989 verschlafen. Auch ohne Unfall. Ich war nicht
der einzige. (November 2009)
Der Fall der Berliner Mauer zeigt, dass
Menschen Geschichte selbst in die Hand
nehmen können. Wenn sie nur wollen.
(November 2009)

★ **berührt**

Dialog Frank Kuffer (RTL Radio Lëtzebuerg): „Sind Sie da sicher, dass Sie der
Chef der Eurogruppe bleiben können?

Oder legen Ihnen die Franzosen vielleicht noch einmal Steine auf den Weg?"
Juncker: „Ich bin berührt, dass Sie sich
darüber so viele Gedanken machen. Es
wird im Januar so entschieden."
(Dezember 2009)

beschließen Wir beschließen etwas, stellen
das dann in den Raum und warten einige
Zeit ab, was passiert. Wenn es dann kein
großes Geschrei gibt und keine Aufstände,
weil die meisten gar nicht begreifen, was
da beschlossen wurde, dann machen wir
weiter – Schritt für Schritt, bis es kein
Zurück mehr gibt. (Dezember 1999)

beschönigen Gott sei Dank unterlassen die
Regierungen seit Beginn der Krise das,
was sie üblicherweise zu tun versuchen:
sie beschönigen die Lage nicht (...), sie
schenken zur Zeit klaren Wein ein.
(Januar 2009)

★ **Bettel, Dress**

Dialog Jean-Claude Juncker: „Und
an diesem Tag zieht er (wieder) den
‚battledress' an." Xavier Bettel (DP): „Ich
habe den jeden Tag an. Schon seit 37
Jahren heiße ich so." Juncker: „Besser
ein ‚battledress' als ein ‚Bettel-Dress'."
(Mai 2010)

B

Bettel, Xavier Xavier und Xylophon liegen nah beieinander. Und Xavier Bettel spielt mehr als eine Partitur. Er ist mir sympathisch. Er behandelt mich korrekt und freundschaftlich, manchmal sogar mit Nachsicht. Ich ihn aber auch. (Dezember 2010)

Ich halte ihn für eine der großen Hoffnungen der Luxemburger Politik. Er ist mir ganz sympathisch, auch wenn sein Politik-Stil nicht der meine ist. (Dezember 2012)

Xavier Bettel halte ich für ein großes politisches Talent. Er pflegt (aber) einen anderen Stil als ich. Der Unterschied besteht darin, dass er seit einem Jahr Bürgermeister ist und ich seit 30 Jahren in der Regierung bin. (Dezember 2012)

Xavier Bettel

Beweggründe Wenn ich nach den Beweggründen gefragt werde, warum ich eigentlich Politik mache, dann sage ich immer: Das ist ein Seil mit 1000 Fäden. Das heißt, man sieht das Seil, aber man sieht die Fäden nicht mehr, denn diese sind ja im fertigen Seil verwoben. Mein Leben besteht aus einem dicken Seil mit Hunderten von Fäden. Einer dieser Fäden besteht in der Tatsache, dass mein Vater Stahlarbeiter gewesen ist. (Dezember 2009)

Blair, Tony Ich klinge wie ein ‚Old Labour‘-

Mann? Ich werde immer älter. Und Blair wird immer younger. (April 2002)

Er gehört ja, wie man weiß, nicht zu meinen intimsten Freunden (...) (September 2006)

Ich kann mich daran erinnern, als ich Tony Blair zum ersten Mal getroffen habe: Das war eine Woche nach seiner Ernennung zum Premierminister. Er sagte zu mir: „Sie haben ja sicherlich Vorstellungen über das soziale Europa." Also habe ich ihm daraufhin meine Vorstellungen eines sozialen Europa geschildert. Daraufhin meinte er zu mir: „Das klingt aber sehr alt-Labour-mäßig!" Ich stand und stehe also links von Tony Blair. (Dezember 2009)

Tony Blair

bleiben, was wir sind Wir probieren zu bleiben, was wir sind. In den letzten 60 Jahren haben wir auch probiert, zu bleiben, was wir sind. (April 2005)

Blocher, Christoph Ich gebe zu, in der Schweiz habe ich nicht so viele Gegner wie Christoph Blocher (...) Er war jedenfalls freundlicher als wenn ich nicht da bin. (Januar 2011)

Bodry, Alex Ich habe an der Körper- und Gesichtssprache von Herrn Bodry gesehen, dass er es gehört und verstanden hat, was

ich hier vorgetragen habe. (März 2001)

Blüm, Norbert Ich erinnere mich an eine
Situation im Jahr 1983. Norbert Blüm war
damals Bundesarbeitsminister und hat in
Bonn eine informelle Sitzung der Arbeitsminister abgehalten. Das Abendessen
fand in der Redoute statt. Ich habe mich
an den Ärmel von Jacques Santer gehängt
und bin mutigen Schrittes auf Norbert
Blüm zugesteuert. In dem Moment, wo ich
den Saal betreten wollte, packten mich
vier Hände, vier GSG 9-Hände, und bedeu-
teten mir, die Fahrer würden hier links
essen. Ich habe mir damals vorgenommen,
eines Tages als Staatsminister unbehelligt
in diesen Saal einzutreten. (Februar 2003)

Norbert Blüm

Bombenleger-Affäre Solange die Sache nicht
aufgeklärt ist, wird dieses Misstrauen
Bestand haben. Ich selbst will mich damit
nicht identifizieren lassen. Ich lasse mir
vieles anhängen, aber längst nicht alles.
(Dezember 2012)

Bonussysteme Die Bonussysteme, die Bank-
manager und Trader dazu verleitet haben,
unverantwortliche Risiken einzugehen,
tragen ein gerüttelt Maß Schuld an
dem, was wir jetzt erleben. Es ist aber
zweifellos nicht das zentrale Element,

aber trotzdem muss es geklärt werden.
(September 2009)

Brandt, Willy Ich mag das Wort auf dem
Grabstein von Willy Brandt. Da steht
einfach drauf: „Man hat sich bemüht. Willy
Brandt." (September 2006)
Das Resultat entspricht nicht immer
den Vorsätzen. Aber wie steht auf Willy
Brandts Grabstein: „Man hat sich redlich
bemüht." (Dezember 2007)
In meinem Büro steht eine kleine Statue
von Willy Brandt. Keiner meiner Gäste
stört sich daran, dass ein Sozialdemokrat
im Büro eines konservativen Premiers
steht. Nur wenn Angela kommt, lasse ich
sie wegräumen. (Juni 2011)

Willy Brandt

Brehms Tierleben In Brehms Tierleben ist
nachzulesen, dass große und kleine Tiere
gemeinsam atmen, leben und sich bewegen müssen. Zum Beispiel weiß jeder, auch
der in Brehms Tierleben weniger Kundige,
dass ein Floh einen Löwen zum Wahnsinn
treiben kann, ein Löwe einen Floh aber nie
zum Wahnsinn treiben wird. (Mai 2004)

Brok, Elmar Im Februar 2004 habe ich mit
Elmar Brok etwas erlebt, was ich in 20
Jahren noch nie erlebt habe: Elmar Brok
war rechtzeitig da. (Februar 2004)

B

Brücken Ich baue Brücken bevor die anderen
   überhaupt sehen, dass man eine Brücke
   braucht. (September 2004)

Bürokraten Europa ist nicht das Europa
   der Finanzminister und der Banker, das
   Europa der Bürokraten und der Außenminister. Europa muss auch ein Europa
   der Menschen sein, die sich auf diesem
   Kontinent wohlfühlen, weil ein Sozial-
   modell zur Anwendung kommt, das mit
   ihren Lebenszielen und Lebenswünschen
   vereinbar ist.

Bush, George W. Vieles, was in den europäischen Medien über Präsident Bush
   berichtet wird, erinnert mich mehr an Ka-
   rikaturen als an die Resultate eines streng
   und genau beobachtenden Journalismus.
   (Januar 2004)
   Heute habe ich nur noch wenig Kontakt
   zu ihm. Er hat mich zwar auf seine Ranch
   eingeladen, aber dazu ist es noch nicht
   gekommen. (Dezember 2012)

George W. Bush

Braut Wenn das Telefon hier klingelt, kann
   das nur meine Braut sein.
   (Dezember 2009)

C Was wiegt das ‚C' bei all den Reformen noch? Ganz viel. ‚C' heißt ja nicht ‚K' und nicht ‚V', nicht katholisch und nicht vatikanisch. (Dezember 2010)

Castegnaro, John Ich streite nicht ab, dass ich bei Herrn Castegnaro etwas lernen kann. Nicht nur die Kunst der imperfekten Reproduktion von Reden, die in der Abgeordnetenkammer gehalten werden, sondern auch die Kunst, Dinge, die richtig sind, richtig zu sagen und richtig zu machen. (Mai 2004)

Es gibt kaum einen Menschen, mit dem ich mich so viel und so erbittert streite wie mit ihm. Davon wird in der Öffentlichkeit gesprochen. (Mai 2003)

Sein Tod ist ein Verlust. Ich hatte mit ihm ein doppelgleisiges Verhältnis: Wir haben viel miteinander gestritten und haben zusammen auch große Dinge erreicht. Castegnaro war ein Mann mit Handschlagqualität. Wenn etwas abgemacht war, wurde es auch umgesetzt. Bis es aber soweit war, kam es zuvor stets zu heftigem Fingerhakeln. Ich vermisse beides: das Fingerhakeln und den Handschlag. (Dezember 2012)

John Castegnaro

CDU Die CDU hat am Montag um 6 Uhr früh kommentiert, was erst am Montag um 11 Uhr publiziert wurde. Das verrät eine Weitsicht, die ich der CDU nicht zugetraut hätte. (März 2005)

China In China werden jedes Jahr 100.000 Ingenieure ausgebildet. Wir sind 350.000 Luxemburger. Und die sind nicht alle Ingenieure. Also wäre es gut, wenn man dies zur Kenntnis nähme (beim Thema Herausforderungen der Globalisierung) (September 2006)

Die 1,3 Milliarden in China finden nicht unbedingt, dass ein Land wie Deutschland mit 82 Millionen Einwohnern ein großes Land wäre. Aber sie nehmen Deutschland ernst, weil es ein Mitgliedsstaat der Europäischen Union ist – und in dieser Europäischen Union eines der größeren Länder ist. Die nehmen uns aber auch ernst, weil sie in China wissen, dass Deutschland und Frankreich allein auch in Europa nichts

fertigbringen. (Dezember 2010)

Ich lerne demnächst den fünften chinesischen Premierminister meiner Amtszeit kennen, und die denken ja nicht an nächste Wahlen, sondern immer nur in Amtsperioden. (Januar 2013)

China

Chirac Ich habe eine enge Beziehung zum französischen Präsidenten. Er ist immer sehr zornig, wenn ich bei Treffen des Europäischen Rats nicht französisch spreche. Rede ich bei einer ‚tour de table' deutsch oder englisch, fragt er mich immer, warum ich mich in einem Dialekt ausdrücke, den er nicht kennt. (Februar 2005)

Ja, Kanzler Kohl und Präsident Chirac haben damals beide erklärt, dass ich erfolgreich zwischen ihnen vermittelt hätte. Und das konnte ich ja schlecht dementieren. (Dezember 2010)

Zu Chirac hatte ich immer ein intimes Verhältnis. Ich konnte über alles mit ihm reden. Über europäische Dinge, über französische und luxemburgische, über Privates. Und verbindet eine große Freundschaft. Nach seinem Ausscheiden aus dem Amt habe ich ihn ein paar Mal besucht. Ich versuche, ihn immer zu sehen, wenn ich in Paris bin. Ich habe ihm vor kurzem

zu seinem 80. Geburtstag gratuliert, und er klang dabei munter, lustig. Er fehlt mir. Jacques Chirac ist ein Mensch, der sich intensiv um die Sorgen anderer Menschen kümmert. Es hat mich immer regelrecht umgeworfen, wie er sich die Zeit genommen hat, um sich ganz persönlich aktiv für Leute einzusetzen, die er gar nicht kannte. Dies habe ich bei sonst niemandem erlebt. (Dezember 2012)

Ich trinke gern Bier, eine meiner großen Gemeinsamkeiten mit Chirac. (Februar 2013)

Jacques Chirac

Chor Ich habe eine Regierung nie als einen Chor betrachtet, bei dem eine Person den Ton vorgibt und die anderen folgen. Wir leben in einer Demokratie, dort ist die Meinungsfreiheit ein wichtiges Prinzip. (Dezember 2010)

Christiane Meine Ehefrau hat vor Jahren die Entscheidung getroffen, keine öffentliche Person zu sein. Und ich wehre mich dagegen, dass das Familien- und Privatleben eines Politikers ein Teil der öffentlichen Debatte wird. (Dezember 2012)

Churchill Churchill hat zwei große Reden gehalten (. . .). 1946 seine Rede in Zürich, wo er darauf hingewiesen hat, dass

Europa aus dem Miteinander von kleinen und großen Staaten seinen richtigen Weg in die Zukunft finden würde. Wenn es um kleine Staaten geht, um kleinere Räume, fühle ich mich als Fachmann immer sofort angesprochen und ergründe, was damit gemeint sein könnte (. . .). Seine andere Rede war in Den Haag, 1947/48, als der Europarat auf den Weg geschickt wurde. Man sollte den nicht kleinreden, denn er bleibt eine wichtige Institution in Europa (. . .). Churchill hat damals gesagt, 1947, zum Auftakt des Europarats: „Heute fangen wir im Westen an, was wir eines Tages im Osten zu Ende führen." (. . .) Sollten wir uns nicht darüber freuen, dass Churchill Recht bekam und Stalin nicht? (September 2006)

Churchill - so hieß ein Hund von mir. Er war so groß wie ein Kalb. Der österreichische Bundeskanzler Alfred Gusenbauer war bei mir im Büro. Da rief meine Frau an: „Churchill ist tot umgefallen." Ich sagte zu Gusenbauer: „Du Alfred, ich muss Dich alleine lassen. Churchill ist tot." Er sagte überrascht: „Der ist doch schon längst tot." Ich erzählte ihm dann von meinem Hund. (Dezember 2009)

Clinton, Bill Wir haben ja die Welt beeindruckt damit, dass wir es schafften, in der Europäischen Union eine einheitliche Währung zu schaffen. Dies hat uns niemand zugetraut, auch die Amerikaner nicht. Ich kann mich stets daran erinnern, dass ich im August 1995 auf offiziellem Besuch bei Präsident Clinton war. Und als er sagte: „Dann erzählen Sie mir mal ein bisschen was von Europa", habe ich

losgeredet, vom Euro, von anderen Dingen. Und dann hat er stirnrunzelnd gemeint: „Nein, nein, nein, jetzt bitte die richtigen Themen ansprechen, die Türkei und so." (Oktober 2004)

Cognac Ich trinke weder Cognac noch Whiskey, auch wenn ich das immer wieder lesen muss. Ich trinke Gin Tonic im Sommer und Apérol im Winter. Und natürlich Bier, eine meiner großen Gemeinsamkeiten mit Chirac. (Februar 2013)

CSV Der CSV-Staat, den der sozialistische Spitzenkandidat dauernd an die Wand malt, den gibt es nicht. (Juni 2004)

Ich wehre mich gegen den Eindruck, der systematisch erzeugt wird, die CSV wäre eine Ein-Mann-Partei, zumal ich in den Gremien der Partei selbst nicht exzessiv tätig bin, weil ich Staatsminister bin und kein Parteipräsident. (Dezember 2012)

C

Dementi Mein Hauptaugenmerk ist darauf gerichtet, die Menschen vor Nachteilen zu bewahren. Deshalb bin ich geradezu gezwungen, dafür zu sorgen, dass keine gefährlichen Gerüchte in Umlauf kommen. Wegen eines falschen Dementis renne ich jedenfalls nicht sofort zu meinem Beichtvater. Der liebe Gott versteht von den Finanzmärkten mehr als viele, die darüber schreiben. (Mai 2011)

Ich hatte zehn Sekunden Zeit, um zu entscheiden, wie ich auf die Meldung von ‚Spiegel Online' reagiere. Mal angenommen, ich hätte gesagt: „Okay, wir sitzen zusammen, aber ich sage nicht, worüber wir reden wollen." Das hätte an den Finanzmärkten einen Tsunami ausgelöst. Da habe ich mich lieber dafür entschieden, eine kleine Empörungswelle über eine Notlüge zu produzieren. (Dezember 2011)

Demokratur Das (was die LSAP macht) ist eine unerhörte Form von Demokratur, von Demokratie gar nicht zu reden (November 2004)

Denkpause, EU Es darf nicht nur eine Pause sein, es muss auch gedacht werden. (November 2005)

Dennewald, Robert Robert war letztes Jahr weniger sanftmütig mit mir umgesprungen als dieses Jahr. Doch, ich habe den Fortschritt schon bemerkt. (Januar 2013)

Robert Dennewald

Deutsche Trotz größter Anstrengungen wird es uns Luxemburgern in den nächsten Jahren nicht gelingen, bei der Bevölkerungszahl die Deutschen zu überflügeln. (Dezember 2000)

Die Deutschen haben es gern, wenn man ihnen den Spiegel vorhält. Sie hören gern die Wahrheit. Sie vergessen sie aber oft wieder. (Februar 2004)

Deutsche Bank Es ist mir jedes Jahr eine angenehme Freude, am Finanzmarkt-Forum der Deutschen Bank teilzunehmen. (Oktober 2002)

deutsche Position Wir haben uns alle daran gewöhnt, dass sich die deutsche Position evolutiv entwickelt (Dezember 2012)

Dass die Deutschen besonders Gehör finden, steht außer Frage. Das liegt an der schieren Größe. Aber es ist keinesfalls so, dass Deutschland in Europa den Kurs diktieren könnte. Es gibt ja auch noch die Niederlande, Schweden, Luxemburg